〔증보판〕

자치통감2

이 도서의 국립중앙도서관 출판시도서목록(CIP)은 서지정보유통지원시스템 홈페이지 (http://seoji.nl.go.kr)와 국가자료공동목록시스템(http://www.nl.go.kr/kolisnet)에서 이용하실 수 있습니다.(CIP제어번호: CIP2018009740)

〔증보판〕

자치통감2(권007~권012)

2018년 8월 1일 개정증보판 1쇄 펴냄
2020년 5월 1일 개정증보판 2쇄 펴냄

지은이	사마광
옮긴이	권중달
펴낸이	정철재

펴낸곳	도서출판 삼화
등 록	제320-2006-50호
주 소	서울 관악구 남현1길 10, 2층
전 화	02)874-8830
팩 스	02)888-8899
홈페이지	www.samhwabook.com

ⓒ 도서출판 삼화, 2020, Printed in Seoul Korea

ISBN 979-11-5826-352-2 (94910)
　　　979-11-5826-498-7 (세트)

책값은 표지 뒤쪽에 있습니다.
잘못 만들어진 책은 구입하신 서점에서 바꿔 드립니다.

〔증보판〕

자치통감2

권007~권012

도서
출판 삼화

들어가면서

증보판《자치통감》출판에 붙여

《자치통감》을 완역해서 세상에 내놓은 다음부터 많은 독자로부터 원문도 함께 읽고 싶다는 요구가 있었다. 그러나 원문 작업이 그리 만만한 일은 아니었을 뿐만 아니라 그보다도《자치통감》에 대한 이해를 돕기 위한 책들을 정리하는 것이 먼저라고 생각하였다.

그래서 탄생한 책이《자치통감》에 실린 사론을 정리하여 해설한《자치통감사론강의》이고, 중국 역사의 전체적인 흐름을 보려는 새로운 시도가《중국분열》이며, 복잡하여 이해하기 힘들다는 위진시대를 쉽게 이해하도록 사상사적 측면에서 접근해 본 것이《위진남북조 시대를 위한 변명》이고, 황제제도의 구조적인 모습을 보기 위한 작업이《황제뽑기》였다. 그 외에도《자치통감》을 좀 더 깊이 이해하고자 하는 독자를 위하여《평설자치통감》을 집필해야 했고, 대중들을 위하여 명언을 모아 설명한《촌철활인》, 입문서《자치통감 3번 태어나다》,《생존》,《3권으로 읽는 자치통감 294》 같은 일반인들의 교양물도 출간하였다.

물론 이러한 작업을 하면서도 눈에 띄는 대로 이미 출간한 원고의 보정 작업을 계속하면서 번역문에도 조금씩 수정을 가한 부분이 있게 되었다. 이러는 동안에도 많은 독자가 원문을 볼 수 없는 아쉬움을 표하는 경우를 접하면서 이왕 이 작업을 하는 바에야 독자들에게 원문을 제공하는 것이 옳을 것 같다는 생각을 하였다.

그러나 원문을 교정 보는 작업은 그리 간단하지가 않았고 많은 시간이 필요하였다. 그러나 '자치통감 행간읽기'를 마친 독자라면 좀 더 깊이 알고자 할 것이고, 따라서 번역문과 원문이 동시에 필요할 것이라는 데까지 생각이 미쳤다. 그리하여 작업이 끝나는 대로 번역과 원문을 붙여 증보판이라는 이름으로 출간하기로 하였다.

증보판을 내는 또 다른 이유는 우리가 그동안 익숙하게 아시아의 역사를 '중국사 프레임'으로 보는 것을 깨 보고자 하는 생각도 있다. 즉 중국 문화는 아시아 문화의 중심이며 중국 문화의 동심원적 확산이 바로 아시아 문화인 것처럼 이해하였다. 그뿐만 아니라 중원 대륙의 주인은 한족(漢族)이고, 언필칭 정사라고 하는 25사가 마치 한족 왕조의 면면히 이어졌다는 오해를 풀어야 하기 때문이다.

《자치통감》은 사마광이 역사 사실을 객관적으로 정리한 역사책이다. 이 책의 집필 의도가 황제나 집정자에게 교육시키려는 것이었으므로 '있는 사실 그대로'를 전하려고 하였던 것이었다. 편견 없는 역사 사실만이 진정으로 자신을 돌아보고, 새로운 방향을 설정할 수 있기 때문이었다. 역사적 진실만이 가치가 있는 것으로 생각한 사마광은 한족(漢族)임에도 한족의 단점과 실패의 사실도 집어낼 수 있었고, 이른바 이적의 장점도 은연중에 드러나게 하였다. 그러한 점에서 《자치통감》은 '중국사'가 아니라 '아시아사'이다.

그런데 숙황(叔皇) 금(金) 왕조에 쫓기어 남쪽으로 내려온 남송의 질황(侄皇) 치하에 살았던 주희는 몰락해 가는 한족을 목도하면서 한족에게 애국심을 고취하여야 했던 당시 시대적 상황에 맞추어 역사를 혈통 중심의 정통론이라는 허구적 이념을 세워 《자치통감》을 《자치통감강목》으로 만들어 중국 중심으로 역사를 보려고 하였다. 물론 이것은 시대적 상황에서 필요하였던 것이고 이념을 주장하기 위하여 역사를 이용한 것일 뿐이다.

그런데 우리나라에서는 주자학을 정치이데올로기로 받아들이고 이념서인 《자치통감강목》을 역사라고 오도함으로써 부지불식간에 아시아 역사를 중국 중심으로 보는 왜곡된 시각이 형성되었다. 그리하여 우리도 모르는 사이에 '혈통'이라는 편견을 가지고 역사를 본 《자치통감강목》의 영향으로 500여 년간 '중국사 프레임'에 갇히게 되었고, 그 영향은 오늘에까지도 미치고 있다.

'중국사 프레임'으로 보는 아시아 역사는 중원에 있는 나라는 한족(漢族)이 중심이고, 중원의 우수한 문화가 동심원적으로 사방으로 퍼져

나가 교화시킨 것이 아시아 문화이고, 화이(華夷)는 당연히 구별되고 이적은 배척되어야 하며, 중원에 세워진 왕조가 면면히 이어져 왔다는 것을 실재하였던 현실로 받아들였던 것이다.

《자치통감》은 주희가 이념으로 가공하기 전의 원본으로 '역사를 사실 그대로 이해할 수 있는' 것이 가능하지만 아직도《자치통감》을 '중국사'로 생각하고 있는 사람이 대부분이다. 이제부터라도《자치통감》을 1,362년간의 '아시아 역사'로 인식하기를 바란다.

대방재(待訪齋)에서
권중달 적음

목차

권007
진기2 : 진 시황의 중국통일

권008
진기3 : 진나라의 멸망

권009
한기1 : 한나라와 초나라의 쟁패

권012
한기4 : 한 고조 유방과 혜제의 죽음

❖ 전국·진시대 각국 기년 비교표

❖ 황제계보도

부록

《자치통감》 구성 : 총 294권 1,362년간

권차	기년 왕조	기록 기간	중 요 사 건
001~005	전국 주	기원전 403 ~256년 (148년간)	■ 주나라의 권위가 무너지고 제후국들이 통일을 위해 각축전을 벌인 전국시대.
006~008	진(秦)	기원전 255 ~207년 (49년간)	■ 전국시대에 진나라가 통일을 준비하고, 통일을 완성하였다가 망하는 과정.
009~068	한	기원전 206 ~서기 219년 (425년간)	■ 진의 해체와 유방의 한 왕조가 중국을 재통일한 과정. ■ 황제체제의 성립과 왕망의 찬탈과정. ■ 왕망의 몰락하는 전한시대와 왕망의 멸망과 유수의 후한이 재통일한 과정. ■ 호족들의 등장과 후한의 몰락과정.
069~078	위	220~264년 (45년간)	■ 후한의 멸망과 위·오·촉한의 삼국시대와 위의 촉한 정벌과정.
079~118	진(晉)	265~419년 (155년간)	■ 위의 몰락과 진의 등장과 삼국 통일과정. ■ 북방 오호의 남하 북방의 분열과 진의 남천과 남북 대결과정.
119~134	남북조 송	420~478년 (59년간)	■ 남조의 송 왕조와 북방민족이 중국 유입하여 이룩한 남북조시대.
135~144	남북조 제	479~501년 (23년간)	■ 남조 송의 멸망과 제의 건국, 북조와의 대결과정.

권차	기년 왕조	기록 기간	중 요 사 건
145~166	남북조 양	502~556년 (55년간)	■ 남조 제의 멸망과 양의 건국, 북조와의 대결과정.
167~176	남북조 진(陳)	557~588년 (32년간)	■ 남조 양의 멸망과 진의 건국, 북조와의 대결과정.
177~184	수	589~617년 (29년간)	■ 수 왕조의 중국 재통일과 멸망과정.
185~265	당	618~907년 (290년간)	■ 당 왕조의 성립과 중국 고대문화의 완성 과정과 당말 절도사의 발호와 당의 멸망 과정.
266~271	오대 후량	908~922년 (15년간)	■ 당의 멸망과 후량의 건설 및 오대십국의 진행과정.
272~279	오대 후당	923~935년 (13년간)	■ 후량의 멸망과 후당의 건설 및 오대십국 의 진행과정.
280~285	오대 후진	936~946년 (11년간)	■ 후당의 멸망과 후진의 건설 및 오대십국 의 진행과정.
286~289	오대 후한	947~950년 (4년간)	■ 후진의 멸망과 후한의 건설 및 오대십국 의 진행과정.
290~294	오대 후주	951~959년 (9년간)	■ 후한의 멸망과 송 태조 조광윤의 등장 및 오대십국의 진행과정.

《자치통감》왕조 계통도

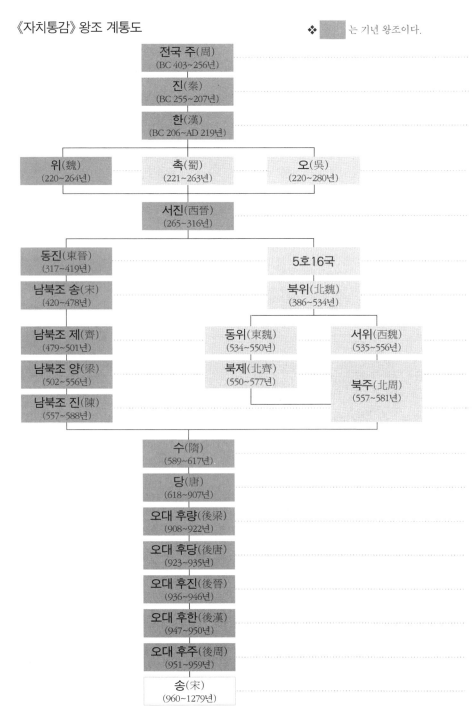

❖ 　　　 는 기년 왕조이다.

❖ 전국·진시대(★은 기년 왕조임)

★주(周, ~BC 256년) 노(魯, ~BC 249년) ★진(秦, ~BC 207년)
정(鄭, ~BC 375년) 송(宋, ~BC 287년) 초(楚, ~BC 223년)
제(齊, ~BC 221년) 진(晉, ~BC 376년) 위(魏, ~BC 225년)
한(韓, ~BC 230년) 조(趙, ~BC 222년) 연(燕, ~BC 223년)
위(衛, ~BC 209년)

❖ 5호16국시대(★은 16국에 포함하지 않음)

■ 흉노(匈奴)
전조(前趙·漢, 304~329년) 북량(北涼, 397~439년) 하(夏, 407~431년)
■ 갈(羯)
후조(後趙, 319~350년)
■ 선비(鮮卑)
전연(前燕, 384~409년) 후연(後燕, 337~370년) 남연(南燕, 398~410년)
서진(西秦, 385~431년) 남량(南涼, 397~414년) ★서연(西燕, 384~394년)
★요서(遼西, 303~338년) ★대(代·魏, 315~376년)
■ 저(氐)
성한(成漢, 302~347년) 전진(前秦, 351~394년) 후량(後涼, 386~403년)
★구지(仇池, 296~371년)
■ 강(羌)
후진(後秦, 384~417년)
■ 한(漢)
전량(前涼, 301~376년) 서량(西涼, 400~420년) 북연(北燕, 409~436년)
★위(魏, 350~352년) ★후촉(後蜀, 405~413년)

❖ 오대의 십국

■ 십국
전촉(前蜀, 891~925년) 후촉(後蜀, 925~965년) 오(吳, 892~937년)
남당(南唐, 937~975년) 오월(吳越, 893~978년) 민(閩, 893~945년)
초(楚, 896~951년) 남한(南漢, 905~971년) 형남(荊南, 907~963년)
북한(北漢, 951~979년)

〔일러두기〕

· 이 책은 사마광의 《자치통감》의 고힐강(顧頡剛) 외의 표점본을 저본으로 하여 전국시대부터 오대후주시대까지의 전권(294권)을 완역한 것이다.

· 번역의 기본 원칙은 원전이 갖고 있는 통감필법의 정신을 최대한 살린다는 의미에서 직역하되 의미가 불분명한 경우는 역자의 역주로 설명했다.

· 역자가 내용과 분량을 감안하여 문단을 나누고 각 문단마다 제목을 달았다.

· 필요한 한자어는 괄호 속에 병기했다.

· 인명, 지명, 관직명 등 고유명사는 외래어 표기법을 따르지 않고 한글 발음대로 표기했다. 인명 가운데 원문에 성이 기록돼 있지 않은 것도 이해를 돕기 위해 성을 추가하였다. 지명은 괄호 속에 현재의 지명을 넣었고, 주(州)·군(郡)·현(縣) 등 행정 단위가 생략되었지만 필요한 경우 이를 추가하였다. 관직명은 길고 그 업무가 생소하고 길게 느껴질 경우 관직명 자체를 우리말로 풀어주고 원 관직명은 각주로 설명을 보충했다.

· 간지로 된 날짜는 괄호 속에 숫자로 표시했다.

· 본문의 '帝'는 '황제'로, '上'은 '황상'으로 번역했다.

· 책이름이나 출전은 《 》, 편명은 〈 〉로 했다.

· 본문에서 전후관계를 알아야 할 사건이나 내용, 용어, 고사 등 설명이 필요한 경우 각주로 설명을 보충했다.

· 독자들의 이해를 돕기 위해 각주의 설명이 다소 중복 되게 하였다.

· 주어가 생략된 경우는 해당 연도의 기준을 삼은 황제가 주어이다.

· 음은 호삼성의 음주를 따랐다.

· 사마광의 평론은 사마광이 황제에게 아뢰는 것이므로 경어체로, 사마광 이외의 평론은 사마광이 인용한 것이므로 원전의 표현의 살려 평상체로 번역했다.

· 한글로 번역하여 말뜻이 분명하지 않을 경우 〔 〕안에 한자를 넣었다.

권007

진기2

진 시황의 중국통일

차례로 망하는 6국의 어리석은 사람들

진 시황제 20년(甲戌, 기원전 227년)¹

1   형가(荊軻)가 함양에 도착하여 왕이 총애하는 신하 몽가(蒙嘉)를 통하여 겸손한 말씨로 알현하기를 요구하니, 왕이 크게 기뻐하여 조복을 입고 구빈(九賓)²의 의식을 갖추고 그를 만났다. 형가가 지도³를 받들고서 왕에게 나아가는데, 지도의 끝으로 비수(匕首)가 보이니, 이 때문에 왕의 소매를 잡고 그를 때렸지만 아직 몸에 닿기 전에 왕이 놀라서 일어나니 소매만 잘렸다.

형가는 왕을 쫓았고, 왕은 기둥을 돌면서 달아났다. 여러 신하들이 모두 놀랐는데, 갑자기 뜻하지 않은 일이 일어나자 모두 그 절도를 잃

---

1 이 해는 위(魏) 위가 원년, 초(楚) 부추 원년, 연(燕) 희 28년, 제(齊) 전건 38년, 위(衛) 위각 3년, 조 대왕 원년이다.

2 구빈이란 주나라 때의 구의(九儀)를 말한다. 공·후·백·자·남·고·경·대부·사(公·侯·伯·子·男·孤·卿·大夫·士)를 말한다. 따라서 문물을 크게 다 갖추어놓은 것을 말한다.

3 연에서 진에게 헌상하겠다는 독항(督亢, 涿州郡 新城縣)의 지도를 말한다.

었다. 그러나 진의 법에는 여러 신하들로 전각에 올라 왕을 시종하는 사람은 한 자나 한 치 되는 무기라도 가질 수가 없게 되어 있어서 좌우 사람들이 손으로 함께 그를 잡으려고 하며 또 말하였다.

"왕께서는 칼을 지고 있습니다."

칼을 지고 있으므로 왕이 드디어 뽑아서 형가를 쳐서 그의 왼쪽 팔을 잘랐다. 형가는 쓰러지면서 비수를 끌어당겨 왕에게 던지니 구리기둥에 맞았다. 스스로 일이 성취될 수 없음을 알고, 욕을 하면서 말하였다.

"일이 완성되지 못한 까닭은 살려서 이를 협박하여 반드시 땅을 돌려준다는 약속하는 계약서를 얻어내 가지고 태자에게 보답하려 했기 때문이다."

드디어 형가의 몸을 갈기갈기 찢어서 저자에 돌렸다.

왕은 이에 크게 노하여 더욱 많은 군사를 내서 조로 보내고, 바로 왕전(王翦)에게 연을 치게 하여 연의 군사와 대(代)[4]의 군사와 역수(易水)의 서쪽에서 싸워서 이들을 대파하였다.

시황제 21년(乙亥, 기원전 226년)[5]

1   겨울, 10월에 왕전이 계(薊; 연의 도읍, 북경)를 뽑고, 연왕과 태자

---

4 대왕에 의하여 재건된 조를 말한다.

5 이 해는 위(魏) 위가 2년, 초(楚) 부추 2년, 연(燕) 희 29년, 제(齊) 전건 39년, 위(衛) 위각 4년, 조 대왕 2년이다.

는 그들의 정예의 병사를 인솔하고 동쪽으로 가서 요동(遼東)을 보위하려 하니 이신(李信)이 이들을 급하게 쫓았다. 대왕(代王)[6] 조가(趙嘉)가 연왕에게 편지를 보내 태자 희단(姬丹)을 죽여서 바치게 하였다. 희단은 연수(衍水, 遼東 지역) 가운데 숨었는데, 연왕이 사신으로 하여금 희단을 참수하게 하여 왕에게 바치고자 하였으나, 왕이 다시 군사를 내보내어 그를 공격하였다.

2 왕분(王賁)[7]이 초(楚)를 치고 10여 개의 성을 빼앗았다. 왕이 장군 이신에게 물었다.

"나는 형(荊, 楚를 말함)[8]을 빼앗고자 하오. 장군이 헤아려본다면 몇 명을 쓰면 충분하겠소?"

이신이 말하였다.

"20만을 쓰는데 불과할 것입니다."

왕이 왕전에게 물으니, 왕전이 말하였다.

"60만 명이 아니면 할 수 없을 것입니다."

왕이 말하였다.

"왕 장군께서는 늙었군요. 어찌 겁을 내시오?"

드디어 이신·몽념으로 하여금 20만 명을 거느리고 초를 치게 하였

---

6 조가는 조를 재건하여 대 지역에 도읍하였다. 따라서 조왕이라고 해야 하나 《자치통감》에서는 대왕이라고 지칭하였다.

7 왕전(王翦)의 아들이다.

8 초(楚)를 지칭하는 것이지만 왕인 영정의 아버지 장양왕이 초(楚)이니 이를 피휘(避諱)하기 위하여 같은 뜻의 형(荊)이라는 용어를 사용한 것이다.

더니 왕전이 이어서 병이 들었다고 사과하고 빈양(頻陽, 섬서성 富平縣; 왕전의 고향)으로 돌아갔다.

시황제 22년(丙子, 기원전 225년)[9]

1   왕분(王賁)이 위를 치는데, 황하의 도랑물을 끌어서 대량(大梁, 위의 도읍)에 쏟아 댔다. 석 달이 되어 성이 무너졌다. 위왕 위가(魏假)가 항복하자 그를 죽이니 드디어 위는 멸망하였다.

왕이 사람을 시켜서 안릉군(安陵君)에게 말하였다.

"과인(寡人)은 500리의 땅으로 안릉(安陵)을 바꾸고 싶소."

안릉군이 말하였다.

"대왕께서 은혜를 베풀어주셔서 큰 땅을 가지고, 작은 것으로 바꾸자고 하시니 심히 다행입니다. 비록 그렇지만 신이 위(魏)의 먼저 임금으로부터 받은 것이니 바라건대 끝까지 지키기겠으며 감히 바꾸지 못하겠습니다."

왕은 의롭다고 여겨서 이를 허락하였다.

2   이신이 평여(平興, 하남성 沈丘縣 동남쪽)를 공격하였고, 몽념은 침(寢, 하남성 沈丘縣)을 공격하여 초의 군사를 대파하였다. 이신이 또 언영(鄢郢, 안휘성 壽縣)을 공격하여 이를 깨뜨렸다. 이에 군사를 이끌고

---

9   이 해는 위(魏) 위가 3년, 초(楚) 부추 3년, 제(齊) 전건 40년, 위(衛) 위각 5년, 연 희 30년, 조 대왕 3년이다.

서쪽으로 가서 몽념과 성보(城父, 하남성 寶豊縣)에서 만났다.

초인(楚人)들이 이어서 그들의 뒤를 따라와서 3일 동안 밤낮으로 막사에 머무르지 못하게 하여 이신을 대패시키고, 두 개의 성벽으로 들어가서 일곱 명의 도위(都尉)[10]를 죽이니, 이신이 도망하여 돌아왔다.

왕이 이 소식을 듣고 크게 노하고 자신이 빈양(頻陽)에 가서 왕전에게 사과하여 말하였다.

"과인이 장군의 계책을 쓰지 아니하니, 이신이 과연 우리 진의 군사를 욕 되게 하였소. 장군은 비록 병들었으나 다만 과인을 차마 버리기야 하겠소!"

왕전이 사과하였다.

"병이 들어서 거느릴 수 없습니다."

왕이 말하였다.

"그만하시고, 다시는 말하지 마시오."

왕전이 말하였다.

"반드시 부득이하여 신을 쓰시려면 60만 명이 아니면 할 수 없습니다."

왕이 말하였다.

"장군의 계책을 들을 뿐이오."

이에 왕전이 60만 명을 거느리고 초를 쳤다. 왕이 패상까지 나와서 송별하니, 왕전이 좋은 농토와 집을 요구하는 것이 대단히 많았다.[11]

---

10 군의 군사를 담당하는 관직이 도위이다. 진나라는 군에 수(守), 위(尉), 감(監)을 두었으며, 행군할 때에도 역시 도위가 있었다.

11 실제로 왕전이 이것에 욕심을 낸 것이라기보다는 자기는 재물 이외의 것, 예

왕이 말하였다.

"장군이 떠나는 마당에 어찌하여 가난할까 걱정을 하고 있소?"

왕전이 말하였다.

"대왕의 장수가 되었지만 공로를 세워도 끝내 후(侯)에 책봉되지 못하였으니, 그러므로 대왕께서 지금 신에게 관심을 가지게 되었으니 농토와 집을 청하여 자손들의 기업을 삼고자 할 뿐입니다."

왕이 크게 웃었다.

왕전이 떠나서 관(關)[12]에 이르러 사자로 하여금 돌아가게 되면 좋은 농토를 달라고 청하기를 다섯 차례나 하였다. 어떤 사람이 말하였다.

"장군은 재물을 비는 것이 또한 대단히 심하십니다!"

왕전이 말하였다.

"그렇지 않소. 왕은 거칠고 사람을 못 믿는데 이제 나라 안에 있는 갑사를 비워서 오로지 나에게 위탁하였으니, 내가 농토와 집을 많이 청하여 자손들을 위하여 스스로 굳게 하고자 하지 않으면 돌아보건대 왕으로 하여금 앉아서 나를 의심하게 하는 것이오."

시황제 23년(丁丑, 기원전 224년)[13]

컨대 권력에는 관심이 없다는 것을 보이기 위한 것이다.

12 무관(武關)이며, 섬서성 상현에 있다.

13 이 해는 초(楚) 부추 4년, 제(齊) 전건 41년, 위(衛) 위각 6년, 연 희 31년, 조 대왕 4년이다.

1   왕전이 진(陳, 하남성 淮陽縣)을 빼앗고 남쪽으로 가서 평여(平興, 하남성 沈丘縣)에 도착하였다. 초인(楚人)들이 왕전이 군사를 증강시켜서 온다는 말을 듣고 이에 나라 안에 있는 모든 군사를 다 모아서 이를 막았는데, 왕전은 성벽을 굳게 하고 더불어 싸우지 않았다.

초인(楚人)들이 자주 도전하였으나 끝내 나아가지 않았다. 왕전은 매일 무사들을 쉬고 목욕을 하게 하면서 음식을 잘 먹게 하고 그들을 안무하면서 친히 사졸들과 같이 음식을 먹었다.

오래 되어서 왕전은 사람을 시켜서 물었다.

"군중(軍中)에서 놀이를 하는가?"

대답하였다.

"바야흐로 돌 던지기를 하는데, 거리를 초과합니다."

왕전이 말하였다.

"쓸 만하구나."

초는 이미 싸움을 할 수 없게 되자, 군사를 이끌고 동쪽으로 벌써 갔다.

왕전이 그 뒤를 쫓아서 장사들로 하여금 공격을 하게 하니 초의 군사를 대패시켰고 기(蘄, 안휘성 宿縣)의 남쪽에 이르러서 그들 장수 항연(項燕)[14]을 죽이니 초의 군사가 드디어 패주하였다. 왕전은 이어서 이긴 기세를 타고 성읍들을 경략하여 평정하였다.

시황제 24년(戊寅, 기원전 223년)[15]

---

14 항량(項梁)의 아버지이다.

15 이 해는 초(楚) 부추 5년, 제(齊) 전건 42년, 위(衛) 위각 7년, 조 대왕 5년, 연

1   왕전·몽무(蒙武)가 초왕 부추(負芻, 26대)를 포로로 잡고서[16] 그 땅에 초군(楚郡)[17]을 설치하였다.

시황제 25년(己卯, 기원전 222년)[18]

1   크게 군사를 일으켜서 왕분(王賁)으로 하여금 요동(遼東)을 공격하게 하여 연왕 희희(姬喜)를 포로로 잡았다.[19]

❖ 신 사마광이 말씀드립니다.

연의 희단(姬丹)은 하루아침의 분노를 이기지 못하여 호랑이 같은 진을 범접하였으니, 생각을 가볍게 하고 꾀를 얕게 해가지고 원한에 도전하여 화를 빨리 불렀고, 소공(召公)의 사당에 제사를 지내지 못하게 하고 홀연히 망하였으니, 죄는 어느 것이 큽니까? 평론하는 사람이 혹 말하기를 '똑똑하다.'고 하지만 어찌 지나치지

희 32년이다.

16 초는 기원전 741년에서 기원전 223년까지 519년간 존속하였다.

17 진(秦)의 36군(郡)에는 초군(楚郡)이 없으므로 초군은 이 시기에 잠시 설치하였던 것 같고, 이 지역에는 후에 구강(九江)·장(鄣)·회계(會稽)의 세 군을 두었다.

18 이 해는 제(齊) 전건 43년, 위(衛) 위각 8년, 연 희 33년, 조 대왕 6년이다.

19 이로써 연나라가 망하였다.

않습니까?

무릇 국가를 만드는 사람은 재주를 보아서 관직에 임명하고, 예를 가지고 정책을 세우며, 인(仁)을 가지고 백성들을 품으며, 믿음을 가지고 이웃과 사귀는 것인데, 이리하여서 관직에는 그에 맞는 사람을 얻게 되고, 정책에서도 그 절도를 얻게 되며, 백성들은 그의 덕을 품고, 사방의 이웃은 그 의를 가까이 합니다.

무릇 이와 같이 하면 국가가 편안한 것이 반석에 있는 것 같고, 치열하기는 불꽃같아서 이에 저촉되는 자는 부서지고 이를 범하는 자는 타버리니, 비록 강포함을 가진 나라라도 오히려 어찌 두려워할 만하겠습니까?

희단은 이것을 풀어놓고도 시행치 않고, 도리어 만승을 가진 나라를 가지고 필부(匹夫)나 갖는 노함으로 결정하고, 도적의 꾀를 시행하였으니, 공은 떨어지고 몸은 죽임을 당하였으며, 사식은 빈터가 되었으니, 또한 슬프지 아니합니까!

무릇 그가 무릎으로 기고, 엎어져 기는 것이 공손함이 아니며, 다시 한 번 말하고, 거듭 약속하는 것이 믿음이 아니고, 금(金)을 소비하고 옥(玉)을 흩어주는 것이 은혜가 아니고, 목을 베고 배를 가르는 것이 용기가 아닙니다. 요컨대, 꾀가 먼 곳까지 가지 못하고 움직이는 것이 의롭지 못하면 그것은 초의 백공승(白公勝)[20]과 같은 부류일 것입니다.

형가(荊軻)는 자기를 받아준 사사로움을 마음에 품고 7족(族)을

---

20 백공승은 그 아버지의 원수를 갚고자 하여 그 분노를 이기지 못하다가 그 화가 그의 숙부에게까지 이르렀다. 이 사건은 《좌전》에 보인다.

돌보지 않고 1자8푼의 비수로 연을 강하게 하고 진을 약하게 하려 하였으니 또한 어리석지 아니합니까! 그러므로 양자(揚子)는 이것을 논하여 말하였습니다. '요리(要離)[21]가 거미로 되어 죽은 것이나, 섭정(聶政)[22]이 장사가 되어 죽은 것이나, 형가가 자객이 되어 죽은 것은 의롭다고 말할 수 없다.' 또 말하기를 '형가는 군자의 입장에서는 도적이다.'라고 하였으니, 훌륭합니다.

2   왕분이 대(代, 하북성 蔚縣)를 공격하여, 대왕 조가(趙嘉)를 포로로 잡았다.[23]

3   왕전이 형(荊, 초 지역)과 강남(江南)의 땅을 모두 평정하고 백월(百越)의 군주(君主)를 항복시키고 회계군(會稽郡)[24]을 설치하였다.

4   5월에 천하에 대포(大酺)[25]를 벌였다.

---

21 요리(要離)는 오 사람이다. 오왕 합려를 위하여 경기(慶忌)를 찔러 죽였다. 이 내용은 힘은 모자라는데 무엇을 하려는 것을 말한다.

22 섭정에 관한 사건은 주 안왕 5년(기원전 397년)에 있었고, 그 내용은 《자치통감》 권1에 보인다.

23 조가가 대로 도망한 사건은 시황제 19년(기원전 228년)이고, 그 내용은 《자치통감》 권6에 실려 있다. 조의 제사는 이미 이때부터 끊겼다.

24 호삼성은 회계의 회(會)는 고외(古外)의 번(翻)이라고 하였으므로 '쾌'라고 읽어야 하며 따라서 회계(會稽)는 '쾌계'라고 표기하여야 하지만 쾌계는 일반적으로 통용되지 않아서 이 경우만은 회계로 표기하며, 이후로도 같다.

25 크게 술잔치를 벌이는 것이다.

5   처음에, 제(齊)의 군왕후(君王后)[26]는 현명하여 진을 삼가면서 섬겼고 제후들과도 신의가 있었는데, 제 역시 동쪽으로 나아가서 해상을 국경으로 하였다.[27] 진이 밤낮으로 삼진(三晉, 한·위·조)과 연 그리고 초를 공격하자, 다섯 나라(한·위·조·연·초)들이 각기 스스로 구원하였으니, 이런 연고로 제왕 전건(田建)은 선 지 40여 년에 군사적 침입을 받지 아니하였다.

군왕후가 또 죽기에 이르자 왕 전건에게 경계하여 말하였다.

"여러 신하 가운데 쓸 만한 사람은 아무개 아무개이다."

왕이 말하였다.

"청컨대 이것을 쓰게 해 주십시오."

군왕후가 말하였다.

"훌륭하다."

왕이 붓을 잡고 말을 받아쓰려고 하니, 군왕후가 말하였다.

"늙은 여편네가 이미 잊었구나."

군왕후는 죽었는데, 후승(后勝)이 제의 재상이 되어 진의 반간들의 금품을 많이 받았다. 빈객들이 진에 들어가니 진에서는 또한 금을 많이 주었다. 빈객들은 모두 반간이 되어 왕에게 진에 조현하기를 권고하고 공격하는 싸움 준비를 하지 않게 하며 다섯 나라가 진을 공격하는 것을 돕지 아니하게 하여 진은 이러한 연고로 다섯 나라(한·위·조·연·초)를 멸망시킬 수 있었다.

---

26 제의 황태후이며 태사 교(敫)의 딸이며, 양왕(襄王)의 왕후이다.

27 제는 동쪽으로 가서 도이(島夷)를 빼앗아서 해상을 변경으로 하였다는 말이다. 또 동쪽으로 진출하여 진과는 접촉하지 않아서 진과 전쟁을 안했다.

제왕이 장차 들어와 조현하려고 하였는데, 옹문(雍門, 제 城門) 사마(司馬)가 앞에 나와서 말하였다.

"왕을 세워놓은 것은 사직을 위하여서입니까? 왕을 위하여서입니까?"

왕이 말하였다.

"사직을 위하여서이다."

사마가 말하였다.

"사직을 위하여 왕을 세운 것이라면 왕께서는 어찌하여 사직을 버리고 진으로 들어가십니까?"

제왕이 수레를 돌려서 돌아왔다.

즉묵대부(卽墨大夫)가 이 소식을 듣고, 제왕을 알현하고 말하였다.

"제의 땅은 사방으로 수천 리이고, 갑옷을 입은 군사는 수백만 명입니다. 무릇 삼진(三晉: 韓, 魏, 趙)의 대부들이 모두 진을 불편하게 생각하고, 아(阿, 산동성 谷陽縣)와 견(甄, 산동성 濮縣) 사이에 있는 사람이 수백 명이니, 왕께서 이들을 모아서 이들에게 백만 명의 무리를 주어 삼진의 옛 터전을 접수하게 한다면 바로 임진(臨晉, 섬서성 朝邑縣)의 관문(關門)으로 들어갈 수가 있습니다.

언영(鄢郢)[28]의 대부들도 진이 되지 않으려고 성의 남쪽에 와있는 사람이 백여 명이니 왕께서 이들도 모아서 이들에게 백만의 군사를 주어 초의 옛날 땅을 접수하게 한다면 바로 무관(武關)[29]으로 들어갈 수가 있습니다. 이와 같이 한다면 제의 위엄은 설 수 있으며 진은 망할 수

---

28 초의 도읍지인 지금의 안휘성 수현을 말한다.

29 섬서성 상현의 경계 지역에 있는 관문이다.

가 있는데 어찌하여 겨우 국가만을 보위할 뿐이겠습니까?"

　　제왕이 듣지 않았다.

시황제 26년(庚辰, 기원전 221년)[30]

1　　왕분이 연의 남쪽에서부터 제를 공격하다가 갑자기 임치(臨淄; 제의 도읍, 산동성 임치현)로 쳐들어가니 백성들 가운데는 감히 싸우려는 사람이 없었다.

　　진은 사람을 시켜서 제왕을 유혹하여 500리의 땅으로 책봉하겠다고 약속하였다. 제왕이 드디어 항복하니[31] 진은 그를 공(共, 하남성 輝縣)으로 옮겨다놓고 소나무와 측백나무 사이에 방치해버리니 굶어 죽었다.

　　제인(齊人)들은 왕 전건이 일찍이 제후들과 합종하지 않고 간사한 사람과 빈객의 말을 듣고 그 나라를 망쳤다고 원망하며 노래를 불러 말하였다.

　　"소나무야. 측백나무야. 전건을 공(共)에 살게 한 빈객(賓客)들아!"

　　전건이 빈객을 채용하면서 상세하지 못함을 나무란 것이다.

　　　※ 신 사마광이 말씀드립니다.

　　종횡의 설은 비록 반복되었고, 백 가지의 실마리가 있었지만 그

30　이 해는 제(齊) 전건 44년, 위(衛) 위각 9년이다.

31　제는 기원전 359년부터 기원전 221년까지 138년간 유지하다가 망하였다.

러나 대체적인 요점은 합종이란 것은 6국[32]에게 이익이었습니다. 옛날에 선왕(先王)께서는 만국을 세우고, 제후들을 가까이 하고, 그들로 하여금 조빙(朝聘)[33]하면서 서로 사귀게 하고 향연을 베풀며 서로 즐기라고 하였으며, 회맹(會盟)으로 서로 관계를 맺도록 한 것은 다른 것이 아니고 그 마음을 함께 하고 힘을 다하여 집안과 나라를 보존하게 하고자 한 것입니다.

가령 6국으로 하여금 능히 신의를 가지고 서로 친하게 할 수 있었다면 진이 비록 강포하다고 하여도 어찌 그들을 망하게 할 수 있었겠습니까? 무릇 삼진(三晉)이란 것은 제와 초의 울타리가 되어서 가려주었고, 제와 초라는 것은 삼진의 뿌리이니, 형세는 서로 돕게 되어 있고, 겉과 속이 서로 의지하게 되어 있었습니다.[34]

그러므로 삼진이 제와 초를 공격하는 것은 스스로 그 뿌리를 자르는 것이었고, 제와 초가 삼진을 공격하는 것은 스스로 그 가려주는 울타리를 없애버리는 것이었습니다. 어찌 그 가려주는 울타리를 없애버리고 도적에게 눈웃음을 치면서 말하기를 "도적은 장차 나를 사랑할 것이니 공격하지 않는다."라고 하였으니 어찌 패역한 것이 아니겠습니까!

---

32 진을 제외한 초·연·제·한·위·조를 말한다. 모두 진의 동쪽에 위치한 나라들이다.

33 조정에 나가 보이는 것과 외교에서 답례로 사신을 보내는 것을 말한다.

34 전국시대의 일곱 나라를 보면 진(秦)이 서쪽에 자리하고, 중간에 삼진이라는 한·위·조가 있고, 동쪽으로 제가 있고, 그 북쪽에 연, 남쪽에 초가 있었다. 이러한 지리적 조건에서 진을 막는 길은 진과 경계를 대고 있는 한·위·조는 울타리가 되어 막고, 이 세 나라를 제와 초가 도와주어야 했다는 말이다.

시황제의 통일 정책

2   왕이 처음으로 천하를 병탄하자 스스로 덕은 삼황(三皇)[35]을 겸하였고, 공로는 오제(五帝)[36]를 능가하였다고 여겨서 마침내 호칭을 바꾸어 '황제(皇帝)'라고 하고, '명(命)'을 '제(制)'로 하고, '령(令)'을 '조(詔)'라며, 스스로를 칭하여서는 '짐(朕)'이라고 하였다. 장양왕(莊襄王, 신 시황의 아버지)을 추존(追尊)[37]하여 태상황(太上皇)이라고 하였다.

제(制)하여 말하였다.

"죽고 나서 행적을 가지고 시(諡)를 만든다면 이는 아들이 아버지를 논의하는 것이며 신하가 임금을 논의하는 것이니 아주 말이 안 된다. 지금부터는 시법(諡法)을 없앤다. 짐은 시황제(始皇帝)이고 후세에는 수를 계산하여 2세·3세 하여 만세에 이르는데, 이를 무궁하게 전할 것이다."

---

35 삼황은 복희·신농·수인(伏羲·神農·燧人)을 말하는데, 복희·신농·황제(伏羲·神農·黃帝)라고 말하는 경우도 있다.

36 소호·전욱·고신·당요·우순(少昊·顓頊·高辛·唐堯·虞舜)을 말하는데, 황제·전욱·제곡·당요·우순(黃帝·顓頊·帝嚳·唐堯·虞舜)이라고 말하는 경우도 있다.

37 죽은 다음에 추가로 칭호를 높여주는 것을 말한다.

3   처음에, 제의 위왕(威王)과 선왕(宣王) 때 추연(鄒衍)이 종시오덕
(終始五德)의 운(運)[38]을 논저하였는데, 시황제가 천하를 병탄하게 되
자 제인(齊人)이 이를 상주하였다.

시황제는 그 설을 채용하여 보고, 주(周)는 화덕(火德)을 얻었다고
생각하고, 진은 주를 대신하였으므로 이기지 못할 바를 좇아서 수덕
(水德)으로 하였다.[39] 비로소 연대를 고쳐서 조회(朝會)와 하례를 모두
10월 초하루부터 하도록 하고 의복, 정모(旌旄), 절기(節旗)는 모두 검
은색을 숭상하게 하였고, 숫자도 6을 단위로 하였다.[40]

4   승상 왕관(王綰)이 말하였다.
"연·제·형의 땅은 먼 곳에 있으므로 왕을 두지 않으면 이를 눌러 지

---

38 이른바 종시오덕의 운이라는 것은 복희가 목덕왕이라고 하고, 목에서 화가 나
   니 그러므로 신농이 화덕왕인 것이다. 이를 그려보면, [伏羲, 木德王] 木生
   火 / [神農, 火德王] 火生土 / [黃帝, 土德王] 土生金 / [少昊, 金德王]
   金生水 / [顓頊, 水德王] 水生木 / [帝嚳, 木德王] 木生火 / [帝堯, 火
   德王] 火生土 / [帝舜, 土德王] 土生金 / [夏, 金德王] 金生水 / [殷,
   水德王] 水生木 / [周, 木德王]으로 하여 다시 오덕의 종시가 시작된다. 그
   런데 추연은 주를 화덕으로 여겼는데 이는 화류왕옥(火流王屋, 불이 왕의 집
   에 흘렀다)이라 하여 화(火)는 주가 천명을 받은 부호였으므로 복색도 항상
   적색을 숭상한 연고로 추연의 설에 의거하면 진은 토(화생토, 불이 난 다음에는
   흙이 된다)를 써야 한다. 그러나 이때 시황제는 물이 불을 이긴다고 하여 스스
   로를 수로 하였는데, 이는 상극설에 의한 순서이다.

39 상생설에 의하면 金-水-木-火-土-金으로 되지만 상극설에 의하면 金-火-
   水-土-木-金으로 순서가 정해진다. 진은 상극설에 따라서 수덕으로 얻었다
   고 보았다.

40 수덕은 방위로 말하면 북쪽이다. 그리고 북방은 흑색이며 숫자로는 6이다.

킬 수 없습니다. 청컨대 여러 아들을 세우십시오."

시황제가 내려 보내서 그것을 의논하게 하였더니 정위(廷尉) 이사(李斯)가 말하였다.

"주의 문왕과 무왕이 책봉한 바는 자제와 동성(同姓)들이 아주 많았지만 그런 다음에 소원하게 되어 서로 공격하기를 마치 원수 같이 하였으나, 주의 천자는 금지시킬 수가 없었습니다. 이제 사해의 안에서는 폐하의 신령스러움에 의지하여 하나로 합쳤으니 모두 군(郡)·현(縣)으로 만들고, 여러 아들들과 공신들은 공적인 부세(賦稅)를 가지고 이들에게 많은 상을 내려주시면 아주 충분하고 쉽게 통제하게 되어 천하에는 다른 뜻이 없게 될 것이니, 안녕을 지키는 술책입니다. 제후를 두는 것은 편하지 못합니다."

시황제가 말하였다.

"천하가 다 함께 전투하고 쉬지 못한 것은 후왕(侯王)[41]이 있었음으로 해서이다. 종묘에 의지하여 천하가 처음 안정되었는데, 또다시 나라를 세운다면 이는 군사를 심어놓는 것이니, 그러고 그들이 편안하게 쉬기를 구한다면 어찌 어렵지 않겠는가? 정위가 논의한 것이 옳다."

천하를 나누어 36개 군으로 하고 군에는 수(守)·위(尉)·감(監)을 두었다.

천하의 병기를 함양에 모아다가 녹여서 종거(鐘鐻)[42]와 금인(金人) 12개를 만들었는데, 무게는 각기 1천 석(石)이며, 궁의 뜰 가운데에다 두었다. 도(度)·형(衡)·석(石)·장척(丈尺)도 하나의 법으로 하였다. 천

---

41 천자에 대하여서는 제후이며, 동시에 호칭은 왕호를 쓰는 사람을 말한다.
42 종은 악기이며, 거는 이 종을 거는 얼개이다.

하의 호걸 12만 호(戶)를 함양으로 이사시켰다.

여러 묘(廟, 사당)와 장대(章臺), 그리고 상림(上林)[43]은 모두 위수(渭水)의 남쪽에 두었다. 제후들을 깨뜨릴 때마다 그 궁실을 모방하여 그려다가 이를 함양의 북판(北阪)[44]에다 만들고, 남쪽으로는 위수(渭水)에 다다르게 하고 옹문(雍門, 섬서성 高陵縣 경계 지역)의 동쪽에서부터 경수(涇水)와 위수에 이르게 하였으며, 전옥(殿屋)·복도(復道)·주각(周閣)이 서로 이어지게 하고 얻은 제후들의 미인과 종고(鐘鼓)를 그 안에 채워 넣었다.

시황제 27년(辛巳, 기원전 220년)[45]

1   시황제가 농서(隴西, 감숙성 臨洮縣), 북지(北地, 감숙성 寧縣)를 순행하고 계두산(鷄頭山, 섬서성 高平縣)에 이르렀다가 회중(回中, 섬서성 隴西縣 서북쪽)[46]을 지나갔다.

2   위남(渭南)에 신궁(信宮)을 짓는 것이 끝나자, 다시 명명(命名)하여 극묘(極廟)라고 하였다. 극묘에서부터 길이 여산(驪山)으로 통하도

---

43 묘는 사당이고, 장대는 화려하게 꾸민 대(臺)를 말하고 상림은 황제의 놀이동산이다.

44 이는 한 무제 때의 위성(渭城)이며 구종산(九嵕山)의 기슭이다.

45 이 해는 위 위각 10년이다.

46 기산에 있고, 여기에 궁궐이 있는데 이를 회중궁이라 한다.

록 하고, 감천(甘泉, 섬서성 涇陽縣 경계 지역)의 전전(前殿)을 짓고 용도 (甬道)[47]를 쌓아 함양까지 이어지게 하였으며, 천하의 치도(馳道)[48]를 닦았다.

시황제 28년(壬午, 기원전 219년)[49]

1   시황제가 동쪽에 있는 군과 현을 행차하다가 추역산(鄒嶧山, 산동 성 鄒縣의 동남쪽)에 올라서 돌을 세워 공적과 업적을 칭송하였다.[50] 이 에 노(魯)의 유생 70명을 불러 모아 태산(泰山)의 아래에 이르러서 봉 선(封禪)[51]에 관하여 의논하게 하였다.

여러 유생 가운데 어떤 사람이 말하였다.

---

47 길의 양옆에 담장을 쌓아서 이 길로 사람이나 물건을 나를 수 있도록 하여서 밖에서 이 길로 지나는 것을 볼 수 없도록 만든 길을 말한다.

48 황제가 사용하는 대도는 4통8달하여 북쪽으로는 연 지역에 이르렀고, 남쪽 으로는 중국해에 이르게 하였다. 넓이는 50보였는데, 길의 양쪽은 3장(丈)마 다 나무 한 그루씩 심었다.

49 이 해는 위 위각 11년이다.

50 진 시황은 전국을 다니면서 7군데에 이러한 공덕비를 세웠다. 그런데 《사기 (史記)》에는 6곳만 기록되어 있으며, 이 추역산에 세운 공덕비를 기록하지 않았다.

51 봉선은 원래 전국시대 제, 노 지방의 유생들이 중국의 5악 가운데 태산이 제 일 높다고 생각하고, 제왕은 마땅히 태산에 가서 제사지내야 한다고 하였다. 태산에 올라가서 흙을 쌓는 것을 봉(封)이라고 하고, 태산의 남쪽 양보산 아 래에서 땅에 제사지내는 것을 선(禪)이라고 한다.

"옛날에 봉선을 할 때에는 창포로 수레를 감싸서 산의 흙이나 돌, 풀과 나무를 다치게 하는 것을 싫어하였고, 땅을 쓸고서 제사를 지내고 풀로 자리를 만들어 쓴다고 하였습니다."

의논하는데 각기 차이가 있었다.

시황제는 그들의 의견을 그대로 시행해 쓰기 어렵게 되니, 이로 말미암아서 유생들을 쫓아냈다. 드디어 수레가 다니는 길을 내고 태산의 남쪽에서부터 정상에 올라서 돌을 세워 공덕을 칭송하였고, 북쪽 길로 내려와서 양보산(梁父山)에서 선(禪)을 거행하였다. 그 예식은 자못 태축(太祝)[52]이 옹성(雍城, 섬서성 鳳翔縣)에서 상제(上帝)에게 제사지낼 때 쓰는 방법을 채용하였으며, 봉장(封藏)[53]하는 것은 모두 비밀로 하여 세상에서는 얻어서 기록할 수가 없었다.

이에 시황제는 드디어 동쪽으로 바다에 가서 유람하고 명산·대천과 여덟 신(神)[54]에게 예로 제사를 지냈다. 시황제는 남쪽으로 가서 낭야산(琅邪山, 산동성 膠南縣의 남쪽)에 올라가서 크게 즐기면서 석 달을 머물렀고, 낭야대(琅邪臺)[55]를 만들고 돌을 세워서 덕을 칭송하게 하였고 자기의 뜻대로 되었음을 밝혔다.

---

52 옹성은 섬서성 봉상현에 있는데, 이 옹에 사당을 건립하고 상제에게 제사를 지냈다. 태축은 진 때에 봉상관이 있었는데 옹태축령이 여기에 소속되었다.

53 제사지내면서 그곳에 감추어 두는 것을 말한다.

54 8신은 천주; 천재연수(天主; 天齋淵水), 지주; 태산양보(地主; 太山梁父), 병주; 치우(兵主; 蚩尤), 음주; 삼산(陰主; 三山), 양주; 지부산(陽主; 之罘山) 월주; 내산(月主; 萊山), 일주; 성산(日主; 成山), 시주; 낭야산(時主; 琅邪山)이다.

55 낭야대는 본래 월 구천이 건축한 것인데, 시황제가 3만 호의 사람을 동원하여 확장하였다.

처음에, 연인(燕人) 송무기(宋毋忌)[56]와 선문자고(羨門子高)[57]의 무리들이 선도(仙道)와 형해소화(形解銷化)[58]의 술책이 있다고 말하였는데, 연과 제의 어리석고 괴이한 사람들이 모두 다투어 이를 전하고 익혔다.

제의 위왕(威王, 1대)과 선왕(宣王, 2대), 연의 소왕(昭王, 4대)도 모두 그들의 말을 믿고 사람들로 하여금 바다에 나아가서 봉래(蓬萊)·방장(方丈)·영주(瀛洲)를 찾게 하였는데, 이 세 신산(神山)은 발해(渤海) 가운데에 있다고 하는데 사람들이 사는 곳에서 멀지가 않다고 하였다. 걱정거리는 또 도착할 때쯤 되면 바람이 일어서 배를 끌어간다는 것이다. 일찍이 도착했던 사람이 있었는데, 여러 선인(仙人)들과 불사약(不死藥)이 모두 있었다고 하였다.

시황제가 바다에 이르게 되자 여러 방사(方士, 道家의 法士)인 제인(齊人) 서시(徐市) 등이 다투어 편지를 올려서 이를 말하며, 재계(齋戒)하고 남녀 아이들과 더불어 이를 구하라고 청하였다. 이에 서시를 파견하며 남녀 어린아이들 수천 명을 징발하여 바다로 들어가 이를 구하도록 하였다. 배가 바다 가운데에서 왔다 갔다 하다가 모두 바람 때문이라고 풀어서[59] 말하였다.

"아직 이를 수는 없었으나 멀리서는 바라보았습니다."

시황제가 돌아오는데, 팽성(彭城, 강소성 徐州市)을 지나고서 재계(齋

---

56 고대의 전설로 화선이라고 알려진 선인이다.

57 이 역시 고대의 선인으로 알려졌다.

58 사람이 늙으면 몸이 풀어져서 몸은 없어지고 신선으로 되는 것을 말한다.

59 스스로 해설하기를, 바람 때문에 이를 수 없었다고 하였다는 것이다.

戒)⁶⁰를 하고 사당에 기도하고, 주(周)의 정(鼎)을 사수(泗水)에서 나오게 하려고⁶¹ 사람 1천 명으로 하여금 물속에 들어가 이를 찾게 하였으나 찾지를 못하였다.

마침내 다시 서남쪽으로 가서 회수(淮水)를 건너서 형산(衡山, 안휘성 當涂縣의 북쪽)과 남군(南郡, 호북성 江陵縣)에 갔다. 장강(長江)에 배를 띄워 상산(湘山, 호남성 湘潭縣 경계 지역)의 사당에 이르렀는데, 큰바람을 만나서 거의 강을 건널 수가 없게 되었다. 황상⁶²이 박사에게 물었다.

"상군(湘君)은 어떤 신이요?"

대답하였다.

"듣건대, 요(堯)의 딸이며 순(舜)임금의 처인데 이곳에 장사지냈다고 합니다."

---

60 재계란 고기를 먹지 않고 여자 가까이에 가지 않으며 마음을 바르게 하고 공경하는 마음을 갖는 것을 말한다.

61 전설에 의하면 주가 멸망할 때 아홉 개의 정(鼎)을 진으로 옮겼는데, 그 가운데 하나가 홀연히 공중으로 날아가서 사수에 빠졌다고 한다. 여기서 찾으려는 것은 그것을 말한다. 그러나 사실상 아홉 개의 정은 이미 다 부서졌을 것이다. 만약 정말로 정을 진으로 옮겼다면 진이 망했을 때 이 정이 보였어야 한다. 아홉 개의 정을 진으로 옮겼다는 것은 진이 연막전술을 펴서 주의 보기(후대에는 옥새임)를 가져서 왕실의 정통을 이어받은 것으로 하기 위함이었을 것이다.

62 《자치통감》에서 시황제를 시황(始皇)으로 쓰고, 이를 윗분으로 보아 상(上)이라 쓴다. 상은 평상용어로 윗분이라는 말이지만 대체적으로 가장 높은 분, 즉 황제를 가리킨다. 후에 황제를 제(帝)로 쓰는 경우가 많으므로 상(上)일 경우에는 황상으로 번역하고, 제(帝)는 황제로 번역한다.

시황제는 크게 노하여 형도(刑徒)[63] 3천 명으로 하여금 모두 상산
(湘山)의 나무를 베어버리게 하여 그 산을 민둥산으로 만들었다. 드디
어 남군에서 무관(武關, 섬서성 商縣 경계 지역)을 거쳐서 돌아왔다.

2   처음에, 한인(韓人) 장량(張良)은 그의 아버지, 할아버지 위로 5세
(世)에 걸쳐서 한에서 재상을 지냈다.[64] 한이 망하게 되자 장량은 천금
(千金)의 재산을 흩어서 한을 위하여 원수를 갚고자 하였다.

시황제 29년(癸未, 기원전 218년)[65]

1   시황제가 동쪽으로 유람을 떠나서 양무(陽武, 하남성 陽武縣)의
박랑사(博浪沙, 양무현 동남쪽 3km 지점) 가운데에 이르렀는데, 장량이
역사(力士)로 하여금 쇠몽둥이를 휘둘러서 시황제를 저격하게 하였지
만, 잘못되어 부차(副車)[66]를 맞추었다. 시황제가 놀라서 잡으라고 하
였으나 잡지 못하자, 천하에 명령을 내려서 10일 동안 크게 수색을 하
였다.

---

63 형을 받아서 강제 노역에 종사하는 무리들을 말한다.

64 장량의 대부(大父)인 장개지(張開地)는 한의 소후·선혜왕·양애왕의 재상이
    었고, 아버지 장평(張平)은 희왕 도혜왕의 재상이었으므로 5세를 재상으로
    지낸 것이다.

65 이 해는 위 위각 12년이다.

66 황제가 행차할 때에는 직접 타고 가는 수레 말고 예비용으로 부차를 가지고
    가는데 이것이 황제가 탄 것과 같아서 밖에서는 구별하기가 어렵다.

시황제가 드디어 지부산(之罘山)에 올라가서도 돌에 새기고, 돌아서 낭야(琅邪, 산동성 膠南縣)로 갔다가 상당(上黨, 산서성 長子縣)으로 가는 길로 들어왔다.

시황제 31년(乙酉, 기원전 216년)[67]

1   검수(黔首)[68]들로 하여금 스스로 실제의 전무(田畝)를 실사하게 하였다.

시황제 32년(丙戌, 기원전 215년)[69]

1   시황제가 갈석(碣石, 하북성 昌黎縣 부근)에 가서 연인(燕人) 노생 (盧生)으로 하여금 선문(羨門)[70]을 찾게 하고, 갈석(碣石)의 문에 새겼다. 성곽을 파괴하고 제방을 터서 통하게 하였다. 시황제는 북쪽 변경을 순행하고 상군(上郡)에서부터 들어왔다.

노생이 바다로 들어가게 하였다가 돌아왔는데, 이어서《녹도서(錄圖

---

67 이 해는 위 위각 14년이다.

68 검수의 검(黔)은 흑색을 말하며 민은 검은 수건으로 머리를 덮고 있으므로 진 시황 26년에 민을 검수로 부르게 하였다.

69 이 해는 위 위각 15년이다.

70 옛날의 선인이다. 앞에서는 선문자고(羨門子高)라고 하였다.

書)》[71]를 상주하여서 말하였다.

　"진을 망치는 자는 호(胡)[72]입니다."

　시황제는 마침내 장군 몽념(蒙恬)을 파견하고 군사 30만 명을 발동하여 북쪽으로 흉노를 쳤다.

시황제 33년(丁亥, 기원전 214년)[73]

1　　일찍 여러 도망쳤던 사람과 췌서(贅壻)[74]을 징발하여 병사로 삼고, 남월(南越)의 육량지(陸梁地, 광동·광서성)를 빼앗고, 계림(桂林, 광서성 계림)·남해(南海, 광동성 廣州市)·상군(象郡, 베트남 하노이)을 설치하고, 죄를 지은 사람 50만 명을 옮겨서 오령(五嶺)[75]을 수수(戍守)하게 하고, 월(越) 사람들과 섞여 살게 하였다.

71　후세에 참위서로 불리는 것과 같은 책이다.

72　정현은 호(胡)는 진의 2세황제인 호해(胡亥)를 가리키는 것이라고 하였다. 그러나 진나라에서는 《녹도서》를 보고 그것이 사람의 이름인 것을 모르고 북쪽에 있는 호족(胡族), 즉 흉노로 알았다.

73　이 해는 위 위각 16년이다.

74　진인은 집안이 가난한 사람이 여자의 집으로 결혼해 데릴사위로 들어가서 아이들을 낳으면 여자의 성을 따르도록 되어 있다. 따라서 특별히 가난하지 않으면 췌서(贅婿)로 가지 않았다.

75　오령은 중국의 남방으로 가면서 넘어야 할 다섯 군데의 고개를 말하는데, 월성령·도방령·맹저령·기전령·대유령(越城嶺·都龐嶺·萌渚嶺·騎田嶺·大庾嶺)이다.

2   몽념이 흉노를 구축하고 하남지(河南地, 河套 이남 지역)의 44개 현을 거둬들였다. 장성(長城)을 쌓았는데, 지형을 이용하여 험난한 요새를 사용하여 통제하도록 하였다. 임조(臨洮, 감숙성 岷縣)에서 시작하여 요동(遼東, 요녕성 遼陽市)에 이르렀으며, 연장한 거리가 만여 리가 되었다.

이에 황하를 건너서 양산(陽山, 내몽고 狼山)에 근거하여 구불구불하게 북쪽으로 뻗게 되었다. 군사를 10여 년 동안이나 밖에 두어서 몽념은 항상 상군(上郡)에 살면서 이를 다스렸고, 그 위엄이 흉노를 진동시켰다.

시황제 34년(戊子, 기원전 213년)[76]

1   감옥을 다스리는 관리로 정직하지 않은 사람과 재심을 고의로 처리하거나 혹은 잘못 처리한 자를 귀양을 보내서 장성을 쌓게 하거나 남월(南越, 광동성)의 땅에 두게 하였다.

승상 이사(李斯)가 편지를 올려서 말하였다.

"다른 시기에는 제후들이 나란히 다투어 유세하는 학인을 후히 대우하면서 초청하였습니다. 이제 천하가 이미 안정되어 법령이 한 곳에서 나오니, 백성으로 집에 있는 사람은 힘써 농사를 짓고 물건을 만들어야 하며, 선비는 법령을 학습해야 합니다.

지금 여러 학생들이 지금의 것을 스승으로 하지 않고, 옛 것을 배워

---

76 이 해는 위 위각 17년이다.

서 현재의 시대를 비난하여 검수들을 현혹시키고 혼란스럽게 하고 서로 더불어 법령을 비난하며 사람들에게 가르치고, 명령이 내렸다는 말을 들으면 각기 그가 배운 것을 가지고 이를 의논하고, 들어가서는 마음으로 비난하고 나오면 골목에서 의논하면서 주장을 과장하는 것을 명성이라고 여기고, 다른 것으로 나가면 이것을 고명하다고 여기며, 많은 사람을 인솔하여 비방의 말을 내려 보내 비방을 만듭니다. 이와 같이 되어도 금하지 않는다면 군주의 세력은 위에서 떨어지고, 떼 지은 무리들은 아래에서 만들어집니다.

이를 금지하는 것이 편리합니다. 신이 청컨대, 사관(史官)에게는 진을 비난하는 기록은 모두 이를 태워버리게 하시고, 박사관(博士官)이 관장하지 아니하는 것으로 천하에 숨겨진 《시(詩)》·《서(書)》·제자백가(諸子百家)의 학설이라는 것은 모두 군수·군위에게 보내서 이를 섞어서 불태우십시오.

감히 우연하게라도 《시》·《서》를 말하는 사람이 있다면, 기시(棄市)[77]하고, 옛 것을 가지고 오늘날의 것을 비난하는 자는 그 가족을 다 없애며, 관리가 알아보고도[78] 검거하지 않으면 같은 죄로 다스립니다.

명령을 내리고 나서 30일이 되어도 태워버리지 않으면 경형(黥刑)에 처하여 성단(城旦)[79]을 시킵니다. 버리지 아니할 것은 의약(醫藥)·복서(卜筮)·종수(種樹) 관계의 책입니다. 만약에 법령을 배우고자 하는

---

77 목을 베어 저자에 버리는 형벌이다.

78 죄 지은 사람을 알고도 적발하지 않는 것을 말한다.

79 경형은 얼굴에 죄명을 묵으로 뜨는 형벌이고, 성단은 아침에 일어나서 성 쌓는 일을 하는 것으로 4년 형이다.

사람이 있으면 관리를 스승으로 삼으십시오."

제(制)[80]하여 말하였다.

"가(可)하다."

위인(魏人) 진여(陳餘)가 공부(孔鮒)[81]에게 말하였다.

"진은 장차 선왕(先王)들의 전적을 없앨 것인데, 그대가 서적의 주인 공이니 그것은 위태롭습니다."

자어(子魚)가 말하였다.

"나는 쓸모없는 학문을 공부하는 사람이니 나를 아는 사람만이 오직 나의 친구입니다. 진은 나의 벗이 아니니 내가 어찌 위험하단 말이오! 나는 장차 이를 감추어 두었다가 그것을 찾는 사람을 기다릴 것이고, 찾는 사람이 이르면 걱정거리가 없어질 것입니다."

시황제 35년(己丑, 기원전 212년)[82]

1   몽념에게 직도(直道)를 닦아서 구원(九原, 내몽고 包頭市)까지 가는 길을 냈는데, 운양(雲陽, 섬서성 淳化縣)에 이르러서는 산을 파고 골짜기를 메워서 1천800리를 만드는데, 몇 년이 지나도 성취하지 못하였다.

---

80 황제의 명(命)이다. 진 시황이 새롭게 명을 제로 고쳐서 시행하였다.

81 공부는 공자의 8세손으로 자는 자어(子魚)이다.

82 이 해는 위 위각 18년이다.

2 　시황제가 함양에는 사람이 많은데 선왕들의 궁정이 작다고 생각하여 마침내 조궁(朝宮)을 위수의 남쪽 상림원에 짓는데, 궁전(宮殿) 앞에 아방(阿房, 서안시 南阿房村)을 먼저 지으니 그 동서가 500보(步)이고 남북이 50장(丈)이며, 그 위에는 1만 명이 앉을 수 있고 아래로는 5장(丈) 높이의 기를 세울 수 있으며, 주위에서 말달리는 데, 각도(閣道)[83]를 만들고 전각의 아래에서 곧바로 남산에 다다르게 하고 남산의 꼭대기를 궐(闕)로 만들었다. 복도(複道)를 만들어 아방에서 위수(渭水)를 건너서 함양에서 이어지게 하였는데, 천극(天極)과 각도가 은하수를 건너서 영실(營室)에 이르는 것을 상징하게 하였다.[84]

은궁(隱宮)과 도형(徒刑)[85]을 받은 사람 70만 명을 나누어서 아방궁을 짓게 하거나 혹은 여산(驪山)[86]을 만들게 하였다. 이를 위하여 북산(北山)[87]에 있는 석곽(石槨)을 파내고, 촉(蜀, 四川省 成都市)과 형(荊,

---

83 각도는 주위를 나무로 쌓아 올려서 만든 고가의 큰 길을 말한다.

84 천극 뒤에는 17개의 별이 있는데, 한수(漢水)를 끊어 영실에 이어지는 것을 각도라고 한다. 북쪽에 있는 별을 천극이라 한다. 영실에 있는 별 두 개는 천자의 궁이다. 각도성은 규수(奎宿)에 속하고 6개의 별을 갖고 있으며, 영실은 처음에는 영(營)과 벽(壁) 두 수(宿)를 포함하였으나, 후에는 오로지 영수(營宿)만을 가리키게 되었다. 고대인들은 영실의 두 별은 천자의 궁이라고 생각하였다.

85 궁형을 받은 사람은 100일 동안 음실(蔭室)에 숨어 있어야 했으므로 궁형을 은궁이라고 하고, 도형이란 죄를 짓고 이미 형벌이 더해지는데 다시 일을 하게 하는 벌을 받은 사람이다.

86 진 시황의 능을 가리킨다.

87 섬서성 관중 평원 북부에 있는 산을 가리킨다. 함양에서 이곳까지는 대략 700km 정도 떨어진 곳이다.

옛날 초 지역)의 재료를 실어다 모두 날랐는데, 모두 이르자, 관중(關中)⁸⁸에 있는 궁을 헤아리니 300개였고, 관(關) 밖⁸⁹에도 400여 개가 있었다.

이에 동해에 있는 구(朐는 朐山을 말하며 東海縣임)의 경계 안에 돌을 세워서 진의 동문(東門)으로 하였다. 이어서 3만 가구를 여읍(驪邑, 陝西省 姙潼縣 驪山 아래)으로 옮겼고, 5만 가구는 운양(雲陽, 섬서성 淳化縣)으로 옮겼는데, 이들 모두에게는 10년간 부세를 면제해주고 정역(征役)을 하지 않게 하였다.

3   노생(盧生)이 시황제에게 유세하였다.

"방술 가운데에는 인주(人主)가 때로 미행하여서 악귀를 피해야 한다고 되어 있습니다. 악귀가 피하면 진인(眞人)이 나타납니다. 바라건대 황상께서 거처하시는 궁을 다른 사람들이 모르게 하시고, 그런 후에 불사약(不死藥)은 거의 구할 수 있습니다."

시황제가 말하였다.

"나는 진인을 흠모한다."

스스로 '진인이다'라고 하면서 짐(朕)이라고 부르지 않았다.

마침내 함양 옆에 200리 안에 있는 궁(宮)과 관(觀)⁹⁰ 270개는 복도

---

88 섬서성의 중부이다. 서안시를 중심으로 위수 유역의 좁고 긴 지대를 말한다. 그 동쪽으로는 함곡관, 서쪽으로는 산관, 북쪽으로는 소관, 남쪽으로는 무관이 있었다. 따라서 이 지역은 이 네 개의 관 가운데에 있는 것과 같은 형상이었다.

89 함곡관(函谷關)의 동쪽을 말한다.

90 높게 지어서 관망할 수 있는 건물을 말한다.

(復道)와 용도(甬道)가 서로 연결되게 하고, 휘장과 장막, 종고(鐘鼓)와 미인들을 이곳에 가득 채워놓고 각기 명단을 만들어 옮기지 못하게 하라고 명령하였다.

행차하는 곳을 가는데 그곳을 말하는 사람이 있다면 사형에 처하도록 하였다. 시황제가 양산궁(梁山宮)에 행차하였다가 산 위에서 승상의 수레와 기마가 많은 것을 보고 좋게 생각하지 아니하였다. 중인(中人)[91] 가운데 어떤 이가 승상에게 말하니 승상이 후에 수레와 기마를 줄였다.

시황제가 노하여 말하였다.

"이 가운데에 있는 사람이 내 말을 누설하였구나!"

조사하고 물었으나 승복하는 사람이 없자, 그 당시 그 옆에 있던 사람을 체포하여 이를 전부 죽였다. 이 이후로는 가서 있는 곳을 알지 못하였다. 여러 신하들 가운데 결재 받을 일이 있는 사람은 모두 함양궁(咸陽宮)에 있었다.

후생(侯生)과 노생이 서로 더불어 시황제를 비방하는 논의를 하였다가 이 때문에 도망하여 갔다. 시황제가 이를 듣고, 크게 노하여 말하였다.

"노생 등은 내가 존경하여 그에게 내려준 것이 아주 후하였는데, 이제 마침내 나를 비방하다니! 제생(諸生) 가운데 함양에 있는 자는 내가 사람을 시켜서 살피며 물어보았더니, 혹 어떤 사람이 요사스런 말을 하여 검수들을 어지럽혔다."

---

91 환관을 말한다. 중은 궁중을 가리키는 말이므로 궁중에 사는 사람은 바로 환관인 것이다.

이에 어사(御史)로 하여금 제생들 모두에게 묻고 조사하게 하였다.

제생들이 전해 가면서 서로 이끌어서 알리자, 마침내 스스로 금령을 범한 것으로 판결된 자가 460여 명이었는데, 이들을 모두 함양에 묻어버려서 천하 사람들로 하여금 알게 하여 뒷사람들을 경계하였고, 더욱 귀양 갈 사람을 징발하여 변방으로 이사시켰다.

시황제의 장자 영부소(嬴扶蘇)가 간하였다.

"제생들은 모두 공자의 말씀을 외우고 본받는데, 이제 황상께서는 무거운 법률로 이들을 묶어버리니, 신은 천하가 불안할까 걱정입니다."

시황제가 노하여 영부소로 하여금 북쪽으로 가서 상군(上郡)에서 몽념(蒙恬)의 군대를 감독하게 하였다.

시황제의 죽음과 제거된 몽씨들

시황제 36년(庚寅, 기원전 211년)⁹²

1   동군(東郡, 하북성 濮陽縣)에 운석(隕石)이 떨어졌다. 어떤 사람이
그 돌에 새겨서 말하였다.
"시황제는 죽고 땅이 갈라진다."
시황제가 어사(御史)를 시켜서 쫓으며 묻게 하였으나 자복하는 사
람이 없자 그 돌 근처에 사는 사람은 모두 잡아서 죽이고, 그 돌을 불에
구웠다.

2   하북(河北)과 유중(楡中)⁹³의 3만 가구를 이사시키고, 이들에게
작위 1급을 내려주었다.

---

92 이 해는 위 위각 19년이다.

93 하북은 황하의 하투 이북을 말하고 유중은 섬서성 유림현이다.

시황제 37년(辛卯, 기원전 210년)[94]

1   겨울, 10월 계축일(7일)에 시황제가 외출하여 순유(巡遊)하였는데, 좌승상 이사(李斯)가 좇고, 우승상 거질(去疾)은 함양을 지키게 하였다. 시황제는 20여 명의 아들 중에 작은아들 영호해(嬴胡亥)를 가장 사랑하였는데, 좇아가기를 청하자 황상이 이를 허락하였다.

  11월에 순행(巡行)하여 운몽(雲夢, 호북성 安陸縣)에 이르러 구의산(九疑山, 호남성 寧遠縣 경계 지역)에서 우순(虞舜; 순임금)을 바라보면서 제사지냈다. 장강에 배를 띄워 내려가면서 적가(藉柯, 현재 지명 不明)를 구경을 하고 해저(海渚)[95]를 건너 단양(丹陽, 안휘성 當涂縣)을 지나 전당(錢唐, 절강성 杭州市)에 이르러서 절강(浙江)에 다가갔다.

  물의 파도가 험악하여 마침내 서쪽으로 120리를 가서 섬중(陝中)[96]에서 물을 건넜다. 회계(會稽, 절강성 紹興縣)에서 육지에 올라 대우(大禹; 우임금)에게 제사지내고, 남해(南海)를 바라보고 돌을 세워서 덕을 칭송하였다. 돌아오면서 오(吳)를 지나서 강승(江乘, 강소성 句容縣 북쪽)을 좇아서 물을 건넜다. 바다를 나란히 하여 북으로 가서 낭야(琅邪, 산동성 膠南縣)와 지부(芝罘, 산동성 烟台縣)에 이르러 큰 물고기를 보고 활로 쏘아 죽였다. 드디어 바다 서쪽을 나란히 하여 가서 평원진(平原津, 산동성 平原 부근)에 이르렀는데, 병이 났다.

---

94 이 해는 위 위각 20년이다.

95 해저는 서주 동안현의 동쪽에 있는데, 서주는 강의 중류에 있으므로 '海'자는 '江'자의 잘못인 것 같다.

96 섬중은 부양과 분수 사이의 강폭이 좁은 곳을 말한다.

　시황제는 죽는다고 말하는 것을 싫어하여 여러 신하들이 감히 죽고 나서 해야 할 일들을 말하지 못하였다. 병이 더욱 심하여져서 마침내 시황제는 중거부령(中車府令)이며 행부새사(行符璽事)[97]인 조고(趙高)에게 명령을 내려서 편지를 써서 영부소에게 내리게 하여 말하였다.

　"상사(喪事)에 참여하고 함양(咸陽)에 모여서 장사지낼지어다."

　편지가 이미 봉함이 되어 조고의 처소에 가 있었으나 아직은 사자에게 부치지 않았다.

　가을, 7월 병인일(20일)에 시황제가 사구평대(沙丘平臺, 하북성 平鄕縣)[98]에서 붕어하였다. 승상 이사(李斯)는 황상이 밖에서 붕어하자 여러 공자(公子)들과 천하가 변란을 일으킬까 두려워서 마침내 이를 비밀(秘密)로 하여 발상(發喪)하지 않고 관(棺)을 온량차(輻涼車)[99]에 싣고서 과거에 총애하던 환관을 참승(驂乘)[100]시켰다.

　이르는 곳에서 식사를 올리고 백관들이 사실을 상주하는 것도 전처럼 하고, 그 환관이 번번이 수레 안에서 상주하는 일을 가(可)하다고 하게 하였다. 다만 영호해와 조고 그리고 총애 받는 환관 5~6명이 이를 알았다.

---

97 중거부령은 궁문의 수위관에 해당하는 직책이고, 행부새사는 부절과 옥새를 관리하는 직책인데, 행(行)은 행직 즉 임시직이다.

98 조 태상황이 주 난왕 20년(기원전 295년)에 이곳에서 굶어 죽었는데, 이는《자치통감》권6에 실려 있다.

99 수레에 창문이 있어서 더우면 열고 추우면 닫을 수 있게 하였다.

100 귀인을 호위하기 위하여 귀인의 옆에 호위하는 사람을 태우는 것을 말한다. 여기서는 시황제가 이미 죽었으나 살아 있는 것처럼 위장하기 위하여 태운 것이다.

처음에, 시황제는 몽씨(蒙氏)를 존중하고 총애하여 이들을 신임하였다. 몽념은 외장(外將)을 맡았고, 몽의(蒙毅)는 항상 중앙에 살면서 모의하는 논의에 참여하였고, 이름하여 충성스럽고 신임이 있다고 하였으니 그러므로 비록 여러 장상(將相)들이라도 감히 그와 더불어 다투지 않았다.

조고(趙高)란 사람은 나면서부터 은궁(隱宮)[101]이었는데, 시황제는 그가 강력하고 옥사(獄事)에 관한 법에 통달하였다는 말을 듣고, 그를 발탁하여 중거부령으로 삼고, 영호해에게 옥사를 결판하는 일을 가르치게 하였는데, 영호해도 그를 총애하였다.

조고가 죄를 지어서 시황제가 몽의로 하여금 그를 다스리게 하였는데, 몽의는 조고는 법으로 마땅히 사형에 처해야 한다고 하였다. 시황제는 조고가 일에서 민첩하였기 때문에 그를 사면해주고 그 관직도 복구하여주었다.

조고는 이미 영호해에게 평소부터 총애를 받았고, 또한 몽씨를 원망하여 마침내 영호해를 설득하며, 시황제로 영부소를 주살하고 영호해를 세워 태자로 삼으라고 명하였다고 속이게 해달라고 하였다. 영호해는 그 계책을 그렇겠다고 하였다.

조고가 말하였다.

"승상과 서로 모의하지 않으면 아마도 일이 이루어질 수 없을까 걱정입니다."

마침내 승상 이사를 보고 말하였다.

---

101 궁형을 받은 환관이다. 보통 다른 형벌은 저자에서 집행하지만 궁형은 은실(隱室, 공개되지 않은 방)에서 집행하기 때문에 은궁이라고 한 것이다.

"황상이 장자¹⁰²에게 내린 편지와 부새(符璽: 비밀부호와 옥새)가 모두 영호해의 처소에 있습니다. 태자를 정하는 것은 그대 군후(君侯)¹⁰³와 저 조고의 입에 달려 있을 뿐입니다. 일이 장차 어찌 될 것 같습니까?"

이사가 말하였다.

"어찌 나라를 망칠 말을 할 수 있겠는가? 이러한 일은 신하된 사람이 마땅히 논의해야 할 일이 아니오."

조고가 말하였다.

"군후의 재능과 꾀를 내어 생각하는 것, 높이 공로를 세운 것, 그리고 원망을 안 받는 것과 장자가 신임하는 것이 있는데, 이 다섯 가지에서 모두 몽념과는 어떠합니까?"

이사가 말하였다.

"미치지 못하오."

조고가 말하였다.

"그렇다면 장자가 즉위하면 반드시 몽념을 써서 승상을 삼을 것이고, 군후께서는 끝내 통후(通侯)¹⁰⁴의 인장을 품어 보지도 못하고 향리로 돌아갈 것이 분명하군요. 영호해는 어질고 두터워서 후사가 될 만합니다. 바라건대 그대가 살펴 계책을 세워서 이를 정하십시오."

승상 이사는 그러할 것이라고 여기고 마침내 서로 함께 모의하여 거

---

102 태자인 부소이다.

103 이사를 말한다.

104 통후는 한대의 철후(徹侯)를 말하는데 바로 열후이다. 이는 공덕이 왕실에 통하는 자리를 말한다.

짓으로 시황제의 조서를 받은 것으로 하고 영호해를 세워서 태자로 삼고, 다시 편지를 영부소에게 내려서 땅을 개척하여 공로를 세우지 못하고 사졸을 많이 소모시킨 것을 헤아리고, 편지를 올려서 직언하여 비방한 것도 헤아리며, 밤낮으로 원망하니 직책을 파(罷)하고 돌아와 태자가 될 수 없다고 하고 장군 몽념이 이러한 것을 고쳐주지 않고 그가 꾀하는 것을 모두 알았으니, 모두에게 죽음을 하사하고, 군사는 비장(裨將) 왕리(王離)에게 맡기도록 하였다.

영부소가 편지를 펴보고는 울면서 내실로 들어가서 자살하고자 하였다. 몽념이 말하였다.

"폐하는 밖에 계시고 아직 태자를 세우지 않았는데, 신으로 하여금 30만 명의 무리를 거느리고 변방을 지키라고 하였고, 공자(公子)는 감(監)[105]이시니, 이는 천하의 무거운 임무입니다. 이제 한 명의 사자가 오자 바로 자살하려고 하는데 그것이 속이는 것이 아닌 것을 어찌 알겠습니까? 다시 청[106]하여본 다음에 죽는다 하여도 늦지는 않습니다."

사자는 자주 이들을 재촉하였다.

영부소가 몽념에게 말하였다.

"아버지가 아들에게 죽음을 내렸는데, 오히려 어찌 다시 청해본다는 말이오."

바로 자살하였다.

몽념이 죽으려 하지 않자 사자는 관리에게 위촉하고 그를 양주(陽

---

105 공자(公子)는 제후나 제왕의 아들을 높여 부르는 말이고, 감(監)은 감독하는 책임을 말한다.

106 대답해주기를 청한다는 말로 물어보자는 뜻이다.

周, 섬서성 安定縣)에 가두었고 이사의 사인을 호군(護軍)[107]으로 바꾸어놓고 돌아가서 보고하였다. 영호해는 이미 영부소가 죽었다는 소식을 듣고 바로 몽념을 석방하고자 하였다. 마침 몽의(蒙毅)가 시황제를 위하여 산천에 가서 기도를 하고 돌아왔다.

조고가 영호해에게 말하였다.

"먼저 돌아가신 황제께서는 이미 똑똑한 사람을 들어서 태자를 삼고자 한 것이 오래 되었으나 몽의가 간하여 할 수 없다고 여긴 것이니 그를 주살하는 것만 못합니다."

이에 그를 대(代, 하북성 蔚縣)에 가두었다.

드디어 정형(井陘, 하북성 井陘縣)에서 구원(九原, 내몽고 包頭市)에 이르렀다.[108] 마침 무더워져서 온차(輼車)[109]에서는 냄새가 나니 마침내 따르는 관리들에게 조서를 내려서 수레에는 1석(石)의 포어(鮑魚)를 싣게 하여 이를 혼란스럽게 했다.[110] 그리고 곧은 길[直道]을 따라서 함양에 이르러 발상(發喪)하였다. 태자 영호해가 황제의 자리를 이어받았다.

---

107 큰 부대의 지휘관이다.

108 진 시황은 산동성에 있는 지부에서 큰 물고기를 죽이고 함양까지 오는 직선 거리에 있는 평원진에서 병이 들었고, 그 연장선상에 있는 사구에서 죽었다. 그런데 죽은 시체를 싣고 서쪽에 있는 함양으로 직접 가지 아니하고, 북쪽에 있는 정형과 함양에서 북쪽에 있는 구원까지 가서 결국 빙빙 돌았다. 이것은 잘 이해되지 않는다. 다만 이때에 도로 사정상 그렇게 돌아오는 것이 더 빠른 길인지는 알 수 없다.

109 죽은 시황제의 시체를 실은 수레이다.

110 실제로 시황제의 시체가 썩어서 냄새가 나자 생선을 실어서 다른 사람들이 생선 썩는 냄새로 알게 하여 시황제의 죽음을 혼란스럽게 한 것이다.

9월에 시황제를 여산(驪山)에 장사지냈는데, 지하는 삼천(三泉)을 막았고,[111] 기이한 그릇과 진기하고 괴상한 보물들을 옮겨서 여기에 가득 채웠다. 장인(匠人)들에게 명령하여 기노(機弩)[112]를 만들어서 뚫고 가까이 오는 사람이 있으면 번번이 이를 발사하게 하였다. 수은(水銀)으로 많은 개천과 강하(江河)와 큰 바다를 만들고 기계로 서로 물이 흐르도록 하였다.

위로는 천문을 갖추었고, 아래로는 지리를 갖추었다. 후궁으로 아들이 없는 자는 모두 따라서 죽게 하였다. 장사를 다 지낸 후에 어떤 사람이 말하였다. '공장(工匠)들이 기계를 만들어 감추어놓았는데, 모두 이를 알고 있으니, 중요한 것을 감춘 것이 바로 누설될 것이라.' 큰 일이 다 끝나자 이들을 묘 속에 가두었다.

2 2세황제는 몽념 형제를 주살하고자 하였다. 2세의 형의 아들[113]인 영자영(嬴子嬰)이 간하였다.

"조왕 조천(趙遷)이 이목(李牧)을 죽이고 안취(顔聚)를 등용하였으며,[114] 제왕 전건(田建)이 그 옛날 대대로 내려오는 충신을 죽이고 후

---

111 삼천이란 말 그대로는 세 개의 샘이라는 말인데, 세 개의 샘에서 나오는 물을 막았다는 말이 된다. 그러나 이를 삼중(三重)의 샘이라고 해석하여 물이 이르는 것을 말한다고 하였고, 또는 9천(泉)이라는 숫자에서 참고하여 따온 것이라고도 한다. 막은 것은 구리로 감싸서 밖의 물이 안으로 들어오지 못하게 한 것이다.

112 기계적으로 작동하는 노를 말한다.

113 호해의 형인 부소의 아들이다.

114 이 사건은 시황제 18년(기원전 229년)에 있었고, 그 내용은《자치통감》권6에

승(后勝)을 등용[115]하였다가 끝내 모두 나라를 망쳤습니다.

몽씨는 진의 대신이며, 지모를 가진 인사인데 폐하께서 하루아침에 그들을 버려 없애려고 합니다. 충신을 주살하고 절개와 행실이 없는 사람을 세운다면, 이는 안으로는 여러 신하들로 하여금 서로 믿지 못하게 할 것이고, 밖으로는 투사들의 뜻이 떨어져 나가게 할 것입니다."

2세는 듣지 않고 드디어 몽의와 내사 몽념을 죽였다.

몽념이 말하였다.

"나의 선대에서부터 자손에 이르기까지 진에 공로와 신의를 쌓은 것이 3대입니다. 이제 신이 군사 30여만을 거느리고 있으니, 몸은 비록 죄수로 묶여 있으나 그 세력은 충분히 배반할 수 있습니다. 그러나 스스로 반드시 죽더라도 의를 지켜야 될 것을 아니 감히 선대의 할아버지들이 가르치신 것을 욕되게 아니하여 돌아가신 황제를 잊지 않겠습니다."

마침내 약을 먹고 자살하였다.

❖ 양자(揚子)의 《법언(法言)》에서 말하였습니다.

어떤 이가 물었다. '몽념은 충성하다가 주살되었는데, 충성이란 것은 어찌 해볼 만한 것인가?' 말하였다. '산을 깎고 골짜기를 메우면서 임조(臨洮, 감숙성 임조현)에서 시작하여 요수(遼水)를 쳤는데, 힘은 부족하였고 시체는 항상 남아돌아갔으니 충성을 상쇄(相

———————
실려 있다.

115 이 사건은 시황제 26년(기원전 221년)에 있었던 일이다.

殺)하기에는 부족하다.'[116]

❖ 신 사마광이 말씀드립니다.

시황제는 바야흐로 천하에 해독을 끼쳤으며, 몽념은 그를 위하여 일을 하였으니, 몽념의 어질지 못함을 알 수가 있습니다. 그러나 몽념은 신하된 사람으로서의 의를 밝혔으니, 비록 죄 없이 죽임을 당하면서도 죽음으로 둘을 섬기지 않는다는 것을 지킬 수 있었으니, 이는 또한 칭찬할 만합니다.

---

116 몽념이 만리장성을 쌓고, 흉노를 치면서 많은 사람을 죽게 하였으니 그때 지은 죄와 충성심과 비교하면 그 지은 죄가 많다는 뜻이다. 이것도 역시 자문자답의 형식으로 되어 있는 글이다.

폭압정치 속에서 다시 살아난 제후 세력들

2세황제 원년(壬辰, 기원전 209년)[117]

1   겨울, 10월 무인일(7일)에 대대적으로 사면하였다.

2   봄에 2세황제는 동쪽으로 가서 군현들을 순행하였는데, 이사가 좇아갔으며 갈석(碣石, 하북성 昌黎縣)에 도착하였다가 바다와 나란히 하여 남쪽으로 내려가서 회계(會稽, 절강성 紹興縣)에 이르렀고, 시황제가 세운 새긴 돌[刻石]을 다 새기고[118] 옆에 대신으로 시종한 사람의 이름을 새겨서 먼저 가신 황제의 성공함과 큰 덕을 표양하고 돌아왔다.
       여름, 4월에 2세황제가 함양에 이르러서 조고에게 말하였다.

---

117 이 해는 위 위각 21년이다. 새로 독립한 것으로 장초왕 진승 원년, 양강 원년, 조왕 무신 원년, 제왕 전담 원년, 연왕 한광 원년, 위왕 위구 원년이다.

118 진 시황이 돌을 세워놓고 돌에 글씨를 쓰는 것까지는 다 완성하지 못한 것 같으며, 이때 완성하였다.

"무릇 사람이 세상에 사는 것은, 비유컨대 여섯 천리마가 끄는 마차를 타고 조그만 틈새를 지나는 것 같구려. 나는 이미 천하에 다가갔으니, 눈과 귀가 좋아하는 것을 모두 하고 싶고, 마음에서 즐기는 것을 끝까지 하면서 나의 수명을 마칠까 하는데 할 수 있겠소?"

조고가 말하였다.

"이는 똑똑한 임금은 실행할 수 있는 것이며 아둔하고 혼란한 군주는 금하는 것입니다. 비록 그렇다고 하더라도 아직 할 수 없는 것이 있는데 신이 청컨대 이를 말씀드리도록 하여주십시오. 무릇 사구(沙丘, 하북성 平鄉縣)에서의 모의한 것을 여러 공자(公子)들과 대신들이 모두 의심을 하고 있는데, 여러 공자는 모두 황제의 형들이고, 대신들은 또한 돌아가신 황제가 둔 사람들입니다.

지금은 폐하께서 처음 섰으니, 이것은 그들이 속으로 원망하며 불복하여 변란을 일으킬까 걱정하는 것이며, 신이 전전긍긍하는 것은 오직 끝까지 잘 나가지 못할까 두려워하는데, 폐하께서는 어찌 이것으로 즐기려고 하십니까?"

2세황제가 말하였다.

"이를 위하여 어떻게 해야 하오?"

조고가 말하였다.

"폐하께서는 법을 엄격하게 하여 형벌을 혹독하게 시행하고, 죄지은 사람은 서로 연좌하게 하여 대신과 종실 사람들을 주멸하고, 그런 다음에 유민을 거두어 임용하고 가난한 사람들을 부유하게 만들고 천한 사람들을 귀하게 하십시오.

돌아가신 황제의 옛 신하들을 모두 제거하시고 폐하께서 친하다고 여기고 믿는 사람들로 바꾸어 임용하는데, 이렇게 하면 음덕이 폐하에게 돌아올 것이며, 해로움이 제거되고 간사한 모의가 막히며, 여러 신하들이 윤택함을 입지 않는 사람이 없고 두터운 덕을 입을 것이니 폐하는 베개를 높이 하고 뜻 먹은 대로 마음대로 하고 즐거움을 누릴 수 있을 것입니다. 계책 가운데 이보다 뛰어넘는 것은 없습니다."

2세황제가 그렇다고 여겼다.

마침내 다시 바꾸어 법률을 만드는데 더욱 각박하고 심하게 하는데 힘쓰니, 대신들과 여러 공자들이 죄를 얻게 되어 번번이 조고에게 내려보내서 그들을 국문하여 다스렸다. 이에 공자 12명을 함양의 저자에서 욕보여 죽였으며, 10명의 공주가 두(杜, 섬서성 서안시 서쪽 경계 지역)에서 탁형(矺刑)[119]으로 죽었고, 재물은 모두 현관(縣官)[120]으로 들여보냈으니, 서로 연좌되어 체포된 사람이 헤아릴 수가 없었다.

공자 영장려(嬴將閭)의 형제 세 명이 내궁(內宮)에 구금되었는데, 그 죄를 논의하는 것을 다만 뒤로 미루었다. 2세황제가 사자를 시켜서 영장려에게 명령하였다.

"공자는 신하 노릇을 아니하였으니 그 죄는 사형에 해당한다."

관리는 법을 시행하려 하였다.

영장려가 말하였다.

"궁궐과 조정에서의 예의에서 나는 아직도 일찍이 감히 빈찬(賓贊)[121]을 좇지 않은 일이 없었고, 낭묘(廊廟, 조정)의 서열을 지키는 것

---

119 탁형은 몽둥이로 때려서 찢어 죽이는 형벌을 말한다.

120 일반적으로 관청을 말하나, 한대에는 천자를 가리키는 말이 되는데, 여기서는 공가(公家)를 말한다.

121 의식을 거행할 때에 의식을 이끄는 사람을 말한다.

에서도 나는 아직 일찍이 감히 절도를 잃은 적이 없었으며, 명을 받고
대답하는 것에서도 나는 일찍이 실수하는 말을 한 일이 없는데, 어찌
하여 신하 노릇을 아니했다고 하십니까? 바라건대 죄목을 들은 다음에
죽게 하여주십시오.”

사자가 말하였다.

“신은 함께 모의할 수 없고, 편지를 받들어서 일을 좇습니다.”

영장려가 마침내 하늘을 우러러보며 크게 ‘하늘아!’라고 부르짖는
것이 세 번이었고 말하였다.

“나는 죄가 없다.”

형제 세 사람이 모두 눈물을 흘리고 칼을 뽑아서 자살하였다. 종실
들이 떨고 두려워하였다.

공자 영고(嬴高)가 달아나려고 하였으나 가족들이 잡힐까 두려워서
마침내 편지를 올려서 말하였다.

“돌아가신 황제께서 무고(無恙, 健在)하실 때 신이 궁궐 문에 들어가
면 음식을 내려주시고, 나갈 때는 가마를 탔으며, 어부(御府, 황실창고)
의 옷도 내려주심을 신은 받았습니다. 궁중 마구간의 보배스런 말도 신
은 내려주심을 얻었습니다.

신은 마땅히 따라서 죽어야 하나 그렇게 할 수 없었으니, 아들 된 입
장에서는 불효한 것이며 신하 된 입장에서도 불충하였습니다. 불효하
고 불충한 사람은 세상에 서 있을 명목이 없으니 신이 청컨대 좇아 죽
게 해주시고, 바라건대 여산(驪山)의 발뒤꿈치에 장사지내주십시오.
오직 황상께서 이를 애달프고 가련하게 생각하시면 다행이겠습니다.”

편지가 올라가니 2세황제가 크게 기뻐하여 조고를 불러서 이를 보
이면서 말하였다.

"이는 급한 일이라고 할 수 있겠는가?'

조고가 말하였다.

"신하 된 사람들이 마땅히 죽음을 근심할 여가조차 없는데 어찌 변고를 일으킬 모의를 할 수 있습니까?"

2세황제는 그 편지를 옳다고 하고, 10만의 전을 내려주어 장사지내게 하였다.

다시 아방궁을 지었다. 재사(材士) 5만 명을 다 징집하여 함양에 주둔하면서 보위하게 하고 활 쏘는 것을 가르치게 하였다. 개와 말과 금수들이 먹어야 할 것이 많으니, 헤아려서 부족한 것을 아래로 군현에서 조달하게 하여 콩·조·잡곡과 꿀을 운반하여 왔는데, 운반하는 사람은 모두 스스로 양식을 갖고 오도록 명령하니, 함양 근처 300리 안에서는 그 곡식을 얻어먹을 수가 없었다.

3   가을, 7월에 양성(陽城, 하남성 登封縣 동남) 사람 진승(陳勝)과 양하(陽夏, 하남성 太康縣) 사람 오광(吳廣)이 기(蘄, 안휘성 宿縣)에서 군사를 일으켰다.

이때 여좌(閭左)[122]의 사람들을 징발하여 어양(漁陽, 북경시 密雲縣)을 수수(戍守)하게 하니, 900인이 대택향(大澤鄕, 안휘성 宿縣 남쪽)에 주둔하였는데, 진승과 오광은 모두 둔장(屯長)이 되었다. 마침 하늘에서 큰비가 내려 길이 불통되자, 헤아려 보니 이미 기한을 놓치게 되었

---

122 진은 죄인을 징발하여 수자리를 서게 하였는데, 첫 번째로 죄를 지은 관리와 췌서와 상인이고, 다음으로는 이전의 췌서와 상인이었던 사람이고, 그 다음으로 부모가 췌서였거나 상인이었던 사람이며, 그 다음으로 징발한 사람이 골목에 들어가서 그 왼편에 사는 사람들이었다. 이들을 여좌라 한다.

는데, 기한을 놓치면 법으로는 모두 참수하게 되어 있었다.

진승과 오광은 천하의 사람들이 늦을 것을 근심하고 원망하는 것을 이용하여 장위(將尉)[123]를 죽이고, 무리들을 소집하여 명령하였다.

"공(公) 등은 모두 기한을 넘겼으니 참수를 당할 것이고, 가령 참수가 되지 않는다고 하더라도 수(戍)자리 서면서 죽는 자가 열 명 가운데 진실로 6~7명일 것이다. 또 장사(壯士)란 죽지 않는다면 그만이지만, 죽는다면 큰 이름을 들어내야 할 뿐이다. 왕(王)·후(侯)·장(將)·상(相)이 어찌 씨가 있단 말이냐!"

무리들이 모두 그를 좇았다.

마침내 공자 영부소와 항연(項燕)[124]을 사칭하여 단을 만들고 맹약한 후에 대초(大楚)라고 부르며, 진승은 자립하여 장군이 되고, 오광은 도위(都尉)가 되었다. 대택향을 공격하여 이를 뽑고 군사를 거두어 기(蘄, 안휘성 宿縣)를 공격하니 기가 떨어졌다.

마침내 부리(符離, 안휘성 宿縣, 蘄郡 도읍지) 사람 갈영(葛嬰)으로 하여금 병사를 이끌고 기의 동쪽을 순행하게 하고, 질(銍, 안휘성 숙현에 있는 城)·찬(酇, 하남성 永城縣에 있는 城)·고(苦, 하남성 鹿邑縣)·자(柘, 하남성 柘城縣)·초(譙, 안휘성 亳縣)를 공격하여 모두 떨어뜨렸다. 가면서 군사 모았는데, 진(陳, 하남성 淮陽縣, 옛 陳 지역)에 이르렀을 즈음에는 전차가 600~700승(乘)이고 기마가 1천여 필이었으며, 군졸이 수만 명이

---

123 이때 관직은 위(尉)일 뿐인데 수수(戍守)하는 사람을 거느리고 있었으므로 장위라고 한 것이다.

124 진(秦) 사람들은 부소를 존경하였고, 또한 옛 초 지역 사람들은 기원전 224년에 죽은 초의 대장 항연을 깊이 생각하고 있었다.

었다.

진(陳)을 공격하니 진수(陳守)와 진위(陳尉)가 모두 없고, 다만 수승(守丞)[125]만이 초문(譙門)[126]에서 싸우다 이기지 못하고, 수승이 죽으니 진승이 마침내 들어가서 진을 점거하였다.

처음에, 대량(大梁, 하남성 開封縣) 사람인 장이(張耳)와 진여(陳餘)가 서로 목숨을 건 사귐을 하였다. 진이 위를 멸망시키고 두 사람이 위의 명사라는 소문을 듣고 많은 상을 걸고 그들을 찾고자 하였다. 장이와 진여는 마침내 이름과 성을 바꾸어 가지고 함께 진(陳)에 가서 이감문(里監門)[127]이 되어 스스로 밥을 벌어먹었다. 이리(里吏)가 일찍이 이들에게 허물을 가지고 진여에게 매질을 하자 진여가 일어나고자 하였으나 장이가 그를 밟고서 태장을 맞게 하였다.

이리가 돌아가자 장이는 마침내 진여를 이끌고 뽕나무 아래로 가서 그를 헤아리면서 말하였다.

"시작하면서 나와 그대는 무엇을 말하였는가? 이제 조그만 모욕을 당하자 한 명의 이리를 죽이려 한단 말이오!"

진여가 그에게 사과하였다.

진섭(陳涉)[128]이 진에 들어갔는데 장이와 진여가 문에 가서 찾아 뵀

---

125 진은 천하를 군현으로 나누었는데, 군에는 수(守)·위(尉)·감(監)을, 현에는 령(令)·승(丞)·위(尉)를 두었다. 수승은 군승으로 머물며 지키는 자 또는 군수의 승(丞)이라고도 한다.

126 문 위에 있는 높은 누각으로 멀리 살펴보는 망루이다. 루(樓)를 초(譙)라고도 하는데, 아름다운 누각을 여초(麗譙)라고 하며 혹은 소(巢)라고도 불린다.

127 감문은 문지기에 해당하는 직책으로 병졸 가운데도 낮은 자리이다. 이감문은 이(里)에 있는 감문을 말한다.

다. 진섭은 평소에 그들이 현명하다는 말을 듣고 크게 기뻐하였다. 진에 사는 호걸들과 부로들이 진섭에게 초왕(楚王)이 되라고 청하자, 진섭이 장이와 진여에게 물었다.

장이와 진여가 대답하였다.

"진이 무도(無道)하여 다른 사람의 사직을 없애고 백성들에게 포학했으며 장군께서는 만 번이나 죽을 계책을 내어 천하를 위하여 잔포한 것을 없애려 하였습니다. 이제 처음으로 진(陳)에 이르러서 여기에서 왕이 되면 천하에 사사로움을 드러내는 것입니다.

바라건대 장군께서 왕이 되지 마시고 급히 군사를 이끌고 서쪽으로 가고, 또 사람을 파견하여 6국[129]을 세운 후에 스스로 친한 무리를 만들면, 진에게는 더욱 적이 많아질 것이니, 적이 많으면 힘이 분산되고 무리와 더불어 하면 군사가 강해집니다.

이와 같이 한다면 들에서는 전투를 하지 않고, 현에서도 성을 지킬 것이 없을 것이며,[130] 포학한 진을 주멸하고 함양에 점거하여 제후들을 호령하는데, 제후들이 망하였으나 다시 세울 수 있어서 덕으로 이를 복종시키시면 황제의 대업은 이루어집니다. 이제 홀로 진에서 왕이 되면 천하 사람들이 느슨해질까 두렵습니다."

진섭은 듣지 않고 드디어 스스로 왕이 되었는데 '장초(張楚)'[131]라고

128 진승(陳勝)의 자이다.

129 전국시대에 진에 대항하였고, 진에 멸망한 초, 연, 제, 한, 위, 조를 말한다.

130 여러 현들이 모두 진을 배반하고 6국을 회복하니 다시는 진을 위하여 성을 지킬 사람이 없다는 것이다.

131 초국(楚國)을 크게 펼친다는 의미이다. 초는 이미 진에게 망하였으니 이제

호칭하였다.

당시 여러 군현들은 진의 법이 고생스럽다 하여 다투어 장리(長吏)[132]들을 죽이고 진섭에게 호응하였다. 알자(謁者)가 동쪽에서 와서 반란한 사람을 보고하였다. 2세황제가 노하여 그를 관리(官吏)[133]들에게 내려 보냈다. 뒤에 갔었던 사자가 돌아오니 황상이 이를 묻자 대답하였다.

"여러 도적들이 쥐나 개처럼 도적질만을 하는데, 군수·군위가 바야흐로 쫓아가서 체포하여 지금 거의 다 잡았으니, 근심할 거리가 안 됩니다."

황상이 크게 기뻐하였다.

진왕(陳王)은 오숙(吳叔)[134]을 가왕(假王, 임시왕)으로 삼아놓고 여러 장수들을 감독하여 서쪽으로 가서 형양(滎陽, 하남성 滎陽縣)을 쳤다.

장이와 진여가 다시 진왕에게 유세하여 기습적인 군사를 북쪽으로 보내서 조(趙) 지역을 경략하게 해달라고 청하였다. 이에 진왕은 옛날에 잘 지내던 진인(陳人) 무신(武臣)을 장군으로 삼고, 소소(邵騷)를 호군으로 삼고, 장이와 진여를 좌·우교위(左·右校尉)로 삼고, 군졸 3천 명을 주어 조 지역을 경략하게 하였다.

진왕은 또 여음(汝陰, 안휘성 阜陽縣) 사람 등종(鄧宗)에게 명령을 내

초를 세워서 벌려놓는다는 뜻이다.

132 장(長)급 관리를 말한다. 군에서는 그 장급 관리는 군수이고, 현의 장급 관리는 현령이다. 이처럼 한 단위 지역에서 제일 높은 관리를 말한다.

133 보통 형벌을 다루는 관리를 말한다.

134 오광의 자이다.

려 구강군(九江郡, 안휘성 壽縣)을 경략하게 하였다. 이때를 맞이하여
초(楚)의 병사 수천 명이 모였던 것을 헤아릴 수가 없었다.

갈영(葛嬰)이 동성(東城, 안휘성 定遠縣)에 이르러 양강(襄彊)을 세워
서 초왕(楚王)으로 삼았다. 진왕이 이미 자립하였다는 말을 듣고, 이 때
문에 양강을 죽이고 돌아와서 보고하였다. 진왕은 갈영을 주살하였다.

진왕이 주시(周市)에게 명하여 북쪽으로 가서 위 지역을 경략하게
하였다. 상채(上蔡, 하남성 上蔡縣) 사람 방군(房君)[135]인 채사(蔡賜)를
상주국(上柱國)[136]으로 삼았다.

진왕은 주문(周文)이 진의 똑똑한 사람인데 군사를 익혔다는 말을
듣고 마침내 그에게 장군인(將軍印)을 주고, 서쪽으로 가서 진을 공격
하게 하였다.

무신(武臣) 등이 백마(白馬, 하남성 滑縣 경계 지역)에서 황하를 건너
여러 현에 이르러서 그곳의 호걸들에게 유세하자 호걸들이 모두 그에
게 호응하였고 마침내 가면서 군사를 모아 수만 명을 얻게 되니, 무신
에게 호칭을 주어 무신군(武信君)이라고 하였다. 조 지역에 있는 10여
개의 성을 떨어뜨렸는데 나머지는 모두 성을 지키고 있자, 마침내 군사
를 이끌고 동북쪽으로 가서 범양을 공격하였다.

범양의 괴철(蒯徹)이 무신군에게 유세하였다.

"족하(足下)[137]는 반드시 장차 싸워서 승리한 다음에 땅을 경략하

---

135 방(房)은 읍의 이름인데 이 방을 식읍으로 작위를 주어서 방군이라고 한 것
  이다.

136 옛 초(楚)의 관직명이며 상장급의 관직이다.

137 상대방을 높여 부른 호칭인데, 보통 평배 사이에 사용하는 단어이다.

고, 공격하여 얻은 다음에 성을 떨어뜨리려 하는 것 같은데, 신이 가만히 생각해 보건대 그것은 잘못입니다. 진실로 신의 계책을 들으신다면 공격하지 않고도 성을 항복시킬 수 있고, 싸우지 않고도 땅을 경략할 수 있고, 격문(檄文)[138]을 전달하여서 천리를 평정시킬 것이니, 좋겠습니까?"

무신군이 말하였다.

"무슨 말씀이오?"

괴철이 말하였다.

"범양 현령 서공(徐公)이 죽는 것을 두려워하고 탐욕스러운데, 천하사람들보다 먼저 항복하려고 합니다. 그대가 만약에 진이 두었던 관리라고 여기고 앞의 열 개 성처럼 주살한다면 변방에 있는 성들은 모두 금성(金城)·탕지(湯池)[139]가 될 것이니 공격할 수 없습니다. 그대가 만약에 신의 후인(侯印)[140]을 싸가지고 가서 범양 현령에게 주어 붉은 바퀴를 단 화려한 차량을 타게 하여 연·조의 교외로 달리게 하면 바로 연·조에 있는 성들은 싸우지 않고도 항복합니다."

무신군이 말하였다.

"훌륭하오."

그리고 수레 100대, 말 200필과 후인을 가지고 서공을 영접하였다. 연·조에서 이 소식을 들으니, 싸우지 않고도 성이 떨어진 것이 30여 성

---

138 격(檄)이란 목간에다 편지를 쓴 것인데 길이는 1척2촌이며 징소할 때 사용하지만 급할 때는 새의 깃을 끼워서 급하다는 것을 보인다.

139 쇠로 만든 성과 끓는 물이 있는 해자라는 말로 아주 단단한 성을 말한다.

140 후작(侯爵)에게 주는 신표인 도장을 말한다.

이었다.

　진왕이 이미 주장(周章)을 파견하였는데, 진의 정치가 혼란스럽다는 것 때문에 진을 가벼이 보는 뜻이 있어서 다시는 방비를 하지 않았다. 박사(博士) 공부(孔鮒)가 간하였다.

　"신이 병법(兵法)을 들었습니다. '적이 나를 공격하지 않는 것을 믿지 말고, 내가 공격할 수 없는 것을 믿으라.' 이제 왕께서는 적을 믿고 스스로를 믿지 않으니, 만약에 넘어서서 떨치지 못하면 이를 후회하여도 따라잡을 수 없습니다."

　진왕이 말하였다.

　"과인의 군대는 선생이 염려할 것 없소."

　주문이 가면서 모병하고 함곡관(函谷關, 하남성 靈寶縣)에 이르렀는데, 전차는 천 대였고, 병졸은 수십만 명이었으며, 희(戲)[141]에 이르러서 진을 쳤다.

　2세황제가 마침내 크게 놀라서 여러 신하들과 모의해서 말하였다.

　"어찌할까?"

　소부(少府)[142]의 장한(章邯)이 말하였다.

　"도적은 이미 이르렀고 많고 강하니, 이제 근처의 현에서 징발하여도 미치지 아니합니다. 여산(驪山)에 있는 형도(刑徒)[143]가 많으니 청컨대, 이들을 사면하여 무기를 주어 그들을 치게 하십시오."

---

141 희는 신풍 동남쪽 30리에 있고, 섬서성 임동현 동쪽이며, 진의 도읍인 함양에서 50km 정도 떨어져 있다.

142 진의 관직으로 산림과 지택의 부세를 관장한다.

143 죄를 짓고 이미 형벌을 받은 사람으로 여산에서 작업에 투입된 사람을 말한다.

2세황제는 마침내 천하에 대사면령을 내리고 장한으로 하여금 여산의 형도와 가노(家奴)들이 낳은 아이들을 사면하여 모두 징발하여 초군(楚軍)을 치게 하여 그들을 크게 패퇴시켰다. 주문이 도망쳤다.

장이·진여가 한단(邯鄲, 하북성 邯鄲市)에 이르러 주장(周章)이 퇴각하였다는 소식을 들었고, 또 여러 장수들이 진왕을 위하여 각지를 경략하고 돌아온 자들은 대부분 참소하는 비난을 받아서 죄를 얻고 주살되었다는 말도 듣고서, 마침내 무신군에게 유세하여 스스로 왕이 되게 하였다.

8월에 무신군이 스스로 조왕(趙王)이 되어서 진여를 대장군으로 하고 장이를 우승상으로 삼고 소소(邵騷)를 좌승상으로 하고, 사람을 시켜서 진왕에게 통보하였다. 진왕이 크게 노하여 무신군 등의 집안을 멸족시키려고 군사를 내어 조를 공격하고자 하였다.

주국(柱國) 방군(房君)이 간하였다.

"진(秦)이 아직 망하지 않았는데, 무신군 등의 집안을 주살하려 하니 이는 또 하나의 진을 낳는 것이므로 이를 이용하여 그에게 축하함만 못하며, 급하게 군사를 끌어서 서쪽으로 가서 진을 치십시오."

진왕도 그렇다고 생각하여 그 계책을 좇아서 무신군 등의 집안사람들을 잡아서 궁중으로 이사시키고, 장이의 아들인 장오(張敖)를 성도군(成都君)에 책봉하고, 사자(使者)로 하여금 조를 축하하게 하고 재촉하여 군사를 내어 서쪽으로 가서 함곡관으로 들어가게 하였다.

장이·진여가 조왕에게 유세하였다.

"왕께서 조에서 왕 노릇 하는 것이 초(楚)의 뜻이 아닌데, 특히 계책을 가지고 왕에게 축하한 것입니다. 초가 이미 진을 멸망시키고 나서 반드시 조에 군사력을 덧붙일 것입니다. 바라건대 왕께서 서쪽으로 군사를 보내지 마시고, 북쪽으로 가서 연·대 지역을 경략하시고, 남쪽으로 가서 하내(河內)를 거두어서 스스로를 넓히십시오.

우리 조가 남쪽으로 대하(大河)를 점거하고 북으로 연·대를 소유하면 초가 비록 진을 이긴다고 하여도 반드시 감히 조를 통제하지 못할 것이고 진을 이기지 못하면 반드시 조를 중히 여길 것입니다. 조는 진·초가 피폐하는 틈을 타서 천하에서 뜻을 얻을 수 있을 것입니다."

조왕은 그렇다고 여기고, 이어서 군사를 서쪽으로 보내지 않고 한광(韓廣)으로 하여금 연 지역을 경략하게 하고, 이량(李良)으로 하여금 상산(常山, 하북성 元氏縣)을 경략하게 하고, 장염(張黶)으로 하여금 상당(上黨, 산서성 長子縣)을 경략하게 하였다.

9월에 패(沛, 강소성 沛縣) 사람 유방(劉邦)이 패에서 군사를 일으켰고, 하상(下相, 강소성 宿遷縣) 사람 항량(項梁)이 오(吳, 강소성 吳縣)에서 군사를 일으켰으며, 적(狄, 산동성 高苑縣) 사람 전담(田儋)이 제(齊) 지역에서 군사를 일으켰다.

유방의 자는 계(季)이며 사람됨이 코가 크고 용의 얼굴을 가졌으며 왼쪽 넓적다리에는 72개의 검은 점이 있었다. 사람을 아끼고 베풀기를 좋아하였고 뜻은 탁 트였으며 항상 큰 도량을 가졌지만 집에서 하는 생산 작업에는 종사하지 않았다.

처음에, 사상정(泗上亭, 강소성 沛縣 동쪽에 위치)의 정장(亭長)[144]이 었는데, 선보(單父, 산동성 單縣의 남쪽) 사람 여공(呂公)이 관상 보기를 좋아하여 유계(劉季, 유방)의 생긴 모양을 보고 이를 기이하게 생각하고 그의 딸을 처로 삼게 하였다.

---

144 진의 법률에 의하면 10리에 1정을 두는데 정장은 1정을 관리하는 관리이다.

　이미 그리고 나서 유계(劉季)는 정장으로서 현(縣)을 위하여 형도를 여산(驪山)으로 호송하는데 형도들이 대부분 길에서 도망하였다. 스스로 헤아려 보니 도착할 때쯤이면 모두 도망할 것인데, 풍(豊, 강서성 豊縣)의 서쪽에 있는 못[145] 가운데 있는 정[澤中亭]에 이르러 쉬면서, 술을 마시다가 밤이 되어 마침내 호송하던 형도들을 풀어서 멋대로 하게 하고 말하였다.

　"공(公) 등은 모두 가고, 나 또한 여기서부터 떠나겠소."

　형도 가운데 장사로 좇기를 원하는 사람이 10여 명이었다.

　유계가 술을 마시고 밤중에 못 가운데서 길을 가는데, 큰 뱀이 길에 있어서 유계가 칼을 뽑아 뱀을 잘랐다. 어떤 할멈이 곡하면서 말하였다.

　"내 아들은 백제(白帝)의 아들로 변화하여 뱀이 되어서 길에 있었는데, 이제 적제(赤帝)의 아들이 이를 죽였구나!"

　이어서 홀연히 보이지가 않았다.

　유계는 도망하여 망산(芒山)과 탕산(碭山, 하남성 영성현 동북쪽)의 소택지에 숨었는데 여러 번 기괴한 일이 있었고, 패(沛)에 살던 자제들이 이 소리를 듣고 많은 사람이 귀부하고자 하였다.

　진섭(陳涉)이 군사를 일으키게 되자, 패의 현령(縣令)이 패를 가지고 그에게 호응하려고 하였다. 연리(掾吏)와 주리(主吏)[146]인 소하(蕭何)와 조참(曹參)이 말하였다.

　"그대는 진의 관리인데 이제 이를 배반하여 패의 자제를 통솔하려고

---

145 소택지(沼澤地)를 말한다.

146 연사(掾史)는 옥연(獄掾)을 말하는 것으로 감옥일을 맡은 관리이며 주리(主吏)는 비서관의 일을 맡은 관리이다.

하지만 말을 듣지 않을까 걱정입니다. 바라건대 그대는 도망하여 밖에 있는 여러 사람을 불러서 수백 명을 얻을 수만 있다면 이를 이용하여 무리를 겁준다면 무리들은 감히 말을 안 듣지는 않을 것입니다."

이에 번쾌(樊噲)로 하여금 유계를 불러오게 하였다.

유계의 무리는 이미 수십 백 인이었는데, 패의 현령은 후회하고 그들이 변을 일으킬 것을 걱정하여 마침내 성문을 닫고 성을 지키면서 소하와 조참을 주살하고자 하였다. 소하와 조참이 두려워서 성을 넘어 유계에게서 보호 받았다.

유계는 마침내 비단에 편지를 써서 성 위로 쏘아서 패의 부로들에게 보내어 이로움과 해로움을 열거하였다. 부로들이 마침내 자제들을 이끌어서 함께 패의 현령을 죽이고 성문을 열고 유계를 영접하고 그를 세워서 패공(沛公)[147]이라고 하였다. 소하와 조참 등이 패의 자제들을 모집하여 3천 명을 만들어서 제후들에게 호응하였다.

항량(項梁)이라는 사람은 초의 장수였던 항연(項燕)의 아들인데, 일찍이 사람을 죽여서 조카인 항적(項籍)과 더불어 원수를 피하여 오(吳)에 살고 있었다. 오의 똑똑한 사대부들은 모두 그 사람 밑에서 나왔다. 항적은 어려서 책을 배웠으나 성공하지 못하여 떠났고 다시 칼 쓰기를 배웠으나 또 이루지 못하였다. 항량이 그에게 화를 냈다.

항적이 말하였다.

"책은 이름과 성을 기록할 줄 알면 충분합니다. 칼은 한 사람을 대적

---

147 옛날에 초(楚)의 왕자(王子)와 대신들은 대부분 공작에 봉해졌었다. 그런데 패현(沛縣)은 원래 초의 소속이었으므로 유방(劉邦)에게 공(公)의 칭호를 붙였던 것이다. 이때 진승(陳勝)은 이미 왕(王)의 칭호를 갖고 있었는데, 유방의 세력은 아직 미약했으므로 공(公)으로 만족해야 했다.

하는 것이므로 배우기에는 충분치 못하니, 만인을 대적하는 것을 배우겠습니다."

이에 항량이 마침내 항적에게 병법을 가르쳤더니, 항적이 이를 크게 기뻐하였는데, 대략 그 뜻을 알고는 또 끝까지 배우려 하지 않았다.

항적은 키가 8척(尺)[148]이 넘었고, 힘은 정(鼎)을 들 수 있었으며, 재주는 보통사람을 뛰어넘었다. 회계(會稽) 군수 은통(殷通)은 진섭이 일어났다는 소식을 듣고 군사를 내어 진섭에게 호응하고자 하여 항량과 환초(桓楚)로 하여금 거느리게 하였다. 이때 환초는 소택 가운데로 도망치고 있었다.

항량이 말하였다.

"환초가 도망하였는데, 다른 사람들은 그가 있는 곳을 알지 못하고 오직 항적만이 그것을 알고 있을 뿐입니다."

항량이 마침내 항적에게 훈계하여 칼을 가지고 밖에서 경계하며 있으라고 하고, 항량이 다시 들어가서 군수와 더불어 앉아서 말하였다.

"청컨대 항적을 불러서 명령을 받아서 환초를 불러오게 하십시오."

군수가 말하였다.

"허락하오."

항량이 항적을 불러들였다. 잠깐 사이에 항량이 항적에게 눈짓하여 말하였다.

"실행해도 좋다."

이에 항적이 드디어 칼을 뽑아서 군수의 머리를 베었다.

---

148 여기에서의 척(尺)은 당시에 쓰던 고척(古尺)이다. 현재 발견된 진용(秦俑)의 크기로 추측한다면 8척은 약 170㎝ 정도이다.

항량이 군수의 머리를 들고 그 인수(印綬)[149]를 찼다. 문 아래에서 크게 놀라 소란스러워지니 항적이 쳐서 죽인 것이 수십백 인[150]이 되니, 한 부(府)[151] 가운데 있는 사람은 모두 엎드려서 감히 일어나질 못하였다.

항량이 마침내 예부터 아는 호걸과 관리들을 불러서 큰일을 일으킨 이유를 알아듣게 말하니, 드디어 오(吳)에 있는 군사를 들어서 사람들을 시켜 하현(下縣)[152]에서 거두어 들여 정병 8천 명을 만들었다. 항량은 회계 군수가 되고 항적은 비장(裨將)이 되어 하현을 경략하였다. 항적은 이때 나이가 24세였다.

전담(田儋)은 옛 제왕의 친족이었다. 전담의 사촌동생 전영(田榮)과 전영의 동생 전횡(田橫)은 모두 호걸이며 건장하였으며, 종족이 강성하여 인재를 얻을 수가 있었다.

주시(周市)가 경략하여 적(狄, 산동성 高苑縣)에 이르렀는데, 적성(狄城)은 지켜졌다. 전담은 거짓으로 그의 노복을 결박하고 소년을 좇아서 현정(縣廷)에 가서 노복을 죽이고자 한다[153]고 아뢰면서 적현의 현령을 뵙자고 하고, 이를 이용하여 현령을 쳐 죽이고 호걸과 관리의 자제를 불러서 말하였다.

---

149 관직을 가진 사람에게는 그에 해당하는 인장과 그에 달린 인수가 있는데 이를 항상 차고 있어서 그 관직을 표시하였다.

150 수십 명에서 백 명에 사이에 있는 수를 가리킨다.

151 회계군에서 일어난 일이므로 회계군부를 말한다.

152 군 밑에 있는 여러 현을 말한다.

153 옛날에 노비를 죽이려면 관에 가서 고하여야 했다.

"제후들이 모두 진을 반대하고 자립하고 있다. 제는 옛날에 세워졌 던 나라이고 나 전담은 전씨(田氏)이니 마땅히 왕이 되어야 한다."

드디어 자립하여 제왕(齊王)이 되고 군사를 내어 주시를 쳤다. 주시 의 군사가 돌아갔다. 전담이 군사를 인솔하여 동쪽으로 가서 제 지역을 경략하고 평정하였다.

한광(韓廣)이 군사를 거느리고 북쪽으로 가서 연 지역을 경략하는데 연 지역의 호걸들이 함께 한광을 세워서 연왕(燕王)으로 삼고자 하였 다. 한광이 말하였다.

"이 한광의 어머니가 조 지역에 있으니 할 수 없소."

연인(燕人)들이 말하였다.

"조는 바야흐로 서쪽으로는 진을 걱정하고, 남쪽으로는 초를 걱정하 고 있으니, 그 힘이 우리를 금지시킬 수 없을 것입니다. 또한 초의 강함 을 가지고도 조왕 장상의 집안을 해치지 못하였는데, 조가 다만 어찌 감히 장군의 집안을 해치겠습니까?"

한광이 마침내 자립하여 연왕이 되었다. 몇 달이 지나서 조에서는 연왕의 어머니와 가족을 모시어 보냈다.

조왕과 장이(張耳)·진여(陳餘)가 북쪽으로 가서 연의 경계 지역을 경략하였는데, 조왕이 잠깐 밖에 나온 틈에 연의 군사들에게 잡혔다. 연이 그를 가두고 땅의 할양을 요구하려고 하니, 사자가 가서 요청하였 는데,[154] 연에서 갑자기 그 사자를 죽였다. 시양졸(厮養卒)[155]이 연의

---

154 잡힌 조왕을 돌려달라고 요청한 것이다.

155 시(厮)는 천한 것이며, 또는 나무를 쪼개는 것을 시라고 하고, 밥 짓는 것을 양이라고 하니, 시양졸은 나무하고 밥 짓는 하급 졸병이다.

성벽으로 가서 연의 장수를 보고 말하였다.

"그대는 장이와 진여가 무엇을 하고자 하는지 아십니까?"

말하였다.

"그들의 왕을 얻고자 원하겠지."

조의 양졸(養卒; 시양졸)이 웃으면서 말하였다.

"그대는 이 두 사람이 원하는 것을 아직 모르고 있습니다. 무릇 무신(武臣)[156]·장이·진여는 말고삐를 잡아당겨서 조의 수십 개의 성을 떨어뜨렸으니 이것은 또한 각기 남면(南面)[157]하여 왕이 되고자 함인데, 어찌 장상으로 그치기를 원하겠습니까?

그 형세를 돌아보건대 처음 정해져서 아직은 감히 셋으로 나누어서 왕이 되지 않고, 또 어리고 많은 것[158]에 따라서 무신을 먼저 세워 왕으로 하여 조 사람들의 마음을 붙잡는 것입니다. 지금은 조 지역이 이미 정복되었는데, 이 두 사람이 또 조를 나누어 왕이 되고자 하나 때가 아직은 할 수 없을 뿐입니다.

이제 그대가 마침내 조왕을 가두었습니다. 이 두 사람은 명목으로 조왕을 구하고 있는 것이지 실제로는 연이 그를 죽이기를 바라며, 이 두 사람이 조를 나누어 자립합니다. 무릇 한 개의 조로도 오히려 연을 쉽게 대할 수 있는데, 하물며 두 명의 똑똑한 왕이 왼쪽에서 들고 오른쪽에서 끌어당기며 자기네 왕을 죽인 죄를 책임지라고 한다면 연을 없

---

156 지금 연에 잡혀 있는 조왕(趙王)을 말한다.

157 남쪽을 향하여 앉는 것을 말하는데, 이 방향은 제왕이 앉는 방향이다. 그러므로 제왕을 지칭한다.

158 나이의 많고 적은 것을 말한다.

애는 것은 쉽습니다."

연의 장수가 마침내 조왕을 돌려보내는데, 그 양졸이 수레를 몰아 돌아갔다.

4   주시가 적(狄)에서 돌아와서 위 지역에 이르러 옛날의 위 공자인 영능군(寧陵君) 위구(魏咎)를 왕으로 삼고자 하였다. 위구는 진(陳)에 있어서 위로 갈 수가 없었다. 위 지역이 이미 평정되자 제후들은 모두 주시를 세워서 위왕(魏王)으로 삼으려고 하였다.

주시가 말하였다.

"천하가 혼란하면 충신이 마침내 나타납니다. 이제 천하가 함께 진을 배반하는데, 그 의로는 반드시 위왕을 세운 다음에야 할 수 있을 것이오."

제후들이 굳게 주시를 청하여 세우고자 하나 주시가 끝내 사양하여 받지 않고, 진에서 위구를 영접하려고 다섯 번이나 반복하자 진왕(陳王)이 마침내 그를 보내니, 위구를 세워 위왕으로 삼고 주시는 위의 재상이 되었다.

5   이 해에 2세황제는 위군(衛君)인 위각(衛角)을 폐하여 서인으로 삼으니 위의 제사[159]가 끊겼다.＊

---

159 위(衛)는 춘추전국시대에는 제후였으나, 전국시대에는 국력이 약해지자 스스로 호칭을 공에서 후로 낮추었다. 이러한 겸손한 행동으로 인하여 진 시황에 의하여서도 완전히 망하지는 아니하였다. 그러다가 이때 완전히 멸망한 것이다. 위는 기원전 1112년부터 기원전 209년까지 904년간 존재했다.

2세황제 2년(癸卯, 기원전 208년)[1]

1   겨울, 10월에 사천(泗川, 강소성 沛縣)의 군감(郡監)인 평(平)이 군사를 거느리고 풍(豐, 상소성 豐縣)[2]에서 패공(沛公, 유방)을 포위하였는데, 패공이 나아가서 더불어 싸워서 이들을 깨뜨리고, 옹치(雍齒)로 하여금 풍을 지키게 하였다. 11월에 패공이 군사를 이끌고 설(薛, 산동성 滕縣)로 갔다. 사천(泗川) 군수 장(壯)의 군사가 설에서 패하고 도망쳐서 척(戚, 산동성 嘉祥縣)에 이르자 패공의 좌사마(左司馬)인 득(得)이 이를 죽였다.

2   주장(周章; 초의 대장)이 관[函谷關]을 나와 조양(曹陽, 하남성 靈寶

---

1 장초왕 진승 2년, 경구 원년, 회왕 미심 원년, 조왕 무신 2년, 조헐 원년, 제왕 전담 2년, 전가 원년, 전복 원년, 연왕 한광 2년, 위왕 위구 2년, 위표 원년, 한왕 한성 원년이다.

2 유방이 탄생한 곳이다.

縣 남쪽)에서 머물러 주둔하였는데, 두 달이 넘어서 장한(章邯; 진의 장수)이 추격하여 그를 패배시키니, 다시 면지(澠池, 하남성 澠池縣)로 도망하였고 10여 일이 되었는데, 장한이 공격하여 이를 대파하였다. 주문(周文, 周章; 초의 장수)은 목매어 자살하고, 군사들은 드디어 싸우지 않았다.

오숙(吳叔, 吳廣)[3]이 형양(滎陽, 하남성 滎陽縣)을 포위하고, 이유(李由)[4]가 삼천(三川, 하남성 洛陽縣)의 군수가 되어 형양을 지키니, 오숙은 떨어뜨릴 수 없었다.

초의 장군 전장(田臧) 등이 서로 모의하여 말하였다.

"주장의 군사는 이미 깨져버렸으니, 진의 군사가 조석 간에 이를 것이다. 우리는 형양성을 포위하고 떨어뜨릴 수 없으니, 진의 군사가 도착하면 반드시 대패할 것이므로 군사를 조금 남겨서 형양을 지키게 하고, 정예의 병사를 모아 진의 군사를 맞이하는 것만 못하다. 지금 가왕(假王, 오광을 말함)은 교만하고 병권을 알지 못하여 함께 일을 도모하기에는 부족하니, 패할까 걱정이다."

이어서 서로 더불어 왕령(王令)에 의탁하여서 오숙을 주살하고, 그 머리를 진왕(陳王, 陳勝)에게 바쳤다. 진왕은 사자로 하여금 전장에게 초의 영윤인(令尹印)을 하사하고 상장으로 삼았다.[5]

---

3 이때 오광은 초나라의 임시 왕이었다. 정식 왕은 진승이었다.

4 진나라 이사의 아들이다.

5 진왕 진승은 그와 함께 기병하였던 오광을 죽인 사람에게 당연히 책임을 물어야 했지만 이때 진왕은 이미 그러할 만한 힘이 없었던 것으로 보인다. 그렇기 때문에 오히려 재상에 해당하는 직책인 영윤의 직책을 내려주었던 것이다.

전장은 마침내 제장(諸將)[6] 이귀(李歸) 등으로 하여금 형양을 지키게 하고, 스스로 정예의 병사를 가지고 서쪽으로 가서 오창(敖倉, 하남성 榮陽縣 서북쪽)에서 진의 군사를 맞이하여 더불어 싸웠는데, 전장은 죽고 군사도 깨졌다.

장한이 군대를 진격시켜서 이귀 등을 공격하여 형양 아래에서 격파하였는데, 이귀 등이 죽었다. 양성(陽城, 하남성 登封縣) 사람 등열(鄧說)이 군사를 거느리고 담(郯, 하남성 郯縣)에 있었는데, 장한의 별장이 이를 공격하여 격파하였다. 질(銍, 안휘성 宿縣) 사람 오봉(伍逢)이 군사를 거느리고 허(許, 하남성 許昌縣)에 있었는데, 장한이 이를 공격하여 격파하였다. 두 사람의 군대가 모두 흩어져서 진(陳)으로 도망하니 진왕이 등열을 주살하였다.

3   2세황제는 자주 이사(李斯)를 나무랐다.

"삼공(三公)[7]의 자리에 있으면서 어떻게 도적들로 하여금 이와 같게 하는가!"

이사는 두렵고 무서웠지만 작위와 녹봉을 중히 여겼는데, 나갈 곳을 몰라서 마침내 2세황제의 뜻에 아부하여 편지를 써서 대답하였다.

"무릇 현명한 군주란 반드시 독려하고 책임지우는 술책을 시행할 수 있는 사람입니다. 그러므로 신자(申子, 申不害)는 말하였습니다. '천하를 소유하고 방자하지 않으면 이를 명명(命名)하여 천하를 가진 것이

---

6 특별한 직함이나 명칭이 붙여지지 않은 일반적인 장수를 말한다.

7 진나라의 삼공은 재상(승상)·태위(전국무장부대총사령관)·어사대부(최고감찰책임자)이다.

질곡과 같다.'라고 하니, 다른 것이 아니고, 독려하고 책임지울 수 없고 돌아보며 그 몸으로 천하의 백성을 위하여 수고롭게 하는데, 요(堯)·우(禹) 같은 사람이 그러하니, 그러므로 이를 질곡이라고 말합니다.

무릇 신불해와 한비자의 밝은 술책을 닦아서 시행하며 독려하고 책임지우는 도리를 시행하지 못하고, 오로지 천하를 가지고 유유자적하였습니다. 헛되이 몸과 마음을 수고하고 피로하게 하여 자기 몸을 백성들에게 바친다면 이는 검수의 일이고, 천하를 기르는 것이 아니니 어찌 귀하다고 할 만하겠습니까?

그러므로 밝은 군주는 독려하고 책임지우는 술책을 시행하는데 홀로 위에서 결단하니 권력이 신하에게 있지 않게 되며 그러한 뒤에 인의의 길을 없애고, 간하는 변론을 끊을 수 있으며, 방자한 마음을 홀로 시행하여 감히 거역하는 사람이 없습니다. 이와 같이 하면 여러 신하들과 백성들은 자기의 허물에서 벗어나기도 힘들 터인데 어찌 변란을 감히 도모하겠습니까?"

2세황제가 기뻐하니, 이에 독려하고 책임지우는 일을 더욱 엄하게 시행하고, 백성들에게서 세금을 혹독하게 거두는 자는 밝은 관리이며 사람을 많이 죽이는 자는 충신이라고 하니 형벌을 받은 자가 길에 반쯤 되었고, 죽은 자가 저자에 잔뜩 쌓여서 진의 백성들이 더욱 놀라고 두려워 반란을 생각하였다.

4   조의 이량(李良)이 벌써 상산(常山, 하북성 元氏縣)을 평정하고 돌아와서 조왕에게 보고하였다. 조왕이 다시 이량으로 하여금 태원(太原, 산서성 太原市)을 경략하게 하니, 석읍(石邑, 하북성 獲鹿縣)에 이르렀는데 진의 군사가 정형산(井陘山, 常山郡 石邑縣 서쪽에 있음)을 막고 있어

서 앞으로 나아갈 수가 없었다.

진의 장수가 거짓으로 2세황제의 편지를 만들어서 이량을 초청하였다. 이량이 편지를 받았지만 아직은 믿지 못하고 한단으로 돌아가서 군사를 더 요청하였다. 아직 도착하지 않았는데, 도중에 조왕의 누이가 나와서 술 마시고 있는 것을 만났고, 이량은 멀리서 바라보고는 왕[趙王]이라고 생각하고 엎드려 길옆에서 배알하였다. 왕의 누이는 술에 취하여 그가 장수라는 것을 알지 못하고 기사를 시켜서 이량에게 감사하게 하였다.

이량은 본디 귀한 사람이었는데, 일어나서 그의 시종관에게 부끄러워하였다. 시종관 한 사람이 말하였다.

"천하가 진을 배반하게 되니 능력 있는 사람이 먼저 자립을 하고 있습니다. 또 조왕도 본디에는 장군의 밑에서 나왔는데, 이제는 저 여자가 마침내 장군을 위하여 수레에서 내리지도 않으니 바라건대 쫓아가서 그를 죽이십시오."

이량이 이미 진의 편지를 얻었으므로 정말로 조를 배반하려고 하였으나 아직 결정을 못하고 있었는데, 이로 인하여 화가 나서 사람을 파견하여 왕의 누이를 쫓아가 죽이고, 이어서 그 군사를 이끌고 가서 한단을 습격하였다. 한단에서는 모르자, 결국 조왕(趙王, 武臣)과 소소(邵騷, 좌재상)를 죽였다. 조인(趙人)들은 대부분 장이와 진여의 귀와 눈 노릇을 하고 있어서 이런 까닭에 두 사람은 죽지 않고 벗어날 수가 있었다.

5 진인(陳人)[8]인 진가(秦嘉)와 부리(符離, 안휘성 宿縣) 사람 주계석

---

8 진이란 글자는 능으로 고쳐야 맞다. 《진승전(陳勝傳)》에는 "능인(凌人)인 진가

(朱雞石) 등이 군사를 일으켜서 담(郯, 산동성 郯城縣)에서 동해 군수(東海 郡守)를 포위하였다. 진왕은 이 소식을 듣고 무평군(武平君) 반(畔)을 장군으로 삼고, 담(郯) 아래 있는 군대를 감독하게 하였다.

진가는 명령을 받지 않고 자립하여 대사마(大司馬)가 되고 무평군에게 소속되기 싫어서 군리에게 알렸다.

"무평군은 나이도 어리고 군사에 관한 일도 모르니 듣지를 마라!"

이어서 왕명을 고쳐서 무평군 반(畔)을 죽였다.

6   2세황제는 장사(長史)[9]인 사마흔(司馬欣)·동예(董翳)를 더 파견하여 장한을 도와서 도적들을 치게 하였다. 장한이 이미 오봉(伍逢)을 깨뜨렸고, 진(陳)의 주국인 방군(房君; 채사)을 공격하여 그를 죽이고, 또 나아가서 진(陳)의 서쪽에 있는 장하(張賀)의 군사를 쳤다. 진왕이 나아가서 전투를 감독하였다. 장하가 죽었다.

납월(臘月)[10]에 진왕(陳王)이 여음(汝陰, 안휘성 阜陽縣)으로 갔다 돌아오다가 하성보(下城父, 안휘성 亳縣)에 도착하였는데, 그의 마부인 장가(莊賈)가 진왕을 죽이고 항복하였다.

처음에, 진섭이 이미 왕이 되고 나자, 그의 옛 친구들이 모두 가서 그에게 의지하였었다. 그 처의 아버지도 또한 그에게 갔는데, 진왕은 많

─────────

(秦嘉)"라고 되어 있다. 진(秦)은 성이다.

9   장급(長級) 관리 바로 밑에서 그 관부의 업무를 총괄하는 직책이다. 여기서 사마흔은 장한의 장사이다.

10 진(秦)의 납월은 하대의 9월이다. 《사기(史記)》에는 호해 2년 10월에 갈영을 주살하고, 11월에 주문이 죽었으며, 12월에 진섭이 죽었다고 하였다.

은 손님들을 데리고 그를 기다리다가 길게 읍(揖)[11]하기만 하고 절을 하지 않았다.

처의 아버지가 노하여 말하였다.

"혼란을 믿고 왕호를 참칭(僭稱)하고서 어른에게 오만하게 구는 사람이니 오래갈 수가 없겠구나!"

인사도 안하고 떠났다. 진왕이 무릎을 꿇고 사죄하였으나 끝내 돌아보지도 않았다.

손님들의 출입이 더욱 많아지니 멋대로 굴며 진왕의 옛 일을 말하였다. 어떤 사람이 진왕에게 말하였다.

"손님들이 어리석고 무지하여 오로지 망령된 말을 하여 위엄을 가볍게 합니다."

진왕이 그를 참수하였다. 여러 옛 친구들은 모두 스스로 가버렸고, 이로 말미암아서 진왕에게는 친한 사람이 없었다.

진왕은 주방(朱防)을 중정(中正)[12]으로 삼고 호무(胡武)를 사과(司過)[13]로 삼아서, 여러 신하를 관장하게 하였다. 제장들이 땅을 경략하고 도착하였는데, 명령하여 그대로 하지 않은 사람은 번번이 잡아서 그에게 죄를 주었다.

그는 가혹하게 감찰하는 것을 충성으로 생각하고, 그가 좋지 않다고 여기면 관리[14]에게 내려 보내지 않고 번번이 자기 스스로 이를 처리하

---

11 상대방을 보고 두 손은 앞으로 모으고 허리를 굽혀서 인사하는 것을 말한다.

12 인사 담당관을 말한다.

13 과실을 처리하는 관직이다.

14 형벌을 다루는 관리를 말한다.

였다. 제장들이 그러한 연고로 하여 친하게 붙지 않았고 이것이 그가 패한 까닭이다.

　진왕(陳王)의 옛 연인(涓人, 侍從官)이며 장군인 여신(呂臣)이 창두군(蒼頭軍)[15]을 만들어 신양(新陽, 안휘성 太和縣)에서 일어나서 도리어 진[陳丘, 하남성 淮陽縣]을 공격하여 이를 떨어뜨리고 장가(莊賈)를 죽이고 다시 진(陳)을 초(楚)로 하고, 진왕을 탕(碭, 강소성 碭山縣)에 장사지내고 시호를 은왕(隱王)이라고 하였다.

　처음에, 진왕이 질(銍, 안휘성 宿縣) 사람 송류(宋留)에게 명령하여 군사를 거느리고 남양(南陽, 하남성 南陽縣)을 평정하고 무관(武關, 섬서성 商縣 경계 지역)에 들어가게 하였다. 송류가 이미 남양을 경략하고 났는데 진왕이 죽었다는 소식을 듣게 되니 남양은 다시 진(秦)의 것이 되고, 송류가 군사를 가지고 항복하였는데, 2세황제는 송류를 차열에 처하여 조리를 돌렸다.

7　　위(魏)의 주시(周市)가 군사를 거느리고 풍(豐, 강소성 豐縣)과 패(沛, 강소성 沛縣; 劉邦의 근거지)를 경략하고, 사람을 시켜서 옹치(雍齒)[16]를 초대하였다. 옹치는 평소 패공에게 소속되고자 하지 않았으므로 바로 풍을 가지고 위에 항복하였다. 패공이 이를 공격하였다가 이기지 못하였다.

15　이 당시 사졸들은 대개 청색 수건을 둘렀으므로 창두군이라고 불렀고, 위나라에는 이 창두군이 20만이 있었다고 한다.

16　이때 풍읍의 유수였다.

8 조(趙)의 장이와 진여가 그들의 흩어진 군사를 모아 수만 명을 얻어서 이량(李良)을 치니, 이량이 패하여 도망쳐서 장한에게로 돌아갔다.

어떤 빈객이 장이와 진여에게 유세하였다.

"두 분은 여행객일 뿐이니, 조에게 귀부하려 한다면 독립하기가 어려울 것이고, 조를 세운 다음에 마땅한 방법으로 보필한다면 공로를 이룩할 수 있을 것입니다."

마침내 조헐(趙歇)을 찾아낼 수 있었다. 봄, 정월에 장이와 진여는 조헐을 세워서 조왕으로 삼고, 신도(信都, 하북성 冀縣)에 거처하였다.

9 동양(東陽) 녕군(寧君)과 진가(秦嘉)[17]가 진왕의 군사가 패하였다는 소식을 듣고 마침내 경구(景駒)를 세워 초왕으로 삼고 군사를 이끌고 방여(方與, 산동성 魚台縣)로 가서 정도(定陶, 산동성 定陶縣) 아래에서 진(秦)의 군사를 치려고 하여, 공손경(公孫慶)으로 하여금 제에 사신으로 가서 그들과 더불어 힘을 합하여 함께 진격하고자 하였다.

제왕이 말하였다.

"진왕이 싸워서 패하여 그의 생사를 아직 모르는데, 초에서는 어찌하여 청하지도 않고 다시 왕을 세운단 말이오!"

공손경이 말하였다.

"제(齊)는 초에 청하지도 않고 왕을 세웠는데, 초는 어찌하여 제에 청하고서 왕을 세운단 말입니까! 또 초는 먼저 일을 벌이었으니 마땅

---

17 문영(文穎)에는 진가는 동양군(東陽郡, 안휘성 天長縣) 사람인데 녕현군(寧縣君)이라고 되었다라고 되어 있다. 그러나 신찬(臣瓚)과 진승전(陳勝傳)에는 능(凌) 사람인 진가라고 하였으므로 진가는 동양 사람이 아니다. 따라서 녕군과 진가는 두 사람이다.

히 천하에 호령하여야 합니다.”

전담(田儋; 제왕)이 공손경을 죽였다.

진(秦)의 좌·우 교위가 다시 진[陳丘, 하남성 淮陽縣]을 공격하여 이를 떨어뜨렸다. 여장군(呂將軍)이 달아나자 군사를 초청하여 다시 모았는데, 파(番, 강서성 鄱陽縣)의 도적 경포(黥布)와 만나서 진(秦)의 좌·우 교위를 공격하고, 이를 청파(靑波, 하남성 息縣과 蔡縣 경계 지역에 있는 하천)에서 격파하여 진(陳)을 다시 초의 것으로 만들었다.

경포란 사람은 육(六, 안휘성 六安縣) 사람이다. 성은 영씨(英氏)이며, 법에 연루되어 경형(黥刑)[18]을 받았다가 형도로 처분되어 여산(驪山)으로 보내졌었다. 여산의 형도는 수가 10만 명이었는데, 경포는 모두 그 형도의 우두머리와 호걸 등과 연락하고 교제하여 마침내 그 무리들을 통솔하여 강중(江中, 長江 일대)으로 도망쳐서 도적떼가 되었다.

파양(番陽, 강서성 鄱陽縣) 현령 오예(吳芮)는 강호 지역에서 민심을 아주 많이 얻어서 파군(番君)이라고 불렸다. 경포가 가서 그를 보니 그 무리가 이미 수천 명이었다. 파군은 이에 그의 딸을 처로 삼게 하고 그의 군사들을 거느리고 진(秦)을 치게 하였다.

10 　초왕 경구(景駒)가 유(留, 강소성 沛縣 동남쪽)에 머물러 있었는데, 패공이 가서 그를 좇았다. 장량(張良)도 젊은이 100여 명을 모아 가서 경구를 좇으려고 하였는데, 길에서 패공을 만나자 드디어 그의 소속이 되니, 패공이 장량에게 벼슬을 주어 구장(廐長)[19]으로 삼았다.

---

18 죄를 받은 사람의 얼굴에 먹으로 떠서 죄를 지은 사람임을 표시하는 형벌이다.

19 마굿간 관리 장군이란 뜻으로 말을 관리하는 직책이다.

장량이 자주 태공(太公)의 병법[20]을 패공에게 설명하였더니 패공은 그것을 훌륭하다고 여기고 항상 그의 계책을 채용하였는데, 장량이 다른 사람을 위하여 계책을 말하면 모두 살펴보지 않았었다. 장량이 말하였다.

"패공은 거의 하늘이 내린 분이다."

그런고로 드디어 머물면서 떠나지를 않았다.

패공은 장량과 함께 초왕 경구를 만나보고, 군사를 청하여 풍(豐, 강소성 豐縣)을 공격하였다. 이때 진의 장한의 사마 이[21]가 군사를 거느리고 북쪽으로 가서 초 지역을 평정하여 상(相, 안휘성 宿縣 북쪽)을 도륙하고 탕(碭, 강소성 碭山縣)에 이르렀다. 동양 녕군과 패공이 군사를 이끌어 서쪽으로 가서 소(蕭, 강소성 蕭縣)의 서쪽에서 싸웠으나 승리하지 못하여 돌아와서 군사를 거두어 유(留, 강소성 沛縣 동남)에서 모았다.

2월에 탕을 공격하여 3일 만에 이를 뽑았고 탕의 군사를 거두어서 6천 명을 만드니 옛날부터 있던 것과 합하여 9천 명이 되었다. 3월에 하읍(下邑, 강소성 碭山縣 동쪽)을 공격하여 이를 뽑고 다시 풍을 쳤으나 떨어뜨리지 못하였다.

11 광릉(廣陵, 강소성 揚州市) 사람 소평(召平)이 진왕을 위하여 광릉(廣陵)을 순행하였으나 떨어뜨리지 못하였다. 진왕이 패하여 도망하였다는 소식을 들었는데 장한이 또 도착하자 이에 강을 건너가 진왕의 명령을 고쳐서 항량(項梁)을 초의 상주국(上柱國, 上將)으로 제수하면

---

20 여기서 태공이란 제(齊)나라 1대 군주인 강자아(姜子牙)를 말한다.

21 '이'의 한자는 시(尸) 아래 이(二)가 들어간 자이다.

서 말하였다.

"강의 동쪽[22]은 이미 평정되었으니, 급히 군사를 이끌고 서쪽으로 가서 진(秦)을 공격하라."

항량은 이에 8천 명을 이끌고 장강을 건너서 서쪽으로 나아갔다.

진영(陳嬰)이 이미 동양(東陽, 안휘성 天長縣)을 떨어뜨렸다는 소식을 듣고 사신을 파견하여 더불어 연대하여 함께 서쪽으로 가자고 하였다. 진영이라는 사람은 옛날 동양의 영사(令史)[23]였는데, 현에 살 때 본디 믿음성 있고 근신하여 사람들이 어른답다고 칭찬하였다. 동양의 젊은 사람들이 그 현령을 살해하고 서로 모여서 2만 명이 되자 진영을 세워서 왕으로 삼고자 하였다.

진영의 어머니가 말하였다.

"내가 너의 집의 며느리가 된 이후로 너의 선조 가운데 귀한 사람이 있었다는 말을 들은 일이 없다. 이제 별안간에 큰 이름을 얻었으나 상서롭지 못하니, 속하는 곳이 있는 것만 못하다. 일이 성사되면 오히려 후(侯)로 책봉될 수 있으며, 일이 실패하여도 쉽게 도망할 수 있는 것은 세상 사람들이 이름을 가리키지는 않는 것이다."

진영이 마침내 감히 왕이 되지 않고 그 군리(軍吏)들에게 말하였다.

"항씨(項氏)는 세세토록 장수의 집안이었고, 초에서는 이름이 나 있으니, 이제 큰일을 하고 싶다면 장차 그 사람이 아니면 되지 않을 것이

---

22 강소성 남부의 태호 부근을 말한다.

23 각 군부(郡府)에는 부서를 나누는데 이를 조(曹)라고 하며, 이 조에 소속된 관리를 조리(曹吏)·조사(曹史) 혹은 영사(令史)라고 한다. 그러므로 실무를 취급하는 관리라고 할 수 있다.

다. 내가 이름난 종족에 의지하여 진(秦)을 멸망시키는 것은 분명하다."

그 무리들이 그를 좇아서 마침내 그들의 군사를 항량에게 소속시켰다.

영포(英布)가 진(秦)의 군사를 깨뜨리고서 군사를 이끌고 동쪽으로 가는데, 항량이 서쪽으로 회하(淮河)를 건넜다는 소식을 듣고 영포와 포장군(蒲將軍)은 모두 그들의 군사를 항량에게 소속시켰다. 항량의 무리가 무릇 6~7만 명이 되었고, 하비(下邳, 강소성 邳縣)에 진을 쳤다.

경구와 진가는 팽성(彭城, 강소성 徐州市)의 동쪽에 진을 치고 항량을 막고자 하였다. 항량이 군리들에게 말하였다.

"진왕이 제일 먼저 일을 일으켰으나 싸움에서 승리하지 못하여 있는 곳을 알지 못한다. 이제 진가가 진왕을 배반하고 경구를 세웠으니 대역무도하다."

마침내 군사를 진격시켜서 진가를 공격하니, 진가가 패하여 도망쳤다.

이를 쫓아서 호릉(胡陵, 산동성 魚台縣)에 이르러서 진가와 싸웠다. 하루 만에 진가는 죽고 군사들은 항복하였으며, 경구는 도망하여 양(梁, 옛 魏나라의 도읍) 땅에서 죽었다.

항량은 이미 진가의 군대를 합병하고 호릉(胡陵, 산동성 魚台縣 동남쪽)에 진을 치면서 장차 군사를 이끌고 서쪽으로 가려고 하였다. 장한의 군대가 율(栗, 하남성 夏邑縣)에 이르자 항량이 별장인 주계석(朱雞石)과 여번군(餘樊君)으로 하여금 싸우게 하였다. 여번군은 죽고, 주계석의 군대도 패하여 도망쳐서 호릉으로 달아났다. 항량이 마침내 군사를 이끌고 설(薛, 산동성 滕縣)에 들어가서 주계석을 주살하였다.

패공이 100여 기(騎)를 데리고 가서 항량을 보았더니, 항량이 패공에게 병졸 5천 명을 주었는데, 그 가운데는 오대부(五大夫)[24]인 장군 10명이 있었다. 패공이 돌아와서 군사를 이끌고 풍(豊, 강소성 豊縣)을 공격하여 이를 뽑았다. 옹치는 위(魏; 魏咎가 왕)로 달아났다.

항량이 항우로 하여금 따로 양성(襄城, 하남성 襄城縣)을 공격하게 하였으나 양성은 굳게 지켜서 떨어지지 않았는데 이미 뽑고 나서는 모두 이를 묻어 버리고 돌아와서 보고하였다.

항량은 진왕이 확실히 죽었다는 소식을 듣고, 여러 별장들을 불러서 설(薛, 산동성 滕縣)에서 모여 일을 계획하게 하였는데, 패공도 또한 갔다. 거소(居鄛, 안휘성 桐城縣 남쪽) 사람 범증(范增)은 나이가 70세였는데, 평소 집에 있을 때 기이한 계책을 세우기를 좋아하여, 가서 항량에게 말하였다.

"진승의 실패는 진실로 당연합니다. 무릇 진(秦)이 여섯 나라[25]를 멸망시켰는데, 그 가운데 초가 가장 죄가 없습니다. 회왕(懷王; 芈槐)은 진으로 들어가서 돌아오지 못하면서부터 초인(楚人)들이 이를 가엽게 생각하면서 지금에 이르고 있습니다.[26] 그러므로 초의 남공(南公)[27]이 말하였습니다. '초가 비록 세 집이더라도 진을 멸망시키는 것은 반

---

24 중급 대부이다.

25 전국시대를 보통 전국7웅이라고 말하는데, 진(秦)을 뺀 나머지 여섯 나라 초·연·제·한·위·조를 말한다.

26 이 사건은 난왕 19년(기원전 296년)에 있었고, 그 내용은 《자치통감》 권4에 실려 있다.

27 남방의 노인이라는 뜻이고, 또는 남공을 도인(道人)이라고 하는데, 이 사람은 나라의 흥망을 알고 있어서 진(秦)을 멸망시킬 사람은 반드시 초라고 알았다고 한다. 다른 설에 의하면 《남공》 13편이 있는데 음양가에 속한다고 하였다.

드시 초이다.'

이제 진승이 처음으로 일을 일으켰지만 초의 후예를 세우지 않고 자립하였으니, 그 세력이 오래가지 못하였습니다. 이제 그대가 강동에서 일어나니, 초에서 벌떼처럼 일어난 장군들이 모두 다투어 그대에게 귀부하고 있는 것은 그대가 세세로 초의 장수였기 때문이니 초의 후예를 다시 세울 수 있습니다."

이에 항량이 그 말을 그럴 것이라고 생각하고 마침내 초의 회왕의 손자인 미심(芈心)이 백성들 틈에서 다른 사람을 위하여 양치기를 하는 것을 찾아낼 수 있었고, 여름, 6월에 세워서 초의 회왕(懷王)[28]으로 삼으니, 백성들의 희망을 좇은 것이었다. 진영(陳嬰)은 상주국(上柱國)이 되었고, 5개의 현에 책봉되었고, 회왕과 더불어 우이(盱胎, 안휘성 盱胎縣)에 도읍하였다. 항량이 스스로 무신군(武信君)이라고 불렀다.

장량이 항량에게 유세하였다.

"그대가 벌써 초의 후손을 세웠으나 한(韓)의 여러 공자(公子) 가운데 횡양군(橫陽君) 한성(韓成)이 가장 똑똑하여, 세워서 왕으로 삼을 수 있고, 우리의 무리를 더 많이 세우는 것입니다."

항량이 장량으로 하여금 한성을 찾게 하여 한왕으로 삼았다.

장량을 사도(司徒)로 삼고, 한왕과 더불어 천여 명을 거느리고 서쪽으로 가서 옛날의 한의 땅을 경략하였는데, 몇 개의 성을 얻었으나 진이 갑자기 이를 다시 빼앗으니, 왔다 갔다 하다가 영천(潁川, 하남성 禹縣)에서 유격병이 되었다.

---

28 그 할아버지의 시호를 그대로 썼다.

이사를 죽인 진으로 향하는 패공 유방

12   장한(章邯)이 이미 진왕을 격파하고서 마침내 전진하여 위왕을 임제(臨濟, 하남성 陳留縣 서북쪽)에서 쳤다. 위왕이 주시(周市)를 사신으로 내보내 제와 초에 구원해줄 것을 청하고, 제왕 전담(田儋)과 초의 장수 항타(項它)가 모두 군사를 거느리고 주시를 좇아와서 위를 구원하였다.

장한이 밤중에 군사들에게 함매(銜枚)[29]하여 쳐서 제·초의 군사를 임제 아래에서 대파하고 제왕과 주시를 죽였다. 위왕 위구(魏咎)는 그 백성들을 위하여 항복하기로 약속하였는데, 이 약속이 확정되자 스스로 불에 타 죽었다. 그의 동생인 위표(魏豹)는 초로 도망하였고, 초의 회왕은 위표에게 수천 명을 주어 다시 위 지역을 경략하게 하였다.

제의 전영(田榮)이 그의 형 전담의 남은 군사를 거두어서 동쪽으로 가서 동아(東阿, 산동성 陽谷縣)로 도망쳤지만, 장한이 쫓아가서 이를 포위하였다. 제인(齊人)들은 전담(田儋; 제의 왕)이 죽었다는 소식을 들

---

29 함매란 적이 알지 못하도록 군사들에게 말하여 떠드는 소리가 나지 않게 하는 것이다. 매(枚)는 재갈 같은 것으로, 입에 물도록 하는 것이다.

고 마침내 옛날 제왕이던 전건(田建)[30]의 동생 전가(田假)를 세워 왕으로 삼고, 전각(田角)은 재상이 되었으며, 전각의 동생 전간(田間)이 장수가 되어 제후을 막게 했다.

가을, 7월에 큰 장맛비[31]가 내렸다. 무신군(武信君; 項梁)이 군사를 이끌고서 항보(亢父, 산동성 濟寧縣)를 공격하다가 전영(田榮)이 급하게 되었다는 소식을 듣고 마침내 군사를 이끌어 장한의 군사를 동아(東阿, 산동성 陽谷縣) 아래에서 격파하니, 장한이 서쪽으로 가서 도망쳤다. 그러자 전영이 군사를 이끌고 동쪽으로 가서 제로 돌아왔다.

무신군이 홀로 쫓아서 북쪽으로 가고, 항우와 패공으로 하여금 따로 성양(城陽, 산동성 濮縣)을 공격하게 하여 이를 도륙하였다. 초의 군사가 복양(濮陽, 하남성 濮陽縣)의 동쪽에 진을 치고, 다시 장한과 싸워서 또 이를 격파하였다. 장한이 다시 군사를 떨쳐서 복양을 지키면서 주변을 물로 둘렀다. 패공과 항우가 그곳을 떠나서 정도(定陶, 산동성 定陶縣)를 공격하였다.

8월에 전영이 제왕 전가(田假)를 치면서 쫓아내니 전가가 도망쳐서 초로 달아났다. 전간(田間)이 앞으로 나아가 조를 구원하니, 그로 인하여 감히 돌아오지를 못하였다. 전영이 이에 전담의 아들 전시(田市)를 세워서 제왕으로 삼고 전영은 재상이 되었다. 전횡(田横)이 장수가 되어 제 지역을 평정하였다.

장한의 군사가 더욱 왕성해지니 항량이 자주 사신을 보내어 제와 조에 알리어 군사를 내서 함께 장한을 치게 했다. 전영이 말하였다.

---

30 제나라의 5대 왕이다.

31 3일 이상 비가 계속 내리면 장마[霖]라고 한다.

"초가 전가를 죽이고, 조가 전각(田角)과 전간을 죽이고 나면 마침내 군사를 내겠다."

초와 조는 그 말을 듣지 않았다. 전영이 노하여 끝내 출병하지 않았다.

13   낭중령(郎中令)[32] 조고(趙高)가 2세황제의 은총을 믿고 오로지 방자하여 사사로운 원한으로 사람을 죽인 일이 많으니, 대신들이 조회에 나와 일을 상주하면서 이를 말할까 두려워하고 마침내 2세황제에게 유세하였다.

"천자가 귀한 까닭은 단지 소리만을 듣게 하고, 많은 신하들이 아무도 그의 얼굴을 볼 수 없게 한 연고입니다. 또 폐하께서 나이가 어려서 여러 가지 일에 아직 다 통달하지 못하였으므로 이제 조정에 앉아서 책망하고 천거하는 가운데 적당하지 않은 일이 있다면 대신들에게 단점을 보이는 것이니, 천하에 신처럼 밝으심을 보이는 방법이 아닙니다.

폐하께서는 금중에서 깊이 팔짱끼고 있으면서 저와 시중(侍中)[33] 같이 법을 잘 익힌 사람과 더불어 일을 기다리고 있다가 일이 오면 이를 꾀하는 것만 못합니다. 이와 같이 한다면 대신들은 감히 의심스러운 일을 상주하지 못할 것이고 천하에서는 성스러운 군주라고 칭찬할 것입니다."

---

32 낭중령은 진의 관직인데, 궁전의 액문호를 관장한다.

33 중(中)이란 금중을 말하는데, 대신들은 이곳에 들어갈 수 없다. 이 금중에서 황제를 모시고 있는 것을 시중이라 하며, 그러한 직책으로는 시중과 중상시가 있다.

2세황제는 그 계책을 채용하여 마침내 조정에 앉아서 대신들을 보지 않고 항상 금중에서만 살고 조고가 금중에서 모시면서 모든 사건을 제멋대로 처리하니, 일은 모두 조고에게서 결정되었다.

조고는 이사[34]가 말했다는 소식 듣고 마침내 승상을 보고 말하였다.

"관[함곡관]의 동쪽[35]에는 도적떼들이 많은데도 이제 황상께서는 급히 요역을 더욱 발동하여 아방궁을 지으면서 개나 말 같은 쓸데없는 물건을 모으고 있습니다. 신이 간(諫)하고 싶으나 지위가 낮으니, 이는 정말로 그대 군후(君侯)[36]의 일인데, 그대는 어찌하여 간하지 않습니까?"

이사가 말하였다.

"진실로 그러하여 나는 이를 말하려고 한 지 오래되었소. 지금은 황상께서 조정에 나와 앉지 않고 항상 깊은 궁궐 안에 계시고 있소. 내가 말하고자 하는 바를 전할 수가 없어서 좀 뵈려고 하여도 틈이 없군요."

조고가 말하였다.

"그대가 진실로 간언할 수만 있다면 청컨대 내가 군후를 위하여 황상의 한가한 틈을 만들어 그대에게 말하게 해주시오."

이에 조고는 2세황제를 모시고 바야흐로 연회를 즐기며 여자들이 그 앞에 많이 있는데, 사람을 시켜서 승상에게 알렸다.

"황상께서 바야흐로 한가하시니 일을 주상할 수 있습니다."

---

34 직위로 말하면 이사는 승상이고, 조고는 시중이어서, 실제로는 조고가 정권을 휘두루고 있지만 형식적인 지위에서는 이사의 직위가 훨씬 높았다.

35 함곡관의 동쪽을 말하며, 중원의 광대한 지역을 말한다.

36 이사를 높여 부른 말이다.

승상이 궁궐의 문에 이르러서 황상에게 알(謁)[37]을 올렸다. 이와 같은 일이 세 번 있었다.

2세황제가 노하여 말하였다.

"내가 항상 한가한 날이 많은데, 승상이 오지 않더니, 내가 바야흐로 연회하며 사사롭게 즐기면 승상이 번번이 와서 일을 하겠다고 청하다니! 승상은 어찌하여 나를 어린애 취급하고, 또 나에게 고루한가?"

조고는 이를 이용하여 말하였다.

"무릇 사구에서의 모의[38]에 승상이 참여했습니다. 이제 폐하께서 이미 세워져서 황제가 되었지만, 승상의 귀함은 더 올라가지 못하였으니, 이는 그가 속으로 또한 땅을 나누어 가지고 왕이 되기를 바라는 것입니다. 또한 폐하께서 신하에게 묻지를 않으면 신하는 감히 말을 하지 못하는 것입니다.

승상의 장남 이유(李由)는 삼천(三川, 하남성 洛陽市) 군수가 되었고, 초의 도적 진승 등은 모두 승상의 이웃하는 현(縣)[39]의 자식들이니 그런고로 초의 도적들이 공공연히 나다니고 삼천성(三川城)을 지나가도 군수는 이를 치려고 하지 않습니다. 저 조고가 듣건대, 그 문서가 서로 왕래하였다고 하는데, 아직 그 증거를 잡지 못하였으니, 그러므로 아직 감히 보고를 못합니다. 또한 승상은 밖에 살기 때문에 권력이 폐하보다

---

37 알(謁)이란 이름을 적은 자(刺, 명함)를 말하는 것이므로 이는 이름 적은 명함을 올려서 뵙고자 하는 것을 말한다.

38 시황제 37년(기원전 210년)에 호해를 2세황제로 시키기 위한 비밀 모의를 말하는데, 이 사건은 《자치통감》 권7에 실려 있다.

39 이사는 여남(汝南) 상채(上蔡) 출신이고, 진승은 영천(潁川) 양성(陽城) 출신인데, 여남과 영천은 아주 가까운 거리에 있다.

무겁습니다."

2세황제가 그렇겠다고 생각하고 승상을 조사하고자 하였으나 그것이 조사되지 못 할까 두려워서 마침내 먼저 사람을 시켜서 삼천의 군수와 도적이 왕래하였던 상황을 조사하게 하였다.

이사가 이 소식을 듣고, 이어서 편지를 올려 조고의 단점을 말하였다.

"조고는 이로움을 멋대로 하고 해로운 것을 멋대로 처리하는 것이 폐하와 다름이 없습니다. 옛날에 전상(田常)이 제 간공(簡公)의 재상 노릇을 할 때, 그의 은혜와 위엄을 훔쳐서 아래로 백성을 얻고 위로는 여러 신하를 얻어 끝내는 간공을 시해하고 제를 빼앗았으니, 이것은 천하 사람들이 익히 아는 바입니다.[40]

이제 조고는 사악하고 방일한 뜻을 갖고 있으며 위험하고 반란하는 행위를 하고 있어서, 그 개인 집이 갖고 있는 부유함은 마치 전씨가 제에서 한 것과 같으며 또한 탐욕스러워 만족하는 일이 없고, 이익을 구함에 있어서 중지하지 않고, 형세를 늘어놓은 것이 주군의 다음이고, 그 욕심은 끝이 없어서 폐하의 위신에 겁주고 있으니, 그 뜻은 한이(韓玘)가 한안(韓安)의 재상이 되었을 때[41]와 같습니다. 폐하께서 도모하

---

40 이 일은 《좌전》에 보인다.

41 기(玘)는 기(起)로 쓰기도 하는데 음은 이(怡)이다. 한의 대부로 그 주군인 도공(悼公)을 시해한 사람이다. 그러나 한에는 도공이 없으므로 혹은 정(鄭)의 사군(嗣君)이다. 한기는 소후(昭侯)를 섬겼는데, 소후 이하 4세 왕인 한안에 이르렀으니, 이사의 설(說)이 잘못된 것이다. 다만 이사가 쓴 뜻은 호혜는 망국의 화가 가까웠으니 그러므로 한안을 가리켜서 그가 한기를 채용하여 한을 멸망시킨 일을 경고하려는 것이었다. 한안대에 그 신하가 반드시 한이였다는 것은 역사에 전하지 않는다. 이사와 한안이 같은 시대의 사람이니, 한안이 나라를 망친 일은 영호혜의 이목에도 닿아 있었다.

지 않는다면 신은 그가 반드시 변란을 일으킬까 걱정입니다."

2세황제는 말하였다.

"왜 그런가? 무릇 조고는 옛날부터 있었던 환관인데, 그러나 편안하기 때문에 뜻을 방자하게 하지 않을 것이고, 위험한 일이 있다 하여서 마음을 바꾸지 않을 것이며, 행동을 깨끗이 하고 착한 마음을 닦아서 스스로 여기에까지 이르게 하여서, 충성으로 직위가 올라갔고 믿음으로 그 자리를 지켰으니, 짐은 실로 그가 현명하다고 생각하는데, 그대가 이를 의심하다니 어쩐 일이오?

또한 짐이 조군에게 맡기지 않으면 마땅히 누구를 맡긴다는 말이오! 또한 조군의 사람됨이 아주 깨끗하고 강력한 사람이어서 아래로는 인정을 알고, 위로는 짐에게 적응할 수 있으니, 그대는 그러니 의심하지 마시오."

2세황제는 본디 조고를 아껴서 이사가 그를 죽일까 걱정하여 마침내 사적으로 조고에게 말하였다.

조고가 말하였다.

"승상이 걱정하는 것은 다만 저 조고뿐인데, 저 조고가 이미 죽고 나면 승상이 바로 전상이 한 것을 할 것입니다."

이때 도적은 더욱 많아지고, 관중에 있는 병졸을 발동시켜 동쪽으로 가서 도적 칠 일은 끊임이 없었다. 우승상 풍거질(馮去疾)과 좌승상 이사, 장군 풍겁(馮劫)이 나아가서 간하였다.

"관[함곡관]의 동쪽에서 도적떼들이 나란히 일어나고 우리 진은 군사를 발동하여 쳐서 죽이니, 죽고 도망한 것이 아주 많지만 그러나 오히려 그치지를 않고 있습니다. 도적이 많은 것은 모두 수(戍)자리를 서고, 조운(漕運)을 하고, 전운(轉運)[42]을 하며, 일을 하여 고생스럽고 부세도 크기 때문입니다. 청컨대 또한 아방궁 짓는 것을 그치시고 사방 변두리의 수(戍)자리 서는 일과 전운을 줄여주십시오."

2세황제가 말하였다.

"무릇 귀하게 되어 천하를 소유한 사람은 지극히 자기가 하고 싶은 뜻과 욕심대로 하는데, 중요한 것을 주관하고 법을 밝혀 아래에서는 감히 잘못을 못하게 하여서 사해를 통제하는 것이오. 무릇 우(虞)와 하(夏)의 주군[43]은 귀하기로는 천자가 되어서도 친히 궁색하고 고생스러운 실제에 살면서 백성들을 위하여 헌신하였는데, 오히려 법을 어디에 쓰겠소?

또 돌아가신 황제께서는 제후에서 시작하여 천하를 다 아울러서 천하가 이미 평정되었고 밖으로는 사이(四夷)[44]를 물리쳐서 변경을 편안케 하였고, 궁실을 지어서 뜻을 얻었음을 빛냈으니, 그대들은 돌아가신 황제의 공적과 업적은 실마리가 있음을 보았던 사람들이오.

이제 짐이 즉위하여 2년 동안에 도적떼들이 나란히 일어났는데도 그대들은 금할 수 없었고, 또 돌아가신 황제가 한 일을 없애려고 하니, 이는 위로는 돌아가신 황제에게 보답함이 없는 것이고 다음으로는 짐을 위하여 충성스런 힘을 다하지 않는 것이니 어찌 그 자리에 있겠단 말이오!"

풍거질과 이사 그리고 풍겁을 관리[45]에게 내려 보냈고 또 다른 죄를

---

42 수(戍)자리를 서는 것은 특별한 지역을 지키는 일이고, 조운(漕運)은 필요한 물자를 강하(江河)를 통하여 운반하는 것이고, 전운(轉運)은 필요한 것을 육로를 통하여 운반하는 것이다.

43 우의 주군은 순(舜)이고 하의 주군은 우(禹)이다.

44 중원의 사방 주위에 있는 야만인을 말하며, 동이·서융·북적·남만을 말한다.

조사하여 책임을 지웠다. 풍거질과 풍겁은 자살하고, 다만 이사만 옥에 넣었다. 2세황제는 조고에게 그를 처리하도록 하여 이사와 그의 아들 이유(李由)가 모반하였다는 상황을 책임 지우니, 모두 종족과 빈객들도 전부 체포하였다. 조고가 이사를 치죄하는데, 고문[46]하기를 1천여 번 하니 그 고통을 이기지 못하여 스스로를 무고하여 자복하였다.

이사가 죽지 않은 까닭은 그가 변론하고 공로를 세운 것이 있으며, 실제로 반란할 마음이 없었음을 자부하여 편지를 올려서 스스로 진술을 하여 다행이 2세황제가 깨달아서 그를 사면하게 하려하였다.

마침내 옥중에서 편지를 올려서 말하였다.

"제가 승상이 되어 백성을 다스리기 30여 년입니다. 진의 땅이 좁아서 천리에 지나지 않았으며 군사도 수십만 명이었습니다. 신은 얕은 재주를 다하고 속으로 꾀를 내는 신하가 되어 금(金)과 옥(玉)을 밑천으로 하여 제후들에게 유세하게 하였고, 속으로는 갑병을 닦고 정치와 교화를 정리하고 투사들에게 관직을 주었으며 공신들을 존중하였으니 그러므로 끝내 한을 위협하고 위를 약하게 하였으며, 연·조를 깨뜨리고 제·초를 평정하여 끝내는 6국을 아울렀고 그 왕들을 포로로 하였고, 진을 세워서 천자로 하였습니다.

또 북으로 호(胡)·맥(貉)[47]을 쫓아버리고 남으로 백월(百越)[48]을

---

45 이때의 관리란 주로 사법 관리로서 잘못을 조사하고 벌을 주는 관리이다.

46 구체적으로는 방(榜)과 략(掠)인데, 방은 태장으로 치는 것이고, 략은 추(箠, 회초리)로 치는 것이다.

47 만리장성 이북에 사는 여러 부락을 말한다.

48 월 지역의 남북부에서 전당강까지 수천 리에 이르는 곳에 사는 부락을 총칭하여 백월이라고 한다.

평정하여 진의 강함을 보였습니다. 다시 두곡(斗斛)과 도량(度量)과 문장(文章)[49]을 고르게 하여 이를 천하에 공포하여서 진나라의 이름을 세웠습니다.

이것이 모두 신의 죄라면 저는 마땅히 죽은 지가 오래 되었을 것입니다. 황상께서 다행히 그 능력을 다하게 하여 마침내 오늘에 이를 수 있었습니다. 바라건대 폐하께서는 이를 살펴주십시오."

편지가 올라가자 조고는 관리로 하여금 이를 버리고 상주하지 않게 하고 말하였다.

"죄수가 어찌 편지를 올릴 수 있겠는가!"

조고가 그의 빈객 10여 명으로 하여금 속여서 어사, 알자, 시중[50]으로 하게하고 바꾸어 가면서 이사를 다시 신문(訊問)하였는데, 이사가 말을 그 사실대로 대답을 하면 번번이 사람을 시켜서 다시 태장을 쳤다. 그 뒤에 2세황제가 사람을 시켜서 이사를 심문하니, 이사는 전과 같이 할 것이라고 생각하고 끝내 감히 말을 바꾸지 못하였다. 자복하는 말을 하자 주당(奏當)[51]으로 올렸다. 2세황제가 기뻐하며 말하였다.

"조군(趙君)[52]이 없었더라면 거의 승상이 팔아먹는바 될 뻔하였다."

2세황제가 시켜서 삼천(三川, 하남성 洛陽縣) 군수 이유(李由, 이사의

---

49 두곡은 들이[부피]이고, 도량은 길이와 무게를 말하며, 문장은 문자를 말한다. 즉 도량형의 통일과 문자의 통일을 말한다.

50 어사는 일종의 감찰관이며, 알자는 의례를 담당하는 관리이고, 시중은 궁중에서 황제에게 시중드는 관리이다.

51 옥사를 구체적으로 다루고 마땅히 그 죄에 처하기를 상주하는 것이다. 그러나 이것은 죽어도 죄가 남는다는 뜻을 갖고 있다.

52 조고를 말한다.

아들)를 조사하게 하였던 사람이 도착하게 되었지만 초의 군사가 이미 그를 쳐서 죽였다. 사자가 돌아오자 마침 승상이 관리들에게 내려 보내졌고, 조고는 모두 망령되게 반란을 일으키려 하였다는 말로 서로 견강부회하였고, 드디어 이사를 오형(五刑)[53]에 처하는 것으로 판결되어 함양의 저자에서 요참(腰斬)[54]하게 하였다.

이사가 옥을 나오는데, 그의 둘째아들도 함께 잡혀 있었다. 그의 둘째아들을 돌아보면서 말하였다.

"나는 너와 함께 다시금 누런 사냥개를 끌고 상채(上蔡, 하남성 상채현; 李斯의 고향)의 동쪽 문에 나아가서 교활한 토끼를 쫓고 싶지만 어찌할 수 있을까 보냐."

드디어 부자가 서로 곡(哭)을 하였고, 삼족이 주멸되었다. 2세황제가 조고를 승상으로 삼으니, 일의 크고 작은 것을 모두 결정하였다.

14   항량이 동아(東阿, 산동성 陽谷縣)에서 장한을 깨뜨리고 군사를 이끌고 서쪽으로 가는데, 북으로 정도(定陶, 산동성 定陶縣)에 이르러서 다시 진의 군대를 깨뜨렸다. 항우와 패공은 또 진의 군사와 옹구(雍丘, 하남성 杞縣)에서 싸워 이를 대파하고 이유(李由)를 목 베었다.

항량은 더욱 진을 가볍게 생각하고 교만한 모습이 나타나 있었다. 송의(宋義)가 간하였다.

---

53 오형은 다섯 가지 형벌인데, 첫째로 먼저 얼굴에 글씨를 쓰고, 둘째로 코를 자르고, 셋째로 두 다리의 발뒤꿈치를 자르고, 넷째로 채찍으로 때려죽이고, 다섯째로는 목을 베고 살을 젓 담그는 것이다.

54 허리를 잘라 죽이는 형벌이다.

"전투에 이기고도 장수가 교만해지고, 졸병이 게을러지면 패합니다. 이제 졸병들이 조금 나태해지는데, 진의 군사가 날로 많아지니 신은 그대를 위하여 이를 걱정합니다."

항량이 듣지 않았다.

마침내 송의에게 제에 사신으로 가게 했는데 길에서 제의 사자인 고릉군(高陵君) 현(顯)을 만나서 말하였다.

"공은 장차 무신군(武信君, 항량)을 만나보려고 합니까?"

말하였다.

"그렇소."

말하였다.

"신은 무신군이 반드시 패할 것이라고 결론을 내렸으니 공이 천천히 가면 바로 죽음을 면할 것이고, 빨리 가면 화에 미칠 것입니다."

2세황제가 모든 군사를 일으켜서 장한을 도와 초의 군사를 공격하게 하여 그를 정도(定陶, 산동성 定陶縣)에서 대파하였는데, 항량이 죽었다.

이때 계속하여 비가 내려 7월부터 9월에 이르렀다. 항우·패공은 외황(外黃, 하남성 杞縣 동쪽)을 공격하였으나 떨어뜨리지 못하고 떠나서 진류(陳留, 하남성 陳留縣)를 공격하였는데, 무신군이 죽었다는 소식을 듣고 사졸들이 두려워하여 마침내 장군 여신(呂臣)과 더불어 군사를 이끌고 동쪽으로 가서 회왕(懷王)을 이사시켰는데 우이(盱眙, 안휘성 盱眙縣)에서 팽성(彭城, 강소성 蘇州市)으로 가서 도읍하였다. 여신은 팽성의 동쪽에 진을 치고, 항우는 팽성의 서쪽에 진을 치고, 패공은 탕(碭, 강소성 碭山縣)에 진을 쳤다.

15 위표(魏豹)가 위의 20여 개 성을 함락시키니 초의 회왕(懷王)이 위표를 세워 위왕으로 삼았다.

16 후(後)[55] 9월에 초의 회왕이 여신과 항우의 군사를 아울러서 스스로 이를 거느리고, 패공을 탕(碭, 치소는 수양)의 군장(郡長)[56]으로 삼고서 무안후(武安侯)에 책봉하여 탕군(碭郡)의 군사를 거느리게 하였고, 항우를 장안후(長安侯)에 책봉하고 노공(魯公)이라고 불렀고, 여신(呂臣)을 사도(司徒)에 임명하고, 그의 아버지 여청(呂靑)을 영윤(令尹)[57]으로 삼았다.

17 장한이 이미 항량을 격파하고 나서 초 지역의 군사는 근심거리가 못된다고 여기고 마침내 황하를 건너 북쪽으로 가서 조를 공격하여 이를 대파하였고, 군사를 이끌어서 한단에 이르러서 그 백성들을 모두 하내(河內)로 옮기고 그 성곽을 없앴다.

장이와 조왕 조헐(趙歇)이 달아나서 거록성(鉅鹿城, 하북성 平鄕縣)으로 들어갔는데, 왕리(王離, 진의 장군)가 이를 포위하였다. 진여는 북쪽으로 가서 상산(常山, 하북성 元氏縣)의 군사를 수습하여 수만 명을 만들어 가지고 거록의 북쪽에 진을 쳤는데, 장한이 거록의 남쪽에 있는 자원(棘原)에 진을 쳤다. 조는 자주 초에 구원하여주기를 청하였다.

---

55 이 당시에는 윤달의 개념이 없었고, 다만 윤달은 뒤에 오는 달이라는 뜻으로 후라는 말을 쓴 것 같다.

56 군수와 같은 것이다.

57 사도는 국방책임자에 해당하는 직책이고 영윤은 재상에 해당하는 직책이다.

고릉군 현(顯, 제의 사자)이 초에 있었는데, 초왕을 보고 말하였다.

"송의가 무신군의 군사가 반드시 패할 것이라고 평론했는데 며칠 지나자 군사가 과연 패하였습니다. 군사가 아직 싸워 보지도 않았는데, 먼저 그가 패할 징조를 본 것이니, 이는 군사를 안다고 말할 수 있을 것입니다."

왕이 송의를 불러서 함께 이를 계획하고는 크게 기뻐하고 이어서 상장군에 임명하고 항우를 차장(次將)으로 삼고 범증을 말장(末將)으로 삼아서 조를 구하게 하였다. 여러 별장(別將)들은 모두 송의(宋義)에게 소속시키고 이를 '경자관군(卿子冠軍)'[58]이라고 불렀다.

처음에 초의 회왕이 제장(諸將)과 약속하였다.

"먼저 관중(關中)[59]에 들어가서 평정하는 사람을 그곳의 왕으로 할 것이다."

이 당시에 진의 군사는 강하여 항상 이긴 기세를 타고 북으로 좇고 있어서 제장들은 먼저 관중으로 들어가는 것이 이롭지 못하다고 생각하였는데, 다만 항우는 진이 항량을 살해한 것을 원망하여 분연히 패공과 함께 서쪽으로 가서 입관(入關)하기를 원하였다.

회왕의 여러 늙은 장수들이 모두 말하였다.

"항우는 사람됨이 빠르고 용감하지만, 교활하고 잔포하여 일찍이 양

---

58 경이란 말은 대부의 칭호이고, 자는 작위의 칭호이며, 관군이란 사람들의 머리라는 뜻이다. 어떤 해석은 경자란 사람들이 서로 존칭하는 것으로 공자(公子)라는 뜻이며 송의가 상장군이어서 관군이라고 하였다고 하였다.

59 관문 안이라는 말로 이는 진(秦) 지역을 말한다. 진(秦) 지역은 동에는 함곡관, 남에는 무관, 북에는 임진관, 서에는 산관이 있으므로 이곳은 관문들의 안이 된다.

성(襄城, 하남성 襄城縣)을 공격하면서 양성에 남아 있는 것이 없게 하여 모두 땅에 묻어 버렸고, 여러 지나 간 곳에는 잔멸되지 않은 것이 없었습니다. 또 초는 자주 진격하여 빼앗으려 하였지만 전의 진왕(陳王, 陳勝)·항량이 모두 패하였으니 어른스런 사람[長者]을 다시 파견하여 의를 북돋우면서 서쪽으로 나아가서 진의 부형들을 효유(曉諭)하는 것만 못합니다.

진의 부형들은 그들의 주군 때문에 고생을 한 지가 오래 되었고, 이제 진실로 어른스런 사람을 찾아내 가게 하여 침략하거나 폭행하지 않는다면 마땅히 떨어뜨릴 수 있습니다. 항우는 파견해서는 안 되고, 다만 패공은 원래 관대한 장자(長者)이니 파견할 수 있습니다."

회왕은 마침내 항우에게는 허락하지 않고, 패공을 파견하여 서쪽으로 가서 땅을 경략하게 하고 진왕·항량의 흩어진 군사를 모아서 진을 치게 하였다.

패공이 탕(碭, 강소성 碭山縣)으로 가는 길에 양성(陽城, 산동성 濮縣)과 강리(杠里, 산동성 武城縣 경계 지역)에 이르러서 진의 성벽을 쳐서 그 두 개의 군대를 깨뜨렸다.

```
╭─────────────────────────────────────────╮
│                                           │
│        승리의 기세를 잡은 항우와 유방        │
│                                           │
╰─────────────────────────────────────────╯
```

2세황제 3년(甲午, 기원전 207년)[60]

1   겨울, 10월에 제의 장수 전도(田都)가 재상 전영(田榮)을 배반하고 초를 도와서 조를 구원하였다.

2   패공이 동군(東郡, 하남성 濮陽縣) 군위(郡尉)를 성무(成武, 산동성 成武縣)에서 공격하여 깨뜨렸다.

3   송의가 행군하여 안양(安陽, 산동성 曹縣)에 도착하였는데, 46일간 머무르며 나아가지 않았다. 항우가 말하였다.

"진이 조를 포위하여 급한데, 마땅히 빨리 군사를 이끌어 황하를 건너야 하고, 우리 초가 그 외곽을 치고 조는 안에서 호응하면 진군을 깨뜨리는 것이 분명합니다."

---

60 회왕 미심 2년, 조왕 무신 2년, 조헐 2년, 제왕 전복 2년, 연왕 한광 3년, 위왕 위표 2년, 한왕 한성 2년이다.

송의가 말하였다.

"그렇지 않소. 무릇 소에 붙어있는 등애를 쳐서 잡으면서는 이나 서캐를 깨뜨릴 수 없는 것이오.[61] 이제 진이 조를 공격하여 싸워 이긴다면 군사들이 피로할 것이고 우리는 그들이 피폐한 틈을 타고, 이기지 못하면 우리는 군사를 이끌고 북을 치면서 서쪽으로 가면 반드시 진을 들어낼 것이오. 그러므로 먼저 진·조(趙)가 싸우게 하는 것만 못하오. 무릇 단단히 갑옷을 입고 날카로운 무기를 잡는 것에서는 나 송의가 공만은 못하지만, 앉아서 계획을 세우고 운영하는 것에서는 공이 나 송의만 못하오."

이어서 군중(軍中)에 명령을 내렸다.

"용맹하기가 호랑이 같고, 삐뚤어지기가 양 같으며, 욕심 많기가 이리 같아서, 강하여 부릴 수 없는 자[62]는 모두 이를 참(斬)할 것이다."

마침내 그의 아들 송양(宋襄)을 파견하여 제의 재상이 되게 하고, 몸소 그를 호송하여 무염(無鹽, 산동성 東平縣)에 이르러서 술을 마시며 연회를 하였다. 날씨가 차고 큰비까지 내려서 사졸들은 얼고 주렸다. 항우가 말하였다.

"장차 힘을 합하여 진을 공격해야 하는데, 오래 머물면서 가지 않는구나. 금년에는 기근이 들어 백성들은 가난하며, 사졸들은 콩을 반 섞은 밥을 먹고, 군대에는 양식이 보이지 않는데도 마침내 술을 마시며

---

61 등애는 소의 피를 빨아 먹는 비교적 큰 해충이고, 이나 서캐는 보잘 것 없는 해충인데, 여기서 등애는 진의 장군인 장한을 지칭하는 것이고, 이와 서캐는 조를 공격하는 진의 군사를 이르는 말이다.

62 항우를 가리키는 말이다.

연회를 베푸는구나. 군사를 이끌고 황하를 건너고 조의 식량을 이용하면서 조와 힘을 합하여 진을 공격하지는 않고서 마침내 말하기를 '그들의 피폐한 틈을 타겠다.'라고 하는구나.

무릇 진의 강함으로 새로 만들어진 조를 공격하니 그 형세는 반드시 들어버릴 것이다. 조가 들리고 진이 강하게 되는데 무슨 피폐한 것을 타겠다는 것인가? 또 우리나라의 군사는 얼마 전에 깨져서 왕은 앉아 있어도 불안하여 경내를 청소하는 일은 오로지 장군에게 부촉하였으니 국가의 안위가 이 한 번의 거사에 달려 있다. 이제 사졸들을 아끼지 않고 그 사사로움을 주장하고 있으니 사직의 신하가 아니다."

11월에 항우는 이른 아침에 상장군 송의의 조회에 참석하였다가 바로 그 장막에서 송의의 머리를 베었다. 군령(軍令)을 내려서 말하였다.

"송의는 제와 함께 우리 초를 모반하였으니, 초왕이 몰래 나 항적으로 하여금 그를 주살하라고 하였다."

이때 제장들이 모두 두려워서 복종하고 감히 곁가지 노릇을 하지 못하고 모두 말하였다.

"먼저 초를 세운 집안은 장군의 집안입니다. 이제 장군께서는 반란한 자를 주살하였습니다."

마침내 서로 함께 항우를 가(假)상장군으로 세웠다.[63] 사람을 시켜서 송의의 아들을 쫓게 하여 제에 가서 그를 죽였다. 또 환초(桓楚)로 하여금 회왕에게 보고하게 하니 회왕이 이어서 항우를 상장군으로 삼았다.

---

63 가(假)는 임시직에 붙이는 것이다. 항우가 대장군이 되는 것은 초 회왕의 명령이 있어야 하나 아직 그 명령을 듣지 못하였던 고로 가라고 한 것이다.

4   12월에, 패공이 군사를 이끌고 율(栗, 하남성 夏邑縣)로 진격하여 강무후(剛武侯)[64]를 만나 그의 군사 4천여 명을 빼앗아서 이를 합병하고 위 장수 황흔(皇欣)·무만(武滿)의 군사를 합쳐서 진의 군사를 공격하여 이를 깨뜨렸다.

5   옛 제(齊)왕인 전건(田建, 5대)의 손자 전안(田安)이 제수(濟水)의 북쪽까지 내려와서 항우를 좇아서 조를 구원하였다.

6   장한은 용도(甬道)[65]를 쌓아서 황하까지 이르게 하고, 왕리(王離; 장한의 副將)에게 군량을 공급하였다. 왕리의 군사들은 먹을 것이 많게 되자 급히 거록(鉅鹿, 하북성 平鄕縣)을 공격하였다. 거록성 안에는 먹을 것이 다하고 군사도 적어서 장이는 자주 사람을 시켜서 진여에게 앞으로 나오도록 불렀다. 진여는 군사가 적어서 진에 대적할 수 없다고 헤아리고 감히 앞으로 가지 못하였다.
   몇 달이 지나니 장이는 크게 노하여 진여를 원망하고는 장염(張黶)·진택(陳澤)[66]으로 하여금 가서 진여를 책망하게 하였다.
   "처음에 나와 공(公)은 문경(刎頸)[67]의 교제를 하였는데, 이제 왕

---

64 이 사람을 응소(應劭)는 초(楚)의 장수로 해석하고, 공신표(功臣表)에서는 조포강 진무(棗蒲剛 陳武)라고 쓰여 있으므로 이것이 맞다면 의당 강후무라고 해야 할 것이고, 이 경우에는 위의 장수이다.

65 전쟁 중에 적으로부터 식량운반로를 보호하기 위하여 길의 양쪽에 담장을 쌓아서 향도를 만든 것을 말한다.

66 《사기정의》에는 澤의 음은 석(釋)이라고 하였지만 '택'이란 음을 그대로 쓴다.

67 친구 간에 죽고 살기를 함께하여 목이 떨어져도 두려워하지 않는 교제를 말

[王, 조헐]과 나 장이가 조석 간에 죽겠지만, 공은 군사 수만 명을 가지고 있으면서도 서로 도와 구원하려 하지 아니하니 어찌 함께 죽기로 하였단 말이오! 진실로 꼭 믿는다면 어찌하여 진군에게 나아가서 함께 죽지 않으며, 또한 열에 한둘이라도 있다면 서로 안전할 것이오."

진여가 말하였다.

"내가 헤아려 보니 나아간다고 하여도 끝내 조를 구원할 수 없고, 헛되이 군사만 다 없앨 것이오. 또 나 진여가 함께 죽으려 하지 않는 이유는 조왕과 그대 장군(張君, 장이)을 위하여 진에게 보복하고자 함이오. 이제 반드시 함께 죽는다는 것은 마치 고기를 주린 호랑이에게 주는 것과 같은데 무슨 이로움이 있겠소?"

장염과 진택이 함께 죽기를 요구하였다. 진여는 마침내 장염과 진택으로 하여금 5천 명을 거느리고 먼저 진군을 맛보라고 시켰는데, 도착하여 모두 죽었다. 이때 제의 군사와 연의 군사가 모두 와서 조를 구원하는데, 장오(張敖, 장이의 아들)도 역시 북쪽으로 가서 대(代, 하북성 蔚縣)의 군사를 수습하여 1만여 명을 얻어 가지고 와서 모두 진여의 옆에 성을 쌓았지만 감히 진을 공격하지 못하였다.

항우가 이미 경자관군[송의]을 죽이고 나니 위세가 초나라를 뒤흔들어 놓았고, 마침내 당양군(當陽君)·포장군(蒲將軍)을 파견하여 군졸 2만 명을 거느리고 황하를 건너서 거록을 구원하게 하였다. 전투에서 조금 승리하게 되어 장한의 용도를 끊으니 왕리의 군사는 식량이 결핍되었다.

진여가 다시 군사를 청하였다. 항우는 마침내 군사를 모두 이끌고

한다.

황하를 건너고 배를 모두 침몰시키고 솥과 시루를 다 깨뜨리고 여사(廬
舍, 廬幕 집)도 태워버리고, 3일치의 식량만 갖게 하여 사졸들에게 반드
시 죽더라도 다시 돌아갈 마음이 하나도 없음을 보여주었다. 이에 도착
하여 왕리를 포위하고 진군과 만나서 아홉 번을 싸워서 그들을 대파하
니 장한이 군사를 이끌고 퇴각하였다.

제후의 군사가 마침내 감히 진군에게 진격하여 드디어 소각(蘇角)을
죽이고 왕리를 포로로 잡았는데, 섭한(涉間)이 항복하지 않다가 스스
로 불타서 죽었다. 이때 초의 군사는 제후들 가운데 으뜸이었고, 거록
을 구원하러 온 군사들이 10여 개 성에서 진을 치고 있었으나, 감히 군
사를 멋대로 풀어놓지 아니하였다.

초의 군사가 진을 공격하게 되자 제후들의 장수들은 성벽 위에서 구
경하였다. 초의 전사들은 한 명이 열 명을 당해내지 못하는 사람은 없
었고, 부르짖는 소리는 천지를 흔들었으며, 제후들의 군사들은 사람마
다 두려워하지 않는 사람이 없었다. 이에 이미 진의 군사를 깨뜨리고
항우는 제후들의 장수들을 불러 보았는데 제후들의 장수들이 원문(轅
門)[68]으로 들어오는데, 무릎으로 기어서 앞으로 나아가지 않는 사람이
없었고, 감히 올려다보는 사람도 없었다. 항우는 이로 말미암아서 비로
소 제후들의 상장군이 되고 제후들은 모두 소속이 되었다.

이에 조왕 조헐과 장이가 마침내 거록성을 벗어날 수 있어서 제후들
에게 감사하였다. 장이가 진여와 만나서 진여에게 조를 구원하지 않았
음을 책망하고, 장염과 진택이 있는 곳을 묻자 진여가 그들을 죽일 것

---

68 군사가 군사행동을 할 때에는 전차를 벌려놓고 수레의 원을 서로 마주 보게
   하여 문처럼 만들어놓는다. 왕이 밖에 나갔을 때도 차궁과 원문을 만든다.

으로 의심하고 자주 진여에게 물었다. 진여가 노하여 말하였다.

"그대가 신을 원망함이 깊은 줄은 생각하지 못하였소! 어찌 신이 장군에게 인수를 빼앗기는 것을 어렵게 여기겠소!"

마침내 인수를 벗어서 장이에게 밀어줄 뿐이니, 장이도 역시 놀라서 받지 않았다. 진여가 일어나서 변소에 갔다.

빈객 가운데 어떤 사람이 장이에게 유세하였다.

"신이 듣기로는 '하늘이 주는 것을 갖지 않는다면 도리어 그 허물을 받는다.'[69]고 합니다. 이제 진 장군이 그대에게 인수를 주었는데도 그대는 이를 받지 않았으니, 하늘의 뜻에 반(反)하여 상서롭지 않을 것입니다. 빨리 이를 받으십시오."

장이는 마침내 그 인수를 차고서 그 휘하의 군사를 수습하였다.

그리하여 진여가 돌아와서는 장이가 양보하지 않은 것을 바라보고 드디어 빠르게 나가서 홀로 휘하에서 잘 알고 있던 수백 명과 더불어 황하의 못에 가서 물고기를 잡았다. 조왕 조헐은 신도(信都, 하북성 冀縣)로 돌아갔다.

봄, 2월에 패공이 북쪽으로 가서 창읍(昌邑, 산동성 금향현 서북쪽)을 치고 팽월(彭越)을 만났는데, 팽월이 그 군사를 가지고 패공을 좇았다. 팽월은 창읍 사람인데 늘 거야택(鉅野澤)에서 물고기를 잡다가 도적떼가 되었다.

진승과 항량이 일어나자 연못 근처에 있는 젊은이들이 서로 모여 백여 명이 되자 팽월에게 가서 그를 좇으며 말하였다.

"청컨대 팽중(彭仲)[70]께서 우두머리가 되어주십시오."

---

69 이 구절은 《국어》에 나온 것으로 알려졌다.

팽월이 사양하면서 말하였다.

"신은 원치 않습니다."

젊은이들이 강하게 요청하자 마침내 이를 허락하고, 더불어 기약하여 다음날 아침 해가 뜰 때 모이고 기약한 시간 뒤에 나오는 자는 참(斬)하기로 하였다.

다음날 아침 해가 떴는데 10여 명이 뒤에 나왔고 뒤에 온 사람 가운데 해가 중천(中天)에 있을 때 나온 사람도 있었다. 이에 팽월이 사과하면서 말하였다.

"신은 늙었는데 여러분이 억지로 나를 우두머리로 삼았소. 오늘에 기약하였으나, 많은 사람이 뒤에 나왔으니 다 주살할 수는 없고, 가장 늦게 온 한 사람만 주살하겠소."

교(校)[71]의 우두머리에게 그를 참하게 하였다.

모두 웃으면서 말하였다.

"어찌 이러한 지경에까지 이르러야 하겠습니까? 청컨대 뒤에는 감히 아니하겠습니다."

이에 팽월이 한 사람을 끌어내어 그를 참하고 단(壇)을 만들고 제사를 지내고 무리들을 그에게 소속시키니 모두 놀라서 감히 올려다보지를 못하였다. 마침내 땅을 경략하고 제후들의 흩어진 졸병을 거두어 1천여 명을 만들었고, 드디어 패공을 도와서 창읍을 공격하였다.

창읍이 아직 떨어지지 않았는데, 패공이 군사를 이끌고 서쪽으로 가서 고양(高陽, 하남성 기현 서남쪽)을 지나갔다. 고양 사람 역이기(酈食

---

70 팽월의 자가 중이다.

71 군사의 단위이다.

其)가 집안이 가난하여 뜻을 얻지 못하고 낙담하여 이감문(里監門)이 되어 있었다.

패공 휘하의 기사(騎士)가 역이기를 동네 사람들 속에 있는 것을 만났는데, 역이기가 보고 말하였다.

"제후들의 장군으로 고양을 지나간 사람이 수십 명인데, 내가 그들의 장수에 대하여 물었더니 모두 악착(齷齪)[72]하고, 자질구레한 예절을 좋아하고 스스로를 쓰임새 있다고 하며 도량 큰 이야기를 들을 수 없었습니다.

내가 듣건대, 패공은 오만하여 사람을 쉽게 여기지만 큰 지략이 많다고 하니 이는 진정으로 내가 좇기를 원하였던 바였는데, 나를 위하여 먼저 소개해준 사람이 없었습니다. 그대가 패공을 만나거든 '신은 마을에 있는 역생(酈生, 역이기)이란 사람인데, 나이는 60여 세이고 키는 8척이며 사람들이 모두 미친 사람이라고 합니다. 나 스스로 내가 미친 사람이 아니다.'고 생각합니다."

기사(騎士)가 말하였다.

"패공은 유가(儒家)를 좋아하지 않아서 여러 빈객 가운데 유관(儒冠)을 쓴 사람이 오면 패공은 번번이 그 관(冠)을 벗겨 그 속에 오줌을 누고 사람들과 말할 때 항상 크게 욕을 하니, 아직 유생의 이야기를 할 수 없습니다."

역생은 말하였다.

"다만 말만 좀 해주시오."

기사는 조용하게 말하며 역생이 훈계한 것 같이 하였다.

---

72 급히 재촉하는 모양을 말한다.

패공이 고양의 전사(傳舍)[73]에 이르러 사람을 시켜서 역생을 불렀다. 역생이 도착하여 알자(謁刺, 명함)를 들여보냈다. 패공이 바야흐로 걸터앉아서 두 명의 여자로 하여금 발을 씻게 하면서 역생을 만났다. 역생이 들어가서 길게 읍(揖)[74]하고 절을 하지 않고 말하였다.

"족하(足下)[75]께서는 진을 도와서 제후들을 공격하려고 하십니까? 또 제후들을 인솔하여 진을 깨뜨리려고 하십니까?"

패공이 욕하면서 말하였다.

"유생(儒生) 놈아! 천하가 다 함께 진의 고통을 받고 있게 된 것이 오래 되었으니, 그러므로 제후들은 서로 이끌어가며 진을 공격하고 있는데, 어찌 진을 도와서 제후를 공격하느냐고 말하느냐?"

역생이 말하였다.

"반드시 무리를 모으고 의병을 합하여 무도한 진을 주살하자면 의당 장자(長者)[76]에게 거만해 보여서는 안 되지!"

이에 패공이 발 닦는 것을 물리고 일어나서 옷깃을 여미고 역생을 이끌어 올라와 앉게 하고 사과하였다. 역생이 이를 통하여 육국이 합종

---

73 마을에 사람이 쉴 수 있도록 만든 집이다. 앞에 왔던 사람이 가고 뒤에 온 사람이 이용하게 하여 이 집을 이용하는 것이 돌고 돌게 되어 있다 하여 전사라고 한 것이다.

74 상대방을 존경하는 의미로 두 손을 앞으로 모으고 약간 허리를 숙여 인사하는 것을 말한다.

75 상대를 높여 부르는 존칭으로 귀하와 같은 의미인데 동급 간에 사용하는 존칭어이다.

76 어른스런 사람 또는 어른을 말하는데, 나이 많은 사람을 의미이다. 여기서는 역이기의 나이가 유방보다 많았던 것 같다.

하고 연형할 당시의 이야기[77]를 하였다. 패공이 기뻐하여 역생에게 먹을 것을 내리고 물었다.

"계획은 장차 어떻게 내야 할까요?"

역생이 말하였다.

"족하가 규합한 무리를 가지고 일어나서 흩어진 병사를 수습하였으나 1만 명을 채우지 못하지만 강한 진에게 지름길로 들어가고자 한다면 이는 이른바 호랑이의 입을 조사하는 것입니다. 무릇 진류(陳留, 하남성 陳留縣)라는 곳은 천하의 요충지이고 사통오달(四通五達)[78]한 들판인데, 이제 그 성 안에는 또한 많은 곡식이 쌓여 있습니다. 신은 그 현령[진류 현령]을 잘 아는데, 청컨대 사신으로 가게 하여 족하 아래에 있도록 하게 해주시는데, 곧바로 듣지 않으면 족하께서 군사를 이끌고 이를 공격하면 신이 안에서 이에 호응하겠습니다."

이에 역생을 파견하여 가게하고 패공이 군사를 이끌고 그를 좇아가서 드디어 진류를 떨어뜨리고 역이기를 광야군(廣野君)이라고 불렀다. 역생이 그의 동생 역상(酈商)에 관하여 말하였다. 그때 역상은 젊은 사람 4천 명을 모아 가지고 있었는데, 와서 패공에게 위촉시키니 패공은 장수로 삼고 진류의 군사를 거느리고 좇게 하였다. 역생이 항상 세객(說客)이 되어 제후들을 부렸다.

7   3월에, 패공이 개봉(開封, 하남성 개봉시 서남)을 공격하였으나 아

---

77 전국시대에 진과 대항하거나, 또는 진과 관계를 맺을 당시의 외교정책을 말한다.

78 사방으로 왕래하여 관통하는 곳인데, 중앙까지 헤아리면 5달이 되는 것이다.

직 뽑지 못하고, 서쪽으로 가서 진의 장수 양웅(楊熊)과 백마(白馬, 하남성 滑縣 경계 지역)에서 만나 전투하였고, 또 곡우(曲遇, 하남성 中牟縣)의 동쪽에서 싸워 그를 대파하였다. 양웅은 도망하여 형양(滎陽, 하남성 형양시)으로 갔는데, 2세황제는 사자를 시켜서 그를 참하여 조리를 돌리게 하였다.

여름, 4월에 패공이 남쪽으로 가서 영천(潁川, 하남성 禹縣)을 공격하여 그곳을 도륙(屠戮)하였다. 이어서 장량(張良)이 드디어 한 지역을 경략하였다. 이때 조의 별장 사마앙(司馬卬)이 바야흐로 황하를 건너서 관[函谷關]으로 들어가려고 하자 패공이 마침내 북쪽으로 가서 평음(平陰, 하남성 孟津縣)을 공격하고 하진(河津, 황하의 나루)의 남쪽을 끊고 낙양의 동쪽에서 싸웠다. 군대는 승리하지 못하여 남쪽으로 가서 환원(轘轅, 하남성 偃師縣 서남쪽)을 빠져 나오니 장량이 군사를 이끌고 패공을 좇았고 패공이 한왕 한성(韓成)에게 명하여 양적(陽翟, 韓의 옛 도읍지, 하남성 禹縣)에 머물면서 지키게 하고는 장량과 함께 남쪽으로 갔다.

6월에 패공이 남양(南陽, 하남성 南陽市) 군수 기(齮)와 주(犨, 하남성 魯山縣 경계 지역)의 동쪽에서 싸워서 이를 깨뜨리고 남양군을 경략하였는데, 남양 군수가 달아나서 성을 지키려고 하여 완(宛)[79]을 지켰다. 패공이 군사를 이끌고 완성을 지나서 서쪽으로 가려고 하니, 장량이 간하였다.

"패공께서는 비록 관[函谷關]에 급히 들어가고 싶겠지만 진의 군사

---

79 완성은 남양군의 치소가 있는 곳이다. 완의 옛날 성은 완의 대성(大城)의 남쪽 귀퉁이에 있으며 그 서남쪽으로 두 면을 갖고 있다.

는 아직도 많고, 요새에서 저항하고 있는데, 이제 완성을 떨어뜨리지 않으면 완성은 뒤에서 치고 강한 진이 앞에 있을 것이니 이것은 위험한 길입니다."

이에 패공은 마침내 밤에 군사를 이끌고 다른 길로 돌아와서 기치를 숨기고 아직 먼동이 트지 않았을 때 완성을 세 겹으로 포위하였다. 남양 군수는 자살하려 하자, 그의 사인(舍人)[80] 진회(陳恢)가 말하였다.

"죽는 것은 아직 늦지 않았습니다."

마침내 성을 넘어가서 패공을 보고 말하였다.

"신이 듣건대, 족하께서 먼저 함양에 들어가는 사람이 그곳의 왕 노릇하기로 약속하였다고 합니다. 이제 족하께서 완에 머물면서 지키고 있는데 완은 남양 군현에 이어진 성(城) 수십 개이고 그 관리들과 백성들도 스스로 항복하면 꼭 죽는 것으로 여기고 있으니, 그러므로 모두 굳게 지키면서 성에 올라가 있습니다.

이제 족하가 하루 종일하다 공격을 중지하면 병사로 사상자가 반드시 많을 것이고, 군사를 이끌고 완을 떠나면 완에서 반드시 족하의 뒤를 쫓을 것입니다. 족하가 앞으로 간다면 함양의 약속을 잃게 되고, 뒤로는 강력한 완의 걱정거리가 있습니다. 족하를 위하여 계책을 세운다면, 만약에 항복한다면 그를 그대로 군수로 책봉한다고 약속하는 것 만한 것이 없는데, 이어서 성 지키기를 중지하게 하고, 그들의 갑졸들을 이끌고 이들과 함께 서쪽으로 가십시오. 여러 성(城) 가운데, 아직 떨어지지 않은 것은 소문을 듣고 다투어 성문을 열고 족하를 기다릴 것이니, 족하가 통행하는데 누가 될 것이 없을 것입니다."

---

80 개인 집의 심부름하는 하인을 말한다.

패공이 말하였다.

"훌륭하오."

7월에, 남양 군수 기(齮)가 항복하자 그를 은후(殷侯)에 책봉하고 진회(陳恢)를 천호(千戶)에 책봉하였다.

군사를 이끌어 서쪽으로 가는데 떨어지지 않은 것이 없었다. 단수(丹水, 하남성 淅川縣 경계 지역)에 이르니 고무후(高武侯) 새(鰓)와 양후(襄侯) 왕릉(王陵)[81]이 항복하였다. 돌아와 호양(胡陽, 하남성 唐河縣)을 공격하다가 파군(番君)의 별장 매현(梅鋗)을 만나서 함께 석(桁, 하남성 內鄉縣 서북쪽)과 역(酈, 하남성 內鄉縣 동북쪽)을 공격하였는데 모두 항복하였다. 지나가는 곳에서 노략(鹵掠)질하지 않자 진의 백성들이 모두 기뻐하였다.

---

81 고무후(高武侯) 새(鰓)와 양후(襄侯) 왕릉(王陵)은 모두 진의 관작을 가진 사람이다.

진의 장한·조고·2세황제의 최후

8 왕리(王離)의 군사가 몰락해버리자, 장한이 극원(棘原, 하북성 平
鄕縣 남쪽)에 진을 쳤는데, 항우가 장수(漳水)의 남쪽에 진을 치고서 서
로 버티면서 아직 싸우지는 않았다. 진군이 자주 퇴각하자 2세황제는
사람을 시켜서 장한을 책망하였다. 장한이 두려워서 장사(長史)[82] 사
마흔(司馬欣)을 시켜 사건을 말해달라고 청하고 그가 함양에 이르러
사마문(司馬門)[83]에서 3일간을 머물러 있어도 조고가 접견을 하지 않
자 믿지 못하는 마음이 생겼다. 장사 사마흔이 두려워 돌아서서 그의
군대로 도망하였는데, 감히 전에 왔던 길로 가지 못하였다.

조고가 과연 사람을 시켜서 그를 쫓았으나 따라잡지 못하였다. 사마
흔이 군대에 이르러서 보고하여 말하였다.

"조고가 금중에서 일을 전횡하고 있어서, 아래에는 일을 할 사람이

---

82 하나의 관부에서 장급 관리 이하의 모든 관리 가운데 제일 높은 직책을 가진
관리로 비서장에 해당하는 직책이다.

83 궁궐의 담장 안에는 호위병들이 있고 사면은 모두 사마들이 호위에 관한 일
을 주관하고 있다. 그런데 사마문은 그 밖에 있는 문이다.

없습니다. 이제 전투에서 승리할 수 있다면 조고는 반드시 우리의 공로를 질투할 것이며, 싸워서 이길 수 없다면 죽음을 면치 못할 것입니다. 바라건대 장군께서 이를 깊이 헤아리십시오."

진여도 역시 장한에게 편지를 보내서 말하였다.

"백기(白起)가 진의 장수가 되어 남쪽으로 가서 언영(鄢郢, 옛 초의 도읍지, 호북성 江陵縣)을 정복하고, 북쪽으로 가서 마복군(馬服君)을 생매장하였고, 성을 공격하고 땅을 경략한 것이 헤아릴 수 없었으나 끝내는 죽음이 내려졌습니다.[84] 몽염(蒙恬)이 진의 장수가 되어 북쪽으로 가서는 융인(戎人)을 쫓아내고 유중(楡中, 감숙성 蘭州市 동쪽)의 땅 수천 리를 개척하였지만, 끝내 양주(陽周, 섬서성 安定縣)에서 참수되었습니다.[85]

왜 그렇습니까? 공로가 많으면 진에서는 모두 봉작을 해줄 수 없으니, 이어서 법을 가지고 이를 주살합니다. 이제 장군은 진의 장수가 된 지 3년이 되어 잃어버린 것이 10만 명을 헤아리게 되어 있고, 제후들은 나란히 일어나서 더욱 많아졌소. 저 조고(趙高)는 본디 아부하여 온 지가 이미 오래되었는데, 이제는 일이 급하게 되었고, 또한 2세황제가 그를 주살할까 두려워하니, 그러므로 법으로 장군을 주살하여 책임을 막고자할 것이며, 다른 사람으로 하여금 장군을 대신하게 하여 그의 화를 벗어나고자 할 것입니다.

무릇 장군은 밖에서 거주한 지가 오래 되어서 안으로는 많은 틈이

---

84 마복군은 조괄(趙括)이며, 백기의 사건은 주 난왕 때 일어났고,《자치통감》권5에 실려 있다.

85 이 사건은 진 시황기에 보이며, 내용은《자치통감》권7에 실려 있다.

생겼으니, 공로를 세워도 죽고 공로를 세우지 못하여도 역시 죽게 되어 있습니다. 또 하늘이 진을 망하게 하는 것은 어리석든 똑똑하든 모두가 이를 압니다.

지금 장군께서 안으로는 직접 간언할 수 없고, 밖으로는 망하는 나라의 장수가 되었으니 고독하게 홀로 서서 항상 남아 있으려고 한들 어찌 슬프지 않습니까? 장군은 어찌하여 군사를 돌려 제후들과 더불어 합종하여 함께 진을 공격한다고 약속하여 그 땅을 나누어 왕 노릇하여 남면하고 고(孤)를 칭하지[86] 않습니까? 이것은 자신이 부질(鈇質)[87] 위에 엎어지게 되고, 처자가 살육되는 것과 어떠하오?"

장한이 여우처럼 의심하고 몰래 군후(君侯) 시성(始成)[88]을 시켜서 항우에게 사자로 가서 약속을 하게하고자 하였다. 약속이 아직 성립되지 않았는데, 항우가 포장군으로 하여금 밤낮으로 군사를 이끌고 삼호(三戶, 하북성 磁縣 경계 지역)를 건너서 장수(漳水)의 남쪽에 진을 치게하고 진의 군사들과 싸워서 다시 그들을 깨뜨렸다. 항우가 모든 군사를 이끌고 진의 군사를 우수(汙水, 하남성 臨漳縣 경계 지역을 통과함)에서 공격하여 이를 대파하였다.

장한이 사람을 시켜서 항우를 만나 약속을 하고자 하였다. 항우가 군리를 불러서 모의하여 말하였다.

---

86 중국의 전통에 의하면 국왕의 자리는 북쪽에 두고 남쪽을 향하여 앉게 되어 있으며, 국왕은 통상적으로 고(孤)나 과인(寡人)을 자칭하고 천자는 짐을 자칭한다. 여기서는 장한에게 왕이 되라는 뜻이다.

87 요참하는 형벌이다.

88 시(始)가 성이다.

"양식이 적으니 그 약속을 들어주고 싶다."

군리들이 모두 말하였다.

"훌륭합니다."

항우는 마침내 원수(洹水, 안양하, 산서성 黎城縣에서 발원함)의 남쪽 은허(殷墟)에서 함께 하기로 기약하였다. 이미 맹약을 끝내고 나자 장한이 항우를 보고 눈물을 흘리면서 조고 이야기를 하였다. 항우는 마침내 장한을 세워 옹왕으로 삼고, 초의 군중(軍中)에 머물게 하고, 장사 사마흔을 상장군으로 삼아 진의 군사를 거느리고 앞으로 가게 하였다.

9   하구(瑕丘, 산동성 兗州縣)의 신양(申陽)이 황하의 남쪽으로 내려와서 군사를 이끌고 항우를 좇았다.

10   처음에, 중승상(中丞相)[89] 조고(趙高)가 진의 권력을 오로지하려 하나 여러 신하들이 말을 듣지 않을 것을 걱정하여 마침내 먼저 시험을 하기로 하고 사슴을 가져다가 2세황제에게 헌납하고서 말하였다.

"말입니다."

2세황제가 웃으면서 말하였다.

"승상이 틀렸소. 사슴을 말이라고 생각하시오?"

주위 사람에게 물었다. 어떤 사람은 침묵하고, 어떤 사람은 말이라고 말하여 조고에게 아부하며 순종하였으며, 어떤 사람은 사슴이라고 말

---

89 《사기》에 보면 이사가 죽자 2세황제가 조고를 중승상으로 삼았다고 되어 있다. 대개 중이란 금중에 드나들 수 있는 환관을 지칭하는 말이므로 조고는 환관으로 다른 승상들이 금중에 못 드나드는 것과 달리 금중에도 드나들 수 있는 승상임을 말하는 것이다. 그 후에도 중승상이라는 관직은 없었다.

하였다. 조고는 이어서 몰래 사슴이라고 말한 사람들을 법으로 처리하였다. 뒤로는 여러 신하들이 모두 조고를 두려워하여 감히 그의 허물을 말하는 사람이 없었다.

조고는 전에 자주 '관[咸谷關] 동쪽에 있는 도적들은 아무 것도 할 수 없을 것이다.'라고 말하였는데, 항우가 왕리를 포로로 잡고, 장한 등의 군사도 자주 패하자 글을 올려서 더욱 원조하여줄 것을 청하였다. 관[함곡관]의 동쪽에서는 대개 진의 관리를 배반하고 제후들에게 호응하고, 제후들은 모두 그 무리들을 이끌고 서쪽으로 향하였다.

8월에, 패공이 수만 명을 거느리고 무관(武關, 섬서성 商南縣 경계 지역)을 공격하여 이를 도륙(屠戮)[90]하였다. 조고는 2세황제가 노하여 주살하는 것이 그 자신에까지 이를 것을 두려워하여 마침내 병을 사칭하고 조현하지 아니하였다.

2세황제(皇帝)가 흰 호랑이가 자기의 좌참마(左驂馬)[91]를 물어 죽이는 꿈을 꾸어서 마음이 즐겁지 아니하여 괴이하게 꿈을 점치는 관리에게 물었다. 그 점쟁이가 점쳐서 말하였다.

"경수(涇水)[92]가 빌미[祟][93]가 되었습니다."

2세황제는 마침내 망이궁(望夷宮)[94]에서 재계(齋戒)[95]를 하고 경수

---

90 성을 공격하며 성 안에 있는 것을 모두 다 죽이는 것을 말한다.

91 귀족들이 타는 수레는 보통 4마리의 말이 끄는데, 중간에 있는 두 마리의 말을 복마(服馬)라고 하고, 양끝에서 끄는 말을 참마(驂馬)라고 한다. 이 참마 가운데 왼편에 있는 말이 좌참마이다.

92 경수는 감숙성에서 발원하여 섬서성의 남부를 거쳐서 위수로 들어간다.

93 재앙이나 병 따위의 불행이 생기는 원인을 말하며 화근(禍根)이다.

94 섬서성 경양현에 있다.

에서 제사지내면서 4마리의 흰말을 빠뜨렸다.

사신으로 하여금 조고에게 도적의 일로 책망하게 하였다. 조고는 두려워서 마침내 그의 사위[96]인 함양령(咸陽令) 염락(閻樂)과 그의 동생 조성(趙成)과 몰래 모의하여 말하였다.

"황상은 간하는 말을 듣지 않고, 이제 일은 급하게 되니 화를 나에게로 귀착시키려고 한다. 황상을 바꾸어두려고 하니 바꾸어 영자영(嬴子嬰)[97]으로 세우자. 영자영은 어질고 검소하여 백성들은 모두 그의 말을 받아들일 것이다."

이에 낭중령(郎中令)[98]으로 하여금 안에서 호응하게 하고, 거짓으로 큰 도적이 있다고 하면서 염락에게 명령하여 이졸들을 소집하여 그 뒤를 쫓게 하고, 염락의 어머니를 잡아서 조고의 집에 두게 하였다. 염락을 파견하여 관리와 병졸 1천여 명을 거느리고 망이궁의 전문(殿門)에 가게하고 위령복야(衛令僕射)[99]를 포박하고서 말하였다.

"도적이 여기에 들어왔는데, 왜 이를 막지 못하였느냐?"

위령(衛令)이 말하였다.

---

95 신에게 제사지낼 때 심신을 깨끗이 하고 음식을 가려 먹고 부정(不淨)을 금기(禁忌)하는 것이다.

96 조고는 내시이므로 친딸이 없을 것이고, 있다면 아마도 의녀(義女)일 것이며, 사위도 그 의녀의 남편으로 보아야 할 것이다.

97 진 시황의 장자인 부소의 아들이다.

98 궁정호위사령관에 해당한다.

99 위위(衛尉)는 궁궐문에 주둔하는 군사를 관장하는데 그 소속으로 위사령이 있다. 진의 관제(官制)는 시중·상서·박사·낭(郎)과 군(軍)·둔(屯)·이(吏)·추(騶)·골목에는 모두 복야를 두었는데, 그 관장하는 일에 따라서 명호를 붙였다.

"주변 막사에는 군졸들을 배치한 것이 아주 삼엄한데, 어찌 도적이 감히 궁에 들어가겠소?"

염락이 위령의 목을 베고서 바로 관리를 거느리고 들어가서 낭관(郎官)과 환관들에게 활을 쏘게 하였다. 낭관·환관들이 크게 놀라서 혹은 달아나고 혹은 격투를 벌였는데, 격투한 자가 번번이 죽으니, 죽은 사람이 수십 명이었다. 낭중령과 염락이 함께 궁으로 들어가 황상의 악좌위(幄坐幃)[100]에 활을 쏘았다. 2세황제가 화가 나서 주위 사람들을 불렀는데, 주위 사람들은 모두 당황하고 걱정하여 싸우지를 아니하였다.

옆에는 환관 한 사람이 모시고 있었는데, 감히 떠나지 못하였다. 2세황제가 안으로 들어가면서 말하였다.

"공(公)은 어찌하여 일찍 나에게 이야기를 해주지 않아서 마침내 이에 이르게 했는가?"

환관이 말하였다.

"신이 감히 말을 하지 않았으니 그런고로 온전할 수 있었고, 신으로 하여금 일찍 말씀드리게 했다면 모두 이미 주살되었을 것이니 어찌 오늘에 이를 수 있겠습니까?"

염락이 앞으로 가 2세황제에게 다가가서 헤아리면서[101] 말하였다.

"족하[102]는 교만하고 방자하고 주살하는 것에 도리가 없었기 때문에

---

100 악(幄)은 위아래와 사방을 모두 둘러치는 것을 말하고, 위(幃)는 단 한겹으로 된 장막인데, 이는 황제가 밖에 머물 때 치는 것으로 보인다. 이때 2세황제는 밖에 나와 있었던 것 같다.

101 죄 지은 것을 하나하나 헤아리는 것을 말한다.

102 2세황제 호해를 호칭하는 것이다. 족하는 존칭어이지만 황제에게 사용하는 것은 아니고 평배(平輩) 사이에서 사용하는 것이다. 여기서 2세황제에게 족하

천하가 다 함께 족하를 배반하였으니, 족하는 스스로 계획을 세우시오."

2세황제가 말하였다.

"승상을 좀 만나볼 수가 있겠는가?"

염락이 말하였다.

"안되오."

2세황제가 말하였다.

"내가 바라건대 한 개의 군(郡)을 얻어서 왕 노릇을 하고 싶소."

허락하지 않았다. 또 말하였다.

"바라건대 만호후(萬戶侯)[103]가 되고 싶소."

허락하지 않았다. 말하였다.

"바라건대 처자와 더불어 검수(黔首)[104]가 되어서 여러 공자(公子)들처럼 살고 싶소."

염락이 말하였다.

"신은 승상에게 명을 받아서 천하를 위하여 족하를 주살하는 것이고, 족하가 비록 많은 말을 하였으나 나는 감히 보고하지 않을 것이오."

그의 군사들에게 손짓하여 들어오게 하였다. 2세황제는 자살하였다.

염락이 돌아가서 조고에게 보고하였다. 조고는 마침내 모든 대신들과 공자들을 불러서 2세황제를 주살하게 된 상황을 알리고 말하였다.

"진은 옛 왕국인데, 시황제가 천하에서 군주가 되니 그러므로 칭제

라는 용어를 사용한 것은 이미 황제로 인정하지 않는다는 표시인 것이다.

103 1만 호를 식읍으로 하는 후작 벼슬을 말한다.

104 벼슬 없는 일반 백성을 말한다. 머리에 관(冠)을 쓰지 않아서 검은 머리가 그대로 노출된 사람을 말한다.

(稱帝)하였던 것이오. 이제 6국이 다시 자립하여 진의 땅이 더욱 작아져서 마침내 헛된 이름만으로 황제가 되는 것은 옳지 않으니, 마땅히 옛날처럼 하는 것이 편할 것이오."

영자영을 세워서 진왕으로 삼았다. 검수(黔首)로 2세황제를 두현(杜縣, 섬서성 西安市 동남쪽 교외)의 남쪽에 있는 의춘원(宜春苑)에 장사지냈다.[105]

9월에, 조고가 영자영으로 하여금 재계하게 하고 마땅히 종묘를 찾아보고 옥새(玉璽)를 받아야 한다고 하여 닷새 동안 재계하였다. 영자영과 그의 아들 두 사람이 모의하여 말하였다.

"승상 조고가 2세황제를 망이궁(望夷宮)에서 죽이고, 여러 신하들이 그를 주살할까 두려워서 마침내 거짓으로 의(義)를 가지고 나를 세웠다. 내가 듣건대 조고는 마침내 초와 맹약하여 진의 종실을 멸망시키고, 나누어 관중(關中)에서 왕 노릇을 하려고 한다. 이제 나로 하여금 재계를 하게 하여 종묘를 찾아뵙게 하였는데, 이는 종묘에 있는 것을 이용하여 나를 죽이려는 것이다. 내가 병들었다고 칭하고 가지 않으면 승상은 반드시 스스로 올 것이고, 오면 그를 죽이자."

조고가 사람을 시켜서 자영을 여러 번 청하였으나, 영자영이 가지 않았다. 조고가 과연 스스로 가서 말하였다.

"종묘는 중요한 일이니, 왕께서 어찌하여 가시지 않습니까?"

영자영이 드디어 재궁에서 조고를 찔러 죽이고 조고의 집안은 삼족

---

105 황제나 작위를 가진 사람에게 사용하는 의례를 적용하지 않고, 검수에게 적용하는 상례로 장사를 지낸 것이다.

(三族)[106]을 멸하여 조리를 돌렸다.

　장병을 파견하여 요관(嶢關, 섬서성 藍田縣 동남쪽)에서 막게 하였는데, 패공이 이를 치려고 하였다. 장량이 말하였다.

　"진의 군사는 오히려 강하니 아직은 가볍게 보지 마십시오. 바라건대 먼저 사람을 파견하여 산 위에 기치를 벌려놓아서 군사가 있는 것처럼 의심하게하고, 역이기와 육가(陸賈)로 하여금 가서 진의 장수들에게 유세하여 이익을 가지고 먹이십시오."

　진의 장수들이 과연 연합하여 화의를 하고자 하니, 패공이 이를 허락하고자 하였다. 장량이 말하였다.

　"이는 다만 그 장수들이 반란을 하고자 하지만 그들의 사졸들이 좋지 않을까 걱정하는 것이니, 그들이 게을러지는 것을 이용하여 이들을 치는 것만 못합니다."

　패공이 군사를 이끌고 요관을 둘러싸고 괴산(蕢山, 嶢關 附近)을 넘어가서 진의 군사를 남전(藍田, 섬서성 藍田縣)의 남쪽에서 쳐서 그들을 대파하였다. 드디어 남전에 이르렀고, 또 그 북쪽에서 싸웠는데, 진의 군사가 대패하였다.*

---

106 삼족은 부족(父族)·모족(母族)·처족(妻族)을 말한다.

한기 1

한나라와 초나라의 쟁패

함양에 머물지 않은 유방

고제 원년(乙未, 기원전 206년)[1]

1   겨울, 10월에 패공(沛公)이 패상(霸上, 섬서성 藍田縣 북쪽 경계 지역 覇水가 흐름)에 이르렀더니, 진왕(秦王) 영자영(嬴子嬰)이 흰 수레와 흰 말을 타고,[2] 목에 인수(印綬)를 걸고, 황제의 옥새(玉璽)·부신(符信)·부

---

1   유방은 이 해에 사실상으로는 항우에 의한 것이지만 형식상으로는 의제로부터 제후 왕인 한왕(漢王)으로 임명된다. 따라서 고조라는 말을 붙이는 것은 일견 합당하지 않은 것 같다. 그러나 유방이 결국 황제의 자리에 오르게 되므로 그가 아직은 왕의 자리에 있다고 하지만 이 해부터 〈한기(漢紀)〉를 쓰기 시작한 것이 통감필법이다. 유방은 제후로 임명되기 전까지는 패공이라는 명칭으로 불렸고, 2월에 항우가 중심이 되어 여러 사람들을 제후 왕으로 임명하게 되는데, 이때에 유방이 한왕으로 임명되는 것이다. 그리하여 이 이후로는 한왕으로 불리고 있으며, 아직은 황제라는 말로 그를 호칭하지 않았다. 그러나 역사에서 기년을 하는 경우에 종전까지 기년으로 삼았던 진(秦)은 이미 망하여 진의 기년을 쓸 수 없었고, 형식상으로 의제가 있지만 그 세력은 오히려 제후 왕보다 못하였으므로 그를 중심으로 기년으로 하기가 어려운 것이다. 이리하여 아직은 황제가 되지는 아니하였지만, 후에 천하를 재통일하고 황제의 자리에 오르게 되므로, 이때부터 그의 시호인 고조를 써서 고조 원년으로 하고 있다.

절(符節)³을 봉함해 가지고서 지도(軹道, 함양 서북쪽의 軹道亭)에 있는 길가에 나와서 항복하였다.

제장들 가운데 어떤 사람은 진왕을 주살하라고 말하였다. 패공이 말하였다.

"당초에 회왕(懷王)이 나를 보냈던 것은 진실로 넓은 마음으로 용납할 수 있기 때문이었소. 또 사람이 이미 항복하였는데, 그를 주살하는 것은 상서롭지 못하오."

마침내 관리에게 처리하게 위촉하였다.

❖ 가의(賈誼)⁴가 평론하였습니다.

진(秦)은 적고 적은 땅을 가지고서 만승(萬乘)의 권한을 갖기에 이르러서 여덟 주(州)⁵를 부르고 같은 지위에 있던 것[제후국]으로부터 조회(朝會)를 받은 것이 100여 년이 되었으며, 그런 뒤에

---

2 흰 수레와 흰말은 상례(喪禮)에 쓰는 것이며, 목에 인수 줄을 걸었다는 것은 자살하고자한다는 뜻을 표현하는 것이다.

3 옥새는 황제의 도장이다. 부신(符信)은 금속이나 혹은 옥으로 만들어서 위에 글자를 새기고 한 가운데를 나누어 둘로 만들어서 하나는 중앙에 남겨 놓고, 다른 하나는 외관이 갖고 있게 하였다. 부절(符節)이란 모양을 대나무막대기처럼 만든 것인데, 대나무 막대기의 머리 부분에 털로 된 것을 달았다. 그러므로 사신이 이것을 갖고 있으면 바로 군왕이 친히 온 것과 같은 의미를 갖는다.

4 한(漢)대의 학자이다.

5 옛날에 중국 천하에는 9개의 주가 있었고, 진(秦)은 그 9분의 1이었다. 진(秦)은 주(周)의 옹주(雍州)에 있었고, 그 외에 예(豫)·연(兗)·청(靑)·양(揚)·형(荊)·유(幽)·기(冀)·병주(幷州)가 있다.

6합(六合)⁶을 자기 집으로 만들고, 효(殽, 효산)와 함(函, 函谷關)을 궁궐로 만들었는데 한 지아비가 난(難)을 일으키자 7묘(廟)⁷가 무너지고 몸은 다른 사람의 손에 죽게 되어 천하에 웃음거리가 되었는데, 왜 그리 되었습니까? 어짊[仁]과 마땅함[誼]을 시행하지 않았으며 공격과 수비의 형세가 달라서입니다.

2 패공이 서쪽으로 가서 함양(咸陽)에 들어가니, 제장들은 다투어 금과 비단과 재물이 있는 부고(府庫)로 달려가서 이를 나누어 가졌는데 소하(蕭何)만은 홀로 진(秦) 승상부의 도적(圖籍, 지도와 전적)을 가져다가 이를 감추어 두니, 이것으로 패공은 천하의 액색(阨塞, 요새 지역)·호구의 다소(多少)·강하고 약한 곳을 모두 알 수 있었다.

패공은 진의 궁실·휘장(揮帳)·개와 말·귀한 보배·여인이 천을 헤아리는 것을 보고, 속으로 이곳에 머물러 살고자 하였다. 이에 번쾌(樊噲)가 간하였다.

"패공께서는 천하를 갖고 싶으십니까? 장차 부잣집 영감이 되겠습니까? 무릇 이 사치한 물건들은 모두 진을 망하게 한 것들인데, 패공께서는 어찌하여 쓰려고 하십니까? 바라건대 급히 패상(覇上, 섬서성 서안시 동쪽 패하)으로 돌아가시고 궁중에 머무르지 마십시오."

패공(沛公)이 듣지 않았다.

장량(張良)이 말하였다.

---

6 6합이란 천·지·동·서·남·북을 말하는 것이니, 곧 천하이다.

7 유가의 예제에 의하면 천자는 아버지에서 위로 6대조까지와 태조까지 합하여 7개의 사당을 세우고 제사 지냈다.

"진이 무도하였으니, 그러므로 패공께서 여기에 이를 수가 있었습니다. 무릇 천하를 위하여 잔적(殘賊)들을 제거하면서 마땅히 호소(縞素)[8]를 자산(資産)으로 해야 합니다. 이제 처음으로 진에 들어와서 바로 그 즐거움을 편안하게 생각하면 이것은 이른바 '걸(桀)의 포학한 짓을 돕는 것'입니다. 또 충성스러운 말은 귀에 거슬리지만 실천하면 이롭고, 독한 약은 입에는 쓰지만 병에는 이로우니, 바라건대 패공께서는 번쾌의 말을 들으십시오."

패공은 마침내 돌아가서 패상에 주둔하였다.

11월에 패공은 여러 현(縣)의 부로(父老)와 호걸들을 모두 불러서 말하였다.

"여러 부로들은 진의 가혹한 법으로 고생한 지가 오래 되었소. 나와 제후들은 약속하였는데, '먼저 관(關, 函谷關)을 넘어 들어가는 사람은 이를 왕으로 한다.'고 하였으니, 나는 마땅히 관중(關中)에서 왕 노릇해야 할 것이요. 부로들과 약속하건대 법은 3장(章)뿐인데, 사람을 죽인 사람은 사형에 처하고, 다른 사람을 상(傷)하게 한 사람과 도적질 한 자는 죄를 받는다는 것이오. 나머지 진법은 모두 없애버리겠으니, 여러 관리들과 백성들은 옛날같이 안도하시오.

무릇 내가 온 이유는 부로들을 위하여 해로운 것을 없애려는 것이지 침탈하여 포학(暴虐)한 짓을 하려는 것이 아니니 두려워하지 마시오. 또한 내가 돌아가서 패상에 주둔하고 있는 것은 다른 제후들이 오기를

---

8 호소는 흰옷으로 상복을 의미한다. 이는 진의 백성들이 그동안 고생하고 많은 사람이 죽었으므로 이를 조문한다는 의미가 있고, 동시에 검소한 복장이므로 사치를 배격한다는 것을 의미하는 두 가지 뜻을 가지고 한 말이다.

기다려서 약속했던 것을 확정하려는 것이오."

마침내 사람들과 진의 관리들로 하여금 여러 현(縣)·향(鄕)[9]·읍(邑)에 다니면서 이를 알려 타이르게 하였다.

진민(秦民)들이 크게 기뻐하고 다투어 소·양·술과 밥을 군사들에게 바쳐 먹게 하였다. 패공은 또 받지 않게 하고 말하였다.

"창고에 곡식이 많아서 부족한 것이 아니니 백성들의 것을 소비하고 싶지 않소."

백성들은 또 더욱 기뻐하면서 다만 패공이 진왕이 되지 않을까만을 걱정하였다.

항우(項羽)는 이미 하북(河北)을 평정하고 제후들의 군사를 이끌고 서쪽으로 가서 관[函谷關]에 들어가려 하였다. 이보다 먼저 제후의 관리들과 군졸·요역(搖役)하는 사람들·둔수(屯戌)하는 사람들이 진중(秦中, 관중)을 지나갔는데, 진중의 관리나 군졸들이 이들을 만나면 형편이 없게 되었다.

진의 장수인 장한(章邯)이 진의 군사를 가지고 제후에게 항복하게 되자, 제후들의 관리와 군졸들은 이긴 기세를 타고 대부분 이들을 노복인 포로로 부리면서 진의 관리와 군졸들을 가벼이 꺾어 욕을 보였다.

진의 관리와 군졸들은 대부분 원망을 하면서 몰래 말하였다.

"장[章, 장한] 장군 등이 우리를 속이고 제후에게 항복하였다. 이제 관(關, 函谷關)에 들어가서 진을 깨뜨릴 수 있다면 가장 좋겠고, 즉시 그렇게 할 수 없다면 제후들이 우리를 포로로 하여 동쪽으로 끌고 갈

---

9 진대에 현은 대체로 사방 100리 정도였고, 10리마다 1개의 정(亭)이 있는데, 10정이 1향이었다.

것이고,¹⁰ 진도 또 우리의 부모와 처자들을 모두 죽일 것이니 어찌하여야 할까?"

제장(諸將)들이 그 계책을 조금 듣고 항우에게 보고하였다. 항우가 경포(黥布)와 포장군(蒲將軍)을 불러 계책을 말하였다.

"진의 관리와 군졸들이 아직도 많지만, 마음으로 복종하지 않는데, 우리가 관[함곡관]에 이르러도 말을 듣지 않으면 일은 반드시 위험할 것이다. 이들을 쳐서 죽이는 것만 못하고, 다만 장한(章邯)·장사(長史) 흔(欣)·도위(都尉) 예(翳)와 더불어 진으로 들어가자."

이에 초군(楚軍)은 한밤중에 진(秦)의 군졸 20여만 명을 공격하여 신안(新安, 하남성 新安縣) 성(城)의 남쪽에 파묻었다.

3   어떤 사람이 패공에게 유세하였다.

"진은 부유하기는 천하보다 10배(倍)이며, 지형도 강합니다. 든건대, 항우가 장한(章邯)을 옹왕(雍王)¹¹으로 부르고 관중에서 왕 노릇하게 한다고 하니, 지금 오면 패공께서 이것을 갖지 못하게 될까 걱정입니다. 급히 군사로 하여금 함곡관(函谷關)을 지키게 하고 제후의 군대를 받아들이지 말며, 점차 관중의 병사들을 징발하여 스스로 늘리면 그들을 막을 수 있습니다."

패공은 그 계책을 그러할 것이라고 하여 이를 좇았다.

---

10 진인들은 중국의 서부에 사는 사람들이고, 제후들은 6국의 후신이므로 대부분 동부사람들이다. 그러므로 진인들의 입장에서는 고향에서 타향으로 끌려가는 것이 된다.

11 관중을 관할하는 왕을 말하는데, 이곳이 전에 옹주였기 때문에 옹왕이라고 한 것이다.

이미 그리하였는데, 항우가 관[함곡관]에 이르니 관문은 닫혔고, 패공이 이미 관중을 평정하였다는 말을 듣자 크게 노하여 경포(黥布) 등으로 하여금 함곡관을 공격하여 깨뜨리도록 하였다. 12월에 항우가 희(戲; 戲水, 섬서성 臨潼縣의 동쪽을 거쳐서 渭水로 진입)에 이르렀다. 패공의 좌사마(左司馬)[12]인 조무상(趙無傷)이 사람을 시켜서 항우에게 말하였다.

"패공이 관중에서 왕 노릇하고자 하는데, 영자영(嬴子嬰, 진 시황의 손자)을 재상으로 하고 진귀한 보배를 다 가졌습니다."

책봉해 줄 것을 요구하려고 하였다.

항우는 크게 화가 나서 사졸들에게 잔치를 열어주고 다음날 아침을 기(期)하여 패공의 군사를 공격하게 하였다. 이때에 항우의 군사는 40만이었으나 100만이라고 불렀는데, 신풍(新豊, 섬서성 臨潼縣 동북쪽 경계에 있는 陰盤城)의 홍문(鴻門, 섬서성 臨潼縣 동북쪽 경계에 있는 陰盤鎭의 동쪽)에 있었고, 패공의 군사는 10만이었는데 20만이라고 불렀고 패상에 있었다.

범증(范增)이 항우에게 유세하였다.

"패공이 산동에 있을 때에는 재물을 탐하고 여색(女色)을 좋아하였는데, 이제 관[함곡관]에 들어가서는 재물도 빼앗는 바가 없고 부녀들에게도 가까이하지 않으니 이는 그의 뜻이 작은데 있지 않은 것입니다. 내가 사람을 시켜서 그의 기(氣, 기상)를 살피게 하니 모두 용과 호랑이

---

12 군사에 관한 업무를 책임진 직책을 사마(司馬)라고 하는데, 이 일을 두 사람이 나누어 맡게 할 경우에는 좌·우사마를 둔다. 그러므로 좌사마는 군사작전에서 대단히 중요한 직책이다.

였고 다섯 가지 색깔을 이루었으니, 이는 천자의 기(氣)[13]입니다. 급히 공격하여 기회를 잃지 마십시오."

초(楚)의 좌윤(左尹)인 항백(項伯)이란 사람은 항우의 작은아버지였는데, 평소에 장량(張良)과 잘 지내었으므로 마침내 밤에 말을 달려서 패공의 군영으로 가서 사사로이 장량을 만나보고 이러한 사실을 모두 이야기하면서 불러서 함께 떠나려고 하며, 말하였다.

"함께 죽지는 마시오."

장량이 말하였다.

"신(臣, 장량)은 한왕(韓王, 한성)을 위하여 패공에게 보내졌는데 패공이 이제 급하게 되었는데, 도망하여 가면 의(義)롭지 아니하여서 이야기를 안 할 수 없습니다."

장량은 마침내 안으로 들어가서 패공에게 모두 말하니 패공은 크게 놀랐다.

장량이 말하였다.

"공[沛公]의 병사와 졸병들이 항우의 군사를 충분히 감당할 수 있다고 헤아리십니까?"

패공은 잠자코 있다가 말하였다.

"정말로 그만 못하오. 또 이를 어떻게 해야 하오?"

---

13 천자의 기(氣)는 안은 적색(赤色)이고, 밖은 황색(黃色)인데, 사방에서 이러한 색이 나타나는 곳은 왕이 될 사람이 있는 곳이다. 만약에 천자(天子)가 피난 (避難)할 곳이 있다면 그곳에서도 역시 이러한 기운이 먼저 나타나며, 혹은 성문(城門) 같은 곳에서는 기(氣)의 안개 속에서 은은하게 나타나고, 혹은 기는 푸른 옷을 입은 사람인데 손이 없는 것 같은 것이 해가 서산으로 넘어가는데 있으며, 혹은 용마(龍馬) 같은데 잡색(雜色)으로 우뚝하게 하늘에 뻗어 있는 것은 모두 제왕(帝王)의 기상(氣象)이다.

　장량이 말하였다.

　"청컨대 가서 항백에게 말하게 하겠는데, 패공은 감히 배반하지 않을 것이라고 말할 것이오."

　패공이 말하였다.

　"그대는 항백과 어떠한 연고가 있소?"

　장량이 말하였다.

　"진(秦)시대에 신(臣)과 더불어 교유하였고 일찍이 사람을 죽였는데, 신이 그를 살려 주었습니다. 이제 일이 급하게 되었으니, 그러므로 다행히 와서 저 장량에게 알린 것입니다."

　패공이 말하였다.

　"그대와 누가 연장자(年長者)요?"

　장량이 말하였다.

　"신보다 연장자입니다."

　패공이 말하였다.

　"그대가 나를 위하여 그를 불러들이면 내가 형님을 얻은 것으로 하여 그를 섬기겠소."

　장량이 나아가서 굳게 항백(項伯)에게 요청하였는데, 항백이 바로 들어와서 패공을 만났다.

　패공은 잔치 술잔을 받들어 축수(祝壽)하고 혼인할 것도 약속하고[14] 말하였다.

　"내가 관[함곡관]으로 들어와서 추호도 감히 가까이 한 것이 없고 관리와 백성들을 장부에 기록하고 부고(府庫)를 봉인(封印)하고서 장군

---

14 서로 신뢰의 표시로 두 집안이 혼인 관계를 맺는 것을 말한다.

[항우]을 기다렸습니다.[15] 장수를 파견하여 관[함곡관]을 지키게 한 까닭은 다른 도적들이 출입하는 것과 비상사태를 대비한 것입니다. 밤낮으로 장군이 이르기만을 기다렸는데, 어찌 감히 배반을 하겠습니까? 바라건대 항백께서는 신(臣, 유방)이 감히 은덕을 배반하지 않을 것이라는 말을 갖추어 말씀해 주십시오."

항백이 허락하고서 패공에게 말하였다.

"내일 아침 일찍이 친히 스스로 와서 고맙다고 하여야 합니다."

패공이 말하였다.

"예!"

이에 항백은 밤에 돌아가서 군사 진지에 이르러서 패공이 한 말을 갖추어 항우에게 보고하고서 이어서 말하였다.

"패공이 먼저 관중을 깨뜨리지 않았다면 공[항우]이 어떻게 감히 들어오겠습니까? 이제 다른 사람이 큰 공을 세웠는데 이를 공격한다면 옳지 않으니, 선으로 그를 대우함만 못합니다."

항우가 허락하였다.

패공은 아침에 100여 기병(騎兵)을 데리고 항우를 홍문(鴻門)에서 찾아보고 감사의 말을 하였다.

"신(臣, 유방)은 장군[항우]과 더불어 죽을힘을 다하여 진을 공격하면서, 장군께서는 하[황하]의 북쪽에서 싸우고 신은 하[황하]의 남쪽에서 싸웠으나 자의(自意)로 먼저 관[함곡관]에 들어가서 진을 깨뜨릴 수 있

---

15 함양성에 들어가서 일반적으로 탐내는 재물이나, 여자를 가까이 하지 않고, 항우가 오기를 기다렸다는 뜻이다. 이는 유방이 스스로 아무런 욕심 없이 항우를 모신다는 뜻이 있다.

었던 것은 아니며 다시 여기에서 장군을 찾아 뵐 수가 있습니다. 오늘에 소인(小人)들이 말한 것이 있어서 장군으로 하여금 신과 더불어 틈이 있게 하였습니다."

항우가 말하였다.

"이는 그대 패공의 좌사마인 조무상이 이를 말하였는데, 그렇지 않다면 나 항적(項籍)이 어떻게 여기에 이르겠소?"

항우는 이어서 패공을 머물게 하고 더불어 술을 마셨다. 범증(范增)이 자주 항우에게 눈짓을 하며 차고 있는 옥결(玉玦)을 들어서 이를 세 번씩이나 보여 주었는데,[16] 항우는 잠자코 응대하지도 않았다.

범증이 일어나 나가서 항장(項莊)을 불러서 말하였다.

"군왕[항우]은 사람이 참지 못하게 하는구나! 네가 들어가 앞에 가서 축수하고 축수를 끝내고 검무(劍舞)를 하게 해달라고 청하고 이어서 패공을 앉은 자리에서 쳐서 그를 죽여라. 그러지 아니하면 너희들은 모두 또 포로가 될 것이다."

항장이 들어가서 축수하고, 축수를 마치자, 말하였다.

"군중(軍中)에 음악이 없다고 생각되니, 청하건대 검무를 하게하여 주십시오."

항우가 말하였다.

"허락한다."

항장은 검(劍)을 꺼내어 일어나서 춤을 추었다. 이에 항백도 또한 검

---

16 옥결(玉玦)은 옥으로 만든 반지 같은 것으로 한쪽이 이지러져 있는 것을 말하며, 범증이 이것을 항우에게 들어 보인 것은 그가 패공을 죽이는 것으로 결정하기를 바란 것이었다.

을 꺼내어 일어나서 춤을 추면서 항상 몸으로 패공을 가려서 항장은 칠 수가 없었다.

이에 장량(張良)은 군문(軍門)에 가서 번쾌(樊噲)를 보았다. 번쾌가 말하였다.

"오늘의 일은 어떠하오?"

장량이 말하였다.

"지금 항장이 칼을 뽑아 춤을 추는데, 그의 의중은 항상 패공에게 있소."

번쾌가 말하였다.

"이것은 급박하니 신(臣)이 청컨대 들어가서 그와 더불어 목숨을 같이 하겠소."

번쾌는 즉각 칼을 차고 방패를 가지고 들어갔다.

군문(軍門, 항우의 군문)의 위사(衛士)가 멈추며 받아들이지 아니하자, 번쾌는 그 방패를 옆으로 하여 치니, 위사가 땅에 쓰러졌다. 드디어 들어가서 휘장을 제치고 서서 눈을 부릅뜨고 항우를 보았는데, 머리카락이 위로 치솟았고, 눈을 흘기니 모두 찢어질 듯하였다.

항우는 칼을 만지면서 앉았다가 몸을 구부리면서[17] 말하였다.

"손님은 무엇 하는 사람이오?"

장량이 말하였다.

"패공(沛公)의 참승(參乘)[18]인 번쾌입니다."

---

17 일어날 자세를 취하고 허리를 굽히고 약간 무릎을 꿇는 것이다.

18 높은 사람이 수레를 타고 다닐 때에 그 옆에 함께 타고, 수행하는 위사(衛士)이다.

항우가 말하였다.

"장사(壯士)! 그대에게 치주(巵酒, 잔치 술)를 내리겠소."

한 말의 치주를 주었다. 번쾌가 절하여 감사한 후에 일어나서 서서 이를 마셨다. 항우가 말하였다.

"그에게 돼지 다리도 내려 주거라."

한 덩어리의 생 돼지 다리를 주었다. 번쾌는 땅에 그 방패를 엎어놓고 그 위에 돼지 다리를 얹어 놓고 칼을 뽑아서 잘라서 이를 먹었다.

항우가 말하였다.

"장사는 다시 마실 수 있겠는가?"

번쾌가 말하였다.

"신(臣)은 죽음도 피하지를 않는데, 치주야 어찌 사양할 만한 것이겠습니까? 무릇 진(秦)은 호랑이나 이리 같은 마음을 가져서 사람을 죽이는 것이 마치 들어낼 수 없을 것 같이 하였고, 사람에게 형벌을 주면서 다 해내지 못할까 걱정하는 것같이 하니,[19] 천하의 모든 사람들이 모두 그를 배반하였습니다.

회왕(懷王)[20]은 제장들과 약속하여 말하기를, '먼저 진(秦)을 깨뜨리고 함양(咸陽, 진의 도읍)에 들어가는 사람을 그곳의 왕으로 삼겠다.'고 하였습니다. 이제 패공이 먼저 진을 깨뜨리고 함양에 들어갔는데, 터럭만큼도 감히 가까이 하지 않고 군사를 돌려서 패상에 주둔을 하고서 장군[항우]을 기다렸습니다. 수고하였고 공로가 높은 것이 이와 같

---

19 내용은 '온 나라 사람들을 다 죽일 수 없을까? 형벌을 주면서 형벌을 다 주게 되지 못할까?' 걱정하듯 닥치는 대로 죽이고 형벌을 주었다는 뜻이다.

20 초의 항씨 집안에서 세운 왕이다.

은데, 아직 작위(爵位)를 책봉하는 상은 없었으나, 소인배의 말을 듣고서 공을 세운 사람을 죽이려고 하니, 이는 망한 진의 계속일 뿐이어서, 가만히 보건대, 장군을 위하여서는 취할 것은 아닙니다."

항우가 아직 응대하지 못하고 말하였다.

"앉아라."

번쾌가 장량을 좇아서 앉았다.

앉고서 잠깐 사이에 패공이 일어나서 변소에 가는 것처럼 하면서 이어서 번쾌를 불러서 나오게 하였다. 패공이 말하였다.

"이제 나왔지만 아직 작별 인사도 하지 아니하였는데, 이를 어떻게 할까?"

번쾌가 말하였다.

"지금과 같은 경우라면 저쪽은 칼과 도마이고, 우리 쪽은 어육(魚肉)이 된 것 같은데,[21] 무슨 인사를 합니까?"

이에 드디어 이들은 떠났다.

홍문(鴻門)에서 패상까지는 40리였는데, 패공(沛公)은 거기(車騎)를 남겨두고 몸을 빼어서 홀로 말을 탔으며, 번쾌·하후영(夏侯嬰)·근강(靳彊)·기신(紀信) 등 4명이 칼과 방패를 잡고 걸어갔는데, 여산(驪山) 아랫길에 있는 지양(芷陽, 섬서성 西安市 동남쪽 경계)에서 샛길로 패상을 향하여 갔다.

장량을 남겨두어 항우에게 사과하면서 흰 옥구슬[白璧]을 항우에게 바치고 옥두(玉斗)를 아보(亞父)[22]에게 주게 하였다. 패공이 장량에게

---

21 항우는 도마와 칼을 준비하여 요리하려는 쪽이고, 유방 쪽은 그 요리의 재료인 어육(魚肉)과 같은 상태라고 한 것이다.

말하였다.

"이 길로는 우리 주둔지까지는 20리에 불과할 뿐이오. 내가 군중(軍中)에 이르렀을 것을 헤아려서 공(公, 장량)은 마침내 들어가시오."

패공은 이미 떠나서 샛길로 군중(軍中)에 이르렀는데, 장량이 들어가서 사과하며 말을 하였다.

"패공은 술을 이기지 못하여 인사를 드릴 수가 없었고, 삼가 신(臣) 장량으로 하여금 흰 옥구슬 한 쌍을 받들게 하여 두 번 절하고 장군 족하(足下)[23]에게 바치고, 옥두 한 쌍을 두 번 절하고 아보(亞父, 범증) 족하에게 받들어 드리게 하였습니다."

항우가 말하였다.

"패공(沛公)은 어디에 있는가?"

장량이 말하였다.

"듣건대 장군이 속으로 그에게 허물을 책망하려고 하는지라 몸을 빼어 혼자 떠나서 이미 그 진지(陣地)에 이르렀다고 합니다."

항우는 구슬을 받아서 좌석 위에 놓았다.

아보(亞父)는 옥두를 받아서 이를 땅에 놓고 칼을 꺼내서 때려서 이것을 깨뜨리고 말하였다.

"에이! 이 녀석[24]은 더불어 모의하기에 모자라군! 장군의 천하를 빼앗을 놈은 반드시 패공일 것이고, 우리에게 소속된 사람들은 이제 그의

---

22 범증(范增)을 말한다. 항우는 그를 높여서 작은아버지라는 의미로 '아보'라고 불렀다.

23 상대를 높이는 말로 보통 평배 사이에서 사용되는 말이다.

24 자기가 모시고 있는 항우를 가리키는 말이다.

포로가 될 것이오!"

패공은 군중에 이르러서 즉시 조무상(趙無傷)을 주살하였다.

며칠 있다가 항우는 군사를 이끌고 서쪽으로 가서 함양(咸陽)을 도
륙(屠戮)하고, 진의 항복한 왕 영자영(嬴子嬰)을 죽이고, 진의 궁궐을
불태웠는데, 불은 석 달 동안 꺼지지 않았으며, 또 그곳의 보화와 부녀
자들을 거두어서 동쪽으로 갔다. 진의 백성들은 크게 실망하였다.[25]

한생(韓生)이 항우에게 유세하였다.

"관중(關中)은 산으로 막혀 있고, 하(河, 황하)가 두르고 있어서 사방
이 요새인 땅이며 땅도 비옥하니 도읍하여서 쟁패(爭覇)할 곳입니다."

항우는 진의 궁궐이 모두 타서 깨어진 것을 보았고, 또 마음으로 동
쪽으로 돌아갈 것을 생각하여 말하였다.

"부유하고 귀하게 되어서 고향으로 돌아가지 않는 것은 마치 비단
옷을 입고 밤길을 다니는 것과 같아서 누가 이를 알겠소?"

한생이 물러나서 말하였다.

"사람들이 말하기를, 초인(楚人)들은 목후(沐猴)가 모자를 쓴 것뿐이
라고[26] 말하였는데, 과연 그렇군."

---

25 진의 백성들은 처음에 패공이 침탈하지 않는 것을 보고 기뻐하였다가 항우가
와서 모든 것을 상하게 하고 없애게 되자 그들이 처음에 바랐던 것에 실망한
것이다.

26 목후(沐猴)는 Macacus Monkey이다. 몸의 길이가 70~100㎝ 정도로 훈련시
키기가 쉬운 원숭이다. 중국의 북방에서 원숭이 놀이를 할 때에 대부분 이 원
숭이를 사용한다. 이 원숭이에게 옷을 입히고 모자를 씌웠으나 결국은 원숭
이이지 사람과는 비교할 수 없는 것이다. 여기서는 항우의 출신 지역인 초 지
역 사람들은 원숭이에게 모자를 씌운 꼴이라고 욕을 한 것이며, 결국 항우도
원숭이에 모자 씌운 인간이라고 한 것이다.

항우가 이를 듣고 한생을 삶아 죽였다.[27]

항우가 사람을 시켜서 회왕(懷王)에게 명령을 받으려[28] 하였는데, 회왕이 말하였다.

"약속(約束)대로 한다.[29]"

항우는 화가 나서 말하였다.

"회왕이라는 사람은 우리 집안에서 세웠을 뿐이고, 정벌한 공로도 갖지 아니하였는데, 어찌하여 오로지 약속을 주관한단 말이냐! 천하가 처음에 어려움을 일으켰을 적에 임시로 제후의 후예를 세워서 진을 쳤소. 그러나 몸에 단단한 것을 입고 무기를 들고 먼저 일을 만들고, 들에서 이슬을 맞은 지 3년 만에 진을 멸망시키고 천하를 평정한 사람은 모두 장상(將相)인 여러분과 나 항적(項籍, 항우)의 힘이었소. 회왕은 비록 아무런 공로가 없으나 본디 그 땅을 나누어 이에 왕 노릇하게 해야 하오."

제장들이 모두 말하였다.

"좋습니다."

봄, 정월에 항우는 겉으로 회왕을 높여서 의제(義帝)라고[30] 하고, 말

---

27 팽(烹)이라는 형벌로 고대에 흔히 사용하는 형벌인데, 솥에 사람을 넣고 삶아서 죽이는 것이다.

28 항우는 관중지방을 유방(패공)에게 주고 싶지가 않아서 관중지방의 처리에 관하여 초왕인 회왕에게 그 방법을 물은 것이다.

29 처음에 회왕을 세우고 진(秦)을 치려고 군사 행동을 시작할 때에 회왕과 제장들이 관중 땅을 먼저 차지하는 사람에게 관중의 왕으로 삼겠다고 약속한 일이 있다. 진을 멸망시킨 지금 원래의 약속대로 시행하라는 것이다.

30 회왕에서 한 등급 높여서 황제라는 호칭을 사용하게 한 것이다. 사실을 의제

하였다.

"옛날의 황제였던 사람들은 땅이 사방으로 천 리였고, 또한 반드시 상류(上流)에 거주하였다."

마침내 의제를 강[長江]의 남쪽으로 옮겨서 침(郴, 호남성 郴縣)에 도읍하도록 하였다.

2월에 항우는 천하를 나누어서 제장들을 왕으로 하였다. 항우는 자립하여 서초(西楚)의 패왕(霸王)이 되어 양·초(梁·楚) 땅의 아홉 군[31]에서 왕 노릇하고 팽성(彭城, 강소성 서주시)을 도읍으로 하였다.

항우와 범증은 패공을 의심하였으나 일을 마치고 화해를 이야기하였고, 또한 약속을 어기기가 싫어서 마침내 음모하여 말하였다.

"파·촉(巴·蜀; 사천성 중경시와 성도시)은 길이 험하고, 진(秦)이 사람을 옮겨서 모두 여기에 산다."

마침내 말하였다.

"파·촉도 역시 관중(關中)의 땅이다."

그러므로 패공을 세워서 한왕(漢王)으로 삼고 파(巴)·촉(蜀)·한중(漢中)에서 왕 노릇하게 하며, 남정(南鄭, 섬서성 남정현)을 도읍으로 하게 하였다.

그리고 관중을 셋으로 나누어서 진의 항복한 장수를 왕으로 하여 한

란 죽은 다음에 붙이는 시호(諡號)이므로 시호 없이 황제라고 한 것이다. 그러나 여기에서 '의제'라는 시호를 사용한 것으로 보아 곧 죽게 됨을 암시한 것이다.

31 항우가 소유한 9개의 군은 다음과 같다. 남양군(하남성 남양현)·검중군(호남성 원릉현)·동군(강소성 탕산현)·사수군(강소성 패현)·회계군(강소성 소주시)·탕군(강소성 탕산현)·초군(안휘성 수현)·기군(안휘성 숙현)·남군(호북성 강릉현).

(漢)의 길을 막았는데, 장한(章邯)은 옹왕(雍王)이 되어 함양의 서쪽에서 왕 노릇하게 하고 폐구(廢丘, 섬서성 흥평시)를 도읍으로 하고, 장사(長史)³²였던 사마흔(司馬欣)이란 사람은 옛날에 역양(櫟陽, 섬서성 臨潼縣)에서 옥리(獄吏) 노릇을 하였는데 일찍이 항량(項梁)에 덕을 베푼 일이 있었고, 도위(都尉) 동예(董翳)란 사람은 본래 장한에게 초(楚)에 항복하도록 권하였으니 그러므로 사마흔을 세워 색왕(塞王)으로 삼고 함양 동쪽에서 하(河, 황하)까지에서 왕 노릇하게 하였고 역양을 도읍으로 하게 하였고, 동예를 세워 적왕(翟王)이라 하고 상군(上郡, 섬서성 綏德縣)에서 왕 노릇하게 하여 고노(高奴, 섬서성 연안시)를 도읍하게 하였다.

항우는 양(梁; 魏)의 땅을 스스로 빼앗으려고 하여 마침내 위왕 위표(魏豹)를 옮겨서 서위왕(西魏王)으로 삼고 하동(河東)에서 왕 노릇하게 하며 평양(平陽)을 도읍으로 하게 하였다. 하구(瑕丘, 산동성 연주시)의 신양(申陽)이라는 사람은 장이(張耳)가 총애하는 신하였는데, 먼저 하남군(河南郡)에 내려가서 초(楚)를 하(河, 황하)에서 영접하였으니, 그러므로 신양을 세워서 하남왕(河南王)으로 삼고, 낙양(洛陽)을 도읍으로 하게 하였다.

한왕(韓王)인 한성(韓成)은 옛 도읍을 이용하여 양적(陽翟, 하남성 禹縣)을 도읍으로 하였다. 조(趙)의 장수인 사마앙(司馬卬)은 하내(河內)를 평정하고 자주 공로를 세웠으니, 그러므로 사마앙을 세워서 은왕(殷王)으로 하고 하내에서 왕 노릇하게 하며 조가(朝歌, 하남성 淇縣)를 도읍으로 하게 하였다. 조왕 조헐(趙歇)을 옮겨서 대왕(代王; 代, 하북성 蔚

---

32 한 관부의 장급 관리 밑에 있는 요속 가운데 가장 높은 사람을 말한다.

縣)으로 하였다.

조의 재상인 장이(張耳)는 평소에 현명하였고, 또 좇아서 입관(入關)하였으므로 장이를 세워서 상산왕(常山王)으로 하고, 조에서 왕 노릇하게 하고 양국(襄國; 신도, 하북성 형태시)을 치소로 하게 하였다. 당양군(當陽君) 경포(黥布)는 초의 장수인데, 항상 으뜸가는 군사였으니 그러므로 경포를 세워서 구강왕(九江王)으로 삼고 육(六, 안휘성 六安縣)을 도읍으로 하게 하였다.

파군(番君) 오예(吳芮)는 백월(百越)을 이끌고 제후들을 돕고, 또 좇아서 입관하였으니, 그러므로 오예를 세워서 형산왕(衡山王)으로 삼고, 주(邾, 호북성 黃岡縣)를 도읍으로 하였다. 의제(義帝)의 주국(柱國)[33]인 공오(共敖)는 군사를 거느리고 남군(南郡, 호북성 江陵縣)을 쳐서 공이 많았으므로 이어서 공오를 임강왕(臨江王)으로 삼고 강릉(江陵, 남군의 치소)을 도읍으로 하게 하였다. 연왕(燕王) 한광(韓廣)을 요동왕(遼東王)으로 삼고 무종(無終, 천진시)을 도읍으로 하게 하였다.

연(燕)의 장수인 장도(臧荼)는 초를 좇아서 조를 구원하였고 이어서 좇아서 입관하였으니 그러므로 장도를 세워 연왕으로 삼고 계(薊, 北京市)를 도읍으로 하게 하였다. 제왕(齊王) 전시(田市)를 옮겨서 교동왕(膠東王)으로 삼고 즉묵(卽墨, 산동성 平度縣)을 도읍으로 하게 하였다. 제의 장수인 전도(田都)는 초를 좇아서 조를 구원하였고 이어서 좇아서 입관하였으니, 그러므로 제왕(齊王)으로 삼고 임치(臨淄, 산동성 臨淄縣)를 도읍으로 하게 하였다.

항우가 바야흐로 하[황하]를 건너서 조를 구원하는데, 전안(田安)이

---

33 상장군에 해당하는 직책을 말한다.

제수(濟水) 이북의 여러 성을 떨어뜨리고 그 군사를 이끌고 항우에게 항복하였으니, 그러므로 전안을 세워서 제북왕(濟北王)으로 삼고, 박양(博陽, 산동성 長淸縣)을 도읍으로 하게 하였다.

전영(田榮)은 자주 항량(項梁)에 거역하였고, 또 초를 좇아서 진(秦)을 치려고 하지 않았으니 이러한 연고로 봉작(封爵)하지 아니하였다. 성안군(成安君) 진여(陳餘)는 장군인(將軍印)을 버리고 떠나 좇아서 입관하지 않아서 역시 봉작하지 않았다.[34]

빈객들 대부분이 항우에게 유세하였다.

"장이(張耳)와 진여는 한 몸처럼 조에 공로를 세웠는데, 이제 장이가 왕이 되었으니 진여도 봉작하지 아니할 수 없습니다."

항우는 할 수 없이 그가 남피(南皮, 하북성 南皮縣)에 있다는 말을 듣고, 때문에 그 주변에 있는 세 개의 현(縣)에 봉작하였다. 파군(番君)의 장수인 매현(梅鋗)은 공로가 많아서 10만호후(十萬戶侯)에 책봉하였다.

한왕이 노하여 항우를 공격하고자 하니 주발(周勃)·관영(灌嬰)·번쾌(樊噲)는 모두 그것을 권하였다. 소하(蕭何)가 간하였다.

"비록 한중(漢中)이라는 조악한 곳에서 왕 노릇하는 것이지만 오히려 죽는 것보다는 낫지 아니합니까?"

한왕이 말하였다.

"어찌하여 마침내 죽는다는 것이오?"

소하가 말하였다.

---

34 전체적으로 항우가 중심이 되어 봉작하였는데, 그가 친한 사람에게는 좋은 지역에 봉작하였으며, 이는 유방을 견제하도록 하기 위한 것이다.

"지금의 무리는 저들만 같지 않아서 백 번 싸워도 백 번을 다 질 것
이니 죽지 않고 무엇을 하겠습니까? 무릇 한 사람 아래에서 굴복할 수
있으면서 만승(萬乘)의 위에서 믿음을 준 사람은 탕(湯)과 무왕(武王)
이었습니다. 신(臣)이 바라건대 대왕께서는 한중에서 왕 노릇하시면서
그 백성들을 잘 기르고 똑똑한 사람을 이르게 하고 파·촉(巴·蜀)을 거
두어 들여서 다시 삼진(三秦: 雍·翟 ·塞)을 평정한다면 천하는 도모해
볼 수 있습니다."

한왕이 말하였다.

"좋소."

이어서 드디어 봉국(封國; 漢)으로 갔고, 소하(蕭何)를 승상으로 삼
았다.

한왕이 장량(張良)에게 금 100일(鎰)과 구슬 2말[斗]을 내려 주었는
데, 장량이 갖추어 항백(項伯)에게 바쳤다. 한왕도 역시 이어서 장량으
로 하여금 항백을 후하게 대접하게 하며 한중의 땅을 모두 청하게 하
니 항왕(項王, 항우)이 이를 허락하였다.

여름, 4월에 제후들이 희하(戲下)[35]의 군사들을 철수하여 각자 자기
의 봉국(封國)으로 돌아갔다. 항왕은 사졸 3만 명으로 하여금 한왕을
좇아서 봉국으로 가게 하였다. 초(楚)와 제후들의 군사 가운데 우러러

---

35 안사고는 희(戲)를 군대의 정휘(旌麾)라고 하였다. 이보다 앞서 제후들 가운
데 항우를 좇아 입관하였던 사람들은 각기 그 군사를 인솔하고 항우에게서
명령을 들었는데, 이제 이미 봉작을 받았으므로 각기 항우의 지휘를 벗어나
서 봉국으로 갔다. 그래서 어떤 사람은 희를 희수(戲水, 驪山을 거쳐서 渭水로
들어감)라고 보지만 이는 아니다. 왜냐하면 항우는 홍문에서 고조를 보고 이
때는 이미 희수를 지나갔으며, 궁실을 불태워서 항우는 희수에 있지 않았다.

흠모하여 좇는 사람이 수만 명이나 되어서 두(杜, 섬서성 藍田縣 서남쪽)
의 남쪽에서 식중(蝕中, 子午道라고도 하는데 섬서성 長安縣 子午鎭 남쪽)
으로 들어갔다.

　장량이 전송하며 포중(褒中, 섬서성 襃城縣)에 이르자 한왕은 장량을
한(韓, 韓成이 韓王)으로 돌려보냈는데, 장량은 이어서 한왕에게 유세
하여 지나가고 난 잔도(棧道)[36]를 불태워 끊어 버려서 제후들의 도둑
같은 군사에 대비하고, 또 항우에게 동쪽으로 진출할 의사가 없음을 보
여주라고 하였다.

---

36 절벽에 만든 사람과 말이 다니는 길을 말한다. 이 길은 절벽에 이빨처럼 나온
　돌구멍에 2~3m 되는 나무토막의 한 끝을 넣고 이 나무토막 위에 나무 판을
　깔아서 만든 것이다. 그래서 그 위로는 한 마리의 말이 지날 수 있으나 중간
　중간에 말 두 필이 비킬 수 있는 곳을 만들어 놓았다. 따라서 이 잔도(棧道)
　가 한 번 타버리면 많은 재력과 시간이 걸려야 복구할 수 있다.

유방과 항우의 세력 확장

4 전영(田榮)은 항우가 제왕(齊王) 전시(田市)를 교동(膠東)으로 옮기고, 전도(田都)를 제왕으로 삼았다는 말을 듣고 크게 노하였다.[37] 5월에, 전영이 군사를 일으켜서 전도를 막으며 공격하자 전도는 초로 도망하였다. 전영은 제왕 전시를 머물러 있게 하며 교동에 가지 않게 하였다. 전시는 항우를 두려워하여 몰래 도망하여 봉국(封國, 교동)으로 갔다. 전영은 노하여 6월에 전시를 추격하여 즉묵(卽墨, 산동성 平度縣)에서 살해하고 스스로 제왕이 되었다.

이때에 팽월(彭越)은 거야(鉅野, 산동성 鉅野縣)에 있었는데, 무리 만여 명을 가졌으나 속할 곳이 없었다. 전영은 팽월에게 장군인(將軍印)을 주고 제북(濟北)을 치게 하였다. 가을, 7월에 팽월이 제북왕(濟北王) 전안(田安)을 죽였다. 전영은 드디어 삼제(三齊, 齊와 濟北 그리고 膠東)의 땅을 아우르고, 또 팽월로 하여금 초를 치게 하였다. 항왕은 소공각

---

37 전영은 제왕 전시 밑에서 재상을 맡고 있는데, 그 전시를 교동지방으로 옮겨 버리고 전에 전영 밑에 있었던 전도를 제왕으로 삼았다. 따라서 전영은 과거의 부하를 왕으로 모시는 재상이 된 결과가 되었으므로 화가 난 것이다.

(蕭公角)에게 명하여 군사를 거느리고 팽월을 치게 하였으나, 도리어 팽월이 초의 군사를 대파하였다.

5   장이(張耳)가 봉국(襄國, 하북성 형태시)으로 가니, 진여는 더욱 노하여 말하였다.

"장이와 나 진여의 공로는 같은데, 장이는 왕이고 나 진여만 홀로 후(侯)이니, 이는 항우가 공평하지 아니한 것이다."

마침내 몰래 장동(張同)과 하열(夏說)로 하여금 제왕(齊王) 전영에게 유세하게 하였다.

"항우가 천하를 주재하면서 공평하지 못하였는데, 제장들을 좋은 땅에다 모두 왕으로 삼았으면서 옛날부터 왕이었던 사람들은 나쁜 곳으로 옮겼습니다. 이제 조왕(趙王, 趙歇)을 마침내 북의 대(代, 하북성 蔚縣)에 머물게 하니 저 진여는 옳지 않다고 생각합니다. 듣건대 대왕께서는 군사를 일으키고 옳지 못한 것은 듣지 않는다고 하는데, 바라건대 대왕께서 저 진여에게 군사를 도와주시어서 상산(常山; 상산왕 張耳)을 치게 하여 조왕을 회복시키게 하여 주시고, 조로 하여금 막고 가리게 하도록 하십시오."

제왕이 이를 허락하여 군사를 파견하여 진여를 좋게 하였다.

6   항왕은 장량이 한왕(漢王)을 따랐고 한왕(韓王) 한성(韓成)은 또 공로가 없었으니, 그러므로 그를 그의 봉국(封國, 陽翟, 韓의 도읍, 하남성 禹縣)으로 보내지 않고 함께 팽성(彭城, 西楚의 도읍지, 강소성 徐州市)으로 가게하고, 폐하여 양후(穰侯)로 삼았다. 이미 그리하고 또 그를 죽였다.[38]

7   애초에, 회음(淮陰, 강소성 淮陰縣) 사람 한신(韓信)은 집안이 가난
하고 좋은 행적(行蹟)도 없어서 추천을 받아 이(吏, 관리)가 될 수 없었
으며, 또 생업으로 상고(商賈)[39]도 할 수 없어서 항상 다른 사람을 쫓아
다니며 기대어 먹고 마시니 사람들은 대부분 그를 싫어하였다.

한신이 성(城) 아래에서 낚시를 하는데, 표모(漂母, 빨래하던 여자)가
한신이 주린 것을 발견하고 한신에게 밥을 먹였다. 한신이 기뻐하며 표
모에게 말하였다.

"내가 반드시 두텁게 표모에게 보답하겠소."

표모가 노하여 말하였다.

"대장부가 스스로 밥벌이를 할 수 없으니, 내가 왕손(王孫)[40]을 애
달프게 여겨서 밥을 주었지만, 어찌 보답을 바란 것이겠소!"

회음(淮陰, 강소성 회음시)의 도축하는 사람 가운데 어떤 청년이 한신
을 모욕한 일이 있었는데, 말하였다.

"너는 비록 키가 크고 칼을 잘 차고 있으나 속으로는 겁쟁이일 뿐이
다."

이어서 무리들이 그에게 모욕하여 말하였다.

"한신아, 죽일 수 있으면 나를 찔러라. 죽일 수 없거든 내 바짓가랑이
아래로 나가라."

---

38 왕작을 가졌던 한성을 그보다 등급이 낮은 후작(侯爵)을 주어 강등시킨 것이
   다. 그 이유는 한(韓)의 재상인 장량이 항우의 반대 세력인 유방을 좇았었다
   는 것과 한성이 전쟁과정에서 별 다른 공로를 세우지 못하였기 때문이다.

39 다니면서 물건을 파는 것을 상(商)이라 하고, 앉아서 점포를 가지고 물건을
   파는 것을 고(賈)라고 한다.

40 한신은 한(韓)의 왕손이었다.

이에 한신은 그를 익히도록 보고서는 고개를 숙여 바짓가랑이 밑으로 나가려고 엎드려서 기었다. 저자에 있는 사람들이 모두 한신을 비웃으며 겁쟁이라고 여겼다.

항량(項梁)이 회하(淮河)를 건너게 되자 한신은 칼을 집고 그를 좇았는데, 그 휘하에 있는 사람 가운데 이름을 아는 사람이 없었다. 항량이 패하고서는 또 항우에게 속하게 되었고, 항우가 낭중(郎中)으로 삼았는데, 자주 항우에게 계책을 냈으나 항우는 채용하지 않았다.

한왕(漢王)이 촉(蜀)으로 들어가니, 한신은 초에서 도망하여 한으로 귀부하였지만 아직 이름을 알지 못하였다. 연오(連敖)[41]가 되었다가 걸려서 참수 당하게 되었으며 그 무리 13명은 모두 이미 참수되었고, 차례가 한신에 이르렀는데, 한신이 마침내 올려다보니 바로 등공(藤公)[42]이 보여 말하였다.

"윗분께서는 천하를 잡으려 하지 아니하고 왜 장사(壯士)들의 목을 베십니까?"

등공이 그 말을 기이하게 여기고, 그 모습이 씩씩하였으므로 풀어주고, 참수(斬首)하지 않고 더불어 이야기를 해보고는 크게 기뻐하고서, 이를 왕[43]에게 말하였다. 왕은 치속도위(治粟都尉)를 제수(除授)하였

---

41 연오는 양곡창고를 관리하는 직책이며, 초(楚)의 관직이다.

42 하후영(夏侯嬰)을 말하는데, 애초에 고조를 좇아서 등(滕)의 현령이 되었으므로 등공으로 불렸다.

43 왕이라고 한 것은 모두 한왕(漢王) 유방을 말한다. 통감필법으로 보아 이 부분은 한기(漢紀)여서 한(漢)을 중심으로 서술하고 있기 때문이며, 다른 봉국의 왕일 경우에는 반드시 왕 앞에 해당 봉국의 명칭을 같이 붙여서 서술하고 있다.

지만 역시 아직 기이(奇異)하다고 생각하지 않았다.

한신은 자주 소하(蕭何)와 이야기를 하였는데, 소하는 그를 기이하게 여겼다. 한왕이 남정(南鄭, 섬서성 남정현)에 이르렀는데 제장들과 사졸들이 모두 노래를 부르면서 동쪽으로 돌아갈 것을 생각하여 길에서 도망하는 사람도 많았다.[44] 한신은 '소하 등이 이미 자주 왕에게 이야기를 하였으나 왕이 나를 쓰지 않는 것'이라고 생각하고 바로 도망하여 떠났다.

소하는 한신이 도망하였다는 말을 듣고, 보고하지 않은 채 스스로 그를 뒤쫓았다. 어떤 사람이 왕에게 말하였다.

"승상 소하가 도망하였습니다."

왕이 크게 노하였는데, 마치 좌우의 손을 다 잃은 것처럼 하였다. 하루 이틀 있다가 소하가 돌아와서 왕을 알현하였다.

왕은 한편 화를 내고 한편으로는 기뻐하고, 또 소하를 꾸짖으며 말하였다.

"네가 도망하다니 무엇 때문인가?"

소하가 말하였다.

"신(臣)은 감히 도망하지 아니하였으며, 신은 도망가는 사람을 좇아갔을 뿐입니다."

왕이 말하였다.

"그대가 쫓아간 사람은 누구인가?"

---

44 한왕 유방의 봉국은 촉과 한 지역이어서 서부 지역인데, 그의 제장과 병사들은 대부분 동부 지역 출신이었으므로 전쟁이 끝났으니 고향으로 돌아갈 것을 생각한 것이다.

소하가 말하였다.

"한신입니다."

왕이 다시 욕하면서 말하였다.

"제장 가운데 도망하는 자는 십수 명을 헤아리는데도 공이 쫓아간 바가 없었는데 한신을 쫓아가다니 거짓말이오."

소하가 말하였다.

"제장들은 쉽게 얻을 수 있을 뿐이지만, 한신 같은 경우에는 국사(國士)[45] 가운데서 둘도 없는 사람입니다. 왕께서 반드시 한중(漢中)에서 오랫동안 왕 노릇하시고자 한다면 한신을 부릴 일이 없을 것이지만 꼭 천하를 가지고 다투고자 한다면 한신이 아니면 더불어 일을 계획할 사람이 없습니다. 생각하건대 왕의 정책을 어떻게 결정하려는 것입니까?"

왕이 말하였다.

"나도 또한 동쪽으로 가고 싶을 뿐이고,[46] 어찌 울적하게 여기에 오래 있을 수 있겠는가?"

소하가 말하였다.

"계책이 꼭 동쪽으로 가려고 한다면 한신을 채용할 수 있어야 하는데, 그러면 한신은 즉시 이곳에 머무르겠지만 한신을 채용할 수 없다면 끝내 도망할 뿐입니다."

---

45 국가를 위한 기이한 인사를 말하며, 소하는 한(漢)의 인사(人士)는 오직 한신 뿐이고, 다른 사람은 이에 비교할 수 없다는 뜻으로 말한 것이다.

46 이 당시에 동쪽은 중국의 평야지대여서 물산이 풍부하였고, 유방이 머물고 있는 한중 땅은 서쪽이어서 산악지대이고, 살기가 고생스러운 곳이었다.

왕이 말하였다.

"내가 공(公) 때문에 장군으로 삼겠소."

소하가 말하였다.

"비록 장군으로 삼는다고 하여도 한신은 머무르지 않을 것입니다."

왕이 말하였다.

"그러면 대장으로 삼겠소."

소하가 말하였다.

"아주 다행입니다."

이에 왕은 한신을 불러서 이를 제수하고자 하였다. 소하가 말하였다.

"왕께서는 평소에 거만하고 무례하였으며, 이제 대장의 직책을 제수하면서 어린애 부르는 것처럼 하면 이는 바로 한신이 가버릴 이유입니다. 왕께서 꼭 그것을 제수하려고 한다면 좋은 날을 택하여 재계(齋戒)하고 단(壇)을 만들고 예의를 갖추고서야 마침내 가능할 것입니다."

왕이 이를 허락하였다. 제장들이 모두 좋아하면서 사람들은 각기 자기가 대장이 되는 줄로 여겼다. 대장을 제수하기에 이르러서 바로 한신이 되자 전군(全軍)이 모두 놀랐다.

한신은 제수하는 의례가 끝나자 자리에 올랐다. 왕이 말하였다.

"승상이 자주 장군에 관하여 말하였는데, 장군은 어떠한 계책으로 과인을 가르쳐 주겠소?"

한신은 사양하며 감사하였고, 이어서 왕에게 물었다.

"이제 동쪽으로 향하며 천하를 놓고 권력을 다투려면 어찌 항왕이 아니겠습니까?"

한왕이 말하였다.

"그렇소."

말하였다.

"대왕께서 스스로 헤아려 보건대, 용감하고 사나우며 어질고 강한 것에서 항왕(項王)과 어떠합니까?"

한왕이 잠자코 한참 있다가 말하였다.

"그만 못하다."

한신은 두 번 절하고 축하하면서 말하였다.

"예, 저 한신(韓信)도 대왕께서 그만 못하다고 여겨집니다. 그러나 신은 일찍이 그를 섬겼었으니, 그러므로 청컨대 항왕의 사람됨을 말씀 드리게 해주십시오. 항왕은 뱃속에 노기를 가득 채워 질타(叱咤)하면 천 명이라도 모두 폐(廢)해 버리지만 그러나 똑똑한 장수를 자기에게 소속시켜서 임명할 수 없는데, 이는 다만 필부(匹夫)의 용기일 뿐입니다.

항왕은 사람을 보면 공경하고 자애하고 말하는 것이 화기애애하여 다른 사람에게 병이 있으면 눈물을 흘리면서 음식을 나누어 먹지만 사람을 부리는데 있어서는 공로를 세워서 마땅히 봉작(封爵)할 사람이 있어도 인장(印章)을 만지작거리면서 차마 주지를 못하고 있으니, 이것을 이른바 부인(婦人)의 어짊이라고 합니다.

항왕은 비록 천하의 패권을 잡고 제후들을 신하로 하고 있지만 관중(關中)에 있지 않고 팽성(彭城, 강소성 蘇州市, 양자강 하류)에 도읍(都邑)하고 있으며, 의제(義帝)와의 약속(約束)[47]을 어기고 친애하는 사람으로 왕과 제후로 하니 불공평하며, 그 옛날의 주군(主君)을 쫓아내고 그들의 장상(將相)을 왕으로 삼았으며[48] 또 의제를 강남(江南)으로 옮겨

---

47 먼저 진(秦)을 깨뜨리고 입관하는 사람을 왕으로 한다는 약속을 말한다.

48 제왕(齊王)의 경우처럼 원래의 제왕이었던 전시를 교동왕으로 보내고, 전시

쫓아내었으며, 지나간 곳은 부서지고 없어지지 않은 것이 없으니, 백성들은 가까이 귀부(歸附)하지 않고 다만 위엄과 강함에서만 겁을 먹고 있을 뿐입니다. 명목으로는 패권(覇權)을 잡았다고 하나 실제로 천하 사람들의 마음을 잃었으니, 그의 강함은 쉽게 약하게 됩니다.

이제 대왕께서 진실로 그의 길과 반대로만 할 수 있어서 천하의 굳세고 용감한 사람에게 맡기면 어찌 주살(誅殺) 못할 바이겠습니까? 천하의 성읍(城邑)을 나누어서 공신들을 책봉한다면 어찌 복종하지 않겠으며, 의로운 군사를 가지고 동쪽 고향으로 돌아가고 싶은 군사들을 좇아 나아가게 하면 어찌 흩어 버리지 못할 것이겠습니까?

또한 삼진(三秦: 雍王 章邯·塞王 司馬欣·翟王 董翳)의 왕들은 진(秦)의 장수인데, 진의 자제들을 여러 해 거느리면서 살해되고 도망친 사람들이 헤아릴 수 없으며, 또 그 무리들을 속여서 제후를 항복시키고 신안(新安, 하남성 新安縣)에 이르자 항왕은 진의 항복한 군졸 20여만을 속여서 땅에 묻어 버리고[49] 오직 장한(章邯)·사마흔(司馬欣)·동예(董翳)만이 죽지 않고 벗어날 수 있었습니다. 진의 부형들은 이 세 사람을 원망하여 아픔이 골수에 깊이 박혀 있습니다.

이제 초는 강하여 위세를 가지고 이 세 사람을 왕으로 삼았으나, 진의 백성들을 아끼지 않습니다. 대왕께서 무관(武關, 섬서성 상남현 서남)에 들어가서는 추호도 해를 끼친 것이 없었고, 진의 가혹한 법을 없애

의 부하였던 전도를 제왕으로 삼았는데, 이에 반발한 제의 승상이었던 전영이 반란을 일으키고 제왕이 되었다.

49 이 일은 고조 원년(기원전 206년) 11월에 있었던 일이고, 그 내용은 《자치통감》 권8에 있다. 이후에 2월과 8월 등이 나오지만 이는 한 해가 바뀌는 것이 10월을 기준으로 하고 있기 때문이다.

버리고 진의 백성들과 법(法) 세 조목을 약속하였으며 진의 백성들로 대왕이 진에서 왕 노릇하기를 원치 않는 사람이 없습니다. '제후들 사이에서 약속한 것에도 대왕께서 마땅히 관중(關中)에서 왕 노릇하여야 한다.'는 것은 관중의 백성들이 모두 이를 아는데 대왕께서는 실직(失職)[50]하시고 한중(漢中)으로 들어오셨으니, 진의 백성들로서는 한스럽게 생각하지 않는 사람이 없습니다.[51] 이제 대왕께서 들어가지고 동쪽으로 가신다면 삼진(三秦)은 격문(檄文)을 전하기만 하면 평정될 것입니다."

이에 한왕은 크게 기뻐하고 스스로 한신을 얻은 것이 늦었다고 여기고 드디어 한신의 계책을 듣고서 제장들이 공격할 부서를 정하였는데, 소하(蕭何)를 남겨두어 파(巴)와 촉(蜀)의 조세를 거두어 군사에 양식을 공급하게 하였다.

8월에 한왕은 군사를 이끌고 고도(故道, 섬서성 鳳縣의 서북쪽)에서

---

50 원래 관중에 가서 왕이 되어야 하는데, 항우가 논공하면서 유방을 촉과 한에서 왕 노릇하게 하였으므로 원래 약속한 지역에서 그 왕 노릇을 못하게 되었다.

51 의제와 여러 제후들이 진(秦)을 칠 때에 약속한 것은 관중을 먼저 점령하는 사람에게 관중을 다스리는 왕으로 삼겠다고 약속하였다. 그런데 유방이 먼저 함양을 함락시켰으므로 옛 진을 유방이 다스리는 것은 제후 간의 약속으로 보아 당연하다. 또한 유방은 함양을 점령하였을 때에 약탈행위를 하지 아니하였고, 또한 그곳 사람들에게 약법 3장만 시행하겠다고 약속하여 덕치의 가능성을 보여 주었다. 그러므로 진인(秦人)들의 입장에서는 유방이 진을 다스리게 되는 것은 제후 간의 약속에 맞는다고 생각하였으며 그렇게 된다면 유방이 덕으로 자기들이 살고 있는 곳을 다스릴 것이라고 기대하였다. 그러나 항우는 유방을 그 서쪽인 한중의 왕으로 보냈기 때문에 진인들의 기대가 무너진 상태였다.

나와서 옹(雍; 廢丘, 섬서성 興平縣)을 습격하였는데, 옹왕(雍王) 장한(章
邯)이 한의 진창(陳倉, 섬서성 寶鷄縣 동쪽 경계)에서 이를 맞이하여 싸웠
다. 옹의 군사가 패하여 또 달아나다가 중지하고 호치(好畤, 섬서성 乾縣
好畤村)에서 싸워서 또 패하여 폐구(廢丘, 섬서성 興平縣)로 달아났다.

한왕이 드디어 옹을 평정하고 동쪽으로 가서 함양에 이르렀으며, 군
사를 이끌고 옹왕을 폐구에서 포위하고 제장을 파견하여 땅을 경략하
였다. 새왕(塞王) 사마흔(司馬欣)·적왕(翟王) 동예(董翳)가 모두 항복
하니, 그 땅을 위남(渭南)·하상(河上)·상군(上郡)으로 삼았다. 장군인
설구(薛歐)와 왕흡(王吸)으로 하여금 무관(武關)을 나오게 하고 이어서
왕릉(王陵)의 군사를 가지고 태공(太公)과 여후(呂后)[52]를 맞이하게
되었다. 항왕은 이를 듣고 군사를 발동하여 양하(陽夏, 하남성 太康縣)
에서 이를 막으니, 앞으로 나아갈 수 없었다.

왕릉이란 사람은 패(沛) 사람인데, 먼저 무리 수천 명을 모아서 남양
에 있다가 이에 이르러서 처음으로 군사를 한에 소속시켰다. 항왕은 왕
릉의 어머니를 잡아서 군중(軍中)에 두었는데, 왕릉의 사절이 이르자,
왕릉의 어머니를 동쪽을 향하여 앉게 하고[53] 왕릉을 부르려고 하였다.

왕릉의 어머니는 사사로이 그 사자(使者)에게 사람을 보내어 울면서
말하였다.

"바라건대 이 노첩(老妾) 위하여 왕릉에게 말하시오. '한왕을 잘 섬
겨라. 한왕은 어른다운 사람이니 끝내 천하를 얻을 것이다. 이 노첩 때

---

52 태공은 패공 유방의 부친이고, 여후는 그의 부인인 여치(呂雉)이다.

53 옛날에는 동쪽을 향해 앉는 것이 높은 사람이었다. 따라서 항우는 왕릉의 어
머니를 존경하는 모습을 보이려고 이와 같이 한 것이다.

문 두 마음을 품지 마라.' 이 첩(妾)[54]은 죽음으로써 사절을 보내는 바
요."

드디어 칼에 엎어져 죽었다. 항왕이 노하여 왕릉의 어머니를 삶았다.

8   항왕은 옛 오(吳, 강소성 吳縣)의 현령이었던 정창(鄭昌)을 한왕(韓
王)[55]으로 삼아서 한(漢)을 막도록 하였다.

9   장량(張良)[56]이 항왕에게 편지를 보내서 말하였다.

"한왕(漢王)이 실직(失職)하여 관중을 얻으려고 한 것이니, 만약 약
속처럼 된다면 바로 중지할 것이고 감히 동쪽으로 나오지 아니할 것입
니다."

또한 제(齊)와 양(梁)[57]이 반란한다는 서신을 항왕에게 보내게 하여
말하였다.

"제(齊)는 조(趙)와 더불어 초(楚)를 멸망시키려 한다."

항왕은 이러한 연고로 서쪽으로 나아갈 뜻을 없애고[58] 북쪽으로 제
(齊)를 공격하였다.

---

54 여자가 자신을 낮추어서 부르는 말이다. 노첩도 늙었다는 말을 앞에 더 붙인
    것이다.

55 항우가 전에 한왕(韓王)인 한성(韓成)을 죽였었는데, 이번에 그를 대신하여
    세운 것이다.

56 장량은 이때에 한(韓)의 승상이었다.

57 원래는 위(魏)인데, 그 도읍지가 대량(大梁)이므로 양(梁)이라고 하는 경우가
    많다.

58 유방을 치려면 서쪽으로 진격하여야 한다.

10   연왕(燕王) 한광(韓廣)이 요동(遼東)으로 가려고 하지 않자[59] 장도(臧荼)[60]가 그를 죽이고 그의 땅을 병탄하였다.

11   이 해에 내사(內史)인 패현(沛縣) 사람 주가(周苛)를 어사대부(御史大夫)로 삼았다.[61]

12   항왕이 의제를 보내며 떠나라고 재촉하니,[62] 그의 여러 신하와 좌우에서 점점 그를 배반하였다.

---

59 연왕이었던 한광을 항우가 요동왕으로 임명하였으므로 한광은 요동의 무종(無終), 즉 하북성 계현(薊縣)으로 가야 하였으나. 이를 거절하고 원래 있던 자리에 있으려고 하였다.

60 장도는 원래 한광이 왕으로 있는 연의 장수였는데, 유방이 지난 2월에 한광을 요동으로 보내고, 연의 장수였던 장도를 연왕으로 삼았었다.

61 정확히 어느 달에 일어났는지를 확인할 수 없는 경우에는 그 해당 연도의 맨 마지막에 그 해에 일어났던 중요한 사건을 기록한다. 또한 이 시기에는 아직도 항우의 초와 유방의 한이 다투고 있는 형편이지만, 이 책은 한기(漢紀) 즉, 한를 기준으로 쓰는 것이므로 특별한 나라의 이름이 나오지 않으면 유방의 한(漢)에서 있었던 일이다. 따라서 패현에 사는 주가를 어사대부로 임명한 것은 한(漢)에서 취한 조치이다. 이때에 유방은 자기 고향인 패현 사람을 어사대부라는 중요한 직책에 임명한 것이다.

62 항우는 의제(義帝)에게 침성(郴城, 호남성 침현)으로 옮기라고 하였는데, 이는 형식상으로는 의제는 천자이고, 항우 등은 제후왕에 지나지 않는데, 아랫사람인 항우가 윗사람인 의제를 멋대로 옮기라고 한 것이므로 인심을 잃게 된 것이다.

고제 2년(丙申, 기원전 205년)[63]

1   겨울, 10월[64]에 항왕이 비밀로 구강왕(九江王)·형산왕(衡山王)· 임강왕(臨江王)[65]으로 하여금 의제(義帝)를 공격하게 하여 그를 강에 서 죽였다.

2   진여(陳餘)가 세 현(縣)[66]의 군사를 모아 제(齊)의 군사와 함께 상산(常山, 하북성 邢台縣)을 습격하였다. 상산왕(常山王) 장이(張耳)가 패하여 한(漢)으로 도망하여 한왕을 폐구(廢丘, 섬서성 興平縣)에서 알 현하니 한왕이 그를 후히 대우하였다. 진여는 조왕(趙王)을 대(代, 하북 성 蔚縣)에서 맞이하여 다시 조왕(趙王)으로 삼았다.

조왕은 진여에게 덕을 입었다고 생각하여 세워서 대왕(代王)으로 삼 았다.[67] 진여는 조왕이 약하고 나라가 처음으로 정해졌으므로 봉국(封 國)[68]에 가지 않고 남아서 조왕을 가르치면서 하열(夏說)로 하여금 상

---

63 서초 패왕 2년, 초 의제 4년, 조왕 조헐 4년, 제왕 전영 2년, 전가 4년, 전광 원 년, 연왕 장도 2년, 위왕 위표 4년, 한왕 정창 2년, 한신 원년이다.

64 이때의 1년의 시작은 겨울이 시작되는 10월부터 가을이 끝나는 9월까지이다. 따라서 오늘날 1월부터 해가 바뀌는 것과는 다르다.

65 구강왕(九江王)은 경포(黥布)이고 육읍(六邑, 휘성 六安縣)에 도읍하였고, 형 산왕(衡山王) 오예(吳芮)는 주성(邾城, 호북성 黃岡縣)에 도읍하였으며, 임강왕 (臨江王) 공오(共敖)는 남군(호북성 江陵縣)에 도읍하였다.

66 항우로부터 받은 봉지가 남피(南皮) 주위의 3개 현이다.

67 원래 조헐은 조의 왕으로 한단에 도읍하고 있었으나, 항우에 의하여 대로 옮 겨져서 대왕(代王)이 되었었다. 그런데 이때에 진여가 그를 원래의 위치인 한 단으로 모셔다가 조왕으로 회복시켜 준 것이었다.

국(相國)으로서 대국(代國)를 지키게 하였다.

3   장량(張良)이 한(韓)에서 샛길로 한(漢)으로 돌아오니 한왕(漢王)은 성신후(成信侯)로 삼았다. 장량은 병이 많아서 아직 일찍이 홀로 거느리지 못하고 항상 정책을 계획하는 신하가 되어 때때로 한왕을 좇았다.

4   한왕이 섬현(陝縣, 하남성 陝縣)에 가서 관(關, 函谷關) 밖에 있는 부로(父老)들을 누르며 어루만져 주었다.

5   하남왕(河南王) 신양(申陽)이 항복하자 그곳에 하남군(河南郡)을 두었다.[69]

6   한왕은 한(韓) 양왕(襄王)의 손자인 한신(韓信)[70]을 한(韓)의 태위(太尉)로 삼고, 군사를 거느려 한(韓) 지역을 경략하게 하였다. 한신이 급히 한왕(韓王) 정창(鄭昌)을 양성(陽城, 하남성 登封縣 경계)에서 치니 정창이 항복하였다. 11월에 한신을 세워서 한왕(韓王)으로 삼았는

---

68 진여는 조왕인 조헐로부터 대왕으로 세워졌기 때문에 대(代)가 그의 봉국이고, 따라서 대로 가야 하였지만 가지 않은 것이다.

69 신양은 항우에게서 하남왕으로 임명되어서 낙양에 도읍을 두고 있었다. 항복을 받은 것은 특별한 이름이 기재되어 있지 않으므로 유방의 한에 항복한 것이다. 유방이 하남성의 섬현까지 진출하였으므로 그곳에서 가까운 곳에 있던 하남성의 낙양을 도읍으로 한 하남왕은 유방에게 항복하고 만 것이다.

70 같은 시기에 한신(韓信)이라는 사람이 둘이 등장하고 또한 두 사람이 다 고위직에 있었다. 우리가 여기서 말하는 한신(韓信)은 한왕(韓王)인 한신(韓信)을 말한다.

데, 항상 한(韓)의 군사를 거느리고 한왕을 좇았다.

7   한왕(漢王)이 다시 역양(櫟陽, 섬서성 臨潼縣)에 도읍하였다.

8   제장이 농서(隴西, 감숙성 臨洮縣)를 뽑았다.

9   봄, 정월에 항왕(項王)이 북쪽으로 가서 성양(城陽, 산동성 莒縣)에 이르렀다. 제(齊)왕 전영(田榮)이 군사를 거느리고 만나 싸웠으나 패하여 평원(平原, 산동성 平原縣)으로 달아났는데, 평원의 백성들이 그를 죽였다. 항왕이 다시 전가(田假)를 세워서 제왕으로 삼았다.

드디어 북해(北海, 산동성 樂昌縣)에 이르러서 성곽과 집들을 불태워 없애고, 전영의 항복한 사졸들을 묻고, 그들의 노약자와 부녀자들을 포로로 잡았는데, 지나가는 곳은 대부분 부서지고 없애졌다. 제(齊)의 백성들이 서로 모여서 그에 대하여 반란하였다.

10   한(漢)의 장수가 북지(北地, 감숙성 寧縣)를 뽑고, 옹왕(雍王, 章邯)의 동생인 장평(章平)을 포로로 잡았다.

11   3월에, 한왕(漢王)은 임진(臨晉, 섬서성 太荔縣)에서 황하를 건넜다. 위왕(魏王) 위표(魏豹)가 항복하고 군사를 거느리고 좇았으며, 하내(河內, 하남성 황하의 북쪽)로 내려가서 은왕(殷王) 사마앙(司馬卬)을 포로로 잡고 하내군(河內郡, 하남성 武陟縣)을 설치하였다.

어려움 속에서 재기한 유방

12 애초에, 양무(陽武, 하남성 陽武縣) 사람 진평(陳平)은 집은 가난하였지만 책읽기를 좋아하였다. 마을에서 사(社)[71]를 마치고 고기 나누어 주는 것을 아주 고르게 하였다. 부로(父老)들이 말하였다.

"잘하는구나! 진유자(陳孺子)[72]가 고기를 나눈 것이!"

진평이 말하였다.

"아! 저 진평으로 하여금 천하를 주관하게 한다면[73] 역시 이 고기처럼 할 텐데!"

제후들이 진(秦)에 반란을 일으키자 진평은 위왕(魏王) 위구(魏咎)

---

71 대부 이하의 사람들이 무리를 이루어 사(社)를 세우는데 이를 치사(置社)라고 하였으며, 대부가 특별히 사를 세울 수는 없었고, 100집 이상일 경우에 공동으로 사(社) 하나를 세우게 되었는데, 후대의 이사(里社)가 되었다. 이 사에서는 주로 토지신에게 제사 지냈다.

72 유자는 어린아이를 말하는 것인데, 여기에 진평의 성인 진을 앞에 붙여 부른 것이다. 결국 진평을 일컫는 것이다.

73 재(宰)라는 말을 사용하였다. 재는 재(裁)와 통하는 것이어서 나눈다는 말이지만 한편으로는 주관한다는 말이기도 하다. 재상이란 말은 여기에서 나온 것이다.

를 임제(臨濟, 하남성 陳留縣)에서 섬기어 태복(太僕)이 되었는데, 위왕에게 유세하였으나 듣지를 않았다. 어떤 사람이 혹 그를 참소하자 진평은 달아났다.

뒤에 가서 항우를 섬기니 작위를 내려주어서 경(卿)이 되었다. 은왕(殷王, 司馬卬)이 반란을 일으키자[74] 항우는 진평으로 하여금 그를 쳐서 항복시키게 하였는데, 돌아오자 도위(都尉)에 제수되었고, 금 20일(鎰)[75]을 하사 받았다.

얼마 안 있다가 한왕이 은(殷, 殷王은 司馬卬)을 공격하여 떨어뜨렸다. 항왕이 노하여 장차 은을 평정하였던 장리(將吏)들을 주살하려고 하였다. 진평이 두려워서 마침내 그 금과 도장을 봉인하여 가지고 사자(使者)로 하여금 항왕에게 돌아가게 하고 몸을 빼서 샛길로 갔는데, 칼한 자루를 잡고 도망하여 황하를 건너서 수무(修武, 하남성 修武縣)에서 한왕에게 귀부하고, 위무지(魏無知)를 통하여 한왕을 알현하고자 청하였다.

한왕이 불러 들여 식사를 내려주고 식사를 마치자 객사(客舍)에서 쉬게 하였다. 진평이 말하였다.

"신(臣)은 일을 위하여 왔으며 말하려는 것은 오늘을 넘기면 안 됩니다."

이에 한왕이 함께 말하고는 기뻐하면서 물었다.

"그대가 초(楚)에 있을 때 무슨 관직에 있었는가?"

---

74 다른 판본에는 반란 다음에 초(楚)가 들어가 있는 것도 있으므로 은왕이 초에 반기를 든 것을 말한다.

75 일(鎰)은 무게를 재는 단위인데, 1일은 20량(兩)이므로 20일은 400량(兩)이다.

말하였다.

"도위였습니다."

이날로 바로 진평을 도위에 제수하고, 참승(參乘)을 하게하고 호군(護軍)을 관장하게 하였다.[76]

제장들이 다 시끄럽게 떠들면서 말하였다.

"대왕께서는 어느 날 초에서 도망한 졸병을 얻어 가지고 그 높낮이도 모르면서 바로 수레를 같이 타고 도리어 장자(長者, 어른)를 감호(監護)시키는 구나!"

한왕이 이를 듣고 더욱 자주 진평에게 갔다.

13   한왕이 남쪽으로 가서 평음진(平陰津, 孟津縣)을 건너 낙양(洛陽)의 신성(新城, 남성 낙양시 남쪽)에 이르렀다. 삼로(三老)[77]인 동공(董公)이 길을 막고 왕[한왕]에게 유세하였다.

"신이 듣기로는 '덕에 순응하는 사람은 창성하고 덕에 거역하는 사람은 망한다.'고 하며, '군사가 출동하면서 명분이 없다면 일은 성공할 수 없다.'고 하였습니다. 그러므로 '그[항우]가 적(賊)이라는 것을 밝히시면 적(敵)은 마침내 복종시킬 수 있습니다.'라고 하는 것입니다.

항우는 무도하여서 그 주군을 쫓아내어 죽였으니, 천하의 적(賊)입니다. 무릇 인(仁)이란 용감한 것으로 하는 것이 아니고, 의(義)란 힘으

---

76 참승은 주군의 수레를 함께 타고서 시위를 맡는 직책이며, 호군은 큰 부대의 지휘관이다.

77 10리마다 1정(亭)이 있고, 정에는 정장을 두었고, 10정을 1향(鄕)으로 하고, 향에는 삼로를 두었는데, 교화를 관장하였다.

로써 하는 것이 아니니, 대왕께서 마땅히 삼군(三軍)의 무리를 인솔하고 그를 위하여 소복(素服)을 입고서 제후들에게 알리고 그를 친다면, 사해(四海)의 안쪽에서는 덕스러움을 우러러 보지 않는 사람이 없을 것이니, 이것이 삼왕(三王)[78]이 일으킨 일입니다."

이에 한왕은 의제(義帝)를 위하여 발상(發喪)하고 어깨를 드러내고 크게 곡하고 애도(哀悼)하는 일에 사흘 동안 참석하고 사자를 보내어 제후들에게 알렸다.

"천하가 함께 의제를 세우고 북면(北面)하면서 그를 섬겼습니다. 이제 항우가 의제를 내쫓아 강남에서 죽이니 대역무도(大逆無道)합니다! 과인(寡人)은 관중(關中)의 군사를 모두 발동하고 삼하(三河; 河南, 하남성 황하의 이남·河東, 산동성 황하의 동쪽·河內, 하남성 황하 이북)의 병사들을 거두어서 남쪽으로 가서 장강(長江)과 한수(漢水)에 배를 띄워서 내려가면서, 바라건대 제후 왕들을 좇아서 초(楚)의 의제를 죽인 사람을 치고자 합니다."

사자(使者)가 조(趙)에 이르니 진여(陳餘)가 말하였다.

"한(漢)이 장차 장이(張耳)를 죽인다면 이에 좇겠습니다."

이에 한왕이 장이와 비슷한 사람을 찾아서 그를 참하고, 그 머리를 가져다 진여에게 보내어 마침내 진여가 군사를 파견하여 한을 도왔다.

14 전영(田榮)의 동생인 전횡(田橫)이 흩어진 병졸을 거두어 수만 명을 얻어서 성양(城陽, 산동성 莒縣)에서 일어났는데, 여름, 4월에 전영의

---

78 삼왕은 하(夏)의 우(禹)·은(殷)의 탕(湯)·주(周)의 무왕(武王) 등 세 왕을 말하며 모두 왕조를 일으킨 시조(始祖)이다.

아들인 전광(田廣)을 세워서 제왕(齊王)으로 삼아서 초를 막았다.[79]

항왕은 이어서 머물러 있으면서 계속 싸웠으나 아직은 떨어뜨릴 수 없었다. 비록 한이 동쪽으로 간다는 소식을 들었다 할지라도 이미 제(齊)를 치고 있어서 끝내 이를 다 깨뜨린 다음에 한을 치려고 하니, 한왕은 이러한 연고로 제후들의 군사 무릇 56만 명을 거느리고 초(楚)를 쳤다.

외황(外黃, 하남성 民權縣 서북쪽)에 이르니 팽월(彭越)이 그의 군사 3만여 명을 거느리고 한에 귀부하였다. 한왕이 말하였다.

"팽(彭) 장군은 위(魏)의 땅을 수습하여 10여 개 성(城)을 차지하고서 급히 위의 후예를 세우고자 하였소. 지금의 서위왕(西魏王) 위표(魏豹)가 진짜 위의 후손이오."

마침내 팽월을 위의 상국(相國)으로 제수하고 마음대로 그 군사를 거느리고 양(梁)을 경략하게 하였다. 한왕은 드디어 팽성(彭城, 강소성 徐州市)에 들어가서 그 보화와 미인을 거두어들이고 술을 벌여 놓고 잔치를 베풀었다.

항왕은 이 소식을 듣고, 제장으로 하여금 제를 공격하게 하고 스스로 정예의 병사 3만 명을 거느리고 남쪽으로 가서 노(魯, 산동성 曲阜縣)에서부터 호릉(胡陵, 산동성 魚台縣)으로 나가서 소(蕭, 강소성 蕭縣)에 이르렀다. 새벽에 한의 군사를 치면서 동쪽으로 가서 팽성(彭城, 강소성 徐州市)에 도착하여 정오가 되어서는 한의 군사를 대파하였다.

한의 군사들은 모두 도망하였는데, 서로 따라 가다가 곡수(穀水)와 사수(泗水)에 들어가니, 죽은 자가 10여만 명이었다. 한의 졸병들은 모

---

79 항우가 세운 전가(田假)에 대항한 것이다.

두 남쪽으로 가서 산 쪽으로 달아나는데, 초의 군사가 또 추격하여 영벽(靈璧, 안휘성 靈璧縣) 동쪽의 휴수(睢水)에 이르렀으며, 한의 군사들이 퇴각하고, 초에게 밀려서 병졸 10여만 명이 모두 휴수에 들어가니 물이 이 때문에 흐르지 않았다.

한왕을 세 겹으로 포위하였다. 마침 큰바람이 서북쪽에서 일어나서 나무를 꺾고 집을 들어내며 모래와 돌을 날리어 대낮이 어두워졌는데 초의 군사를 맞이하여 크게 혼란하고 무너지고 흩어졌으나, 한왕은 마침내 수십 기(騎)와 더불어 숨어서 달아날 수가 있었다. 패(沛)를 지나가면서 집안 식구들을 거두려고 하였으나 초(楚)도 역시 사람을 패(沛)에 보내서 한왕의 집안 식구들을 잡으려고 하자 집안사람들이 모두 도망하여 한왕과는 만나 보지 못하였다.

한왕은 길에서 효혜(孝惠)와 노원공주(魯元公主)[80]를 만나게 되어 싣고 갔다. 초(楚)의 기병들이 그를 추격하자 한왕은 급한 나머지 두 자식을 밀어 수레 아래로 떨어뜨렸다. 등공(滕公, 夏侯嬰)이 태복(太僕)이어서 항상 내려가서 이들을 실었고 이와 같은 일이 세 번이었으며, 말하였다.

"지금 비록 급하다고 하여도 몰아 버릴 수도 없는데 어찌 그들을 버리십니까?"

일부러 천천히 갔다.

한왕이 노하여 그를 참(斬)하고자 한 것이 10여 번이었으나, 등공이 끝내 보호하여 두 자녀를 벗어나게 하였다. 심이기(審食其)가 태공(太

---

80 한왕(漢王) 유방(劉邦)의 아들과 딸이다. 효혜(孝惠)는 혜제(惠帝)이고, 노원공주(魯元公主)는 맏딸이다.

公)과 여후(呂后)를 좇아서 샛길로 한왕을 찾았으나 서로 만나지 못하고, 도리어 초의 군사를 만나니, 초의 군사들이 함께 돌아갔는데, 항왕은 항상 군중에 두어 인질로 삼았다.

이때에 여후의 오빠인 주여후(周呂侯)[81]는 한을 위하여 군사를 거느리고 하읍(下邑, 안휘성 碭山縣 북쪽)에 있었으며, 한왕이 샛길로 가서 그를 좇게 하고, 차츰 그의 사졸들을 거두어들였다. 제후들이 모두 한을 배반하고 다시 초와 더불어 하였다. 새왕(塞王) 사마흔(司馬欣)과 적왕(翟王) 동예(董翳)도 도망하여 초에 항복하였다.

15   전횡(田橫)이 나아가 전가(田假)를 공격하니 전가는 초로 도주하였는데, 초에서는 그를 살해하니, 전횡이 드디어 삼제(三齊)[82]를 다시 평정하였다.

16   한왕이 여러 신하들에게 물었다

"내가 관(關, 函谷關)의 동쪽을 덜어내려고 한다면,[83] 이는 이를 버리는 것과 같으니, 누가 함께 같이 공을 세울[84] 수가 있겠는가?"

장량(張良)이 말하였다.

"구강왕(九江王) 경포(黥布)는 초(楚) 출신의 사나운 장수인데 항왕

---

81 주여후(周呂侯)는 여택(呂澤)을 말한다.

82 삼제(三齊)란 제왕(齊王)·제북왕(濟北王)·교동왕(膠東王)이 다스리는 나라를 말한다.

83 한의 영토 가운데 일부를 줄여서 다른 사람에게 주겠다는 말이다.

84 공을 세운다는 말은 유방과 함께 초를 깨뜨리는 것을 말한다.

과 틈이 생겼고, 팽월(彭越)은 제(齊)와 더불어 양(梁)의 땅에서 반란하고 있으니, 이 두 사람은 급히 부릴 수 있습니다. 그러나 한왕의 장수 가운데는 한신(韓信)만이 큰일을 맡길 만하여서 한 방향을 담당할 수 있습니다. 바로 이를 덜어내려 한다면 이를 이 세 사람에게 주시면 초는 깨뜨릴 수가 있습니다."

애초에, 항왕이 제(齊)를 칠 때에 구강(九江)에서 군사를 징발하였는데, 구강왕 경포가 병을 핑계로 가지 않고 장수를 파견하여 군졸 수천 명을 거느리고 가게 하였다. 한이 초의 팽성을 깨뜨리자 경포는 또 칭병(稱病)하고 초를 돕지 않았다.

초왕[항우]은 이로 말미암아서 경포를 원망하고 자주 사자로 하여금 견책하게 하고 경포를 불렀다. 경포는 더욱 두려워서 감히 가지 아니하였다. 항왕은 바야흐로 북쪽으로는 제(齊)와 조(趙)를 걱정하고, 서쪽으로는 한을 걱정하니, 더불어 할 사람은 오직 구강왕 뿐이었고, 또 경포의 재주가 많다고 하여 친히 그를 쓰고자 하였으니, 이러한 연고로 아직 치지를 아니하였다.

한왕이 하읍(下邑, 강소성 碭山縣 북쪽)에서 탕(碭, 강소성 碭山縣)으로 옮겨서 주둔하고 드디어 우(虞, 하남성 虞城縣)에 이르러서 좌우의 사람에게 말하였다.

"저들과 같은 사람과 더불어 천하의 일을 계획하기에는 부족하구나!"

알자(謁者) 수하(隨何)가 나아가서 말하였다.

"폐하(陛下)[85]가 말씀하시는 바를 알지 못하겠습니다."

---

85 이 당시에 유방은 아직 한왕의 자리에 머물러 있고, 황제에 오르지 못하였으므로 폐하라고 부르는 것은 옳지 않지만, 후에 황제가 되었으므로 기록할 때

한왕이 말하였다.

"누가 나를 위하여 구강(九江, 경포)을 부려서 그로 하여금 군사를 내어서 초(楚)를 배반하게 하겠소? 항왕을 몇 달만 머물러 있게 한다면 내가 천하를 다 차지하는 것은 온전히 할 수 있겠소."

수하가 말하였다.

"신이 청컨대 그 일을 하게해 주시기를 바랍니다."

한왕은 그에게 20명과 함께 하도록 하였다.

17   5월에 한왕이 형양(榮陽, 하남성 榮陽縣)에 이르렀는데, 여러 패한 군사들이 모두 모였고 소하도 역시 관중의 늙고 약하여 군대에 입역(入役)시키지 않은 사람[86]들까지 징발하여 모두 형양으로 가게 하니 한의 군대는 다시 크게 떨쳤다. 초는 팽성에서 시작하여 늘 이긴 기세를 타고 북쪽으로 쫓았으며, 한의 군사와는 형양 남쪽의 경(京, 형양읍 남쪽의 京邑)과 색(索, 형양 북쪽의 索邑) 사이에서 전투를 하였다.

초의 기병으로 온 것이 많자, 한왕은 군중에서 기병의 장수가 될 만한 사람을 골랐는데, 모두 옛날 진(秦)의 기사였던 중천(重泉, 섬서성 蒲城縣) 사람 이필(李必)과 낙갑(駱甲)을 추천하니, 한왕은 이들에게 제수하려 하였지만 이필과 낙갑이 말하였다.

"신들은 옛날 진의 백성이므로 아마도 군대에서 신들을 믿지 않을까

에는 황제로 대우하여 기록한 것이다.

86 남자는 만 스물세 살에 병역명부에 올리고, 쉰여섯 살에 퇴오(退伍)시킨다. 여기서 노약자란 23세 미만으로 아직 병역명부에 등록되지 않은 사람과 쉰여섯 살로 아직 병역 명부에서 등록이 말소되지 않은 사람을 말한다. 이는 이미 스물셋에서 쉰다섯 살까지의 남자는 모두 병역에 동원되었다는 것을 말한다.

두려우니, 바라건대 대왕 좌우에 있는 사람으로 말을 잘 타는 사람을 뽑으셔서 그를 돕게 하여 주십시오."

마침내 관영(灌嬰)을 중대부령(中大夫令)에 제수하고 이필과 낙갑을 좌우 교위(校尉)로 삼고 기병을 거느리고 형양의 동쪽에서 초의 기병을 공격하여 이를 대파하였는데, 초의 군사는 이러한 연고로 형양을 지나서 서쪽으로 올 수가 없었다. 한왕은 형양에 진을 치고서 용도(甬道)를 쌓아 이를 하(河, 黃河)에 이어주어서 오창(敖倉, 형양의 서북쪽)의 곡식을 빼앗았다.[87]

18   주발(周勃)과 관영(灌嬰) 등이 한왕에게 말하였다.

"진평은 비록 아름답기로 말하면 관(冠)에 붙인 옥과 같으나, 그 가운데는 아직 반드시 있어야 할 것이 없습니다. 신이 듣건대, 진평은 집에 있을 때에 그의 형수를 도적질하였고, 위(魏)를 섬기면서 받아들여지지 않자 도망하여 초(楚)에 귀부하였고, 받아들이지 않자 또 도망하여 한에 귀부하였습니다.

오늘에 이르러 대왕께서 그를 높여 관직을 주어서 호군(護軍)하도록 하였습니다. 신들이 듣건대, 제장들에게 금을 받는데, 금을 많이 내는 자는 좋은 곳을 얻을 수 있고, 금을 조금 낸 사람은 나쁜 곳을 얻었답니다. 진평은 반복을 잘하는 어지럽히는 신하이니 바라건대 왕께서 이를 살피십시오."

한왕은 그를 의심하고, 위무지(魏無知)[88]를 불러서 나무랐다. 위무지

---

87 오창은 정주의 형양 서북 15리 지점에 있는데, 현문(縣門)의 동북쪽으로 변수(汴水)에 이어져 있고, 남쪽으로는 삼황산(三皇山)을 두르고 있다.

가 말하였다.

"신이 말한 것은 그의 능력이며, 폐하께서 물은 것은 행위입니다. 지금 미생(尾生)과 효기(孝己)의 행위[89]가 있다고 한들 승부의 계책에서는 보탬이 되지 않으니, 폐하께서는 어느 겨를에 그런 사람을 채용하겠습니까? 초와 한이 서로 버티고 있으니 신은 기이(奇異)한 계책을 쓰는 인사를 올린 것이고, 그의 계책이 진실로 국가에 이로울지 아닐지를 생각하였을 뿐입니다. 형수를 도둑질한 것과 금을 받는 것이야 또 어찌 충분히 의심할 만하단 말입니까?"

한왕이 진평을 불러서 꾸짖었다.

"선생은 위를 섬기면서 맞지 않았고, 초를 섬기다가 떠났으며, 이제는 또한 나를 좇아 교유하고 있으니, 신의가 있는 사람이 정말로 여러 마음을 갖는단 말이오?"

진평이 말하였다.

"신은 위왕(魏王)을 섬겼는데, 위왕은 신의 말을 채용하지 않았으니, 그러므로 떠나서 항왕을 섬겼습니다. 항왕은 다른 사람을 믿지 못하고, 그가 일을 맡기고 아끼는 것은 여러 항씨가 아니면 바로 그 처의 형제들이어서 비록 기이한 인사가 있다고 하여도 채용할 수가 없었습니다.

듣건대, 한왕은 다른 사람을 채용할 수 있는 분이라고 하여 대왕에게 귀부하였습니다. 신은 맨 몸으로 왔으니, 금을 받지 않으면 쓸 물자가 없었습니다. 진실로 신의 계획은 채용할 만한 것이 있으면, 바라건

---

88 위무지가 진평을 한왕 유방에게 추천하였다.

89 미생(尾生)이란 옛날의 신의가 있는 인사로 미생고(微生高)를 말하고, 효기(孝己)는 은(殷) 고종의 아들로 효행으로 저명하였다.

대 대왕께서 이것을 채택하고, 쓸 만한 것이 없게 된다면 금은 모두 아직도 가지고 있으니, 청컨대 봉인하여 관청으로 보내겠고, 청컨대 해골(骸骨)⁹⁰하게 해주십시오."

한왕이 마침내 사과하고 후하게 하사(下賜)하고 관직에 제수하여 호군중위(護軍中尉)로 삼아 제장을 모두 감호하도록 하였다. 제장은 마침내 다시 말하지 아니하였다.

19   위왕 위표(魏豹)가 알현하고 돌아가서 부모의 질병을 살펴보겠다고 하였는데, 도착하여 하(河, 황하)의 나루를 끊고, 반대로 초(楚)를 위하였다.⁹¹

20   6월에 한왕은 역양(櫟陽, 섬서성 臨潼縣)으로 돌아왔다.

21   임오일(6일)에 아들 유영(劉盈)⁹²을 세워서 태자로 삼고, 죄인들을 사면하였다.

22   한의 군사들이 물을 이끌어 폐구(廢丘, 섬서성 興平縣)에 쏟아 부으니 폐구에서는 항복을 하고 장한(章邯)은 자살하였다.⁹³ 옹(雍)을

---

90 관직에서 물러나는 것을 말한다.

91 위표는 평양에 도읍하여서 황하의 동쪽에 있었다. 그러므로 황하의 나루를 끊고 건너가서 한의 군사를 막은 것이다.

92 유방은 그의 아들인 유영을 태자로 책봉하였는데, 이때 나이가 여섯 살이었다.

93 폐구는 바로 1년 전(기원전 206년) 8월에 포위되었고, 그 내용은 앞에 있다.

다 평정하고 중지(中地, 섬서성 서안시 동북쪽)·북지(北地, 감숙성 寧縣)·
농서군(隴西郡, 감숙성 臨洮縣)으로 삼았다.

23 관중에 큰 기근이 들어서 쌀은 1곡(斛)에 1만 전(錢)[94]이었고, 사
람이 서로 잡아먹었다. 백성들로 하여금 촉·한(蜀·漢)에 가서 밥을 먹
게 하였다.

애초에, 진이 망하면서 호걸들이 금과 옥을 다투어 빼앗았는데, 선곡
(宣曲) 출신의 임씨(任氏)만은 홀로 창고에 곡식을 저장하였다.[95] 초와
한이 형양(滎陽)에서 서로 버티게 되자 백성들은 농사를 지을 수가 없
었고, 호걸들의 금과 옥은 모두 임씨에게로 들어갔으며, 임씨는 이것을
일어나서 부자로 여러 세대를 지냈다.

24 가을, 8월에 한왕이 형양에 가서 소하(蕭何)에게 관중을 지키며
태자를 시위(侍衛)하라고 명령하고 법령과 약속(約束)[96]을 만들고 종
묘(宗廟)·사직(社稷)·궁실(宮室)·현읍(縣邑)을 세우라고 하였으며, 업
무 가운데 상주하여 결정하기에 이르지 아니하는 것은 번번이 편의대
로 시행하고 윗분[한왕]이 오면 보고하게 하였다.[97]

---

94 1만 전(錢)의 구매력이 어떠하였는지를 알기는 쉽지 않다. 그러나《사기정의(史
記正義)》에서 해석한 것에 따르면 1만 전은 황금 1근에 해당된다고 하였다.

95 교(窖)라고 하였는데, 호삼성은 땅을 파고 곡식을 저장하는 것이라고 해설하
였다.

96 법률과 규정에 해당하는 것이다.

97 소하에게 내치를 맡긴 것이고, 황상인 유방의 추인을 받도록 조치한 것이다.

　관중의 호구를 계산하여, 식량을 전운(轉運)하고 군사를 조달하고 군대에 공급하여 모자라거나 끊어지지 않게 하라고 하였다.

25　한왕이 역이기(酈食其)로 하여금 위왕 위표(魏豹)에게 가서 유세하고 또 그를 불렀다. 위표가 듣지 않고 말하였다.

　"한왕은 교만하고 사람을 모욕하며 제후들과 여러 신하를 나무라는 것이 마치 노예를 나무라는 것처럼 할 뿐이니, 나는 차마 다시는 보지 아니하겠다."

　이에 한왕은 한신을 좌승상(左丞相)을 삼고, 관영(灌嬰)·조참(曹參)과 더불어 위를 쳤다.

　한왕이 역이기에게 물었다.

　"위의 대장이 누구인가?"

　대답하였다.

　"백직(柏直)입니다."

　왕이 말하였다.

　"아직도 입에서 젖 냄새가 나는데, 어찌 한신(韓信)을 당해낼 수가 있겠는가?"

　말하였다.

　"기병(騎兵)의 대장은 누구인가?"

　말하였다.

　"풍경(馮敬)입니다."

　말하였다.

　"진의 장수였던 풍무택(馮無擇)의 아들인데, 비록 똑똑하다고 하여도 관영(灌嬰)을 당해낼 수 없다."

"보졸(步卒) 대장은 누구인가?"

말하였다.

"항타(項它)입니다."

말하였다.

"조참(曹參)을 감당할 수 없을 것이다. 나는 걱정할 것이 없겠다."

한신도 역시 역생(酈生, 역이기)에게 물었다.

"위는 주숙(周叔)을 대장으로 쓸 수 없었소?"

역생이 말하였다.

"백직입니다."

한신이 말하였다.

"어린놈일 뿐이군!"

드디어 군사를 진격시켰다.

위왕은 포판(蒲坂, 산서성 永濟縣 서쪽)에다 군사를 성대하게 하여 임진(臨晉, 섬서성 大荔縣)을 막았다. 한신은 마침내 더욱 군사 의병(疑兵)을 하려고 배를 벌려서 임진을 건너려고 하고는 오히려 복병을 하양(夏陽, 섬서성 韓城縣)에서부터 나무 항아리[98]로 군사들을 건너게 하고, 안읍(安邑, 산서성 夏縣)을 습격하였다.

위왕 위표는 놀라서 군사를 이끌고 한신을 맞이하였다. 9월에 한신이 위표를 공격하여 포로로 잡아서 역전(驛傳)으로 형양으로 보내고 위의 땅을 모두 평정하고 하동(河東)·상당(上黨, 산서성 長子縣)·태원군(太原郡, 산서성 태원시)을 설치하였다.

---

98 나무로 마치 항아리처럼 만들어서 그것을 타고 군사들이 강을 건널 수 있게 만든 것이다.

26   한 군사는 팽성(彭城)에서 패하고 서쪽으로 가면서 진여(陳餘) 역시 장이(張耳)가 죽지 않았다는 것을 깨닫고 바로 한을 배반하였다. 한신이 위를 평정하고서 사람을 시켜서 군사 3만 명을 청하여 북쪽으로는 연(燕)과 조(趙)를 치고, 남쪽으로 초(楚)의 양도(糧道)[99]를 끊게 해 달라고 청하였다.

한왕은 이를 허락하고 마침내 장이를 파견하여 함께 하도록 하고 군사를 이끌고 동쪽으로 가서 북쪽으로 조와 대(代)[100]를 공격하게 하였다. 후9월(윤9월)에 한신은 대의 군사를 깨뜨리고 알여(閼與, 산서성 和順縣)에서 하열(夏說)을 사로잡았다. 한신이 위로 내려가서 대(代)의 군사를 격파하니, 한은 갑자기 사람을 시켜서 그의 정예의 병사를 거두어 형양(滎陽)으로 가게 하여 초의 군사를 막게 하였다.＊

---

99 군량을 운반하는 길이다.

100 이때에 조왕 조헐이 조에서 왕 노릇하였고, 진여가 대에서 왕 노릇하였다.

한기2

천하를 나눈 유방과 항우

한신에게 잡힌 조왕과 귀부한 구강왕

고제 3년(丁酉, 기원전 204년)[1]

1 　겨울, 10월에 한신과 장이(張耳)가 군사 수만으로 동쪽으로 가서
조(趙)를 쳤다. 조왕과 성안군(成安君) 진여(陳餘)가 이 말을 듣고 정형
구(井陘口)[2]에다 군사를 모았는데, 20만이라고 불렸다.

　광무군(廣武君) 이좌거(李左車)가 성안군에게 유세하였다.

　"한신과 장이가 이긴 형세를 타고 나라[한]를 떠나서 멀리 와서 싸우
는데, 그 칼날을 감당할 수 없습니다. 신이 듣건대, '천리 길에 양식을
싸들고 가면 군사는 주린 기색이 있을 것이고, 나무나 풀을 베어다가
밥을 해 먹이면 군사는 계속 배부르지 못할 것이다.'라고 하였습니다.
이제 정형(井陘)의 길은 방궤(方軌)[3]할 수가 없고 기마(騎馬)도 열을 이

1 　서초 패왕 3년, 조왕 조헐 5년, 제왕 전광 2년, 연왕 장도 3년이다.

2 　이곳은 정형관(井陘關)으로 하북성 정형현(井陘縣) 북쪽에 있다. 형(陘)이란
산맥이 돌연히 끊겨서 두 산 사이가 아주 좁아서 지키기는 쉽고 공격하기는
어려운 하늘이 낸 험지이다. 태행산맥에는 이러한 곳이 8군데가 있는데, 정형
은 그 다섯 번째의 험지이다.

룰 수 없어서, 행군 길이는 수백 리일 것이니 그 형세로 보아 양식은 반드시 그 후미에 있을 것입니다.

바라건대, 족하(足下)[4]께서 신에게 기습병(奇襲兵) 3만 명을 빌려주신다면 샛길로 가서 그들의 치중(輜重)을 끊겠는데, 족하께서는 해자를 깊이 파고 보루(堡壘)를 높이면서 더불어 싸우지 마십시오. 저들은 앞으로 나아가도 싸울 수가 없고 물러나도 돌아갈 수 없으며 들에도 노략질할 것이 없게 되니 열흘이 못되어 두 장수의 머리는 휘하(麾下)[5]에 이르게 할 수 있는데, 그렇지 않으면 반드시 두 놈의 포로가 될 것입니다."

성안군은 일찍이 스스로 의병(義兵)이라고 하여서 속이는 꾀나 기습하는 계책을 쓰지 않고 말하였다.

"한신의 군사는 적고 지쳐서 피로하였는데, 그처럼 피하고 공격하지 아니하면 제후들은 나를 겁먹었다고 생각하고 가벼이 보고 와서 나를 칠 것이다."

한신이 사람을 시켜서 정탐하여 보니, 그들이 광무군의 계책을 쓰지 않는 것을 알고 크게 기뻐하고 마침내 감히 군사를 인솔하여 끝까지 내려갔다. 정형구에 30리가 못 미치는 곳에서 행군을 중지하고 묵었다. 밤중에 출발하도록 전(傳)하고, 경무장한 기병 2천 명을 뽑아서 각기 하나씩의 붉은 깃발[6]을 갖게 하고 샛길로 산으로 가려진 곳에서 조

3　수레가 나란히 가는 것을 말한다. 수레가 나란히 가려면 길의 폭이 그만큼 넓어야 하는데, 여기서는 길이 좁다는 것을 말하는 것이다.

4　상대를 높여 주는 말이지만 평배 사이에서 사용하는 말이다.

5　깃발 아래라는 말이지만 깃발은 장군이 지휘하는 깃발이므로 결국 장군 즉 상대를 높여 가리키는 말이다.

의 군사들을 바라보게 하였다.

훈계하여 말하였다.

"조의 군사는 내가 달아나는 것을 보면 반드시 성벽을 비우고 우리를 쫓을 것인데, 너희들은 재빨리 조의 성벽에 들어가서 조의 깃발을 뽑고 우리 한의 붉은 깃발을 세우라."

그 비장(裨將)에게 식사에 관한 말을 전하면서 말하였다.

"오늘은 조를 깨뜨리고 모여서 식사를 할 것이다."

제장들은 모두 믿지 못하고 건성으로 대답하였다.

"예!"

한신이 말하였다.

"조의 군사는 이미 먼저 편한 곳을 점거하여 성벽을 쌓았고, 또 저들은 아직 우리 대장의 기고(旗鼓)를 보지 못하여 공격하려고 앞으로 나오려 하지 아니하면서 아마도 우리가 험지에 이르러서 돌아갈까를 걱정할 것이다."

마침내 1만으로 하여금 먼저 나아가게 하고, 나아가서 배수진(背水陣)[7]을 쳤더니 조의 군사들이 이를 바라보고 크게 웃었다.

날이 밝자 한신은 대장의 기고(旗鼓)를 세우고 북을 치면서 정형구(井陘口)를 나갔는데, 조의 군사들이 성벽의 문을 열고 이를 공격하여 큰 전투를 벌여서 자못 오래 걸렸다.

---

6 한의 깃발은 모두 붉은색이었다.

7 강 같은 물을 등지고 진을 치는 것을 말한다. 전투에서 물러난다면 물에 빠져 버리기 때문에 군사들이 죽을 때까지 싸울 수밖에 없는 것이다. 면만수(綿蔓水)가 병주(幷州)에서 시작하여 북쪽으로 흐르다가 정형현(井陘縣)의 경계로 들어가니 이곳이 한신이 배수진을 친 곳이다.

이에 한신과 장이는 거짓으로 기고를 버리고 물가에 있는 진지로 도망하니 물가에 진을 쳤던 군사들이 문을 열어서 이들을 받아들이고 다시금 급하게 싸웠다. 조의 군사들은 과연 성벽을 비우고 다투어 한의 기고를 빼앗고 한신과 장이를 쫓았다. 한신과 장이가 물가의 진지로 들어가자 군사들이 결사적으로 싸우니 패배시킬 수가 없었다.

한신이 내보냈던 기습병 2천 기(騎)가 함께 조의 군사들이 성벽을 비우고 이익을 쫓아나간 것을 기다렸다가 말을 달려 조의 성벽으로 들어갔고, 모두 조의 기를 뽑고 한의 붉은 기 2천을 세웠다. 조의 군사들은 이미 한신 등을 잡을 수 없게 되자 성벽으로 돌아가고자 하였는데, 성벽에는 모두 한의 붉은 깃발이니 보고 크게 놀라며 한의 군사들이 모두 조왕(趙王)의 장수들을 이미 붙잡은 것으로 생각하여 병사들이 드디어 혼란에 빠지고 숨어 달아났고, 조의 장수들이 비록 이들을 참(斬)하였으나 막을 수가 없었다. 이에 한의 군사가 협격(挾擊)하여 조의 군사를 대파하고 성안군(成安君)을 저수(泜水, 井陘水)에서 참하고 조왕 조헐(趙歇)을 잡았다.

제장들이 수급(首級)[8]과 포로를 바치고 축하도 끝내고, 이어서 한신에게 물었다.

"병법(兵法)에는 '오른쪽으로 산릉(山陵)을 등져야 되고, 앞쪽 왼편에 강이나 못이 있게 한다.'라고 하였습니다. 이번에 장군께서는 신 등에게 명령하여 반대로 배수진을 치게 하고는 이르기를, '조를 깨뜨린 다음에 회식(會食)을 하겠다.'라고 하여 신 등은 승복(承服)하지 아니하였는데 그러나 결국 승리하였습니다. 이것은 어떠한 술법(術法)입니까?"

8　목을 벤 머리를 말한다.

한신이 말하였다.

"이것은 병법에 있는데 돌아보건대 여러분은 살피지 않았을 뿐이오. 병법에는 '죽을 곳에 빠지고 난 다음에야 살아나는 것이고, 패망할 장소에 놓아 둔 후에야 남아 있게 된다.'[9]고 하지 않았소? 또 나 한신은 평소에는 사대부들을 어루만져 훈련시킬 수 없었으니, 이것이 이른바 '저자에 있는 사람들을 몰아서 싸우는 것'인데, 그 형세로 보아 그들을 죽을 곳에 놓아두어 각자로 하여금 스스로 싸우게 하지 아니하고, 지금 살 곳을 준다면 모두가 달아날 것이니 어찌 그들을 얻어 쓸 수가 있었겠소?"

제장들이 모두 승복하여 말하였다.

"훌륭하십니다. 신들이 미치지 못한 것입니다."

한신이 광무군을 산 채로 잡아오는 사람에게 천금(千金, 2만 냥)을 주겠다고 하고 사람을 모집하였다. 어떤 사람이 그를 묶어서 휘하(麾下)에 데리고 왔는데, 한신은 그의 결박을 풀어주고 동쪽을 향하여 앉게[10] 하고 그를 스승으로 섬겼다.

물었다.

"제가 북쪽으로 연(燕)을 치고, 동쪽으로 제(齊)를 치려고 하는데, 어

---

9 손자(孫子)의 구지(九地)에는 '급하게 싸우면 살아남고, 싸우지 아니하면 패망하여 죽음의 땅이 된다.'고 하였다. 이것에 조조가 주를 달아 말하기를, '앞에 높은 산이 있고, 뒤에 강물이 있어서 나갈 수도 없고 물러나려고 하여도 장애가 있는 곳을 말한다.'고 하였다.

10 동향이 상석이다. 광무군(이좌거)은 한신을 물리칠 계책을 조왕에게 제출하였으나, 조왕이 받아들이지 않았으며, 광무군의 계책대로 하였다면 조군은 실패하지 않았을 것이다.

떻게 하여야 공을 세울 수 있을까요?"

광무군(廣武君)이 사양하고 사과하며 말하였다.

"신은 패망한 포로인데, 어찌 큰일을 저울질할 만하겠습니까?"

한신이 말하였다.

"제가 듣건대, 백리해(百里奚)[11]는 우(虞)에 살았었으나 우가 망하였지만 진(秦)에 있게 되니, 진이 패권(覇權)을 잡게 되었는데, 이는 우에서는 어리석었고 진(秦)에서는 똑똑하였던 것이 아니고, 다만 쓰고 안 쓰고, 듣고 안 듣는 것에 있었습니다.

진실로 성안군(成安君, 陳餘)이 족하의 계책을 들었더라면 나 한신 같은 사람도 역시 이미 포로가 되었을 것이지만 족하의 계책을 채용하지 않으니 그러므로 저 한신이 이렇게 모실 수가 있을 뿐입니다. 이제 저는 마음을 위탁(委託)하여 계책대로 돌아가고자 하니 바라건대 족하께서는 사양하지 마십시오."

광무군이 말하였다.

"이제 장군께서 서하(西河)를 건너서 위왕을 포로로 잡고 하열(夏說)도 사로잡았으며, 동쪽으로 정형(井陘)을 떨어뜨리고 아침이 끝나지 않아서 조의 20만 무리를 깨뜨리고 성안군(成安君)을 주살하여 이름이 해내(海內, 천하)에 소문이 났고, 천하에 그 위엄이 떨쳐서 그 농부들은 밭 갈기를 그만두고 호미를 놓지 않는 사람이 없으며[12] 좋은 옷을 입

---

11 진의 9대 목공이 백리해(百里奚)의 보좌를 받아서 춘추시대 5패 가운데 제3의 패권자가 되었다. 백리해의 고사는 주 난왕 31년(기원전 338년)의 사건에서 소개되는데 이 내용은 《자치통감》 권2에 실려 있다.

12 당시 사람들은 한신의 위엄과 명성을 두려워하여 스스로 생업을 보존할 수가 없어서 모두 농사를 그만두고 좋은 옷을 입고 음식을 먹으면서 하루하루 억

고 맛있는 음식을 먹으면서 귀를 기울여 명령을 기다리게 하였는데, 그 것이 장군의 장점입니다. 그러나 무리는 수고롭고 병졸들은 피로하여 그 실제로는 쓰기가 어렵습니다.

이제 장군께서 게으르고 피폐한 병사들을 들어 가지고 연(燕)의 견고한 성 아래에 주둔하면서 싸우려 해도 할 수 없고, 그것을 공격하여도 뽑히지 않으며, 오히려 정황(情況)이 보이면 형세는 꿀릴 것인데, 하는 일 없이 세월을 오래 끌면 식량이 고갈될 것입니다.

연은 이미 복종하지 아니하니, 제도 반드시 국경에서 막으면서 스스로 강하게 하려고 할 것입니다. 연(燕)과 제(齊)가 서로 믿고 있어서 떨어지지 않는다면 유방(劉邦)과 항우(項羽)의 세력은 아직도 나뉘지 않을 것이니, 이것이 장군의 단점입니다. 군사를 잘 사용하는 사람은 단점을 가지고 장점을 치지 않고 장점을 가지고 단점을 치는 것입니다."

한신이 말하였다.

"그렇다면 어디서부터 시작할까요?"

광무군이 대답하였다.

"바야흐로 이제 장군을 위하여 계책을 세운다면 갑옷 입은 병사들을 어루만져 쉬게 하고, 조의 백성을 진정시키고 어루만지면서 백 리 안에서는 소고기와 술이 매일 도착하게 하여 사대부들에게 먹이는 것 만한 것이 없으며, 연으로 가는 길로 머리를 북쪽으로 돌린 다음에 변사(辯士)를 파견하여 지척(咫尺)[13]의 편지를 받들고 그 잘하는 것을 연에 드

지로 살아가며 먼 계책을 세우지 않고 있다는 말이다.

13 지(咫)는 길이가 8촌(寸)인 것을 말하는데, 여기서는 간독(簡牘)의 길이를 말하는 것으로 간단하다는 의미로 쓰인 것이다.

러내면 연은 반드시 말을 듣지 않을 수 없을 것입니다.

연이 이미 따라 오고 나서, 동쪽으로 제(齊)로 다가간다면 비록 지혜로운 사람이 있다고 하여도 역시 제를 위한 계책을 모를 것입니다. 이와 같이 하면 천하의 일은 모두 도모할 수 있을 것입니다. 군사적인 일은 진실로 먼저 명성을 드러낸 다음에 알맹이가 있는 것이니 이런 것을 말하는 것입니다."

한신이 말하였다.

"훌륭합니다."

그 계책을 좇고 사자(使者)를 내어 연(燕, 왕은 臧荼)에 사신으로 가게 하였다. 연에서는 풍문만을 듣고 좇아서 쓰러졌고, 사자를 보내어 한에 보고하고 또 장이를 조에서 왕 노릇하게 해달라고 청하니 한은 이를 허락하였다.

초가 자주 기습병을 내어서 하(河, 황하)를 건너서 조[趙王은 장이]를 쳤으나, 장이와 한신이 왕래하며 조를 구원하고, 이어서 가서 조의 성읍들을 안정시키고 군사를 징발하여 한으로 보냈다.

2   갑술(30일)일 그믐에 일식(日食)이 있었다.

3   11월 계묘(29일)일 그믐에 일식이 있었다.

4   수하(隨何)[14]가 구강(九江, 도읍지는 六邑)에 이르니 구강왕의 태재(太宰)[15]가 이를 주관하고 사흘 동안이나 만나볼 수가 없었다. 수하

---

14 한의 유방의 사절이다.

가 태재에게 유세하였다.

"왕(王, 구강왕 영포)께서 이 수하를 보지 않는 것은 초를 강하다고 하고, 우리 한을 약하다고 하여서요. 그것이 바로 신이 사자로 온 이유입니다. 이 수하로 하여금 만나 뵙게 하여주어 이를 말하여 옳으면 대왕께서 듣기를 바라는 바일 것이고, 말씀을 듣고서 옳지 않으면 이 수하와 함께 온 20여 명을 도끼에 엎어 죽여서 구강의 저자에 걸어두어 왕께서 한을 배반하고 초와 더불어 한다는 것을 충분히 밝히실 수가 있을 것입니다."

태재가 마침내 이를 왕에게 말하였다.

왕[구강왕 영포]이 그를 만나보았다. 수하가 말하였다.

"한왕이 신으로 하여금 공경하며 대왕에게 서찰을 올리게 한 것은 가만히 보건대 대왕과 초가 왜 친한지를 괴이(怪異)하게 여겨서입니다."

구강왕이 말하였다.

"과인(寡人)이 북쪽을 향[16]하여 그를 신하로서 섬기고 있소."

수하가 말하였다.

"대왕과 항왕은 함께 제후의 열(列)에 올라 있는데, 북향하여 신하로

---

15 여기의 태재는 주의 관직인 태재가 아니다. 한 때에는 봉상시의 속관 가운데 태재라는 직책이 있었다. 안사고는 이를 식사를 주관하는 관직으로 사신이 오면 반드시 사람을 시켜서 접대하는 일을 주관하게 하였는데, 이때에 구강왕 영포가 태재로 하여금 수하의 접대를 주관하게 하였다.

16 신하는 북쪽을 향하여 서게 되고, 왕이나 황제는 남쪽을 향하여 서게 되어 있다. 구강왕인 영포는 비록 왕이지만 초의 항우에 대하여서는 신하의 위치에 있음을 나타내는 말이다.

그를 섬긴다고 한 것은 반드시 초가 강하여서 나라를 의탁할 수 있다는 것이지요. 항왕이 제를 치면서 몸소 판축[17]을 짊어지고 사졸들보다 앞장섰지요.

대왕께서는 마땅히 구강의 무리를 모두 모아서 몸소 스스로 이들을 거느리고 초를 위하여 선봉에 섰어야 하는데 이제는 마침내 4천 명을 발동하여 초를 도왔지요. 무릇 북면(北面)[18]하며 신하로서 다른 사람을 섬기는 사람이 진실로 이 같을까요?

한왕은 팽성(彭城, 강소성 徐州市)에 들어갔고, 항왕은 아직도 제(齊)에서 나오지 못하였습니다. 대왕께서는 마땅히 구강의 군사를 모두 모아서 회(淮, 淮河)를 건너서 밤낮으로 팽성(彭城) 아래에서 전투를 해야 할 것인데도 대왕께서는 마침내 1만 명의 무리를 어루만지고 위로하면서 한 사람도 회하를 건넌 사람이 없이 수수방관(袖手傍觀)하면서 누가 이길까 관찰하고 있습니다. 무릇 다른 사람에게 나라를 의탁할 사람이라면 정말로 이와 같겠습니까?

대왕께서는 헛된 이름만을 잡고 초를 향하면서 자기 스스로에게 두텁게 의탁하려 하고 있으니, 신은 가만히 생각하건대 대왕을 위하여서는 취(取)하지 아니하겠습니다. 그러나 대왕께서 초를 배반하지 못하는 것은 한이 약하여서입니다.

무릇 초의 군사가 비록 강하다고는 하더라도 천하는 그에게 옳지 않

---

17 판은 담장을 말하는 것이고 축은 이를 위하여 흙을 다지는 것으로 성을 쌓는 것을 말한다.

18 북쪽으로 얼굴을 하고 있다는 말이므로 북향과 같은 말이며, 신하의 위치에 있다는 뜻이다.

다는 이름을 짊어지게 하고 있으니, 그가 맹약을 배반하고 의제(義帝)를 죽였음으로 해서입니다.[19] 한왕은 제후들을 거두어들이고, 성고(成皐)와 형양(滎陽)으로 돌아와 지키고 있으면서 촉(蜀)과 한(漢)의 곡식을 내려 보내며 해자를 깊이 파고 보루를 쌓고 병졸을 나누어 요새를 둘러 올라 지키고 있습니다.

초인(楚人)들은 적국(敵國)으로 800~900리[20]나 깊이 들어가 있어서 노약자들에게 군량을 천리 밖으로 운반하게 하고 있습니다. 한은 굳게 지키고 움직이지 않아서, 초의 군사는 나아가도 공격할 수 없고, 물러나도 해결될 수 없으니, 그러므로 초의 군사들을 믿기에 부족하다고 말하는 것입니다.

초로 하여금 한을 이기게 한다면 제후들은 스스로 위태롭고 두려워서 서로서로 구원해 줄 것이니 무릇 초의 강함은 바로 천하 모든 제후국들의 군사를 끌어들기에 적당할 뿐입니다.[21] 그러므로 초가 한만 못하며 그 형세(形勢)는 쉽게 보입니다.

이제 대왕께서 만전(萬全)한 한과 더불어 하지 않고, 스스로 위험하고 망할 초에 의탁하고 있다니 신은 가만히 대왕을 위하여 생각해 보건대 이에 대해 의혹(疑惑)이 있습니다.

---

19 진을 칠 때에 항우가 세운 의제 앞에서 함양성을 먼저 함락시킨 사람에게 관중 땅에서 왕 노릇하게 하겠다고 다 같이 약속을 하였는데, 정작 유방이 함양성을 먼저 함락시켰는데도 그를 한중으로 보냈고, 또한 의제도 양자강에 빠뜨려 죽였다.

20 초(楚)의 도읍인 팽성에서 형양까지 직선거리로 370km 정도 떨어져 있다.

21 초의 군사가 강하지만 천하의 모든 제후국들이 초에게 망할까 두려워서 단결하여 초에 반항한다는 말이다.

신은 구강의 군사를 가지고서 초를 충분히 망하게 할 수 있다고 보지는 않지만 대왕께서 군사를 일으켜서 초를 배신한다면 항왕은 반드시 머물러 있게 될 것이고, 몇 달만 머물러 있게 한다면 한이 천하를 취(取)하는 것은 만전(萬全)을 기할 수 있습니다.

신이 청하건대 대왕과 더불어 칼을 잡고 한에 귀부하여도 한왕은 반드시 땅을 찢어서 대왕(大王)에게 봉(封)해 줄 것인데, 또한 하물며 구강(九江)이야 반드시 대왕이 갖게 될 것입니다.”

구강왕(九江王)이 말하였다.

“청컨대 명령을 받들게 해주십시오.”

몰래 초를 배반하고 한과 함께 하기를 허락하였으나, 아직 감히 누설하지는 아니하였다.

초의 사자가 구강에서 객사(客舍)에 묵으며[22] 바야흐로 경포(黥布)[23]에게 군사를 발동하라고 급히 독촉하였다. 수하가 곧바로 들어가서 초의 사자의 상석으로 가서 앉으며 말하였다.

“구강왕이 이미 우리 한에 귀부하였는데, 초가 어떻게 군사를 발동시킬 수가 있겠소?”

경포가 놀랐다. 초의 사자는 일어났다.

수하가 이어서 경포에게 말하였다.

“일은 이미 결론이 나 버렸으니 드디어 초의 사자를 죽여 돌아갈 수

---

22 초의 사자가 계속하여 구강에 왔으므로, 앞에 왔던 사자가 쓰던 객사를 뒤에 온 사자가 또 쓰게 되어 초의 사자끼리 객사를 전하여 주는 상태를 말한다. 즉 초의 사자가 계속적으로 왔다는 표현인 것이다.

23 구강왕 영포는 경형(黥刑)을 받았기 때문에 경포라고도 불린다.

없게 하고 빨리 한으로 달려가서 힘을 합치십시오.”

경포가 말하였다.

“사자의 가르침대로 하겠소.”

이에 초의 사자를 죽이고, 이어서 군사를 일으켜서 초를 공격하였다.

초는 항성(項聲)과 용저(龍且)로 하여금 구강을 공격하게 하였는데, 몇 달이 지나서 용저가 구강의 군사를 깨뜨렸다. 경포는 군사를 이끌고 한으로 달아나려고 하다가 초의 군사들이 죽일까 두려워하여 마침내 샛길로 수하와 더불어 한에 귀부하였다.

12월에 구강왕이 한에 도착하였다. 한왕이 바야흐로 침상에 걸터앉아 발을 씻으면서 경포를 불러들여 만났다.[24] 경포는 크게 노하여 온 것을 후회하고 자살하려고 하였는데 나가서 객사에 이르자 장막과 음식, 시종하는 관리가 모두 한왕이 사는 곳과 같으니, 경포는 또한 바라던 것보다 넘치는 것을 크게 기뻐하였다.

이에 마침내 사람을 시켜서 구강에 들여보내 보았더니 초는 이미 항백(項伯)으로 하여금 구강의 군사를 다 거두게 하고 경포의 처자도 다 죽였다. 경포의 사자가 자못 옛 친구들과 아끼는 신하들을 찾아내어서 무리 수천 명을 거느리고 한나라로 귀부하였다. 한은 구강왕에게 군사를 보태주고 함께 성고(成皐, 하남성 汜水縣 虎牢關)에 주둔하였다.

초가 자주 한의 용도(甬道)를 침략하여 빼앗으니 한의 군사는 식량이 모자랐다. 한왕과 역이기(酈食其)는 초의 형세를 약하게 하려고 모

---

24 이에 대하여 안사고(顔師古)는 ‘유방은 경포가 자기보다 먼저 왕이 되었으므로 자존심이 상할까 걱정하여서 무례하게 하여 경포를 굴복시키고서 장막이나 음식, 시종들은 자기와 같이하여 그 마음을 기쁘게 하였다.’고 말하였다.

의하였다.

역이기가 말하였다.

"옛날에 탕(湯)이 걸(桀)을 치고서 그 후손을 기(杞, 하남성 杞縣)에 봉하였고, 무왕이 주(紂)를 치고서 그 후손을 송(宋, 하남성 商丘縣)에 봉하였습니다. 이제 진이 덕을 잃고 의를 버리고 제후들을 침략하여 토벌하여 그 사직을 훼멸하여 송곳 하나 꽂을 땅도 없게 하였습니다.

폐하께서 진실로 능히 6국[25]의 후예들을 회복시킬 수가 있다면 그 군신(君臣)과 백성들은 반드시 모두 폐하의 덕을 머리에 일 것이고, 풍문을 듣고 의를 사모하여 신첩(臣妾)이 되기를 원하지 않는 사람이 없을 것입니다. 덕과 의가 이미 시행되면 폐하께서는 남면하시고 패(霸)를 칭하시면 초는 반드시 옷깃을 여미고 조회에 나올 것입니다."

한왕이 말하였다.

"훌륭하오. 빨리 인새(印璽)를 새기고, 선생은 이어서 그것을 패용하도록 하시오."

역이기가 아직 떠나지를 않았는데, 장량(張良)이 밖에서 와서 알현하였다. 한왕이 바야흐로 식사를 하면서 말하였다.

"자방(子房),[26] 앞으로 오시오. 손님 가운데 나를 위하여 초의 형세를 꺾을 계책을 마련한 사람이 있소."

역생(酈生, 역이기)의 말을 갖추어 장량에게 말하고, 말하였다.

"어떻소?"

장량이 말하였다.

---

25 여기서는 초를 제외한 전국시대의 여섯 나라를 말한다.

26 자방(子房)은 장량(張良)의 자(字)이다.

"누가 폐하를 위하여 이러한 계책을 획책하였습니까? 폐하의 일은
끝나버립니다."

한왕이 말하였다.

"왜요?"

대답하였다.

"신이 청컨대, 앞에 있는 젓가락을 좀 빌려서[27] 대왕을 위하여 이를
그리게 해주십시오. 옛날에 탕(湯)과 무왕이 걸과 주의 후예를 책봉한
것은 그들의 생사 운명을 헤아려 통제할 수 있었기 때문이었는데, 지금
폐하께서는 능히 항적(項籍)의 죽을 목숨을 통제할 수 있겠습니까? 그
것이 안 되는 첫 번째입니다.

무왕이 은(殷)에 들어가서는 상용(商容)[28]의 마을을 표양하고 기자
(箕子)가 갇힌 것을 석방하였으며, 비간(比干)의 묘에 봉분을 만들어
주었는데, 이제 폐하께서는 할 수 있겠습니까? 그것이 안 되는 두 번째
입니다.

거교(巨橋)[29]의 곡식을 내고 녹대(鹿臺)[30]의 돈을 흩어서 빈궁한
사람들에게 내려주었는데, 이제 폐하께서 할 수 있겠습니까? 그것이
안 되는 세 번째입니다.

---

27 이때에 한왕(漢王)은 식사를 하고 있었으므로 식사하는 젓가락을 빌려서 지
   도를 그리면서 설명하기 위해서일 것이다.

28 은(殷)의 현인(賢人)이다.

29 하북성 곡주현(曲周縣)에 있는 창고의 이름이다.

30 녹대(鹿臺)는 은시대에 도읍에 있었던 대(臺)로 넓이가 3리이고 높이가 천척
   (千尺)이라고 하였다.

은의 일을 마치고 나서 혁(革)을 고쳐서 헌(軒)[31]으로 바꾸고, 방패와 창을 거꾸로 쌓아두어 천하에 다시는 무기를 사용하지 않겠음을 보였는데, 이제 폐하께서 할 수 있겠습니까? 이것이 안 되는 네 번째입니다.

화산(華山)의 남쪽에서 말을 쉬게 하여 할 일이 없음을 보여 주었는데, 이제 폐하께서 할 수 있겠습니까? 그것이 불가한 다섯 번째입니다.

도림(桃林, 하남성 文鄕)의 그늘에 소를 방목하여서 다시는 날라다 쌓아 놓지 않는다는 것을 보여 주었는데, 이제 폐하께서 할 수 있겠습니까? 그것이 안 되는 여섯 번째입니다.

천하의 유사(游士)들로 그들의 친척을 떠나고 분묘를 버리며, 또한 옛 친구를 버리고 폐하를 좇는 사람은 다만 밤낮으로 지척(咫尺)의 땅이라도 얻고자 하는 것입니다. 이제 다시 6국을 세우신 다음에 천하의 유사들이 각기 그들의 주군에게 돌아가고 그들의 친척을 따르며 그 옛 친구들과 분묘로 돌아간다면 폐하는 누구와 더불어 천하를 빼앗겠습니까? 그것이 안 되는 일곱 번째입니다.

또 무릇 초가 더 이상 강한 것이 없다면 6국에 세워진 사람은 다시 꺾어져서 그를 좇게 될 것인데, 폐하께서는 어떻게 그들을 신하로 할 수 있겠습니까? 그것이 안 되는 여덟 번째입니다.

진실로 객(客)의 꾀를 채용하시면 폐하의 일은 끝나 버리고 맙니다.”

한왕은 상을 물리고 먹던 것을 뱉고 욕하면서 말하였다.

---

31 혁은 가죽이지만 전차를 가죽으로 둘러쌌으므로 전차를 말하며, 헌은 붉은 칠을 한 수레의 받침목이므로 일반적으로 타는 수레이다. 따라서 전차를 일반 수레로 바꾼다는 말이다.

"유가(儒家) 놈이 하마터면 이공(而公)[32]의 일을 망칠 뻔했구나!"
인장[印]을 녹여버리게 하였다.

❖ 순열(荀悅)이 평론하였습니다.

무릇 정책을 세우고 승리를 결정짓는 술책에는 그 중요한 것이
셋이 있다. 첫째는 형(形, 형편)이고, 둘째는 세(勢, 세력)이며, 셋째
는 정(情, 감정)이다.

형(形)이라는 것은 대체적인 득실을 계산하는 것이고, 세(勢)라
는 것은 그것이 시기에 다가가는 것의 마땅한 것과 나아가고 물러
남의 기틀이며, 정(情)이란 것은 그 마음과 뜻에서 할 것인가 말
것인가의 실제이다. 그러므로 정책이 같고 일이 같다 하여도 공적
이 다른 것은 이 세 가지 술책이 다르기 때문이다.

애초에, 장이(張耳)와 진여(陳餘)가 진섭(陳涉)에게 유세하여
6국을 회복시켜서 스스로 우당(友黨)을 세우려 하였고,[33] 역생(酈
生)도 역시 한왕에게 유세하였다. 말한 것 같은데 득실(得失)이 다
른 까닭은 진섭이 일어나니 천하가 모두 진을 망하게 하고 싶다고
생각하였고, 초와 한의 나누어짐은 아직 정해지지 않았는데, 지금
은 천하에서는 아직은 반드시 항우를 망하게 하고 싶지 않았다.

---

32 이(而)는 여(汝)의 뜻이고, 공(公)은 존칭이다. 이공(而公)은 내공(迺公)으로
이는 자존(自尊)의 의미이다. 유방이 자기 자신을 가리키는 말이다.

33 진섭은 진승(陳勝)을 말한다. 이 일은 진 2세황제 원년(기원전 209년)에 있었
고, 그 내용은《자치통감》권7에 실려 있다.

그러므로 6국을 세우는 것은 진섭에게는 이른바 자기의 우당을 많이 만들고 진의 적(敵)을 더 많게 하는 것이었고, 또한 진섭이 아직은 능히 천하의 땅을 오로지 할 수는 없었으니, 이른바 그가 갖고 있지 않은 것을 빼앗아서 다른 사람에게 주는 것이어서 빈 은혜를 시행하여 실제적인 복을 얻는 것이었다.

6국을 세우는 것은 한왕에게 있어서는 이른바 자기가 갖고 있는 것을 잘라서 적에게 보태주면서, 헛된 이름을 만들어놓고 실제로는 화를 입는 것이다. 이것은 같은 일이지만 다른 형편인 것이다.

송의(宋義)가 진과 조가 쓰러지기를[34] 기다리게 되는 것은 옛날에 변장(卞莊)이 호랑이를 찌른 것[35]과 같은 이야기이다. 이를 전국시대에 시행하면 이웃들이 서로 공격하면서 때에 이르러서의 급한 것을 없애는데 옳다.

전국시대가 된 것은 그 시일이 오래 되었고, 한 번 싸워서 이기고 지는 것은 반드시 살아남거나 망하는 것은 아니었고, 그때의 형세를 보면 적국을 멸망시키는 것보다 더 급한 것은 없어서 나아가서는 이로움에 편승하고, 물러나서 스스로를 보전하였으니, 고로 힘을 쌓아 놓고 때를 기다리면서 적이 피폐해지는 틈을 타는

---

34 이 사건은 진 2세황제 3년(기원전 244년)에 있었고, 그 내용은 《자치통감》 권 8에 보인다.

35 이 이야기는 《사기(史記)》 〈진진전(陳軫傳)〉에 나온다. 변장자가 호랑이를 공격하고자 하니 관수자(管竪子)가 이를 막으면서 말하기를, "두 호랑이가 바야흐로 소를 잡아먹으려고 하는데, 쇠고기가 맛이 있으므로 반드시 두 호랑이가 싸울 것이고, 그러면 큰 것은 다치고 작은 것은 죽을 것이니 다친 틈을 좇아서 칼로 찌르면 한 번에 두 마리를 잡을 수 있다."고 하였더니 변장자가 그렇겠다고 하고서는 과연 두 마리의 호랑이를 잡았다.

것이었고 그 형세도 그러하였다.

지금 초와 조가 일어났지만 그들이 진의 세력과 병립(竝立)하는 것은 아니고, 안전하고 위태로워지는 기미가 숨 쉬는 사이에서도 변하여 나아가면 평정하는 공을 세우고, 물러나면 화를 입는다. 이것이 같은 일이지만 형세가 다른 것이다.

조를 치는 전투에서 한신(韓信)이 저수(泜水)의 위에 주둔하였으니 조의 군사가 패배시킬 수가 없었다.[36] 팽성(彭城)에서의 곤경에서 한왕은 수수(睢水)에서 싸웠는데 사졸들은 모두 수수에 빠져 죽었고 초의 군사는 크게 승리하였다.[37]

어째서 그러한가? 조의 군사들은 자기 나라를 벗어나서[38] 전투를 하니, 할 수 있으면 나아가고 어렵다는 것을 알면 물러나려 하여서 속으로 돌아보는 마음을 품고 있어서 죽음에서 벗어날 계책이 없었는데, 한신의 군대는 물 위에 고립되어서 사졸들은 반드시 죽어야 하여서 두 마음을 갖지 않았으니 이것이 한신이 승리한 이유이다.

한왕은 깊숙이 적국에 들어와서 술을 받아 놓고 연회를 베풀었으니, 사졸들은 즐기면서 싸울 마음은 굳지 못하였지만 초는 강대한 위엄을 갖고 있으면서도 그 도움을 상실하였으니, 사졸들은 모

---

36 이 일은 진 2세황제 3년(기원전 207년)에 있었고, 그 내용은 《자치통감》 권 9에 보인다.

37 이 일은 진 2세황제 2년(기원전 208년)에 있었고, 그 내용은 《자치통감》 권 9에 보인다.

38 조의 도읍지는 한단이다.

두 분격하는 기분을 갖고 있어서, 패망한 것을 급히 구하러 가서 하루아침에 운명을 결정짓고자 하였으니 이것이 한이 패한 이유이다.

또 한신은 정병(精兵)을 골라서 지키게 하고 있었는데, 조는 안으로 자기를 돌아보는 군사를 가지고 그를 공격하였고, 항우는 정병을 선발하여 공격하는데, 한은 나태한 사졸들을 가지고 이에 응대하였으니, 이것은 같은 일이지만 다른 감정인 것이다.

그러므로 '권도(權道)란 미리 설정할 수 있는 것이 아니며, 변화는 미리 도모(圖謀)할 수는 없는 것이고, 때와 더불어 옮겨지고 사물에 따라서 변화하는 것이 정책을 만드는 요추(要樞)이다.'라고 말하는 것이다.

지혜의 유방과 힘의 항우

5 　한왕이 진평(陳平)에게 말하였다.

"천하가 분분(紛紛)한데 어느 때에 안정되겠소?"

진평이 말하였다.

"항왕의 뼈대 있는 신하는 아보(亞父, 범증)·종리매(鍾離昧)·용저(龍且)·주은(周殷) 같은 불과 몇 명에 지나지 않을 뿐입니다. 대왕께서 진실로 수만 근의 금을 덜어내시어 간첩들을 이용하여 그들의 군신 사이를 벌려 놓아 그 마음을 의심케 하면 항왕의 사람됨은 속으로 시기하고 속으로 참소(讒訴)하는 것을 믿으므로 반드시 안에서 서로 죽이게 될 것이니, 한은 이어서 군사를 들어 그들을 공격하면 초를 깨뜨리는 것은 분명합니다."

한왕이 말하였다.

"좋소."

마침내 황금 4만 근을 내어 진평에게 주고 멋대로 하게하며 그것이 나가고 들어오는 것을 묻지 않았다. 진평은 대부분 금을 가지고 간첩을 초의 군대로 풀어 놓아 말을 퍼뜨렸다.

"제장인 종리매 등은 항왕의 장수가 되어 공로가 많았는데, 그러나 끝내 땅을 나누어주어 왕을 시키지 않으니, 한과 더불어 하나가 되어 항씨를 멸망시키고 그 땅을 나누어 가지려 한다.”

항우는 과연 속으로 종리매 등을 믿지 아니하였다.

여름, 4월에 초는 형양(滎陽, 하남성 형양현)에서 한왕을 포위하고 급하게 몰아 부치니 한왕은 화의를 청하고 형양의 서쪽을 잘라내어 한으로 하겠다고 하였다. 아보가 항우에게 급히 형양을 공격하라고 권고하니 한왕은 이를 걱정하였다.

항우가 사자로 하여금 한에 가게 하니 진평이 태뢰(太牢)[39]를 다 갖추게 하였다. 들어 올리다가 초의 사자를 보고 바로 거짓으로 놀라면서 말하였다.

“나는 아보의 사자인줄 여겼더니 항왕의 사자로군!”

다시 갖고 들어가고, 다시 조악한 채소를 갖추어서 초의 사자에게 주었다. 초의 사자가 귀환하여 모두 항왕에게 이 사실을 보고하니, 항왕은 과연 아보를 크게 의심하였다.

아보가 급히 형양성을 공격하여 떨어뜨리고자 하니 항왕이 믿지 않고 들으려고 하지 않았다. 아보는 항왕이 의심한다는 것을 알고서 마침내 노하여 말하였다.

“천하의 일은 대체적으로 평정되었고 군왕께서는 스스로 처리하니, 바라건대 해골(骸骨)[40]하게 하여 주십시오.”

---

39 태뢰란 옛날에 제사를 지내거나 혹은 연회를 베풀 때 소·양·돼지의 세 희생물을 다 갖추어 준비한 것을 말하고, 다만 돼지와 양만을 갖춘 것을 소뢰(小牢)라고 한다.

40 관리가 관직을 그만두는 것이다.

　　돌아가다가 팽성(彭城, 강소성 서주시; 초의 도읍)에 이르지도 않았는데 종기가 등에 나서 죽었다.

　　5월에 장군 기신(紀信)이 한왕에게 말하였다.

　　"일이 급합니다![41] 신(臣)이 청컨대 초를 속이게 해 주십시오. 왕께서는 샛길로 나갈 수 있을 것입니다."

　　이에 진평은 밤중에 여자 2천여 명을 동쪽 문으로 내보내니, 초는 이로 인하여 사방에서 이를 쳤다.

　　기신(紀信)은 마침내 왕[한왕]의 수레를 타고 황색 지붕의 왼쪽에 독(纛)[42]을 꽂고 말하였다.

　　"먹을 것이 다하여서 한왕은 항복한다."

　　초에서는 모두 만세를 부르고 성의 동쪽으로 가서 이를 보았다. 이러한 연고로 한왕이 수십의 기병(騎兵)과 함께 서쪽 문으로 나와서 숨어서 달아날 수 있었고, 한왕 한신(韓信)으로 하여금 주가(周苛)·위표(魏豹)·종공(樅公)과 더불어 형양을 지키라고 하였다.

　　항우가 기신을 보고 물었다.

　　"한왕은 어디에 있느냐?"

　　말하였다.

　　"이미 나가서 가버렸소."

　　항우가 기신을 불태워 죽였다. 주가와 종공이 서로 말하였다.

　　"나라를 배반한 왕[43]이니 더불어 성을 지키기 어렵다."

41　전투 상황이 급하다는 것이며, 이는 형양성이 곧 초에게 함락될 것을 의미하는 말이다.

42　털로 만든 깃발인데, 천자의 수레에는 왼쪽에 소 꼬리털로 만든 깃발을 꽂는다.

이어서 위표를 죽였다.

한왕은 형양을 나와 성고(成皐, 하남성 氾水縣 虎牢關)에 이르러서 관중(關中)에 들어가 군사를 거두어서 동쪽을 회복하고자 하였다. 원생(轅生)이 한왕에게 유세하였다.

"한과 초가 형양에서 서로 대치한 것이 여러 해였는데, 한은 항상 어려웠습니다. 바라건대 군왕께서는 무관(武關, 섬서성 商縣의 동남쪽)으로 나가면 항왕은 반드시 군사를 이끌고 남쪽으로 달아날 것입니다. 왕께서는 성벽을 깊게 쌓고 싸우지 않으면 형양과 성고 사이에서 또한 휴식을 얻게 되고, 한신 등으로 하여금 하북(河北)의 조 땅을 편안하게 안정시키고, 연(燕)과 제(齊)를 연합시키게 하고, 군왕께서 마침내 다시 형양으로 가십시오. 이와 같이 하면 초는 준비해야 할 곳이 많고 힘도 분산되는데, 한은 휴식할 수 있어서 다시 그들과 싸우면 그들을 깨뜨리는 것은 분명합니다."

한왕은 그 계책을 좇아서 군대를 완(宛, 하남성 南陽市)과 섭(葉, 하남시 葉縣) 사이로 나아가게 하였다. 경포(黥布)와 더불어 군사 거두기를 시행하였다. 항우는 한왕이 완에 있다는 말을 듣고, 과연 군사를 이끌고 남쪽으로 갔는데, 한왕은 성벽을 굳게 하고 더불어 싸우지 않았다.

한왕이 팽성(彭城)에서 패하고 서쪽으로 가게 되니, 팽월(彭越)은 그가 떨어뜨린 성을 모두 잃고서 홀로 그 군사를 거느리고 북쪽으로 가서 하(河, 황하)에 머무르면서 항상 한에 왔다 갔다 하며 한을 위하여 유

---

43 위표를 말한다. 위표는 원래 항우가 서위왕으로 책봉하였었는데, 유방이 초를 치자 한에 귀부하였으며, 유방이 팽성에서 패배하자 또 한을 배반하였다. 후에 한신이 위를 깨뜨리고 위표를 포로로 잡았는데, 유방이 그를 사면하였었다. 그리고 이때에 주가 등은 위표를 믿을 수 없는 사람이라고 여기고 죽인 것이다.

격병(遊擊兵)으로 초를 쳐서 그들의 후방 양도를 끊었다.

이 달에 팽월이 수수(睢水)를 건너서 항성(項聲)과 설공(薛公)과 더불어 하비(下邳)에서 싸워 깨뜨리고 설공을 죽였다. 항우는 마침내 종공(樅公)으로 하여금 성고(成皐)를 지키게 하고 스스로 동쪽으로 가서 팽월을 공격하였다. 한왕은 군사를 이끌고 북쪽으로 가서 종공을 격파하고 다시 성고에 진을 쳤다.

6월에 항우는 이미 팽월을 깨뜨려 쫓아냈는데, 한이 다시 성고에 진을 쳤다는 말을 듣고 마침내 군사를 이끌고 서쪽으로 가서 형양성을 뽑고 산 채로 주가(周苛)를 잡았다. 항우가 주가에게 말하였다.

"나를 위하면 공(公)을 상장군으로 삼고 삼만호(戶)에 책봉하겠소."

주가가 꾸짖어 말하였다.

"네가 달려가서 한에 항복하지 않으면 이제 포로가 될 것이며, 너는 한왕의 적수가 아니다."

항우가 주가를 팽(烹)[44]하고 아울러 종공을 죽였으며, 한왕(韓王) 한신(韓信)을 포로로 잡고 드디어 성고를 포위하였다.

한왕은 도망쳤는데, 다만 등공(滕公, 하후영)과 같이 함께 수레를 타고 성고의 옥문(玉門)을 나와서 북쪽으로 가서 하(河, 黃河)를 건너서 소수무(小脩武)[45]의 전사(傳舍)에서 묵었다. 새벽에 스스로 한의 사자라고 하면서 조의 성벽에 들어갔다.

장이와 한신(韓信)[46]은 아직 일어나지 아니하여 바로 그 침실로 들

---

44 형벌의 한 종류로 삶아서 죽이는 것이다.

45 하남성 수무현에는 두 개의 성이 있는데, 동쪽 성은 대수무이고 서쪽 성은 소수무이다.

어가서 그들의 인신(印信)과 병부(兵符)를 빼앗고 장군의 기(旗)를 휘둘러 제장을 소집하고 그들을 바꾸어 두었다. 한신과 장이는 일어나서 마침내 한왕이 온 것을 알고 크게 놀랐다. 한왕은 벌써 두 사람의 군사를 빼앗고, 바로 장이로 하여금 순행하며 조(趙)의 땅을 지키게 하였다.

한신을 상국으로 임명하고 조의 군사 가운데 아직 징발되지 않은 사람을 거두어 제(齊)를 치게 하였다. 제장들이 점차로 성고를 벗어나서 한왕을 좇았다. 초는 드디어 성고를 뽑고 서쪽으로 가고자 하였는데, 한이 군사로 하여금 공(鞏, 하남성 공현)에서 이를 저지하며 그들이 서쪽으로 더 이상 올 수 없게 하였다.

6   가을, 7월에 패성(孛星)이 대각성(大角星)에 있었다.[47]

7   임강왕(臨江王, 도읍은 호북성 江陵縣) 공오(共敖)가 죽고, 그의 아들인 공위(共尉)가 뒤를 이었다.

8   한왕은 한신(韓信)의 군사를 얻어 가지고 다시 크게 떨쳤다. 8월이 되자, 군사를 이끌고 하[황하]까지 가서 남쪽으로 향하여 가다가, 소수무(小脩武)에서 진을 치고 다시 초와 싸우려고 하였다. 낭중(郎中) 정충(鄭忠)이 한왕(漢王)에게 중지하고 보루를 높이 쌓고 해자를 깊이

---

46 한신이 두 명 나오는데, 한왕 한신은 왕에 책봉된 사람이고, 여기의 한신은 조를 함락시킨 장군 한신이다.

47 대각은 북쪽 하늘에 등색(橙色)이 아주 빛나는 별이다. 대각성은 천왕성이고 영어로는 Aretwus이다. 패성은 혜성의 한 종류인데,《수서》〈천문지〉에는 패성은 대단히 악기(惡氣)가 나는 것이라고 하였다.

파고 싸우지 말도록 유세하였다.

한왕이 그 계책을 듣고 장군 유가(劉賈)[48]와 노관(盧綰)으로 하여금 졸병 2만 명과 기병 수백을 거느리고 백마진(白馬津, 하남성 滑縣의 황하 건널목)을 건너서 초 지역으로 들어가서 팽월(彭越)을 도우라고 하고 초가 쌓아 놓은 것을 태우고 그들의 기업(基業)을 파괴하여 항왕의 군사들에게 공급할 식량을 없애게 할 뿐이라고 하였다. 초의 군사들이 유가를 공격하였으나, 유가는 번번이 성벽을 굳게 지키면서 더불어 싸우려 하지 않으면서 팽월과 서로 보호하여 주었다.

9 팽월이 양(梁) 지역을 공격하며 돌면서 수양(睢陽, 하남성 商丘縣)과 외황(外黃, 하남성 杞縣의 서남쪽) 등 17개의 성을 떨어뜨렸다. 9월에 항왕이 대사마 조구(曹咎)에게 말하였다.

"삼가 성고를 지키시오! 바로 한왕이 도전하려고 하여도 신중하여 더불어 싸우지를 말고 동쪽으로 나오지만 못하게 하시오. 나는 열닷새면 반드시 양(梁) 지역을 평정하고 다시 장군을 좇겠소."

항우는 군사를 이끌고 동쪽으로 가서 진류(陳留, 하남성 陳留縣)·외황(外黃, 하남성 杞縣의 서남쪽)·수양(睢陽) 등의 성을 쳐서 모두 이를 떨어뜨렸다.

한왕이 성고의 동쪽을 덜어내고 공(鞏, 하남성 鞏縣)과 낙(洛, 낙양)에 주둔하면서 초에 대항하려 하였다. 역생(酈生)이 말하였다.

"신이 듣건대, '하늘의 하늘을 아는 사람은 왕업(王業)을 이룰 수 있다.'고 합니다. 왕자(王者)는 백성을 하늘로 삼지만 백성은 먹는 것을

---

48 유방의 당형이다.

하늘로 삼습니다. 무릇 오창(敖倉, 하남성 滎陽縣의 서북쪽)은 천하의 전수(轉輸)가 된 지 오래 되었는데, 신(臣)이 듣건대, 그 아래는 바로 양곡을 저장해 둔 것이 아주 많다고 합니다.

초인(楚人)들이 형양(滎陽)을 뽑고, 오창을 굳게 지키지 않고 마침내 이끌고 동쪽으로 가고, 적졸(適卒)⁴⁹들로 하여금 성고를 나누어 지키게 하고 있으니 이는 하늘이 한에게 보태준 것입니다. 바야흐로 지금 초는 쉽게 빼앗을 수 있는데, 한은 도리어 퇴각하려고 하니, 스스로 그 편리한 것을 빼앗기는 것이어서 신(臣)은 가만히 생각해 보건대 그것은 잘못이라고 생각합니다.

또한 두 영웅은 함께 존립할 수 없으니 초와 한은 오랫동안 서로 버텼지만 결판이 나지 않아서 해내(海內)는 요동쳐 없어져서 농부는 호미를 놓고 여인도 베틀에서 내려오니, 천하 사람들의 마음은 아직도 안정할 곳을 갖지 못하였습니다.

바라건대 족하는 급히 다시금 군사를 진격시켜서 형양을 거두어 빼앗고, 오창의 양곡을 점거하여 성고의 험한 곳을 틀어막고, 태행(太行, 하남성 沁陽縣 서북쪽)의 길을 막고 비호(蜚狐, 하북성 淶源縣과 蔚縣 사이)의 입구에서 저지하며, 백마(白馬, 하남성 滑縣)의 나루[津]를 지키면서, 제후들에게 지형으로 제어하는 형세를 보인다면 천하에서는 귀부할 곳을 알게 될 것입니다."

왕이 이를 좇아서 마침내 다시금 오창을 빼앗을 모의를 하였다.

---

49 적(適)은 적(謫)과 같은 말로, 귀양 온 사람을 일컫는다. 고대에는 죄를 지은 사람에게 형벌로 전방의 수(戍)자리를 지키게 하였는데, 여기에서의 적졸이란 바로 죄를 짓고 귀양 온 사람들로 이루어진 졸병을 말한다.

역이기가 또 다시 왕에게 유세하였다.

"바야흐로 지금 연(燕)과 조(趙)는 이미 평정되었지만 오직 제(齊)만은 아직 떨어뜨리지 못하였습니다. 여러 전(田)씨[50] 종족들이 강하여, 바다와 대(垈, 태산)를 짊어지고 하[黃河]와 제수(濟, 제수)[51]로 저지하면서, 남쪽으로는 초에 가깝고 사람들은 대부분 변덕스럽고 속이니, 족하는 비록 수만의 군사를 파견하여 세월(歲月)[52]이 되어도 아직 깨뜨릴 수 없을 것입니다. 신(臣)이 청컨대, 밝은 조서(詔書)를 받들어서 제왕(齊王)에게 유세하게 하여 한을 위하여 동쪽의 번신(藩臣)[53]을 칭하도록 하겠습니다."

윗분[54]이 말하였다.

"좋소."

이에 역이기로 하여금 제왕에게 유세하게 하였다.

"왕[齊王]께서는 천하가 귀부해야 할 곳을 아십니까?"

왕이 말하였다.

"모르겠소. 천하가 어디로 귀일(歸一)하겠소?"

역생이 말하였다.

---

50 전국시대 이후로 제는 전(田)씨가 중심이 되어 이끌던 지역이다.

51 제수는 이때에 강이었지만 지금은 묻혀버려서 없어졌다.

52 세는 1년을 해수를 세는 단위이므로 1년 혹은 몇 달을 말한다.

53 중앙을 지키며 울타리가 되는 신하라는 의미이다. 보통은 제후를 가리키는 말이다.

54 상(上)은 윗분이라는 말이지만 임금을 가리킨다. 보통 황상(皇上)이라고 하는 말인데, 유방은 아직 황제에 오르지 않았으므로 여기서는 그저 윗분으로 표현하였다.

"한으로 돌아가겠지요."

말하였다.

"선생은 어찌하여 그리 말하시오?"

말하였다.

"한왕이 먼저 함양에 들어갔는데, 항왕은 약속을 저버리고 그를 한 중(漢中, 섬서성 南鄭縣)에서 왕 노릇하게 하였습니다. 항왕은 의제(義帝)를 옮겨 놓고 죽였는데, 한왕은 이 소식을 듣고, 촉(蜀)과 한(漢)의 군사를 일으켜서 삼진(三秦)을 치고 관[函谷關]을 나와서 의제를 처리한 책임을 물었습니다.

천하의 군사를 거두어 제후들의 후예들을 세웠는데, 성을 함락시키고는 바로 그 장수를 후(侯)로 하고, 물건을 얻으면 그 군사들에게 나누어주어서 천하와 더불어 그 이익을 함께 하니, 호걸과 영웅 그리고 현명한 인재들은 모두 즐겨 그를 위하여 쓰이고 있습니다.

항왕은 약속을 위배하였다는 이름을 갖고 있으며, 의제를 죽인 잘못을 하였으며, 다른 사람이 세운 공로를 기억하는 바가 없으며, 다른 사람의 죄에서는 잊는 일이 없는데, 전투에서 이겨도 그 상을 받을 수 없고, 성을 뽑아도 그 봉작을 얻을 수 없었으니 항씨(項氏)가 아니면 용사(用事)할 수 있는 것이 없습니다. 천하가 그를 배반하고 현명한 인재들이 그를 원망하여 그를 위하여 쓰임이 없습니다.

그러므로 천하의 일은 한왕에게 돌아간다는 것은 앉아서도 점칠 수 있습니다. 무릇 한왕이 촉과 한의 군사를 내어 삼진을 평정하였고, 서하(西河)[55]를 건너서 북위(北魏)를 깨뜨리고 정형을 나와서 성안군을

---

55 황하의 서쪽 부분을 말한다. 서하는 저주의 위에서부터 용문 아래까지이다.

죽였으니, 이는 사람의 힘으로 한 것이 아니고 하늘의 복입니다.

이제 이미 오창의 양곡을 점거하여 성고의 요새를 막고, 백마의 나루를 지키며, 태행의 가파른 길을 막고, 비호의 입구에서 막고 있는데, 천하에서는 뒤에 항복하는 사람이 먼저 죽을 것입니다. 왕께서 먼저 빨리 한왕에게 내려가면 제국(齊國)은 보호 받을 수 있을 것이지만 그렇지 않으면 위험을 서서 기다리게 될 것입니다."

이보다 먼저 제(齊)에서는 한신이 또 군사를 동쪽으로 향하게 하고 있다는 소식을 듣고 화무상(華無傷)과 전해(田解)로 하여금 많은 군사를 거느리고 역하(歷下, 산동성 歷城縣)에 주둔하게 하고 군사로 한을 막았다. 역생의 말을 받아들이게 되자 사자를 파견하여 한과 평화롭게 하고 마침내 역하의 전투방어 준비를 철수하고 역생과 매일 멋대로 술을 마시면서 즐겼다.

한신이 군사를 이끌고 동쪽으로 가서 아직 평원을 건너지 아니하였는데, 역이기가 이미 유세하여 제를 떨어뜨렸다는 소식을 듣고 중지하고자 하였다.

변사(辯士) 괴철(蒯徹)이 한신에게 말하였다.

"장군께서는 조서를 받고 제를 치는 것이고, 한에서 다만 중간에 사자를 보내어 제를 떨어뜨린 것인데, 어디 조서를 내려 장군을 정지시킨 일이 있다고 어찌 가지 않을 수가 있겠습니까?

또 역생은 한 명의 선비로 수레 밑에 엎드려 세 치의 혀를 휘둘러 제의 70여 개 성을 떨어뜨렸는데, 장군께서는 수만의 무리를 가지고 1년여에 마침내 조의 50여 개 성을 떨어뜨렸습니다. 장수가 된 지 수년 동안에 도리어 유생 한 녀석의 공로만도 못하단 말입니까?"

이에 한신은 그렇다고 생각하고 드디어 하[황하]를 건넜다.

고제 4년(戊戌, 기원전 203년)[56]

1　겨울, 10월에 한신이 제의 역하(歷下)에 있는 군사를 습격하여 격파하고 드디어 임치(臨淄, 산동성 임치현; 제의 도읍)에 이르렀다. 제왕[田廣]은 역생이 자기를 팔아먹은 것이라고 여기고 마침내 그를 팽(烹)하고 군사를 이끌어 동쪽으로 고밀(高密, 산동성 고밀현)로 달아나서 사자로 하여금 초에 가서 구원을 청하게 하였다.

전횡(田橫, 제의 재상)은 박양(博陽, 산동성 태안시)으로 달아나고, 수상(守相)인 전광(田光)은 성양(城陽)으로 달아났으며, 장군 전기(田旣)는 교동(膠東, 산동성 平度縣)에 진을 쳤다.

2　초의 대사마인 조구(曹咎)가 성고(成皐, 하남성 형양현 서쪽)를 지키는데, 한이 자주 도전하여도 초의 군사들은 나오지 않았다. 사람을 시켜서 그것을 욕하며 며칠 되니 조구가 화가 나서 군사들로 사수(汜水, 호뢰관의 동쪽 문을 거침)를 건너게 하였다.

사졸들이 반쯤 건너는데, 한이 이를 쳐서 초의 군사를 대파하고 초나라의 금과 옥을 다 빼앗으니, 조구와 사마흔(司馬欣)은 모두 사수에서 스스로 목매어 죽었다. 한왕은 군사를 이끌고 황하를 건너서 다시 성고를 빼앗고 광무(廣武, 하남성의 廣武縣)에 진을 치고 오창(敖倉)에 가서 먹었다.

항우가 양 지역의 10여 성을 떨어뜨렸는데, 성고가 격파됐다는 소식을 듣고 마침내 군사를 이끌고 돌아왔다. 한의 군사들이 바야흐로 형양

---

56 서초 패왕 4년, 제왕 전광 3년, 전횡 원년이다.

의 동쪽에서 종리매(鍾離昧)를 포위하였는데, 항우가 이르렀다는 소식
을 듣고는 모두 험한 요새로 달아났다.

항우도 역시 광무에 주둔하고서 한과 서로 지켰다. 몇 달이 되니 초
의 군사는 식량이 적어졌다. 항왕이 이를 걱정하고서 마침내 조(俎)[57]
를 만들고 그 위에 태공(太公)[58]을 올려놓고 한왕에게 알렸다.

"지금 재빨리 내려오지 않으면 내가 태공을 팽(烹)하겠다."

한왕이 말하였다.

"나와 그대 항우는 같이 북면(北面)[59]을 하고 회왕(懷王)에게 명을
받았고, 약속하여 형제가 되었으니, 나의 아버지가 바로 그대의 아버지
인데 반드시 팽(烹)하려거든 천행으로 나에게 국 한 그릇 나누어주면
좋겠소."

항왕이 노하여 그를 죽이려 하자 항백이 말하였다.

"천하의 일은 아직 알 수가 없고, 또 천하를 만들고자 하는 사람은 집
안을 돌아보지 않는데, 비록 그를 죽인다고 하여도 이로움이 없을 것이
고 단지 화(禍)만 보탤 뿐입니다."

항왕이 이 말을 좇았다.

항왕이 한왕에게 말하였다.

"천하가 흉흉한 지 몇 년인 것은 다만 우리 두 사람으로 해서일 뿐이

57 높은 책상 같은 것을 말한다. 여기에서는 군중이므로 적을 감시하기 위한 수
레에 높게 만들어둔 망루를 말한다. 원래 조(俎)란 제사 지낼 때 고기를 올려
놓는 것을 말한다.

58 유방의 아버지이다.

59 북면을 한다 함은 신하의 자리에 선다는 말이다. 군주는 항상 남쪽을 향하여
앉도록 되어있다.

오. 바라건대, 한왕과 도전하여 자웅을 결정하고 헛되이 천하의 많은 백성들의 부자(父子)들을 고생시키지 말기를 바라오."

한왕이 웃으면서 사양하여 말하였다.

"나는 차라리 지혜를 가지고 다툴지언정 힘으로 다툴 수는 없소."

항왕이 세 번 장사로 하여금 나아가서 도전하게 하였으나, 한에서는 말을 달리며 활을 잘 쏘는 사람인 누번(樓煩)이 있어서 번번이 이들을 쏘아서 죽였다.

항왕은 크게 노하여 스스로 갑옷을 입고 창을 잡고 도전하였다. 누번이 이를 쏘려고 하였으나 항왕이 눈을 부릅뜨고 질책하니, 누번은 눈으로 감히 쳐다보지도 못하고 손으로 화살을 쏘지도 아니하고, 드디어 성으로 달아나서 감히 다시 나가지 아니하였다. 한왕이 사람을 시켜서 그가 누구인지를 살짝 물었더니 이에 항왕이라고 하자 한왕은 크게 놀랐다.

이에 항왕은 마침내 한왕에게 다가가서 서로 광무(廣武)⁶⁰를 사이에 두고 말하였다. 항우는 한왕과 더불어 단신으로 싸우고자 하였다. 한왕은 항우[죄]를 헤아리며 말하였다.

"항우는 약속을 어기고 나를 촉(蜀)과 한(漢)에서 왕 노릇하게 하였으니 죄의 첫 번째이고, 경자관군(卿子冠軍, 宋義)을 속여 죽였으니 죄의 두 번째이고, 조를 구원하고 돌아와 보고하지 않고 제후들의 군사를 멋대로 겁주어서 관중(關中)으로 들어오게 하였으니 죄의 세 번째이고, 진의 궁실을 불태우고 시황제의 무덤을 파헤쳐서 그의 재물을 사

---

60 광무간(廣武澗)을 말하며, 이는 광무에 있는 간(澗)인데, 이는 깊은 골짜기를 말한다.

사로이 거두었으니 죄의 네 번째이고, 진의 항복한 왕인 영자영(嬴子
嬰)을 죽였으니 죄의 다섯 번째이고, 진의 자제를 속여서 신안(新安)에
서 20만 명을 묻었으니 죄의 여섯 번째이고, 제장들을 좋은 곳에서 왕
노릇하게 하고 옛날의 왕은 다른 곳으로 옮기고 쫓아냈으니 죄의 일곱
번째이고, 의제(義帝)를 팽성(彭城)에서 내쫓고 스스로 그곳에 도읍을
하고 한왕(韓王)의 땅을 빼앗고 양(梁)과 초에서 아울러 왕 노릇하여
대부분 스스로에게 주었으니 죄의 여덟 번째이고, 사람을 시켜서 몰래
의제를 강남에서 죽였으니 죄의 아홉 번째이며, 정치하는 것이 고르지
못하여 주군의 약속을 믿지 않고 천하가 수용하지 않는 바여서 대역무
도(大逆無道)하였으니 죄의 열 번째이다.

나는 의로운 군사를 가지고 제후들을 좇아 잔적(殘賊)을 주살하려고
하여 형기가 남아 있는 죄인들로 하여금 공(公)을 치는 것인데, 어찌 고
생스럽게 마침내 공과 더불어 도전한단 말이오?"

항우가 크게 노하고 엎드렸던 노(弩)[61]로 한왕을 쏘아 맞추게 하였다.

한왕이 가슴을 다쳤지만 마침내 발을 만지면서 말하였다.

"야만인이 내 발가락을 맞추었다."

한왕이 상처로 병이 되어 누워있는데, 장량(張良)이 억지로 한왕에
게 청하여 일어나 군사들을 위로하여서 사졸들을 안심시키게 하여 초
로 하여금 이긴 형세를 타지 못하게 하였다. 한왕이 나아가서 행군(行
軍)을 하였는데, 아픔이 심하여 이어서 빨리 달려서 성고로 들어갔다.

---

61 쇠뇌라고 하며 강한 활이다.

제왕이 된 한신의 저울질

3   한신(韓信)이 이미 임치(臨淄, 산동성 臨淄縣; 齊의 도읍지)를 평정하고서 드디어 동쪽으로 가서 제왕(齊王, 전광)을 추격하였다. 항왕은 용저(龍且)로 하여금 병사를 거느리게 하였는데, 20만이라고 부르며 제(齊)를 구원하게 하니, 제왕(齊王)과 합쳐서 고밀(高密, 산동성 고밀현)에 진을 쳤다.

빈객 가운데 어떤 사람이 용저에게 유세하였다.

"한의 군사는 멀리까지 와서 궁(窮)지에 몰린 싸움을 하고 있으니, 그들의 예봉(銳鋒)을 감당할 수 없습니다. 제와 초는 스스로 그들의 땅에 있으므로 군사는 쉽게 패하여 흩어집니다.[62] 성벽(城壁)을 깊게 하고 제왕(齊王)에게 명령하여 그가 믿는 신하로 하여금 망한 성(城)에 있는 사람들을 부르게 하는 것만 못하며, 또 패망한 성에서는 왕[제왕]이 살아 있고 초가 와서 구원한다는 소식을 듣는다면 반드시 그들은 한에 반대할 것입니다.

---

62 《손자병법》의 9지(地)에 해당하는데, 제후들은 스스로 그 자신의 땅에서 싸우면 이를 산지(散地)라고 하였는데, 이를 인용한 것이다.

한의 군사는 2천 리를 달려온 객(客)으로 제의 땅에 있으니 제의 성들이 모두 그들을 반대한다면, 그 형세는 밥을 얻어먹을 곳도 없게 되는 것이니, 싸우지도 못하고 항복할 것입니다."

용저가 말하였다.

"나는 평생 한신의 사람됨을 알고 있으니 쉽게 그와는 더불어 할 수 있을 뿐이오. 표모(漂母)에게서 기생하여 밥을 먹었으니 몸을 지탱할 대책도 없는 사람이며, 또한 바짓가랑이 아래로 지나가는 모욕을 받았으니 두 사람을 상대할 용기도 없는 사람이어서[63] 두려워하기에는 부족하오. 또한 무릇 제를 구원하면서 싸우지 않고 그들을 항복시킨다면 내게 무슨 공로이겠소! 이제 싸우면 그들을 이길 것이니, 제의 반은 얻을 수 있을 것이오."[64]

11월에, 제와 초가 한과 유수(濰水)[65]를 끼고서 진을 쳤다. 한신은 밤에 사람들로 하여금 만여 개의 자루를 만들어 모래를 가득 넣어서 유수의 상류(上流)를 막게 하고 군사를 이끌고 반쯤 건너가서 용저(龍且)를 공격하다가 거짓으로 이기지 못하는 체하고 돌아서 도망하였다.

용저는 과연 좋아하면서 말하였다.

"정말로 한신이 겁쟁이인 것을 알겠구나!"

드디어 한신을 쫓았다.

---

63 이 사건은 고제 원년(206년)에 있었고, 그 내용은 《자치통감》 권9에 실려 있다.

64 용저는 자기가 싸워서 제를 평정하면 항우가 자기에게 제의 땅 반을 줄 것이라는 기대를 갖고 있는 것이다.

65 고밀의 서쪽을 흐르는 강이다.

한신이 사람을 시켜서 물 막은 자루를 터 버리니 물이 크게 내려와 용저의 군사 태반은 물을 건널 수가 없었다. 즉시 급하게 용저를 공격하여 죽이니 유수의 동쪽에 있던 군사들은 흩어져 도망하고, 제왕 전광(田廣)은 도망갔다. 한신은 드디어 쫓아서 북쪽으로 가서 성양(城陽, 산동성 거현)에 이르러서 제왕 전광을 포로로 잡았다.

한의 장수인 관영(灌嬰)이 추격하여 제의 수상(守相)인 전광(田光)을 잡고 박양(博陽, 산동성 태안시)에 이르렀다. 전횡(田橫)은 제왕이 죽었다는 소식을 듣고 자립하여 제왕이 되었고 돌아와 관영을 공격하니, 관영은 전횡의 군대를 영하(嬴下, 산동성 萊蕪縣)에서 패배시켰다.

전횡은 도망하여 양(梁)으로 달아나서 팽월(彭越)에게 귀부하였다. 관영은 나아가서 제의 장수인 전흡(田吸)을 천승(千乘, 산동성 高苑縣)에서 치고, 조참(曹參)은 전기(田旣)를 교동(膠東, 산동성 平度縣)에서 쳐서 모두 죽이고 제의 땅을 모두 평정하였다.

4   장이(張耳)를 세워서 조왕으로 삼았다.

5   한왕의 병이 나아서 서쪽으로 가서 관중으로 들어갔다. 역양(櫟陽, 섬서성 臨潼縣)에 이르러서 옛 새왕(塞王)인 사마흔(司馬欣)을 역양의 저자에서 효수(梟首)[66]하였다. 나흘을 머물다가 다시 진지로 가서 광무(廣武, 하남성 滎陽縣의 북쪽)에 주둔하였다.

---

66 목을 베어 그 머리를 나무 위에 매달아 놓는 것을 말한다. 사마흔은 스스로 사수에서 목매 죽었는데, 이때에 역양에서 효수하는 것은 그의 옛 도읍이어서이다.

6   한신이 사람을 시켜서 한왕에게 말하였다.

"제(齊)는 거짓말을 하여 속이고, 변화하는 일을 많이 하여 반복(反覆)하는 나라인데, 남쪽으로 초를 가까이 하고 있습니다. 청컨대 임시로 왕[假王]을 세워서 이곳을 진압하게 하십시오."

한왕이 편지를 꺼내보고 크게 노하고 욕하며 말하였다.

"내가 여기에서 어렵게 되어 있으니, 아침저녁으로 네가 와서 나를 보좌(輔佐)하기를 바랐는데, 마침내 자립하여 왕이 되겠다고!"

장량(張良)과 진평(陳平)이 한왕의 발을 밟고 이어서 귀에다 대고 말하였다.

"한(漢) 쪽이 바야흐로 불리한데 어떻게 한신이 스스로 왕이 되겠다는 것을 금할 수가 있겠습니까? 이것을 통하여 그를 세워서 잘 대우하여 스스로 지키게 하는 것만 못하니, 그렇지 아니하면 변란이 발생할 것입니다."

한왕도 역시 깨닫고, 이어서 다시 욕하며 말하였다.

"대장부가 제후를 평정하였다면 바로 진짜 왕[眞王]이 될 것이지 어찌하여 임시 노릇을 하는가?"[67]

봄, 2월에 장량을 파견하여 인(印)을 들고 가서 한신을 세워서 제왕으로 삼고, 그의 군사를 징발하여 초를 쳤다.

7   항왕은 용저가 죽었다는 소식을 듣고 크게 두려워하여 우이(盱台, 안휘성 盱眙縣)[68] 사람 무섭(武涉)으로 하여금 가서 제왕 한신에게 유세

---

67 가왕이 되겠다는 한신에게 화를 냈으나, 그것이 불리한 것을 깨닫고 오히려 진왕이 되겠다고 하지 않은 것을 화낸 것으로 꾸민 것이다.

하게 하였다.

"천하가 다함께 진(秦)을 괴로워한 지 오래 되어 서로 힘을 합쳐서 진을 쳤소. 진이 이미 격파되자 공로를 계산하여 땅을 나누고, 땅을 나누어 여기에서 왕 노릇하게 하고서 사졸들을 쉬게 하였소.

지금 한왕이 다시 군사를 일으켜서 동쪽으로 나와서 다른 사람의 몫을 침략하고 다른 사람의 땅을 탈취하니, 이미 삼진(三秦)을 격파하고 군사를 이끌어 관[函谷關]을 나와 제후들의 군사를 거두어 동쪽으로 초를 쳤는데, 그 뜻은 천하를 다 삼키지 않으면 그치지 않을 것이어서 그가 만족할 줄 모르는 것이 이처럼 심하오!

또 한왕은 반드시 할 수 없을 것인데, 몸이 항왕(項王)의 손에 들어간 것이 자주 있었고, 항왕은 그를 연민(憐憫)하여 살려두었소. 그러나 벗어나면 번번이 약속을 어기고서 다시 항왕을 치니, 그를 믿을 수 없음이 이와 같소.

이제 족하(足下)[69]가 비록 스스로 한왕과 두텁게 사귀어 그를 위하여 힘을 다하여 군사를 사용하였으나, 반드시 끝내는 사로잡히는 바가 될 것이오. 족하가 잠시라도 오늘까지 오게 된 것은 항왕이 아직 있기 때문이오.

이제 두 왕의 일에서 저울질하는 것은 족하에게 있으니, 족하가 오른쪽으로 던지면 한왕이 이기고, 왼쪽으로 던지면 항왕이 승리할 것이오. 항왕이 오늘 망한다면 다음 날에는 족하를 빼앗을 것이오. 족하와 항왕은 연고가 있는데, 어찌하여 한을 반대하고 초와 연합하여 화친하

---

68 호삼성은 '台'를 '怡'로 읽으라고 주석하였다.

69 상대방을 높여 부르는 말로 보통 평배 사이에서 사용하는 용어이다.

면서 천하를 셋으로 나누어 여기에서 왕 노릇하려고 하지 않으시오?

이제 이 시기를 놓아 버리고 스스로 한에게 분명히 하면서 초를 치려고 하는데, 또한 지혜로운 사람이 정말로 이처럼 하겠소?"

한신이 사양하면서 말하였다.

"신(臣)이 항왕을 섬기고서는 관직이 낭중(郎中)에 불과하였고 지위는 창을 잡는 일에 불과하였으며, 말을 하여도 듣지를 않고 계획도 채용하지를 않았으니, 그런 연고로 초를 배반하고 한에 귀부하였소.

한왕은 나에게 상장군의 도장을 주고 나에게 수만의 무리를 주었으며, 옷을 벗어서 나에게 입히고, 음식을 밀어서 나에게 먹게 하였으며, 말하면 듣고 계책은 채택하였으니, 그러므로 내가 여기에 이를 수가 있었소. 무릇 사람이란 나를 깊이 믿어주는데, 내가 이를 배반하는 것은 상서(祥瑞)롭지 못한 일이며, 비록 죽더라도 바꾸지 않을 것이오! 저 한신을 위하여 항왕(項王)에게 사과를 해주시면 다행이겠소."

무섭이 이미 떠나버리자 괴철(蒯徹)은 천하를 저울질함이 한신에게 있음을 알고 마침내 관상 보는 사람의 술책을 가지고 한신에게 유세하였다.

"제가 그대의 얼굴 관상(觀相)[70]을 보니 후작(侯爵)에 책봉되는데 불과하며 또 위태롭고 편안하지 아니하고, 그대의 뒤의 관상을 보니 귀하기는 하지만 나머지는 말할 수는 없습니다."

한신이 말하였다.

"무슨 말이오?"

괴철이 말하였다.

---

70 얼굴의 모습을 보고 미래를 점치는 것을 말한다.

"천하에서 처음으로 어려움이 일어나면서 걱정거리는 진(秦)을 멸망시키는데 있었을 뿐입니다. 이제는 초(楚)와 한(漢)이 나누어 다투게 되어, 천하 사람들의 간담(肝膽)이 땅에 나뒹굴게 하였고, 부자의 해골이 들판에 드러나는 일이 헤아릴 수 없습니다. 초인(楚人)들은 팽성(彭城)으로 도망하고,[71] 돌아다니며 싸우고 북쪽으로 쫓아가면서 승리한 것을 타고 자리를 말 듯하며 천하에 위엄이 떨쳤지만, 그러나 그들의 군사는 경(京, 하남성 榮陽縣 남쪽)과 색(索, 하남성 榮陽縣 북쪽) 사이에 갇혀 있고, 서쪽 산을 압박하려고 하여도 나아갈 수가 없게 된 것이 여기에서 3년이오.

한왕은 10만[72]의 무리를 거느리고 공(鞏, 하남성 鞏縣)과 낙(雒, 낙양으로 들어가는 황하물 줄기)에서 막으면서 산하의 요새(要塞)에서 막혀서 하루에 여러 번 싸워도 한 자 한 치의 땅을 빼앗는 공로를 세우지 못하여 좌절하여 달아나면서 스스로 구원(救援)하지도 못하였습니다. 이것은 이른바 지혜와 용기가 모두 곤란하게 된 사람이라고 하는 것입니다.

백성들은 피로가 극도에 달하여 원망하지만 돌아가 의지할 곳이 없는데, 신(臣)이 이를 헤아려 보건대, 그 형세는 천하의 현명하고 성스러운 사람이 아니고는 천하의 재난과 화를 종식시킬 수 없을 것이오. 이제는 두 군주[유방과 항우]의 운명은 족하에 달려 있어서, 족하가 한을 위한다면 한이 승리하고, 초와 더불어 한다면 초가 승리합니다.

진실로 신의 계책을 들으실 수 있다면, 둘이 이롭고 함께 남아 있게

---

71 본문은 주(走)로 되어 있다. 그러나 다른 판본에는 기(起)로 되어 있는 것도 있으며, 기(起)로 번역하면 '팽성에서 일어나서'로 하여야 할 것이다.

72 다른 판본에는 수십만으로 되어 있는 것도 있다.

하는 것과 같은 것이 없으니, 천하를 셋으로 나누어 정족(鼎足)[73]으로 있게 한다면, 그 형세는 누구도 감히 먼저 움직일 수 없을 것입니다. 무릇 족하의 현명함과 성스러움으로 많은 갑병을 가지고 강한 제(齊)를 점거하여 조(趙)와 연(燕)을 좇아서 텅 빈 땅으로 나아가서 그 뒤를 제압하고 백성들의 욕망을 통하여 서쪽으로 백성들을 위하여 명령(命令)을 듣게 한다면 천하의 풍문은 돌아 따라올 것이니 누가 감히 듣지 않겠습니까?[74]

또 큰 것은 자르고, 강한 것은 약하게 하여서 제후를 세우는데, 제후들이 이미 세워지고 나면 천하는 복종하여 말을 들을 것이며, 그 공덕은 제(齊)로 돌아올 것입니다. 제의 옛날을 생각해 보건대, 교수(膠水, 산동성 膠萊河)와 사수(泗水, 강소성 북쪽)의 땅을 가지고 있었고, 깊이 손을 잡고 읍(揖)하고 사양한다면 천하의 군왕들이 서로 이끌면서 제로 조현(朝見)할 것입니다.

대체로 듣건대, '하늘이 주는 것을 가지지 않으면 도리어 허물을 받고, 때가 이르렀는데 시행하지 않으면 도리어 재앙을 받는다.'고 하였습니다. 바라건대 족하는 이를 깊이 고려하십시오.”

한신이 말하였다.

---

73 정(鼎)은 고대의 솥으로 다리가 셋이 있다. 보통 세 개의 세력이 버티고 있는 상황을 형용할 때에 쓰는 말이다.

74 제는 동쪽에, 한은 서쪽에, 초는 남쪽에 위치하면서 한(漢)과 초(楚)가 다투고 있으니, 괴철은 한의 배후는 텅 비어 있음을 간파한 것이고, 또한 백성들은 전투를 싫어하므로 한과 초에게 전투를 중지하라는 명령을 내리면 이를 한과 초 두 나라는 이를 안 들을 수 없다는 의미이다. 그 주도권을 한신이 가지고 있다고 하는 것이다.

"한왕이 나에게 아주 후하게 대우하였는데, 내가 어찌 이익을 향하여 의(義)를 배반할 수 있겠소?"

괴생(蒯生)[75]이 말하였다.

"처음에 상산왕(常山王, 張耳)과 성안군(成安君, 陳餘)이 포의였을 때에 서로 문경(刎頸)의 교제를 하였지만, 뒤에 장염(張黶)과 진택(陳澤)의 일[76]로 다투다가 상산왕이 성안군을 저수(泜水)의 남쪽에서 죽여서 머리와 발이 다른 곳에 있게 되었습니다.[77]

이 두 사람이 서로 더불어 한 것은 천하도 지극히 즐거워하였으나, 그러나 끝내 서로 사로잡으려 하였던 것은 무엇인가요? 걱정거리는 많은 욕심에서 생기고, 사람의 마음은 헤아리기 어렵습니다. 이제 족하가 충성과 신의를 실천하면서 한왕과 교제하려고 하지만 반드시 이 두 사람이 서로 더불어 하는 것보다는 단단할 수 없고 일은 장염과 진택의 경우보다 더 많고 크니, 그러므로 신이 생각하건대 족하는 한왕이 자기를 위태롭게 하지 않을 것이라고 여기지만, 역시 잘못입니다.

대부 문종(文種)이 망해버린 월을 부흥시켜서 구천(句踐)에게 패권을 갖도록 하여 공을 세우고 이름을 떨쳤으나 그 몸은 죽었으니, 들짐승이 다 없어지면 사냥개는 삶아 먹힘을 당하는 것입니다. 무릇 친구를 사귀는 것을 가지고 말한다면 장이가 성안군에 대한 것 만한 것이 없으며, 충성과 신의를 가지고 말하건대 대부 문종이 구천에게 한 것을 넘지 못합니다. 이 두 사람의 경우는 충분히 볼 만한 것이니 바라건대

---

75 괴철을 말한다. 괴철의 성과 서생(書生)의 의미를 지닌 생을 붙여 쓴 것이다.

76 이 일은 진 2세황제 2년(기원전 207년)에 일어났다.

77 이 일은 한 고제 3년(기원전 204년)에 일어났다.

족하께서 깊이 이를 고려하십시오.

또한 신(臣)이 듣건대, '용기와 지략이 주인을 놀라게 하면 몸은 위태롭고, 공로가 천하를 덮는 사람에게는 상을 주지 아니한다.'고 하였습니다. 이제 족하는 주인을 놀라게 한 위엄을 가지고 있으며 상을 받을 수 없는 정도의 공로를 끼고 있으니 초에 귀부하면 초인(楚人)들이 믿지를 않고, 한에 귀부하여도 한인(漢人)들이 두려워 떱니다. 족하는 이것을 가지고 어디로 돌아가려 합니까?"

한신이 사과하면서 말하였다.

"선생도 쉬시오. 내가 앞으로 이를 유념하겠소."

며칠 뒤에 괴철이 다시 유세하였다.

"무릇 말을 듣는다는 것은 일의 징후이고 계획한다는 것은 일의 기틀인데, 듣고서 지나치고 계획하였다가 잃고서 오랫동안 편안하게 될 수 있는 사람은 아주 적습니다. 그러므로 아는 사람은 이를 과감하게 결단하고 의심하는 것은 일의 해가 됩니다.

터럭같이 적은 계책을 살피다가 천하와 같은 큰 운수를 남겨버리는 것은 지혜로운 사람이면 이를 알 것인데, 결정하고도 감히 실행하지 못하면 백 가지 일이 재화(災禍)입니다. 무릇 공(功)이라는 것은 이루기는 어렵고 실패하기는 쉬운 것이며, 때라는 것은 얻기는 어렵고 잃기는 쉬운데, 때입니다! 때는 다시 오지 않습니다."

한신이 미루면서 차마 한을 배반하지 못하고 또한 스스로 공로가 많다고 생각하여 한은 끝내 '나의 제(齊)를 빼앗지 않을 것이다.'라고 생각하고 드디어 괴철에게 사양하였다. 이어서 떠나서 거짓으로 미친 척하면서 무격(巫覡)이 되었다.

8   가을, 7월에 경포(黥布)를 세워서 회남왕(淮南王)으로 삼았다.

9   8월에 북맥(北貉)의 연인(燕人)들이 효기(梟騎)를 가지고 와서 한을 도왔다.[78]

10   한왕이 명령을 내렸다.

"군사 가운데 불행하게도 죽은 사람이 있으면, 관리가 의금(衣衾)과 관재(棺材)로 거두어서 그 집으로 보내라"

사방에서 마음이 그에게 돌아갔다.

11   이 해에 중위(中尉)[79] 주창(周昌)을 어사대부(御史大夫)로 삼았는데, 주창은 주가(周苛)의 사촌동생이다.

12   항우는 스스로 도우려는 사람이 적다는 것을 알았는데, 식량도 다하였고, 한신도 또 군사를 내어 초를 치자 항우는 이를 걱정하였다. 한은 후공(侯公)을 파견하여 항우에게 유세하여 태공(太公)을 돌려보내 달라고 청하였다. 항우는 이에 한과 더불어 약속하여 가운데서 천하를 나누는데, 홍구(洪溝)[80]의 서쪽을 나누어 한으로 하고 동쪽은 초로 하

---

78 북맥은 길림 일대에 거주하는 맥족이고, 연왕은 장도이며, 효기란 강한 기병을 말한다.

79 진의 관직으로 경사를 순회하는 직책이며, 한 무제 이후에는 집금오로 바뀌었다.

80 옛날의 운하 이름이다. 한대에는 낭탕거라고 고쳤다. 회하 상류에서 황하 쪽으로 연결되어 광무와 형양에 이른다.

였다.

9월에 초는 태공(太公)과 여후(呂后)를 돌려보내고,[81] 군사를 이끌어 풀어서 동쪽으로 돌아갔다. 한왕이 서쪽으로 돌아가려 하자 장량(張良)과 진평(陳平)이 말하였다.

"한은 천하의 태반(太半)[82]을 가졌으며 제후들도 모두 귀부하였지만, 초의 군사는 피로하고 식량도 다하였으니, 이것은 하늘이 망하게 할 때입니다. 이제 풀어놓아 공격하지 않으면 이는 이른바 '호랑이를 길러서 근심거리를 남기는 것'입니다."

한왕이 이 말을 좇았다.＊

---

81 유방의 아버지와 부인이 포로가 된 것은 한 고제 2년(기원전 205년)의 일이다.

82 위소(韋昭)는 수를 가지고 말할 때 셋으로 나눈 가운데 둘을 가지면 태반이고, 그 하나만 가지면 소반이라고 한다고 하였다.

사면초가, 그리고 이긴 자와 진 자

고제 5년(己亥, 기원전 202년)[1]

1   겨울, 10월[2]에 한왕이 항우를 추격하여 고릉(固陵, 하남성 淮陽縣)에 이르러서 제왕(齊王) 한신과 위(魏)의 상국인 팽월(彭越)과 모여서 초(楚)를 치기로 기약하였는데, 한신과 팽월이 이르지 아니하자, 초가 한의 군사를 쳐서 이를 대파하였다.

    한왕이 다시 성벽을 굳게 하고 스스로 지키면서 장량(張良)에게 말하였다.

    "제후들이 좇지 않으니 어찌된 것이오?"

    대답하였다.

    "초의 군사가 또 격파되어도 두 사람에게는 아직 나눈 땅을 소유하게 하지 않았으니 그들이 이르지 않은 것은 정말로 마땅할 것이며, 군

---

1   서초 패왕 5년, 제왕 전횡 2년이다.

2   해가 바뀌었는데, 10월에서 시작하는 것인 이 시기에는 10월에 해가 바뀌는 것으로 되어 있었다.

왕께서 더불어 천하를 함께 할 수가 있다면 오게 할 수 있습니다.

제왕 한신이 선 것은 군왕의 뜻이 아니니 한신도 스스로 그 지위가 굳건하지 아니하고, 팽월은 본래 양(梁) 지역을 평정하였는데, 당초에 군왕께서 위표(魏豹)로 하였던 연고로 팽월에게 벼슬을 주어 상국(相國)으로 삼았던 것인데, 이제 위표가 죽었으니[3] 팽월도 왕이 되기를 바라보지만 군왕께서는 일찍이 확정하지를 않았습니다.

이제 능히 수양(睢陽, 하남성 商丘縣) 이북에서 곡성(穀城, 산동성 東阿縣)에 이르는 땅을 모두 가져다가 팽월을 왕으로 삼고, 진(陳)의 이동에서 바다에 이르는 것을 한왕[4] 한신에게 주십시오. 한신의 집은 초에 있었으므로 그의 뜻은 옛날 읍(邑)을 다시 찾으려는데 있을 것입니다. 이 땅을 덜어내어 두 사람에게 주는 것을 허락하여 각자로 하여금 싸우게 한다면 초는 쉽게 격파될 것입니다."

한왕이 이를 좇았다. 이에 한신과 팽월이 모두 군사를 이끌고 왔다.

11월에 유가(劉賈)가 남쪽으로 가서 회하(淮河)를 건너서 수춘(壽春, 안휘성 수현)을 포위하고 사람을 파견하여 초의 대사마(大司馬)인 주은(周殷)을 유인하였다. 주은이 초를 배반하고 서(舒, 안휘성 舒城縣)를 가지고 육(六, 안휘성 六安縣)을 도륙하고 구강(九江, 안휘성의 중부 남부)의 군사를 들어서 경포(黥布)를 영접하였고, 아울러 가다가 성보(城父, 안휘성 亳縣의 동남쪽)를 도륙하고[5] 유가를 좇아서 모두 모였다.

---

3 위표를 왕으로 한 것은 항우가 제후를 임명할 때에 있었던 일이고, 위표가 죽은 것은 고제 3년(기원전 204년)이며, 유방이 팽월을 위의 상국으로 삼은 것은 고제 2년(기원전 205년) 3월인데, 그 내용은 《자치통감》 권10에 실려 있다.

4 제(齊)왕이어야 맞을 것이다. 여기서 말하는 내용으로 보아 장군 한신을 말하는 것이므로 이와 동명이인인 한왕 한신은 아니다.

12월에 항왕이 해하(垓下)[6]에 이르렀는데, 군사는 적고 식량도 다하였고, 한과 싸워서 이기지 못하고 성에 들어갔는데, 한의 군사와 제후들의 병사가 이를 여러 겹으로 포위하였다. 항왕이 밤에 한의 군대가 사방에서 모두 초의 노래[7]를 부르는 것을 듣고 마침내 크게 놀라서 말하였다.

"한이 초를 이미 다 빼앗았단 말인가? 어찌하여 초인(楚人)들이 저리 많단 말인가?"

밤에 일어나서 장막 안에서 술을 마시고 슬피 노래하다가 강개(慷慨)하여서 눈물을 흘려 몇 줄 떨어지니 좌우에 있던 사람들도 모두 눈물을 흘리고 올려다볼 수가 없었다.

이에 항왕은 추(騅)라 이름 붙인 그의 준마에 오르니, 깃발 아래에 있던 장사로 말을 타고 좇는 사람이 800여 명이었는데 밤새도록 줄곧 포위를 뚫고 남쪽으로 달려 달아났다. 날이 밝자 한의 군사들이 마침내 이 사실을 깨달으니 기장(騎將) 관영(灌嬰)에게 명하여 5천의 기병으로 그를 추격하게 하였다.

항왕이 회하(淮河)를 건너니, 말을 타고 좇는 사람이 겨우 100여 명이었다. 음릉(陰陵, 안휘성 定遠縣 서북쪽)에 이르러서 길을 잃었는데, 어

---

5 도륙은 점령지의 사람을 모두 죽이는 상태를 이르는 단어이다.

6 안휘성 영벽현(靈壁縣)의 동남쪽에 있는 높은 절벽으로 되어 있는데, 지금도 그 높이가 12m 정도이다. 촌락과 하천의 둑이 한쪽에 있다.

7 초가(楚歌)에 대한 해석은 몇 가지가 있다. 하나는 계명가라는 것이다. 즉 한이 이미 초 지역을 대략 얻게 되니 그러므로 초가가 많았는데, 이는 닭이 시각을 알리는 울음소리라는 것이다. 그러나 다른 해석은 초인(楚人)들의 노래라는 것이다.

느 농부에게 물으니 농부가 속여서 말하였다.

"왼쪽이오."

왼쪽으로 가다가 마침내 큰 늪 속에 빠지니 이러한 연고로 한이 그들을 쫓아서 따라잡았다.

항왕(項王)이 마침내 다시 군사를 이끌어 동쪽으로 가서 동성(東城, 안휘성 定遠縣 東城鎭)에 이르렀는데, 마침내 28기(騎)를 가졌으나 한(漢)의 기병으로 쫓는 자가 수천 명이었다. 항왕은 스스로 벗어날 수 없다고 헤아리고 그 기병들에게 말하였다.

"내가 군사를 일으킨 지 지금까지 8년이며 몸소 70여 번의 전투를 하였는데, 아직 일찍이 패배한 일이 없어서 드디어 패권을 잡아 천하를 가졌다. 그러나 이제 끝내 여기에서 곤란하게 되었으니, 이는 하늘이 나를 망하게 한 것이지, 싸움에서 얻은 죄는 아니다.[8] 오늘 정말로 죽음을 결심하였으니, 바라건대 제군들을 위하여 통쾌하게 싸워서 반드시 포위를 궤멸하고 장수를 목 베고 깃발을 자르며 세 번 그들을 이겨서 제군들로 하여금 하늘이 나를 망하게 한 것이지 싸움에서 얻은 죄가 아님을 알게 하리라."

마침내 그 기병을 4대(隊)로 나누어 4방으로 향하게 하였다.

한의 군사가 이를 여러 겹으로 포위하였다. 항왕이 그 기병에게 말하였다.

"내가 공(公)을 위하여 저들의 한 장수를 잡으리라."

4면으로 말을 달려 내려가게 하고 산의 동쪽 세 곳에서 만나기로 기약하였다.

---

8 싸움을 잘 못하여 그 죄로 이러한 곤경에 처하게 된 것이 아니라는 뜻이다.

이에 항왕이 크게 소리치면서 말을 달려 내려가니 한의 군사들은 모두 쓰러져 엎드려 버렸고, 드디어 한의 장수 하나를 목 베었다. 이때에 낭중기(郎中騎)[9]인 양희(楊喜)가 항왕을 추격하였는데, 항왕이 눈을 부릅뜨고 그를 크게 질책하자, 양희는 그 사람과 말이 함께 놀라서 몇 리를 피해 버렸다.

항왕과 그의 기병들이 세 곳에서 모였는데, 한의 군사들은 항왕이 있는 곳을 몰라서 마침내 군사를 나누어 셋으로 만들어서 다시 그들을 포위하였다. 항왕이 마침내 말을 달려서 다시 한의 도위 한 사람을 목 베고 수십에서 백을 죽이고, 다시 그 기병들을 모으니, 그는 기병 둘을 잃었을 뿐이었다. 이에 그 기병들에게 말하였다.

"어떠한가?"

기병들이 모두 엎드려서 말하였다.

"대왕의 말씀과 같습니다."

이에 항왕은 동쪽으로 가서 오강(烏江, 안휘성 화현 동북쪽에 烏江浦)을 건너려고 하였는데, 오강의 정장(亭長)이 배를 대고 기다리다가 항왕에게 말하였다.

"강동(江東)은 비록 작지만 땅이 사방으로 1천 리이고, 무리도 수십만 명이니 또한 충분히 왕 노릇할 수 있습니다. 바라건대 대왕께서 급히 건너십시오. 지금은 홀로 신만이 배를 갖고 있으니, 한의 군사들이 도착하여도 건널 것이 없습니다."

항왕이 웃으면서 말하였다.

"하늘이 나를 망하게 하였는데, 내가 무엇 하러 건너겠는가? 또한 나

---

9 한의 관직으로 기랑(騎郎)이다.

항적(項籍)은 강동(江東)의 자제 8천 명과 더불어 강을 건너서 서쪽으로 갔다가 이제 하나도 돌아온 사람이 없는데, 설사 강동의 부형들이 가련하게 생각하여 나를 왕으로 한들 내가 무슨 면목으로 그들을 보겠는가? 설사 저들이 말을 안 한다고 하여도 나 항적만은 마음속으로 부끄럽지 않겠는가?"

그는 마침내 타고 있던 추마(騅馬)를 정장에게 하사하고 기병들로 하여금 모두 내려서 보행하여 짧은 무기를 들고 접전하게 하였다. 다만 항적이 죽인 한의 군사는 수백 명이었고 자신도 십여 군데 상처를 입었다. 고개를 돌려서 한의 기사마(騎司馬)인 여마동(呂馬童)을 보고 말하였다.

"너는 옛날 나의 사람이 아니더냐?"

여마동이 그를 바로 보지 아니하고 중랑기(中郞騎) 왕예(王翳)에게 가리켜 보이면서 말하였다.

"이 사람이 항왕(項王)이다."

항왕이 마침내 말하였다.

"내가 듣건대, 한은 나의 머리를 천금(千金)과 읍 만호(邑萬戶)[10]에 산다고 하니 내가 너를 위하여 덕을 베풀 것이다."

마침내 자문(自刎)[11]하여 죽었다.

왕예가 그의 머리를 잘라 가지니, 다른 기병들도 서로 밟으며 항왕을 가지고 다투는데, 서로 죽인 자가 수십 명이었고, 맨 마지막으로 양

---

10 《사기정의》에서는 '한대에는 1근의 금을 천 근이라고 하며, 1만 전에 해당한다.'고 하였다. 그러나 금 한 근과 만호의 읍은 서로 맞지 않는 것 같다.

11 스스로 목을 베는 것을 말한다.

희·여마동·낭중(郎中) 여승(呂勝)·양무(楊武)가 각기 그 몸의 한 쪽씩을 가졌는데, 5인이 함께 그 몸을 모아보니 모두 옳았으니, 그러므로 그 호수를 나누고, 5인을 책봉하여 모두 열후(列侯)로 삼았다.

초 지역은 모두 평정되었는데, 다만 노(魯, 산동성 曲阜縣)만 떨어지지 아니하자, 한왕이 천하의 병사를 이끌고 이를 도륙(屠戮)하려고 하였다. 그 성 아래에 도착하였는데, 오히려 비파(琵琶)와 책 외우는 소리가 들렸고, 그곳은 예의를 지키는 나라여서 주군을 위하여 죽음으로 절개를 지키려는 것이니 마침내 항왕의 머리를 가져다가 노(魯)의 부형들에게 보이니 노가 마침내 항복하였다.

한왕이 노공(魯公)에게 항왕을 곡성(穀城, 산동성 東阿縣)에 후히 장사지내게 하고, 몸소 애도하여 그에게 곡(哭)하고 돌아갔다. 여러 항씨의 지속들은 모두 죽이지 않았다. 그리고 항백(項伯) 등 네 사람을 책봉하여 열후(列侯)로 삼고 유씨(劉氏) 성을 내려 주었으며, 여러 백성들로 항우에게 잡혀서 초에 있던 사람들은 모두 고향으로 돌아가게 하였다.

❖ 태사공(太史公)[12]이 말하였습니다.

항우가 농무(隴畝, 밭 두덩)에서 일어나 3년 만에 드디어 다섯 제후[13]를 거느리고 진을 멸망시키고, 천하를 나누어 찢어서 왕후(王侯)로 책봉하였으니, 정치는 항우로부터 나왔는데, 지위는 비록 끝

---

12 사마천(司馬遷)을 말한다. 사마천은 《사기》의 저자로 기전체를 창안하였다.

13 이때에 산동에는 6국이 있었으나, 제(齊)·조(趙)·한(韓)·위(魏)·연(燕)이 나란히 일어나서 항우를 좇아서 진을 정벌하였으므로 다섯 제후라고 하였다.

을 못 맺었지만 근고(近古)¹⁴ 이래로 아직 일찍이 없었던 일이다.

항우가 관중을 등지고, 초를 가슴에 품고서¹⁵ 의제(義帝)를 쫓아내고 자립하기에 이르렀으니, 왕후들이 자기를 배반한 것을 원망하기는 어려울 것이다. 스스로 정벌한 공로를 자랑하고 그 사사로운 지혜를 떨치며, 옛 것을 스승으로 삼지 않고 패왕(覇王)의 대업이라 말하면서 힘으로 쳐서 천하를 경영하고자 하였다.

5년이 되어 끝내 그 나라를 망치고 자신은 동성(東城)에서 죽었지만 오히려 깨닫지를 못하고 스스로에게 책임을 돌리지도 않으면서 마침내 '하늘이 나를 망쳤지 용병을 한 죄가 아니다.'라는 말을 인용하였으니, 어찌 잘못 된 것이 아니겠는가?

❖ 양자(揚子)의 《법언(法言)》에서 평론하였습니다.¹⁶

어떤 사람이 물었다. "초가 해하(垓下)에서 패하여 바야흐로 죽게 되었는데, 말하기를 '하늘아!'라고 하였다니, 믿겠습니까?" 말하였다. "한은 여러 정책을 다하였고, 여러 정책은 여러 힘을 다하

---

14 사마천 시대를 중심으로 근고시대인 것이다. 그러므로 실제로는 전국시대와 전한의 전반기를 가리키는 말이다.

15 관중을 등진다는 말은 약속을 어기고 패왕을 관중에서 왕 노릇하게 하지 않은 것이며, 초를 가슴에 품는다는 말은 동쪽으로 팽성으로 돌아가겠다고 생각한 것이다. 그러나 관중의 형승지역을 등지고 고향인 초로 돌아가고자 하는 생각을 품었다는 뜻으로도 해석한다.

16 양자는 양웅(揚雄)을 말하는데, 후한대의 인물로 박학(博學)하고 깊이 생각하며 문장으로 명성이 있었고, 그의 저서로 《법언》이 있다. 법언은 《사마상여》를 모방하였다고 한다.

게 하였지만, 초는 여러 정책을 싫어하고 스스로 그 자신의 힘을 다하였던 것이오. 다른 사람을 다하게 하는 사람은 이기고, 스스로를 다하는 사람은 지는 것인데, 하늘이 무슨 까닭이겠소."[17]

2   한왕(漢王)이 돌아와서 정도(定陶, 산동성 定陶縣)에 도착하여서 말을 달려서 제왕 한신(韓信)이 있는 성으로 들어가서 그의 군사를 빼앗았다.

3   임강왕(臨江王) 공위(共尉)[18]가 항복하지 않자, 노관(盧綰)과 유가(劉賈)를 파견하여 그를 공격하여 포로로 잡았다.

4   봄, 정월에 제왕 한신을 초왕으로 바꾸어서 삼고, 회북(淮北)에서 왕 노릇하게 하였는데, 하비(下邳, 강소성 邳縣)에 도읍하게 하였다. 위(魏)의 상국(相國)인 건성후(建城侯) 팽월(彭越)을 책봉하여 양왕(梁王)으로 삼고 위(魏)의 옛 땅에서 왕 노릇하게 하고, 정도(定陶)에 도읍하게 하였다.

5   영(令)을 내렸다.
  "병사들은 쉬지 못한 지가 8년이고 만민(萬民)도 더불어 고생이 심하였는데, 이제 천하의 사업이 끝났으니, 수사(殊死)[19] 이하를 사면한다."

---

17 글의 형식은 어떤 사람이 묻고 대답하는 형식이지만 실제로는 양웅이 자문자답한 것이다. 어떤 사람이란 일반적인 사람을 상정한 것이다.

18 애초에 공오(共敖)를 항우가 임강왕으로 책봉하였었는데, 공위는 그 아들이다.

6   제후왕들이 모두 상소하여 한왕을 높여서 황제로 하기를 청하였다. 2월 갑오일(3일)에 한왕이 범수(氾水)의 양(陽)[20]에서 황제에 즉위하였다. 왕후를 바꾸어 황후로 하고 태자를 황태자로 하고 먼저 돌아가신 어머니를 높여서 소령부인(昭靈夫人)이라고 하였다.

조서(詔書)에서 일렀다.

"옛날 형산왕(衡山王) 오예(吳芮)는 백월(百粤)의 군사를 좇아서 제후를 돕고, 포학한 진(秦)을 주살하여 큰 공을 세웠는데, 제후들이 세워서 왕으로 여겼으나 항우가 그의 땅을 탈취하고 그를 파군(番君)이라고 불렀다. 이제 오예를 장사왕으로 삼노라."

또 말하였다.

"옛날에 월왕(粤王) 무제(無諸)는 세세토록 월(粤)의 제사를 받들었는데, 진이 그 땅을 빼앗아서 그들의 사직으로 하여금 혈식(血食)을 받을 수 없게 하였다. 제후들이 진을 치자, 무제는 친히 민중(閩中, 복건성)의 군사를 인솔하여 진을 멸망시키는 일을 도왔는데도 항우가 폐(廢)해버리고 세우지 않았다. 이제 민월왕(閩粤王)으로 삼으니 민중에서 왕 노릇하라."

---

19 수사(殊死)란 죽을죄가 분명한 것을 말하고 이를 참형(斬刑)이라고도 한다.

20 범수는 제음(濟陰)의 경계 지역에 있는데, 그것이 범(氾)하면 넓고 크고 윤기 있게 내려가기 때문에 붙여진 이름이다. 〈숙손통전(叔孫通傳)〉에 근거하면 정도에서 황제가 되었다고 하였으니, 이 강이 제음에 있다는 것이며 바로 맞다. 《괄지지(括地志)》에는 한 고조가 즉위한 단이 조주 제음현계(曹州 濟陰縣界)에 있다고 하였다. 양은 산에서는 남쪽이고, 물의 경우에는 북쪽을 말하므로 여기에서는 범수의 북쪽이다.

7 황제[21]가 서쪽으로 가서 낙양(洛陽, 하남성 낙양시)에 도읍하였다.

8 여름, 5월에 군사를 모두 철폐하여 집으로 돌아가게 하였다.

9 조서를 내렸다.

"백성들은 전에 혹은 산이나 못에서 서로 모여서 보호하면서 이름과 숫자를 써 놓지 않았다.[22] 이제는 천하가 이미 안정되었으니, 각자로 하여금 그의 현(縣)으로 돌아가서 옛날의 작위(爵位)와 전택(田宅)으로 회복하게 하라. 관리[吏]는 그들에게 글과 법을 가지고 가르치고 분별하여 알려주며, 군대의 이졸(吏卒)에게는 태장을 쳐서 욕보이지 말며, 작위가 7대부[23] 이상에 이른 사람은 모두 채읍(采邑)에서 나는 것을 먹게 하고, 7대부가 아닌 그 이하는 모두 그 자신과 호(戶)를 면제시켜 사역(使役)을 시키지 말 것이다."[24]

10 황제가 낙양의 남궁(南宮)에 술자리를 마련하고서 황상이 말하였다.

---

21 《자치통감》은 한을 기준으로 하여 서술하고 있는데, 유방이 아직 왕작만을 가졌을 경우에는 한왕으로 기록하였다가 유방이 항우를 물리치고 정식으로 황제에 오르게 되니 이후로는 제(帝) 혹은 상(上)으로 표현하며 이를 황제 또는 황상으로 번역한다. 이후로 한(漢)을 쓰지 않고 황제 또는 황상이라고 한 것은 한의 황제와 황상을 말한다.

22 정부에 등록하지 않았다는 뜻이다.

23 작위의 순위가 7급이라는 말이고, 이는 공과 대부(公·大夫)에 해당하는 지위이다.

24 자신이란 개인이 지는 요역을 말하고, 호(戶)란 가구별로 부담하는 호부(戶賦)를 말하며, 일이란 요역을 말한다.

"철후(徹侯)[25]와 제장(諸將)들은 감히 짐(朕)에게 숨김이 없이 모두 그 실정을 말하는데, 내가 천하를 갖게 된 까닭은 무엇이며, 항씨가 천하를 잃은 까닭은 무엇인가?"

고기(高起)와 왕릉(王陵)이 대답하였다.

"폐하께서는 사람을 부려서 성을 공격하고 땅을 경략하고서 이어서 그에게 주었으니, 천하와 더불어 그 이로움을 같이 하였지만 항우는 그렇지 아니하여 공로를 세운 사람이 있으면 그를 해치고, 똑똑한 사람이 있으면 그를 의심하였으니, 이것이 그가 천하를 잃은 까닭입니다."

황상이 말하였다.

"공(公)은 그 하나는 아는데, 그 둘은 모르오. 무릇 유악(帷幄)에서 주판을 움직이고, 천 리 밖에서 승리를 결판 짓는 것에서는 내가 자방(子房, 장량)만 못하며, 국가를 채우고, 백성들을 어루만지며 군량을 공급하고 양도(糧道)를 끊기지 않게 하는 것에서는 내가 소하(蕭何)만 못하며, 백만의 무리를 연합하여 싸우면 꼭 이기고, 공격하면 반드시 빼앗는 것에서는 내가 한신(韓信)만 못하오.

세 사람은 모두 인걸(人傑)인데, 나는 이들을 채용할 수가 있었으니, 이것이 내가 천하를 얻게 된 까닭이오. 항우에게는 범증(范增) 한 명이 있었지만 채용할 수 없었으니, 이것이 나에게 패배한 까닭이오."

여러 신하들이 기쁘게 감복하였다.

한신이 초에 가서, 표모(漂母)를 불러서 천금을 하사하였다. 자기를

---

25 철후는 통후(通侯)라고 하기도 하며 열후(列侯)를 말한다. 이는 공덕이 왕실과 통한다는 뜻으로 붙여진 것이다. 후에는 무제의 이름이 유철(劉徹)이어서 피휘(避諱)하기 위하여 철을 통으로 고쳤다.

바짓가랑이 아래로 지나가라고 모욕하였던[26] 젊은이를 불러서 중위(中尉)로 삼고 여러 장군과 재상들에게 말하였다.

"이 사람은 장사이다. 바야흐로 나를 모욕할 때에 내가 어찌 그를 죽일 수 없었겠는가? 그를 죽여도 아무런 명성(名聲)도 없었으니 그러므로 참고서 여기에 이른 것이다."

11   팽월(彭越)이 한의 책봉을 받자, 전횡(田橫)은 주살될 것이 두려워서 그의 무리 500여 명과 더불어 바다로 들어가서 섬에서 살았다. 황제는 전횡의 형제가 본래 제(齊)를 평정하였고, 제의 똑똑한 사람이 많이 귀부하였으므로 지금 바다에 있으니 빼앗지 않으면 뒤에 어지러워질까 걱정하였다.

이에 사자로 하여금 전횡의 죄를 사면하게하고 그를 불렀다. 전횡이 사과하며 말하였다.

"신(臣)은 폐하의 사자인 역생(酈生, 酈食其)을 팽(烹)하였지만[27] 이제 들건대, 그의 동생 역상(酈商)이 한의 장수라고 하니 신은 두려워서 감히 조서를 받들지 못하겠으며 청컨대 서인(庶人)이 되어서 바다 가운데에 있는 섬에서 살게 하여주십시오."

사자(使者)가 돌아와서 보고하니 황제는 마침내 위위(衛尉) 역상에게 조서를 내렸다.

---

26 이 일은 고제 원년(기원전 206년)에 있었던 일이고, 그 내용은《자치통감》권9에 실려 있다.

27 이 사건은 고제 4년(기원전 203년)의 일이며, 이 내용은《자치통감》권10에 실려 있다.

"제왕이었던 전횡이 바로 도착할 것인데, 따르는 사람이나 말을 감히 움직이게 하는 자는 족이(族夷)하기에 이를 것이다."

마침내 다시 사자로 하여금 지절(持節)[28]을 가지고, 역상에게 내렸던 조서의 상황을 모두 알려 주게 하고 말하였다.

"전횡(田橫)이 오면 큰 인물은 왕을 시킬 것이고 작은 인물은 이에 후(侯)로 할 뿐이고, 오지 않으면 또 군사를 들어서 주살할 것이다."

전횡이 그의 손님 두 사람과 함께 전거(傳車)[29]를 타고 낙양으로 왔다. 아직 30리 못 미친 지점인 시향(尸鄕, 하남성 偃師縣의 성 서쪽)의 역참(驛站)의 마구간에 두기에 이르렀다.[30] 전횡이 사자에게 사과하며 말하였다.

"신하 된 사람이 천자를 알현하려면 마땅히 목욕을 해야 할 것이오."

이어서 멈추고 머물게 되자 그의 빈객(賓客)들에게 말하였다.

"나 전횡이 한왕과 더불어 남면(南面)하면서 '고(孤)'[31]를 칭하였었는데, 이제 한왕은 천자가 되었으나, 이 전횡은 마침내 망한 포로가 되어 북면(北面)[32]하고 그를 섬겨야 하니 그 치욕은 정말로 심하오. 또한 나는 다른 사람의 형을 팽(烹)하였는데, 그 동생과 함께 어깨를 나란히

---

28 황제의 신표이다. 길이가 약 2m 정도 되는 대나무인데, 그 끝에 소의 꼬리털을 매달았다. 이것을 갖고 가면 바로 황제의 수레가 도착한 것과 같은 의미를 지니는 것이다.

29 역참에서 역참으로 운행하는 수레를 말한다.

30 전거를 타고 오기 때문에 역참이 있는 곳에 마구간도 있어서 그동안 타고 온 말을 그 마구간에 둔 것이다.

31 왕자(王者)가 자기 스스로를 가리키는 말이다.

32 제왕은 남쪽을 향해 앉고, 신하는 북쪽을 향해 앉는다.

하고 주군을 섬겨야 하니, 설사 저 사람이 천자의 조서를 두려워하여 감히 움직이지 못한다고 하여도, 나만은 마음속으로 부끄럽지 않겠소?

또한 폐하가 나를 보고자 하는 까닭은 나의 모습을 한 번 보고자 하는데 지나지 않을 뿐이니, 이제 나의 목을 잘라서 30리 사이를 달려간다면 형체와 얼굴이 아직 썩을 수 없을 것이니, 오히려 볼 수는 있을 것이오."

드디어 스스로 문경(刎頸)하고 빈객으로 하여금 그의 머리를 받들어 사자(使者)를 좇아서 달려가 이를 상주하게 하였다.

황제가 말하였다.

"아! 포의(布衣)에서부터 일어나서 형제 세 사람이 바꾸어가며 왕 노릇을 하였으니 어찌 현명하지 아니한가?"

그를 위하여 눈물을 흘리고 그의 두 빈객에게 벼슬을 주어 도위(都尉)로 삼고, 또 병졸 2천 명을 내서, 왕자(王者)의 예로 그를 장사 지냈다.

이미 장사가 끝나자 두 빈객은 그의 무덤 옆에 구멍을 파고 모두 스스로 문경하고 내려가 그를 좇았다. 황제가 이 소식을 듣고 크게 놀랐다. 전횡의 빈객은 모두 똑똑하고 나머지 500명은 아직도 바다에 있으므로 사자(使者)를 시켜서 그들을 불렀는데, 도착하여 전횡이 죽었다는 말을 듣고 또한 모두 자살하였다.

12   애초에, 초인(楚人)인 계포(季布)는 항적의 장수였는데, 자주 황제를 곤란하게 하고 능욕하였다. 항적이 멸망하자 황제는 계포를 천금(千金)에 사려고[33] 하였는데, 감히 그를 숨겨준 사람이 있으면 삼족(三

---

33 현상금을 걸었다는 말이다.

族)에게 죄를 주겠다고 하였다. 계포가 마침내 머리를 깎고 노비가 되어서 스스로를 노(魯, 산동성 곡부현)의 주가(朱家)에게 팔았다.

주가는 마음속으로 그가 계포라는 것을 알고, 사서 전사(田舍)[34]에 있게 하고 자신은 낙양에 가서 등공(滕公, 夏侯嬰)을 만나서 유세하였다.

"계포에게 무슨 죄가 있습니까? 신하란 각기 그 주인의 쓰임이 되는 것은 정상적인 일일 뿐입니다. 항씨의 신하는 어찌 다 주살되어야 합니까? 이제 황상께서는 처음으로 천하를 얻었는데, 사사로운 원한을 가지고 한 사람을 찾으니, 왜 속이 넓지 못함을 보입니까?

또한 계포는 똑똑하니, 한에서 그를 급하게 찾는다면 이 사람은 북쪽의 호(胡, 흉노)로 달아나지 않으면 남쪽에 있는 월(越)로 달아날 것입니다. 무릇 장사를 꺼려서 적국의 자산이 되게 하니, 이는 오자서(伍子胥)가 형평(荊平)의 묘에 매질[35]한 까닭입니다. 그대는 어찌하여 조용하게 황상을 위하여 이를 말하지 않습니까?"

등공이 사이를 두어 기다렸다가 황상에게 말하였는데, 주가가 가리켜 준 것처럼 하였다. 황상이 마침내 계포를 사면해 주고, 그를 불러서 벼슬을 주어 낭중(郎中)으로 하였는데, 주가는 드디어 끝내 그를 다시 보지 아니하였다.

---

34 농사철에 농지 근처에 마련해둔 작은 집을 말한다.

35 오자서는 초의 대부인 오자사(伍子奢)의 아들이다. 6세기에 초의 평왕이 오자사를 참소하는 말을 믿고 죽이니 그의 아들인 오자서가 오로 도망하였다. 그 후 오의 군사에 힘입어서 초(楚)를 격파하고 영(郢)에 들어가서 평왕의 묘를 발굴하여 그 시체에 매질을 하였다. 형(荊)은 초(楚)이니, 형평이란 초나라의 평왕이라는 말이다.

계포의 친동생 정공(丁公)[36]도 또한 항우의 장수였는데, 황제를 팽성(彭城)의 서쪽에서 쫓아서 곤혹스럽게 하였다. 짧은 무기로 접전(接戰)하였는데, 황제가 급하게 되자 정공을 돌아보면서 말하였다.

"두 사람은 다 현인(賢人)인데,[37] 어찌하여 이처럼 어렵게 한단 말이오."

정공이 군사를 이끌고 돌아갔다.

항왕이 멸망하게 되자 정공이 알현(謁見)하였다. 황제가 정공을 군중(軍中)에서 조리를 돌려 보이고 말하였다.

"정공은 항왕의 신하로서 충성스럽지 못하여 항왕으로 하여금 천하를 잃게 한 놈이다."

드디어 그를 참(斬)하고 말하였다.

"뒷날에 다른 사람의 신하가 되어서는 정공을 본받는 사람이 없게 하려는 것이다."

❖ 신 사마광이 말씀드립니다.

한의 고조가 풍(豐)과 패(沛)에서 일어난 이후에 호걸들을 망라하고, 도망한 사람을 초청하고 배반한 사람을 받아들인 것도 역시 아주 많았습니다. 황제의 자리에 오르게 되자 정공만이 홀로 충성

---

36 동모제(同母弟) 즉 어머니를 같이 하는 동생인데, 이름은 알려지지 않았다.

37 두 사람이 누구인가에 대하여서는 두 설이 있다. 하나는 정공과 팽성의 뇌기(賴麒)가 쫓아왔으므로 이 둘을 가리키는 말이라는 것이고, 다른 하나는 고조를 포함한 두 사람이라는 것이다.

스럽지 못하다 하여서 죽임을 당하였는데, 왜입니까?

무릇 나아가서 이를 빼앗는 것과 이룬 것을 지키는 것은 그 형세가 다릅니다. 여러 영웅들이 각축(角逐)할 때에는 백성들에게 정해진 주군이 없으니, 오는 사람이 있다면 이를 받아들이는 것이 진실로 마땅한 것입니다.

귀하게 되어 천자가 되고 나니 사해(四海)의 안에서는 신하가 아닌 사람이 없는데, 만약에 예의를 밝혀 이를 보여주지 않아서 신하 된 사람으로 하여금 사람이 두 마음을 품어서 큰 이익을 구하려 한다면 국가가 오랫동안 평안할 수 있겠습니까?

이러한 연고로 대의(大義)를 가지고 결단하여서 천하 사람들로 하여금 모두가 신하가 되어 충성스럽지 못한 사람은 스스로 용납할 곳이 없음을 분명히 알게 한 것이며, 사사로움을 품고 은혜를 맺은 것은 비록 자기를 살리는데 이르렀다고 하더라도 오히려 의(義)로는 더불어 할 수 없습니다.

한 사람을 죽여서 천만 사람이 두려워하게 하니 그가 일을 생각하면서 어찌 깊고 또한 먼 훗날까지 염려(念慮)하는 것이 아니합니까? 자손들이 천록(天祿)을 400년이나 향유한 것은 마땅합니다.

장량의 명철보신과 토사구팽

13   제인(齊人) 누경(樓敬)이 농서(隴西, 감숙성 臨洮縣)에서 수(戍)자
리를 서게 되어서 낙양을 지나다가 수레의 만격(輓輅)[38]을 벗어 놓고,
양가죽 옷을 입고서 제인인 우장군(虞將軍)을 통하여 황상을 뵙고자
청하였다. 우장군이 그에게 깨끗한 옷을 주고자 하였다.

누경이 말하였다.

"신이 비단옷을 입으면 비단옷 입은 것이 보이고, 갈포(褐布)를 입으
면 갈포를 입은 것이 보일 것이니 끝내 감히 옷을 못 바꾸겠습니다."

이에 우장군이 들어가서 황상에게 말하니, 황상이 그를 불러서 보고
이를 물었다.

누경이 말하였다.

"폐하께서 낙양에 도읍을 하신 것은 주의 왕실과 비교하여 융성하기
를 바라는 것입니까?"

황상이 말하였다.

---

38 수레의 앞에 가로지른 나무인데, 한 사람은 끌고 세 사람이 이를 민다. 輅자
를 안사고는 호(胡)격(格)의 번(翻)이라고 하였으므로 혁이라고 하였다.

"그렇소."

누경이 말하였다.

"폐하께서 천하를 얻으신 것이 주(周)와는 다릅니다. 주의 선조는 후직(后稷)이 태(邰, 섬서성 武功縣)에 봉해진 다음부터 덕을 쌓고 선한 일을 더하여 10여 세대를 거쳐 태왕(太王, 고공 亶父)·왕계(王季)·문왕(文王)·무왕(武王)에 이르자 제후들이 스스로 귀부하였고, 드디어 은(殷)을 멸망시키고 천자가 되었습니다.

성왕이 즉위하게 되자 주공(周公)은 재상이 되어 마침내 낙읍(洛邑)을 경영하여 이곳을 천하의 중심으로 생각하였고, 제후들이 사방에서 공직(貢職)³⁹을 바치는 길이나 거리가 비슷하였습니다.

덕(德)을 갖고 있으면 쉽게 왕 노릇하고, 덕이 없으면 쉽게 망하였습니다. 그러므로 주가 번성할 때에는 천하가 화합하였고, 제후와 사방의 이적(夷狄)들도 빈복(賓服)하지 않는 것이 없었으며 그들의 공직을 바쳤습니다. 쇠퇴하기에 이르자 천하에는 조근(朝覲)하는 일이 없었고, 주 왕실이 통제를 할 수 없었는데, 오직 덕이 엷었을 뿐만 아니라 형세도 약하였습니다.

이제 폐하께서는 풍(豊)과 패(沛)에서 일어나서 촉(蜀, 사천성)과 한(漢, 섬서성 남부의 漢中郡)을 석권하고 삼진(三秦, 塞國·雍國·翟國)을 평정하였으며, 항우와 형양(滎陽)·성고(成皐, 하남성 형양현 서북쪽 氾水鎭) 사이에서 큰 전투는 70번, 작은 전투는 40번 하여 천하의 백성들의 간(肝)과 뇌(腦)가 땅에 떨어지고 부자(父子)의 뼈가 들 가운데 드러나게 한 것을 다 헤아릴 수 없으며, 곡하며 우는소리가 끊이지 않으며 다친

---

39 지방 특산물인 공물을 바치는 업무를 말한다.

사람은 아직도 일어나지를 못하고 있는데, 성왕(成王)과 강왕(康王)[40] 시대에다 그 융성함을 비교하니, 신이 가만히 생각하여 보건대, 같지 않다고 여깁니다.

또 무릇 진(秦)의 땅은 산으로 덮이고 하(河, 황하)를 띠 두르고 있어서 사방이 요새여서 굳다고 여겨지고, 갑자기 급한 일이 생겨도 100만의 무리는 즉시 갖출 수가 있었습니다. 때문에 진의 옛날은 아주 아름답고 기름진 땅을 자산으로 하였으니, 이는 이른바 '천부(天府)'[41]라고 합니다.

폐하께서 관(關, 函谷關)에 들어가서 이를 도읍으로 하신다면 산동(山東, 崤山의 동쪽)이 비록 어지럽다고 하여도 진의 옛 땅은 완전히 보존해 소유할 수가 있습니다. 무릇 다른 사람과 더불어 싸우면서, 그 사람의 목을 조이지 않고 그 사람의 등을 친다면 아직 그 승리를 온전히 할 수 없는데, 이제 폐하께서 진의 옛 땅을 장악하면 이것은 또한 천하의 목을 조이는 것이며 천하의 등을 치는 것입니다."

황제가 여러 신하들에게 물었다. 여러 신하들은 모두 산동(山東) 사람이어서 다투어 말하였다.

"주는 수백 년 왕 노릇하려고 하였고, 진은 2세에 바로 망하였습니다. 낙양은 동쪽으로 성고(成皋, 하남성 氾水縣 虎牢關)가 있고, 서쪽으로는 효(崤; 殽山, 하남성 陝縣 동쪽)와 면(澠; 澠池, 하남성 澠池縣)이 있으며, 하[황하]를 등지고 있고, 이[伊水]와 낙[洛水]을 향하니, 그 굳기도 역시 믿을 만합니다."

---

40 각각 주의 2대, 3대 왕이다.

41 부(府)는 모인다는 뜻으로 만물이 모여드는 곳을 천부라 한다.

황상이 장량(張良)에게 물었다.

장량이 말하였다.

"낙양은 비록 이렇게 굳은 점을 갖고 있지만 그 안은 작아서 수백 리에 지나지 않고 전지(田地)도 척박하고, 사면으로 적을 만나게 되니 이는 무력을 사용할 수 있는 나라[42]가 아닙니다. 관중은 왼쪽에 효(殽, 崤山)와 함(函, 함곡관)이 있고, 오른쪽으로 농(隴, 隴山)과 촉(蜀)이 있으며, 비옥한 들이 천여 리이고, 남쪽에는 파(巴)와 촉의 풍요로움이 있고, 북쪽에 호(胡, 흉노)의 초원에서 나는 이익을 갖고 있습니다.

세 방면이 막혀서 지켜주고, 오직 한쪽 방면인 동쪽으로 제후들만을 통제한다면 제후들은 안정되고, 하[황하]와 위(渭, 위수)의 조운은 천하를 끌어서 서쪽으로 경사(京師)에 공급하는데, 제후에게 변고가 있으면 물을 따라서 내려가면 충분히 맡겨 운수(運輸)하니, 이것이 이른바 금성천리(金城千里)[43]이며 천부의 나라입니다. 누경의 말이 옳습니다."

황상이 그날 거가(車駕)로 서쪽으로 가서 장안(長安)[44]에 도읍하였다. 누경에게 벼슬을 주어 낭중(郞中)으로 하고 호(號)를 붙여 봉춘군(奉春君)이라 하고 유씨(劉氏)로 성(姓)을 내려 주었다.

14 장량은 평소에 병이 많았는데, 황상을 따라서 입관(入關)하고서

---

42 국(國)이지만 국가의 국은 아니고 지역이란 의미를 갖고 있는 말이다.

43 금성(金城)은 쇠로 만든 성이라는 말로 단단한 성을 가리키는 말인데, 이 금성이 천리에 이어져 있다는 뜻이다.

44 거가는 황제가 탄 수레라는 말이지만 경우에 따라서는 황제를 가리키는 말이며, 장안은 섬서성 서안시인데 본래는 진의 한 촌락이었다.

바로 도(道)[45]에 이끌려 낟알을 먹지 않고 문을 닫고 나오지를 아니하고 말하였다.

"우리 집안은 대대로 내려오면서 한(韓)의 재상이었는데, 한(韓)이 멸망하게 되자 만금(萬金)의 물자를 아끼지 아니하고 한을 위하여 강한 진에게 복수하여 천하가 진동하였다.[46]

이제 세 치의 혀를 가지고 황제의 스승이 되고 만호후(萬戸侯)에 책봉되었으니, 이는 포의로서 제일 높이 올라간 것이어서 나 장량에게 있어서도 만족하다. 바라건대, 사람들 사이에서의 일을 버리고 적송자(赤松子)[47]를 좇아 노닐겠다."

❖ 신 사마광이 말씀드립니다.

무릇 태어나면 죽음이 있는 것은 비유하자면 밤과 아침이 반드시 있는 것과 같으니, 옛날부터 이제까지 진실로 초연(超然)하여 홀로 있었던 사람은 없습니다. 장자방(張子房)이 가진 분명히 구별하고 이치에 도달하는 재주로는 신선이란 헛되고 궤변이라는

---

45 도(道)란 도(導) 즉 이끈다는 말인데, 낟알과 약 먹는 것을 피하고, 정좌하고 앉아서 기(氣)를 움직이는 것이다.

46 이 일은 진 시황 29년(기원전 218년)에 있었고, 그 내용은《자치통감》권7에 실려 있다.

47 적송자는 선인의 이름이다. 신농 때에 우사(雨師)가 되어 수옥(水玉)을 복용하고 신농씨를 가르쳤다. 능히 불 속에 들어가서 스스로 불탈 수가 있었다. 곤산의 위에 가서 항상 서왕모(西王母)의 석실에 머물면서 풍우(風雨)를 따라서 오르락내리락하였다.

것을 충분히 알았을 것인데도 그러나 그가 적송자(赤松子)를 좇아서 노닐겠다고 하였던 것에서 그의 지혜를 알 수 있습니다.

무릇 공명(功名)을 세우게 되면 신하는 처신하기가 어렵습니다. 예컨대 고제가 칭찬한 사람은 세 명의 걸출한 인물뿐이었는데, 회음후(准陰侯) 한신은 주멸되었고, 소하(蕭何)는 옥에 갇혔었으니, 꽉 찬 경지를 밟고 나서도 그치지 아니한 것이 아닙니까? 그러므로 장자방은 신선에 의탁하여 인간 세상을 버리고, 공명을 밖에 있는 물건과 같이 하였으며, 영광과 이익을 접어두고 돌아보지 아니하였으니, 이른바 '명철보신(明哲保身)'[48]한 사람은 장자방이 있었습니다.

15 6월 임진일(9일)에 천하를 크게 사면하였다.

16 가을, 7월에 연왕(燕王) 장도(臧荼)가 반란을 일으키니 황상이 스스로 군사를 거느리고 이를 정벌하였다.[49]

17 조(趙, 도읍은 襄國)의 경왕(景王)인 장이(張耳)와 장사(長沙, 도읍은 臨湘)의 문왕(文王)인 오예(吳芮)가 모두 죽었다.

18 9월에 장도(臧荼)를 포로로 잡았다. 임자일(30일)에 태위인 장안후(長安侯) 노관(盧綰)을 세워서 연왕(燕王)으로 삼았다. 노관의 집은

---

48 명석한 철리를 알아서 자신을 잘 보존하는 것을 말한다.
49 연의 도읍지는 계현(薊縣) 즉, 북경이다.

황상과 같은 마을이었고, 노관이 탄생한 것도 또 황상과 같은 날이었는데, 황상은 노관을 총애하여 여러 신하들은 감히 쳐다보지도 못하였으니, 그러므로 특히 그를 왕으로 하였다.

19   항왕의 옛 장수인 이기(利幾)[50]가 반란을 일으켰다. 황상이 스스로 그를 격파하였다.

20   후(後, 윤달)9월에 장락궁(長樂宮)[51]을 고쳤다.

21   항왕의 장수인 종리매(鍾離眛)는 평소 초왕(楚王) 한신과 잘 지냈다. 항왕이 죽은 후에 한신에게로 도망하여 귀부하였다. 한왕(漢王)[52]은 종리매에게 원한을 가지고 있었는데, 그가 초에 있다는 소식을 듣고 초에 조서를 내려 종리매를 체포하게 하였다. 한신이 처음으로 그 나라[초국]에 가서 현읍(縣邑)을 순행하면서 군사로 진을 쳐놓고 출입하였다.

고제 6년(庚子, 기원전 201년)

---

50 이기는 진령(陳令)으로 있다가 유방에게 항복하고 나서 영천후(穎川侯)가 되었다. 그런데 유방이 그를 낙양으로 소환하자 겁이 나서 반란을 일으켰다.

51 장락궁은 본래 진의 흥락궁(興樂宮)으로 고조가 이를 개수하여 살았는데, 장안성의 동쪽 모퉁이에 있다.

52 유방을 말한다. 유방은 이미 황제자리에 올랐으나 여기서는 한왕이라고 썼는데, 황제에 오르기 전인 한왕 시절에 종리매에게 원한을 갖게 된 것으로 보아야 할 것이다.

1   겨울, 10월에 어떤 사람[53]이 편지를 올려서 초왕 한신이 배반한
것을 보고하였다. 황제가 제장에게 물었더니, 모두 말하였다.

"빨리 군사를 내어서 그 녀석을 파묻어 버리십시오."

황제는 잠자코 있었다.

또 진평(陳平)에게 물었더니, 진평이 말하였다.

"어떤 사람이 편지를 올려서 한신이 모반한다고 하였는데, 한신은
이 사실을 압니까?"

말하였다.

"모르오."

진평이 말하였다.

"폐하의 정병들은 초(楚)와는 어떻습니까?"[54]

황상이 말하였다.

"뛰어넘을 수 없을 것이오."

진평이 말하였다.

"폐하의 제장들이 용병(用兵)하는 일에 있어서는 한신을 뛰어 넘을
수 있는 사람이 있습니까?"

황상이 말하였다.

"따라갈 사람이 없소."

진평이 말하였다.

---

53 여기서 어떤 사람이라고 하였으나, 이것은 형식상 하는 것이고, 실제로는 유
   방 자신이 만든 것으로 보아야 할 것이다.

54 비교하는 어법이다. 내용은 폐하의 정병과 초의 군사와 비교하면 어느 쪽이
   강한가를 묻는 말이다.

"이제 군사는 초(楚)만큼 가려지지 아니하고 장수도 따라갈 수 없는데, 군사를 들어서 그를 공격하며 전투하기를 재촉한다면 가만히 폐하를 위하여 생각해 보면 위태로울 것입니다."

황상이 말하였다.

"이를 위하여 어찌 해야 하오?"

진평이 말하였다.

"옛날에 천자는 순수(巡狩)[55]를 하면서 제후들을 모았습니다. 폐하께서는 다만 나가셔서 거짓으로 운몽(雲夢, 호북성 安陸縣)에서 노닐면서 진(陳, 陳丘, 하남성 淮陽縣)에서 제후들을 모으십시오. 진은 초(楚)의 서쪽 경계이니, 한신은 천자가 나아가 노니는 것을 좋아한다는 소식을 듣고, 그 형세로는 반드시 아무 일이 없을 것이어서 교외에서 맞이하여 배알할 것이고, 배알하면 폐하께서 이어서 그를 붙잡는데, 이것은 다만 한 명의 역사(力士)의 일일 뿐입니다."

황제는 그렇다고 생각하고 마침내 사자(使者)를 내어 보내서 제후들에게 진으로 모이라고 말하였다.

"나는 장차 남쪽으로 가서 운몽에서 놀겠다."

황상은 이어서 좇아서 갔다.

초왕 한신은 이 소식을 듣고 스스로 의심하고 두려워하였으나, 어찌할 방법을 몰랐다. 어떤 사람이 한신에게 유세하였다.

"종리매의 목을 잘라 가지고 가서 황상을 배알하면 황상이 반드시

---

55 순이란 돌아다니는 것이고, 수(狩)는 거두어들이는 것이다. 이는 천하를 돌아다니며 다른 사람의 도덕과 태평함을 거두는데, 원근이 달라서 정치적 교화가 숨겨져 그 적당함을 얻지 못할까를 두려워하니, 그런 고로 반드시 스스로 가서 삼가 백성을 존경하고 중히 여기는 뜻인 것이다.

기뻐할 것이니, 근심할 것이 없습니다."

한신이 이 말을 좇았다.

12월에 황상이 진에서 제후들을 모았는데, 한신이 종리매의 머리를 가지고 황상을 배알하였더니, 황상이 무사로 하여금 한신을 결박하여 뒤따르는 수레에 싣게 하였다. 한신이 말하였다.

"과연 다른 사람의 말과 같구나. '교활한 토끼가 죽으면, 잘 달리는 개는 삶아버리고 높이 떠 있는 새가 다 없어지면 훌륭한 활은 감춰지며, 적국(敵國)이 격파되면 꾀를 내는 신하는 죽는다.'[56] 천하가 이미 평정되었으니, 나는 정말로 팽(烹)을 당하는구나!"

황상이 말하였다.

"어떤 사람이 공(公)이 모반한다고 보고하였소."

드디어 한신을 형틀에 매달아 가지고 돌아왔고, 이어서 천하의 죄인(罪人)을 사면하였다.

전긍(田肯)이 황상에게 축하하며 말하였다.

"폐하께서 한신을 체포하셨고, 또한 진중(秦中)[57]을 치소로 하였습니다. 진(秦)은 형세가 이길 수 있는 나라이어서 하[황하]를 띠처럼 두르고 산으로 막혀서 지세가 유리하니 그래서 제후들에게 군사를 내려 보낸다면[58] 비유컨대 높은 집 위에서 물병을 아래로 쏟는 것과 같습니다.

무릇 제(齊)는 동쪽으로 낭아(狼牙)와 즉묵(卽墨)의 풍요로움이 있

---

56 황석공(黃石公)의 《삼략(三略)》에 나오는 말이다.

57 관중을 말한다. 산동 사람들은 관중을 진중이라고 부른다.

58 제후들이 만약에 반란을 일으키는 경우에 군사를 제후들이 있는 곳으로 보내어 토벌하려고 하는 경우를 말한다.

고, 남쪽으로는 태산(泰山)의 견고함이 있고, 서쪽으로는 탁하(濁河)로 한계 짓게 되며, 북쪽으로는 발해(渤海)의 이익이 있으며, 땅은 사방으로 2천 리여서 창을 든 사람이 100만이니, 이는 동쪽과 서쪽의 진(秦) 이어서 친자제가 아니면 제(齊)에서 왕 노릇하게 할 수가 없습니다."

황상이 말하였다.

"훌륭하오."

금(金) 500근을 하사하였다.

황상이 돌아오다가 낙양에 이르러서 한신을 사면하고 책봉하여 회음후(淮陰侯)로 하였다. 한신은 한왕이 그의 능력을 두렵고 미워하고 있음을 알고, 대부분 병이 들었다고 하면서 조현(朝見)하거나 좇지를 않고, 항상 앙앙(鞅鞅)하여 만족치 못하고 지내면서 강후(絳侯, 周勃)와 관영(灌嬰)과 같은 열에 있음을 수치로 생각하였다.[59]

일찍이 번장군쾌(樊將軍噲)[60]의 집을 지나게 되었다. 번쾌는 무릎을 꿇고 절하며 맞고 보내면서 신(臣)이라고 하면서 말하였다.

"대왕께서 마침내 신(臣)에게 왕림하셨습니다."

한신이 문을 나서면서 웃으며 말하였다.

"살아서 마침내 번쾌와 같은 서열에 놓이게 되었구나."

황상이 일찍이 조용히 한신과 더불어 제장들이 각기 군사를 얼마나 거느릴 수 있는가를 말하였다. 황상이 물었다.

"나 같으면 얼마를 거느릴 수 있소?"

---

59 한신은 공로나 능력으로 보아서 상대가 안 되는 주발이나 관영과 같은 후(侯)인 회음후에 책봉되었다.

60 장군 번쾌를 높여서 호칭한 것이다.

한신이 말하였다.

"폐하는 10만 명을 거느릴 수 있는데 지나지 않습니다."

황상이 말하였다.

"그대에게 있어서는 어떠하오?"

말하였다.

"신(臣)은 많으면 많을수록 좋을 뿐입니다."

황상이 웃으면서 말하였다.

"많으면 많을수록 좋다고 하였는데, 어찌하여 나에게 잡혔소?"

한신이 말하였다.

"폐하는 병사를 거느릴 수는 없어도 장수를 잘 거느렸으니, 이것이 마침내 저 한신이 폐하에게 잡힌 이유입니다. 또 폐하는 이른바 '하늘이 내려준 것이지 인력(人力)이 아니다.'인 것입니다."

논공행상과 흉노의 등장

2   갑신일(12일)에 처음으로 부절(符節)을 갈라서[61] 여러 공신들을 책봉하여 철후(徹侯)로 삼았다. 소하(蕭何)는 찬후(酇侯)에 봉하여졌는데, 식읍이 특별히 많았다.[62] 공신들이 모두 말하였다.

"신들은 몸에 갑옷을 입고 날카로운 것을 잡고 많은 사람은 100여 번을 싸웠고 적은 사람은 수십 합이었습니다. 지금 소하는 아직 일찍이 땀 흘리고 말 타는 수고를 한 일이 없었고, 다만 문묵(文墨)을 잡고 의론만 하였는데, 도리어 신들의 위에 있으니, 어째서입니까?"

황제가 말하였다.

"여러분들은 수렵(狩獵)을 아는가? 무릇 수렵은 짐승이나 토끼를 쫓

---

61 부절은 대나무를 쪼갠다는 뜻에서 나왔다. 대나무를 쪼개어 가지고 있다가 바로 그것을 맞추어 보면 정확하게 맞고 다른 것이라면 맞지 않는데, 이것은 신표로써 사용하였다. 한대에는 두 조각을 맞추어 호랑이가 되게 만든 부절이 있어서 이를 호부(虎符)라고 하였다.

62 찬현(酇縣)은 하남성 영성현 서남에 위치하는데, 당시에 겨우 8천 호가 있었다. 그런데 조참(曹參)은 평양후(平陽侯)로, 장량은 유후(留侯)로 봉(封)하였는데, 이곳들은 모두 1만 호가 있었다. 장수들이 반대한 까닭은 그들이 평상시에 소하를 그다지 대단한 사람으로 보지 않았기 때문이다.

아가서 죽이는 놈은 개이지만 그러나 풀어 놓고 짐승이 있는 곳을 지시하는 것은 사람이오. 이제 여러분들은 다만 달려가는 짐승을 잡을 수 있었을 뿐이니, 공로를 세운 사냥개이고, 소하와 같은 경우는 놓아 보내고 지시하였으니, 공로가 있는 사람이오."

여러 신하들이 모두 감히 말을 하지 아니하였다.

장량(張良)은 꾀를 내는 신하여서 또한 전투를 한 공로가 없었는데, 황제는 그에게 스스로 제(齊)에서 3만 호(戶)를 선택하도록 하였다. 이에 장량이 말하였다.

"처음에 신은 하비(下邳, 강소성 邳縣)에서 일어나서 황상과는 유(留, 강소성 沛縣 동남쪽)에서 만났는데, 이는 하늘이 신을 폐하에게 준 것이고, 폐하께서 신의 계책을 쓰셨고, 다행이 그때에 들어맞았습니다. 신은 바라건대 유(留)에 책봉해 주신다면 만족하겠고 감히 3만 호는 감당하지 못하겠습니다."

마침내 장량을 유후(留侯)로 책봉하였다.

진평(陳平)을 책봉하여 호유후(戶牖侯)[63]로 삼으니 진평이 사양하여 말하였다.

"이는 신의 공로가 아닙니다."

황상이 말하였다.

"내가 선생의 꾀를 써서 싸워서 승리하고 적을 이겼는데, 공로가 아니라면 무엇이오?"

진평이 말하였다.

"위무지(魏無知)가 아니었다면 신이 어찌 나올 수가 있었겠습니까?"[64]

---

63 호유는 진류군 양무현에 속하는 향의 이름이다.

황상이 말하였다.

"그대 같다면 근본을 배반하지 않을 것이라고 할 수 있겠소."

마침내 다시 위무지에게 상을 내렸다.

3   황제는 천하를 처음으로 평정하였는데, 아들은 어리고 형제는 적으니, 진(秦)이 고립되었기 때문에 망하였음을 거울로 삼아서 동성(同姓)[65]을 가진 사람들을 대대적으로 책봉하여 천하를 안정시키고 위로하고자 하였다.

봄, 정월 병오일(21일)에 초왕 한신의 땅을 나누어 두 나라로 만들었는데, 회하(淮河)의 동쪽 53현(縣)을 가지고는 사촌형인 장군 유가(劉賈)를 세워서 형왕(荊王)으로 삼고, 설군(薛郡, 산동성 滕縣)·동해(東海, 산동성 郯城縣)·팽성(彭城, 강소성 徐州市)의 36현(縣)을 가지고는 동생인 문신군(文信君) 유교(劉交)를 세워서 초왕(楚王)으로 삼았다.

임자일(27일)에 운중(雲中, 내몽고 托克托縣)·안문(鴈門, 산서성 右玉縣)·대군(代郡, 하북성 蔚縣)의 53현을 가지고는 형인 의신후(宜信侯) 유희(劉喜)를 세워서 대왕(代王)으로 삼고, 교동(膠東, 산동성 平度縣)·임치(臨淄, 산동성 臨淄縣)·제북(濟北, 산동성 長清縣)·박양(博陽, 산동성 泰安縣)·성양군(城陽郡, 산동성 莒縣)의 73현을 가지고는 평민이었을 때 외부(外婦)[66]의 아들인 유비(劉肥)를 세워서 제왕(齊王)으로 삼고,

----

64 진평은 위무지를 통하여 유방을 만났는데, 이 사건은 고제 2년(기원전 205년)에 일어났고, 그 내용은《자치통감》권9에 실려 있다.

65 같은 성을 가진 사람, 여기서는 유(劉)씨를 말한다.

66 정식 결혼하지 않은 아내, 또는 이전의 아내를 말한다.

여러 백성들로 제(齊)의 말을 할 수 있는 사람들은 모두 제에 주었다.

4   황상이 한왕(韓王) 한신(韓信)[67]의 재주에 무용이 있다 하여서 왕 노릇하는 곳은 북쪽으로는 공(鞏, 하남성 鞏縣)과 낙(洛)에 가까웠고, 남쪽으로는 완(宛, 하남성 南陽市)과 섭(葉, 하남성 葉縣)에 육박하였으며, 동쪽으로는 회양(淮陽, 하남성 淮陽縣)을 소유하게 하니, 모두 천하의 강한 군사들이 있는 곳이었는데, 마침내 태원군(太原郡, 산서성 太原市)의 31현을 한국(韓國)으로 삼고, 한왕 한신을 옮겨서 태원의 북쪽에서 왕 노릇하게 하여 흉노를 방어하고 진양(晉陽, 산서성 太原市)에 도읍하게 하였다.

한신이 글을 올려서 말하였다.

"나라[한국]는 변방에 있기 때문에 흉노가 자주 쳐들어오는데, 진양은 요새에서 멀리 있으니 청컨대 마읍(馬邑, 산서성 朔縣)을 치소로 하여주십시오."

황상이 이를 허락하였다.

5   황상이 이미 대공신(大功臣) 20여 명을 책봉하였는데, 그 나머지는 밤낮으로 공을 다투며 결정을 못하니 책봉을 시행할 수 없었다. 황상이 낙양 남궁(南宮)에 있으면서 복도(複道)[68]에서 제장들을 바라보

---

67 이때에 한신이란 이름을 가진 사람은 장군으로 유명하며, 후에 제왕이었다가 다시 초왕으로 되었고 다시 회음후가 된 한신과 원래 한(韓) 지역에서 왕이었던 한신이 있는데, 여기서는 후자이다.

68 복층(複層)으로 된 도로이다. 궁전과 궁전을 잇게 되어 있다.

고 있는데, 왕왕 서로 더불어 모래 위에 앉아서 이야기를 하고 있었다.

황상이 말하였다.

"이들이 무슨 말을 하고 있는가?"

유후(留侯, 張良)가 말하였다.

"폐하께서는 모르십니까? 이들은 반란할 것을 모의할 뿐입니다."

황상이 말하였다.

"천하가 거의 안정(安定)되어 가는데, 어떠한 연고로 반란하오?"

유후가 말하였다.

"폐하께서는 포의(布衣)[69]로 시작하여 이들을 가지고 천하를 얻었는데 지금 폐하께서 천자가 되고 책봉한 사람은 모두 옛날부터 친하던 사람들이었으며, 주살된 사람은 모두 평생 동안 원수였던 사람들이었습니다.

지금 군리(軍吏)들의 공을 계산하여 보고 천하를 가지고 두루 책봉하기에는 부족하니 이들은 폐하가 모든 사람에게 전부 상을 내려줄 수 없을까 두려워하고, 또 평생 동안 저지른 과실이 발견되어 주살되는 상황에 이를까 의심하니, 그런 연고로 서로 모여서 반란을 일으키려고 모의할 뿐입니다."

황상이 마침내 걱정하여 말하였다.

"이를 어찌할까?"

유후가 말하였다.

"황상께서 평생 동안 미워하였고 여러 신하들이 모두 아는 사람으로

---

69 평민을 일컫는 말이다. 관직을 가진 사람은 대개 색깔 있는 좋은 옷을 입지만 평민들은 포(布, 베)로 된 옷을 입는다는 데서 나온 말이다.

누가 가장 심합니까?"

황상이 말하였다.

"옹치(雍齒)는 나와 묵은 원한관계가 있으며[70] 자주 나를 모욕하였는데, 나는 그를 죽이고자 하나 그의 공이 많아서 차마 그리 못하고 있는 것이오."

유후가 말하였다.

"이제 빨리 먼저 옹치를 책봉하면 여러 신하들은 사람마다 스스로 굳게 될 것입니다."[71]

이에 황상은 마침내 술을 차려 놓고 옹치를 책봉하여 십방후(什方侯; 십방은 漢中縣)로 하고 급히 승상(丞相)과 어사(御史)[72]에게 독촉하여, 공로를 확정하고 책봉을 시행하였다. 여러 신하들은 주석이 파하자 기뻐하며 말하였다.

"옹치도 오히려 후(侯)가 되었으니, 나 같은 무리는 걱정할 것 없겠군."

❖ 신 사마광이 말씀드립니다.

장량(張良)은 고제의 모신(謀臣)이고, 심복(心腹)으로 위임하였으니, 마땅히 그는 말하지 못할 것이 없을 것을 알았을 것인데, 어

---

70 이 일은 유방이 기병하기 전의 일일 것이다. 옹치가 유방에게 매번 용기와 힘을 가지고 곤욕스럽게 하였는데, 이 일은 진2세 2년(기원전 208년)에 있었다.

71 유방이 사사로운 감정 없이 일을 처리한다는 것을 믿게 하였다는 것이다.

72 한대의 제도를 보면 승상은 관장하지 않는 것이 없었고, 어사대부는 부승상에 해당하였다.

찌 제장들이 모반하고 있다는 이야기를 들었겠지만 반드시 고제가 눈으로 뜻하지 않게 보고 말하는 것을 기다렸다가 그런 다음에 마침내 이를 말한 것인가?

대개 고제가 처음으로 천하를 얻었으므로 자주 애증(愛憎)을 가지고 주살하거나 상을 베푸니, 혹은 때로는 지극히 공정한 것을 해치어 여러 신하들이 왕왕 서운하여 스스로 위험하다는 마음을 가졌을 것이다. 그러므로 장량은 이 일을 통하여 충성을 바쳐 황제의 뜻을 바꾸니, 윗분으로 하여금 사사로움에 비비는 실수를 없게 하고, 아래로는 시기하고 두려워하는 모의를 없게 하여 국가에 근심이 없게 하고 이로움이 후세에 미치게 하였습니다. 장량 같은 사람을 잘 간(諫)하였다고 말할 수 있습니다.

6 열후들은 이미 책봉 받는 일이 끝나자 조서를 내려서 원공(元功) 18인의 순서를 확정하기로 하였다. 모두가 말하였다.

"평양후(平陽侯) 조참(曹參)은 몸에 70군데의 상처를 입었고, 성을 공격하고 땅을 경략하는데 공이 제일 많으니 마땅히 제일입니다."

알자(謁者)인 관내후(關內侯)[73] 악천추(鄂千秋)가 진언하였다.

"여러 신하들이 의론한 것은 모두 잘못이니, 무릇 조참이 비록 들판에서 싸우고 땅을 경략한 공로를 갖고 있으나 이는 다만 한때의 일일 뿐입니다. 황상과 초(楚)가 서로 대치하는 5년간 군사를 잃고 무리를 죽게 하고, 몸을 날려 숨은 것이 자주 있었지만 그러나 소하(蕭何)는 항상 관중에서 군사를 파견하여 그곳을 보충하여 황상이 조령(詔令)을

---

73 관내후는 열후이기는 하지만 식읍이 주어지지 않았다.

내려 부르지 아니하여도 수만의 무리를 모았습니다. 황상이 군량이 부족하거나 끊어진 것도 자주 있었고 또 군대에 양식이 보이지를 않았는데, 소하가 관중에서 조운(漕運)으로 급식하여 결핍하지 아니하였습니다.

폐하는 비록 자주 산동(山東)을 잃어버렸었지만 소하는 항상 관중을 보존하면서 폐하를 기다렸습니다. 이는 만세의 공로입니다. 이제 비록 조참 같은 사람 백을 헤아리는 것이 없다고 하더라도 한에게 있어서는 무엇이 부족하겠으며 한이 그를 얻었다 하여도 반드시 한을 온존하게 하였을 것이라고 기대하지는 못합니다. 어찌하여 하루아침의 공로를 가지고 만세에 끼칠 공로의 위에 있게 합니까? 소하가 제일이고 조참이 다음입니다."

황상이 말하였다.

"훌륭한 말이오."

이에 마침내 소하에게는 칼을 차고 신을 신은 채로 대전(大殿)에 오를 수 있고, 조회에 참여하려고 들어올 때에도 빠른 걸음으로 가지 않을 수 있게[74] 내려 주었다.

황상이 말하였다.

"내가 듣건대, '똑똑한 사람을 천거하면 최고의 상을 받는다.'라고 하였소. 소하의 공로가 비록 높지만 악군(鄂君)의 말을 듣게 되어 더욱 분

---

74 옛날의 군자들은 모두 반드시 칼을 차고 다녔는데, 진법에는 여러 신하가 전각에 오를 때에는 한 자짜리의 무기도 갖고 있을 수가 없었다. 가죽으로 된 신발이 이(履)인데, 이는 군용이므로 전에 오를 때는 신을 수가 없었다. 또한 군왕 앞에서는 빠른 걸음으로 걸어야 하는데 이는 존경의 표시이다. 소하에게 내린 이러한 대우는 아주 특별한 예우이다.

명해졌소."

이에 악천추는 식읍을 갖고 있어서 책봉하여 안평후(安平侯)로 삼았다. 이날에 소하의 부자(父子)와 형제 10여 명을 모두 책봉하여 모두 식읍을 가지게 되었고, 소하에게는 2천 호를 더 주었다.

7 황상이 역양(櫟陽, 섬서성 臨潼縣)으로 돌아왔다.

8 여름, 5월 병오일(23일)에 태공(太公)을 높여서 태상황(太上皇)[75]으로 하였다.

9 애초에, 흉노는 진(秦)을 두려워하여 북쪽으로 옮긴 지 10여 년이었다. 진이 멸망하게 되자 흉노는 다시 조금씩 남쪽으로 내려와서 황하를 건넜다.

선우(單于) 난제두만(欒提頭曼)[76]에게는 태자가 있었는데, 난제묵돌(欒提冒頓)이라고 하였다. 뒤에 총애하는 연지(閼氏)[77]가 있었는데, 작은아들을 낳자 난제두만은 그를 태자로 세우려고 하였다. 이때에 동호(東胡)가 강하였고 월지(月氏)[78]도 번성하여 마침내 난제묵돌로 하

---

75 태공은 유방의 아버지를 말하는데, 태상이란 극존칭이며, 황은 군(君)이란 뜻인데, 천자의 아버지여서 황(皇)이라 한 것이고, 다만 제(帝)를 붙이지 아니한 것은 나라를 직접 다스리지 않기 때문이다.

76 1대 선우인 난제두만(欒提頭曼)이다.

77 흉노의 황후를 말한다.

78 동호 부락은 내몽고 서요하의 상류에 있었고, 월지왕국은 감숙성의 중부에 있었다.

여금 월지에 인질이 되게 하였다.

이미 그리 하고서 난제두만이 급히 월지를 공격하니 월지는 난제묵돌을 죽이려고 하였다. 난제묵돌이 그들의 좋은 말을 훔쳐 타고서 도망하여 돌아오니 난제두만은 그를 장하다고 생각하고 1만의 기병을 거느리게 하였다.

난제묵돌은 마침내 울리는 명적(鳴鏑)[79]을 만들어서, 그의 기병들에게 쏘는 것을 익히게 하였다. 영(令)을 내려 말하였다.

"명적을 쏜 곳에 쏘지 않는 자는 모두 목을 자르겠다."

난제묵돌은 마침내 명적으로 그의 좋은 말을 스스로 쏘았고, 이미 그리하고 또 자기의 애처(愛妻)도 쏘았는데, 좌우에 있던 사람들 가운데는 혹 감히 쏘지 아니한 사람이 있자 모두 그들의 목을 베었다.

맨 마지막으로 명적으로 그의 아버지인 선우의 좋은 말을 쏘았더니 좌우에 있던 사람들이 모두 그것을 쏘았다. 이에 난제묵돌은 그 사람들을 쓸 수 있다고 생각하고 난제두만을 좇아서 사냥을 하다가 명적으로 난제두만을 쏘자, 그 좌우에서도 모두 그 명적을 좇아서 활을 쏘았다. 드디어 난제두만을 죽이고 그의 후모(後母)와 동생 그리고 대신으로 말을 듣고 좇지 않은 사람들을 다 죽였다. 난제묵돌이 자기 스스로 선우가 되었다.[80]

동호에서는 난제묵돌이 섰다는 소식을 듣고, 마침내 사자로 하여금 난제묵돌에게 말하게 하였다.

"난제두만이 있을 때의 천리마(千里馬)를 갖고 싶습니다."

---

79 화살을 쏘면 소리가 나는 화살을 말한다.

80 2대 선우인 난제묵돌(欒提冒頓)이다.

난제묵돌이 여러 신하들에게 물으니 여러 신하들이 모두 말하였다.

"이는 우리 흉노의 보배스런 말이니 주어서는 안 됩니다."

난제묵돌이 말하였다.

"어찌 다른 사람과 이웃나라에 주는데 한 마리의 말을 아끼는가?"

드디어 이 말을 주었다. 얼마 있다가 동호에서는 또 사자로 하여금 난제묵돌에게 말하게 하였다.

"선우의 연지 한 명[81]을 갖고 싶습니다."

난제묵돌이 다시 좌우에 있는 사람들에게 물었더니 좌우의 사람들이 모두 화를 내며 말하였다.

"동호는 무도(無道)하여 마침내 연지를 요구하다니! 청컨대 그들을 치십시오."

난제묵돌은 말하였다.

"어찌하여 이웃나라에 주는데, 여자 한 명을 아끼겠는가?"

드디어 아끼는 연지를 가져다가 동호에게 주었다.

동호 부락의 왕은 더욱 더 교만하여졌다. 동호와 흉노의 중간에는 아무도 살지 않는 버린 땅이 있었는데 천여 리였고, 각기 그 변경에 살면서 구탈(甌脫)[82]을 만들었다. 동호는 사자로 하여금 난제묵돌에게 말하였다.

"이것은 버려진 땅이니 이를 갖고 싶다."

난제묵돌이 여러 신하에게 물으니, 여러 신하들이 혹 말하였다.

"이는 버려진 땅이니, 그에게 주어도 좋고 주지 않아도 좋습니다."

---

81 선우는 여러 명의 연지를 거느리고 있다.

82 흙집을 짓고 망을 보는 곳이다. 이는 국경에 망보는 곳을 말한다.

이에 난제묵돌은 크게 화를 내며 말하였다.

"땅이라는 것은 나라의 근본인데, 어찌하여 이것을 주겠소!"

그것을 내주자고 말한 여러 사람들의 목을 모두 베었다. 난제묵돌이 말에 올라서 명령하였다.

"나라에서 뒤에 나오는 사람의 목을 베리라."

드디어 동호 부락을 습격하였다. 동호는 애초에 난제묵돌을 가벼이 보고 방비를 하지 않아서 난제묵돌이 드디어 동호를 없앴다.

이미 그리하고 돌아와서 또 서쪽으로 월지를 쳐서 쫓아내고, 남쪽으로 가서 누번(樓煩, 산서성 嵐縣)과 백양(白羊, 섬서성 靖邊縣)의 하남왕(河南王)을 합병하고 드디어 연(燕, 北京)·대(代, 하북성 蔚縣)를 침범하여 몽념(蒙恬)이 탈취하였던 흉노의 옛 땅[83]을 모두 수복하고, 한의 관문인 옛 하남지방의 요새지대[84]에서 조나(朝那, 寧夏省 彭陽縣의 서쪽)와 부시(膚施, 섬서성 榆林市의 남쪽에 있는 魚河堡)까지 이르렀다.

이때에 한의 군사들은 바야흐로 항우와 서로 대치하고 있어서 중원에 있는 나라[85]는 모두 전쟁으로 지쳐 있으니 이러한 까닭에 난제묵돌은 스스로 강해질 수 있었는데, 활을 당길 수 있는 군사가 30여만이나 되어서 여러 나라를 위엄을 가지고 복속시켰다.

가을에, 흉노가 한왕(韓王) 한신(韓信)을 마읍(馬邑, 산서성 朔縣)에

83 몽념이 흉노의 땅을 탈취한 것은 진 시황 31년(기원전 216년)이고, 이 내용은 《자치통감》 권7에 실려 있다.

84 하남의 요새는 하투(河套) 이남에 있는 여러 요새를 말한다.

85 본문은 중국(中國)으로 표현하였다. 그러나 현재 사용하는 국호와 혼동할 염려가 있어서 이를 중원 지역에 있는 나라라고 하였다. 이후에 혹 중국이란 용어가 나오더라도 국호는 아니고 중원 지역을 가리키는 것이다.

서 포위하였다. 한신은 자주 사자를 호(胡, 흉노)로 보내서 화해를 요청하였다. 또한 한에서는 군사를 내어 이를 구원하였다. 그런데 한신이 자주 사자를 흉노에 보냈으므로 두 마음을 가진 것으로 의심하여 사람을 시켜서 한신을 책망하였다.

그러자 한신은 목 베임을 당할 것이 두려워서 9월에 마읍을 가지고 흉노에 가서 항복하였다. 흉노의 난제묵돌은 그로 인하여 군사를 이끌고 남쪽으로 내려와서 구주(句注, 산서성 代縣 서북쪽)를 넘어서 태원(太原, 산서성 太原市)을 공격하게 하자 진양(晉陽, 산서성 太原市)에까지 이르렀다.

10　황제는 진(秦)의 가혹한 의식(儀式)을 모두 없애고 법을 간단하고 쉽게 만들었는데, 여러 신하들이 술을 마시며 공로를 다투다 취하고 혹은 망령되게 소리를 치며 칼을 뽑아서 기둥을 치니, 황제는 더욱 이를 싫어하였다.

숙손통(叔孫通)이 황상에게 유세하였다.

"무릇 유자(儒者)란 더불어서 나아가기는 어렵지만 더불어서 수성(守成)[86]을 할 수는 있습니다. 신이 바라건대 노(魯, 산동성 曲阜市)의 제생(諸生)들을 징소(徵召)[87]하여 신의 제자들과 함께 조정의 의례(儀禮)를 일으키게 해주시기를 바랍니다."

황제가 말하였다.

"어려움이 없을 수 있겠소?"

---

86 이미 이룩하여 놓은 것을 지키는 일을 말한다. 보통 창업과 수성으로 나누어 말하고 있다.

87 노는 공자의 고향이어서 유가의 근거지이며, 제생은 유학을 공부하는 학생 혹은 학자를 말하며, 징소란 황제가 중앙에서 부르는 것을 말한다.

숙손통이 말하였다.

"오제(五帝)는 다른 음악을 사용하였고, 삼왕(三王)은 같지 않은 예(禮)를 썼으니, 예라는 것은 시대와 인정을 이용하여 이를 자르거나 수식하는 것입니다. 신이 바라건대, 자못 고례(古禮)를 채택하고 진의 의례를 섞어서 이를 처리할 것입니다."

황상이 말하였다.

"시험적으로 그것을 만들어서 쉽게 알게 하고, 내가 실행할 수 있는 것인가를 헤아려서 만드시오."

이에 숙손통이 사자(使者)가 되어 노의 제생 30여 명을 징소하였다.

노에는 두 사람이 가지 않으려고 하면서 말하였다.

"공(公)이 섬긴 사람이 또 열 명인데[88] 모두 얼굴을 맞대고 아부하여 친하고 귀할 수 있었소. 이제 천하는 처음으로 안정되었지만, 죽은 사람들은 아직 장사 지내지지 못하고 다친 사람도 일어나질 못하였는데, 또 예악(禮樂)을 일으키려 하는군요. 예악이 일어나는 것은 덕(德)을 쌓아 100년이 지난 뒤에나 가능할 것이오. 나는 공이 하는 일을 차마 하지 못하겠으니, 공은 떠나가서 나를 더럽히지 마시오."

숙손통이 웃으며 말하였다.

"그대는 정말로 비루(鄙陋)한 유자(儒者)여서 시대가 변한 것을 모르는 것이오!"

드디어 징발한 30명과 함께 서쪽으로 가서 황상의 좌우에 있는 학자

---

88 숙손통이 섬긴 사람으로 확인될 수 있는 사람은 일곱 명이다. 진 시황(秦始皇)·2세황제(皇帝)·진승(陳勝)·항량(項梁)·초 회왕(楚懷王)·항우(項羽)·유방(劉邦) 등이다.

와 그의 제자 100여 명과 함께 면최(綿蕞)[89]를 만들어 야외에서 이를 익혔다.

한 달이 넘어서 황상에게 말하였다.

"시험해 볼 수 있습니다."

황상이 예(禮)를 시행하고 말하였다.

"나는 이것을 행할 수 있다."

마침내 여러 신하들로 하여금 익히게 하였다.

고제 7년(辛丑, 기원전 200년)

1   겨울, 10월에 장락궁(長樂宮)이 완성되자,[90] 제후들과 여러 신하들이 모두 와서 조하(朝賀)하였다. 날이 밝기 전에 알자(謁者)가 예(禮)를 시행하였는데, 차례로 궁전의 문으로 인도하여 들어와서 동쪽에 늘어서서 서쪽을 향하였다.

시위(侍衛)하는 관리들이 폐(陛, 계단)를 끼고서 궁정의 가운데 늘어섰는데, 모두 무기를 잡고 기치를 벌려 놓았다. 이에 황제가 경(警)을

---

89 대나무와 풀로 장막을 만들어서 그 안에서 연습을 하는데, 높고 낮음의 순서를 만들어 놓은 것을 말한다.

90 섬서성 서안시의 서쪽에 있다. 기원전 202년에 시작하여 이때에 완성하였다. 이때에 미앙궁은 아직 공사를 시작하지 않았으므로 이 장락궁이 유일한 궁전이었다. 얼마 후에 소하가 장락궁의 서쪽에 미앙궁을 건축하여 2대 혜제가 살았으며, 장락궁에는 태후가 있으면서 호령하여 사람들은 이를 '동조(東朝)'라고 하였다.

전하고 연(輦)[91]이 방을 나와서 제후왕 이하로 이육백석(吏六百石)[92]
에 이르기까지 차례로 받들어 축하하니 떨리고 두렵고 엄숙하고 존경
스럽지 않은 것이 없었다.

예를 끝내게 되자 다시 법주(法酒)를 차려놓았다. 여러 시위들이 대
전(大殿) 위에 앉자 모두 엎드려서 머리를 숙이고서, 높고 낮은 차례에
따라서 일어나서 축수(祝壽)[93]를 올렸다. 술잔을 아홉 번 돌린 다음에
알자가 '파주(罷酒)'[94]라고 말하였는데, 어사(御史)가 법을 집행하여
의례대로 하지 않는 사람을 들어내서 번번이 끌어내갔다.

조례(朝禮)를 끝내고 술을 차려 놓았는데, 감히 떠들고 예를 잃는 사
람이 없었다. 이에 황제가 말하였다.

"나는 마침내 오늘에야 황제가 귀하다는 것을 알았다."

마침내 숙손통을 태상(太常)[95]에 임명하고 금 500근(斤)을 하사하
였다.

애초에, 진이 천하를 소유하니 6국의 예의(禮儀)를 모두 받아들여서

---

91 황제의 연이 움직이면 좌우에서 유악(帷幄)을 모시는 사람을 경이라 하고, 연
   은 수레인데, 제왕이 타는 것이다.

92 한 왕조의 관리의 녹봉은 8등급이다. 1등은 1만 석·2등은 2천 석·3등은 1천
   석·4등은 600석·5등은 400석·6등은 300석·7등은 200석·8등은 100석이
   다. 따라서 여기서 이육백석이란 4등 관직의 관리로 1년간 600석의 봉록을
   받는다는 의미이다.

93 오래 살기를 기원하는 것이다.

94 술자리를 파하여 끝낸다는 뜻이다.

95 이때에는 봉상(奉常)이라고 하였고, 경제 6년(기원전 151년)에 가서야 태상으
   로 바뀌었다. 이것은 종묘의 제사를 담당하는 관직이다.

그 중에 군주를 높이고 신하를 누르는 것만을 채택하여 남겨두었었다. 숙손통이 예를 만들게 되자 자못 늘리고 줄이는 것이 있었으니, 대개 모두 진의 옛 것을 답습하여 천자의 칭호에서부터 아래로 신료와 궁실 그리고 관직의 명칭에 이르기까지를 보면 조금은 고친 바가 있다. 그의 책은 뒤에 율(律)과 영(令)과 같이 기록되었고, 법관이 있는 곳에 두었으며 법가들이 또 다시 밖으로 전하지 않아서 백성들은 아무도 그것을 말하는 사람이 없었다.

❊ 신 사마광이 말씀드립니다.

예(禮)라고 하는 것이 사물을 만드는 것은 위대합니다. 이것을 몸에 사용하게 되면 동정에 법도가 있어서 모든 행동이 다 갖추어지고, 이것을 집안에서 사용하게 되면 안팎이 구별되어 구족(九族)이 화목해지고, 이를 향(鄕)에 적용하면 장유(長幼) 간에 질서가 생기고 풍속이 아름다워지고, 이를 국(國)[96]에 적용한다면 군신에는 서열이 있어서 정치가 완성되며, 이를 천하에 적용하면 제후들은 순종하여 복종하고 기강이 바르게 되니, 어찌 다만 좌석에서나 호실(戶室)과 정옥(庭屋)의 사이에서 이를 얻어서 문란하게 되지 않는 것뿐이겠습니까?

무릇 고조는 밝고 통달함으로 육가(陸賈)의 말을 듣고 훌륭하다고 칭찬하고,[97] 숙손통의 의례를 보고 찬탄하였으나, 그러나 삼대

---

96 국(國)이란 봉국(封國)을 말한다.

97 이 내용은 다음 고제 11년(기원전 196년)에 있었고, 그 내용은 《자치통감》 권

(三代)의 왕자(王者)들에게는 견줄 수 없었던 까닭은 이것을 배우지 않은데 병이 있을 뿐입니다.

당시에 대유(大儒)를 채용하여서 그를 보좌하게 하고 그와 더불어 예로 천하를 다스렸다면 그 공로의 매운 것이 어찌 이와 같은 것으로 그쳤겠습니까? 슬픕니다, 숙손생(叔孫生)[98]의 그릇이 작은 것이여! 헛되이 예의 찌꺼기만을 훔쳐서 세상의 요구에 의거하고 풍속에 따라서 황제의 총애만을 받았을 뿐이고, 드디어 선왕(先王)의 예는 몰락시켜서 떨치게 하지 않았으니, 오늘에 이르기까지 어찌 그 아픔이 심하지 아니합니까?

이리하여 양자(揚子, 양웅)는 그를 비방하여 말하였습니다.[99] "'옛날에 노(魯)에 대신이 있었는데, 사관(史官)이 잃어버렸습니다.'[100] 말하였다. '얼마나 그것이 크겠습니까?' 말하였다. '숙손통이 군신 간의 의례를 제정하려고 노에서 선생을 불렀는데, 이르게 할 수 없었던 사람이 두 사람이었습니다.' 말하였다. '만약에 이와 같다면 중니(仲尼, 공자)가 제후들에게 열어준 족적(足跡)[101]은

12에 나온다.

98 숙손통을 말한다. 생은 제생 또는 학생을 의미하는 말로 성과 생을 붙여 이른 것이다.

99 이하는 양자의 《법언》에 있는 것을 그대로 인용한 것이다. 《법언》은 대화체로 되어 있고, 이는 자문자답의 형식으로 쓰였다.

100 앞서 말한 노에서 두 명을 숙손통이 데려오지 못하였는데, 그들의 구체적인 이름을 역사에 기록하지 못한 것을 말한다.

101 그의 흔적을 제후의 나라에 널리 퍼지게 하였다는 말이고, 두루 초빙되었다는 말이다.

잘못입니까?' 말하였다. '중니께서 족적을 연 것은 장차 스스로 사
용하려는 것이었습니다. 만약 자기를 버리고 다른 사람을 좇는다
면 비록 규범과 기준이 있다 하여도 어찌 그것을 사용할 수 있겠
습니까?' 양자의 말이 훌륭합니다. 무릇 대유라면 어찌 그 규범과
기준을 훼손하면서 한때의 공로를 좇겠습니까?"

2   황상이 스스로 군사를 거느리고 한왕 한신을 쳐서 그 군사를 동
제(銅鞮, 산서성 沁縣)에서 격파하고 그 장수 왕희(王喜)의 목을 베었다.
한신은 도망하여 흉노에게로 갔는데, 백토(白土, 섬서성 神木縣) 사람
만구신(曼丘臣)과 왕황(王黃) 등이 조(趙)의 후예인 조리(趙利)를 세워
왕으로 삼고, 다시 한신의 패하여 흩어진 군사들을 거둬들여서 한신과
흉노와 더불어 한를 공격하고자 꾀하였다.

흉노는 좌(左)와 우현왕(右賢王)[102]으로 하여금 1만여 기병을 거느
리고 왕황 등과 광무(廣武, 산서성 代縣)의 이남에 주둔하고 진양(晉陽)
에 이르렀는데, 한의 군사가 이들을 공격하니 흉노는 갑자기 패하여 달
아났고, 이미 그러고서 다시 주둔지에 모였는데, 한의 군사가 이긴 기
세를 타고서 그들을 좇았다. 마침 날씨가 대단히 추웠고 눈비가 내리
니, 사졸들 가운데 손가락이 떨어진 사람이 열에 두셋이었다.

황상이 진양에 있으면서, 난제묵돌이 대곡(代谷, 산서성 大同市 동쪽)
에 있다는 소식을 듣고 이를 공격하려 하였다. 사람을 시켜서 흉노의
사정을 엿보게 하니, 난제묵돌이 그들의 건장한 병사와 살찐 소와 말을

---

102 흉노의 제도에는 최고통치자인 선우 밑에 좌현왕(左賢王)과 우현왕(右賢王)
    을 두는데, 그 권력은 선우의 다음이다.

감추고, 다만 노약자들과 마른 가축들만 보였다.

사자(使者) 10여 명이 와서 모두 말하기를 흉노를 공격할 수 있다고 하였다. 황상이 다시 유경(劉敬, 樓敬)으로 하여금 사자로 흉노에 가게 하고, 아직 돌아오지 않았는데, 한은 병사 32만을 모두 북쪽으로 가게 하여서 그들을 쫓으며 구주(句注, 산서성 大同市의 경계)를 넘었다.

유경이 돌아와서 보고하였다.

"두 나라가 서로 공격하는데 이쪽에서는 마땅히 자랑하면서 장점을 보여주고 있지만 지금 신이 가보니 다만 약하고 마르며 늙어 약한 사람들만 보여 주고 있으니, 이는 반드시 단점을 보여주다가 기습병(奇襲兵)을 매복시켜 가지고, 승리를 쟁취하려는 것입니다. 어리석은 저는 흉노를 공격할 수 없다고 생각합니다."

이때에 한의 군사가 이미 행동하여서 황상은 노하여 유경을 욕하여 말하였다.

"제(齊) 녀석이 입과 혀 바닥을 가지고 관직을 얻더니,[103] 이제는 마침내 망령된 말을 가지고 나의 군사를 막는구나!"

유경을 광무에 가두었다.

황제가 먼저 평성(平城, 산서성 大同市)에 도착하고, 군사들이 아직도 다 도착하지 않았는데, 난제묵돌이 정예의 군사 40만의 기병을 풀어서, 백등(白登, 산서성 大同市)에서 이레간이나 황제를 포위하였고 한의 군사는 성의 안팎에서 서로 구원하거나 식량을 공급할 수가 없었다. 황

---

103 유경은 본래 누경(樓敬)인데, 유방이 성을 하사하여 유경으로 고쳤으며, 장안에 도읍을 정하라고 건의한 바가 있는데, 이 일은 고제 5년(기원전 202년)에 있었다.

제는 진평(陳平)의 비밀 계책을 써서 사자로 하여금 연지(閼氏)에게 두 텁게 보내게 하였다.

연지가 난제묵돌에게 말하였다.

"두 주군께서는 서로 곤란하게 하지 마십시오. 이제 한의 땅을 얻는 다 하여도 선우께서는 끝내 여기에 살 수 있는 것은 아닙니다. 또 한의 군주도 역시 신령(神靈)함을 갖고 있으니, 선우께서는 이를 살펴십시 오."

난제묵돌은 왕황과 조리와 기한을 약속하였으나, 왕황과 조리의 군 사가 오지 않자, 그들이 한과 더불어 모의하고 있는가를 의심하여 마침 내 포위망의 한 귀퉁이를 풀었다.

마침 하늘에 큰 안개가 끼자, 한은 사람으로 하여금 왕래하게 하였 으나, 흉노는 이를 깨닫지를 못하였다. 진평이 명령하기를 강노(强弩) 에 두 개의 화살을 메겨 가지고 밖으로 향하게 하고,[104] 풀어진 귀퉁이 를 통하여 곧바로 나왔다. 황제가 포위에서 벗어나자 뛰려고 하였더니, 이에 태복(太僕) 등공(滕公)이 천천히 가게 하였다. 평성에 도착하였는 데, 한의 대군(大軍)도 역시 도착하여, 호(胡, 흉노)의 기병들은 드디어 풀고 떠났다.

한도 역시 군사를 철수하고 돌아와서 번쾌(樊噲)로 하여금 멈추어서 대(代) 지역을 평정하게 하였다. 황상이 광무(廣武)에 이르러 유경을 사면하면서 말하였다.

"내가 공(公)의 말을 채택하지 않아서 평성에서 곤욕을 당하였지만

---

104 강노는 강한 활로 이 강노 하나에 두 개씩의 화살을 메겨서 밖에 있는 흉노 를 향하여 전투태세를 갖추게 한 것이다.

나는 이미 앞서 사신으로 갔던 10명의 목을 모두 베었소."

마침내 유경에게 식읍 2천 호에 책봉하여 관내후로 하며 건신후(建信侯)라고 불렀다.

황제가 남쪽으로 가다가 곡역(曲逆, 하북성 完縣)을 지나면서 말하였다.

"현(縣)이 장관이로군! 내가 천하를 다녀 보았는데, 다만 낙양(洛陽)이 이곳과 더불어 할 뿐이다."

마침내 진평을 바꾸어 책봉하여 곡역후로 삼고, 이곳을 다 식읍으로 하였다. 진평은 황제를 좇아 정벌하면서 대개 6번 기이한 계책[105]을 냈는데 번번이 봉읍(封邑)을 더하였다.

3 12월에 황상이 돌아오다가 조(趙)를 지났다. 조왕 장오(張敖)[106]가 사위의 예(禮)를 취하는데 아주 겸손하였고, 황상이 두 발을 벌리고[107] 거만하게 그를 나무랐다. 조의 재상[108]인 관고(貫高)와 조오(趙午) 등이 모두 화가 나서 말하였다.

---

105 진평의 여섯 계책은, ①거금으로 서초를 이간시킨 것 ②형편없는 음식으로 항우의 사절을 접대한 것 ③밤중에 여자들을 무장군사처럼 위장하게 하여 유방이 형양의 포위를 뚫은 것 ④한신을 제왕으로 봉한 것 ⑤운몽 지역을 유람한다고 하고는 한신을 포로로 잡은 것 ⑥백등의 포위를 푼 것이다.

106 장이의 아들이며 유방의 딸 노원공주와 혼인한 유방의 사위이다.

107 기(箕)라고 하는데, 앉는 모습이 두 발을 쩍 벌려서 마치 키[箕]처럼 하는 것을 말하고, 이는 오만한 모습을 표현하는 것이다.

108 이때 조(趙)는 한의 제후국이었고, 제후국에는 재상이 있었다. 관고와 조오는 조가 비록 제후국이지만 자기들의 왕인 장오가 황제에게 지나치게 굽실거리는 것에 화를 낸 것이다.

"우리 왕은 나약한 왕이로구나!"

자기들의 왕에게 유세하였다.

"천하의 호걸들이 나란히 일어나서 할 수 있는 사람이 먼저 자립하였습니다. 이제 왕께서는 황제를 섬기시는 것이 아주 공손하지만 황제는 무례하니, 청컨대 왕을 위하여 그를 죽이게 하여 주십시오."

장오가 그의 손가락을 물어 피를 내어 말하였다.

"그대들이 어찌하여 말하는 것이 틀렸는가? 돌아가신 아버지[장이]께서 나라를 잃었는데, 황제의 힘에 의지하여 다시 나라를 회복하였고,[109] 그 덕이 자손들에게까지 흘러내리니 터럭만한 것도 모두 황제의 힘이오. 바라건대 그대들은 다시 입 밖에 내지 마시오."

관고와 조오는 모두 서로 말하였다.

"마침내 우리들이 잘못한 것이다. 우리의 왕은 어른다워서 덕을 배반하지 않고, 또 우리들의 의(義)는 치욕을 안 받으려는 것이다. 이제 황제가 우리의 왕에게 모욕하니 그러므로 그를 죽이려 한 것이지, 어찌하여 우리 왕을 더럽히려 하겠는가? 일이 성사되면 모두가 왕에게로 돌아가고 일이 실패한다면 홀로 몸소 죄에 연좌될 것이오."

4 흉노가 대(代, 하북성 蔚縣)를 공격하였다. 대왕(代王) 유희(劉喜)가 나라를 버리고 스스로 돌아왔는데, 사면하여 합양후(郃陽侯)로 삼았다.[110] 신묘일(10일)에 황제의 아들 유여의(劉如意)[111]를 세워 대왕으

---

109 장이가 나라를 잃은 일은 고제 원년(기원전 206년)이고, 이 내용은 《자치통감》 권9에 실려 있으며, 다시 나라를 회복한 것은 고제 3년(기원전 204년)이고, 이 내용은 《자치통감》 권10에 실려 있다.

로 하였다.

5   봄, 2월[112]에 황상이 장안에 도착하였다. 소하가 미앙궁(未央宮)[113]을 짓고 있는데, 황상이 그것이 크고 아름다운 것을 보고서 심히 노하여 소하에게 말하였다.

"천하가 흉흉하고 수고하고 고생한 것이 몇 년이며, 성패(成敗)는 아직 알지 못하는데, 이 어찌 궁실을 짓는 것이 도에 지나친단 말이오!"

소하가 말하였다.

"천하가 아직 평정되지 않았으니 그러므로 이어서 궁실을 지을 수 있었습니다. 또 무릇 천자는 사해를 집안으로 삼는데, 크고 아름답지 않으면 중후한 위엄이 없으며 또 후세에 덧붙일 것이 없게 하려는 것입니다."

황상이 기뻐하였다.

❈ 신 사마광이 말씀드립니다.

왕자(王者)는 인의(仁義)로 아름다움을 삼고, 도덕(道德)으로 위

---

110 한왕 한신이 흉노에 투항한 뒤에 유방은 그의 둘째형인 유희를 대왕으로 삼고 옛 한신의 영지를 관할하게 하였다. 그러나 도망하였으므로 죄를 받아야 하지만 작위를 왕에서 후로 떨어뜨리는데 그쳤다.

111 척희(戚姬)가 낳은 아들이다.

112 12월이 지나고 2월이 되었으므로 당연히 해도 바뀌어야 한다고 생각하지만 이때에는 10월에 해가 바뀌기 때문에 12월과 2월은 같은 해이다.

113 장락궁의 서쪽에 있다. 둘레가 28리였다.

엄을 삼는 것이지, 궁실을 가지고 천하를 진압하고 복종시킨다는 말을 아직 들어보지 못하였습니다. 천하가 아직 평정되지 않았는데, 마땅히 자기를 이기고 쓰임을 절약하여 백성들에게 급한 것들을 추구해야 할 것인데, 그러나 궁실을 짓는 것을 우선으로 고려하다니 어찌 힘써야 할 바를 안다고 할 수 있겠습니까?

옛날에 우(禹)는 궁실을 낮게 하였고, 걸(桀)은 화려한 경궁(傾宮)[114]을 만들었습니다. 창업하고 전통을 내려 주려는 군주는 몸소 절약과 검소함을 실행하여 자손들에게 보여주고, 그 말류(末流)들은 오히려 음란하고 허황된 것으로 들어가는 것인데 하물며 사치를 보여 주어야 하는 데서이겠습니까?

마침내 말하기를 '후세에 덧붙일 것이 없게 한다.'고 하였으니 어찌 속인 것이 아니겠습니까? 효무제(孝武帝) 때에 이르러서 갑자기 궁실을 짓는 일로 천하를 피폐하게 하였는데, 아직 반드시 찬후(酇侯, 蕭何)가 이를 열어준 것에서 말미암은 것이 아닌 것이 아닙니다.

6   황상이 역양(櫟陽, 섬서성 臨潼縣)에서 장안으로 이사하여 도읍으로 삼았다.[115]

---

114 우는 하 왕조를 일으킨 임금이고, 걸은 하를 멸망하게 한 하의 마지막 임금으로 궁궐인 경궁과 요대(瑤臺)를 화려하게 지은 것으로 알려졌다.

115 전에 비록 누경과 장량이 관중에 도읍하라고 하였지만 도읍이 완성되지 아니하여 여전히 역양에 있었다가 장안에 궁궐이 완성되어 이사한 것이다.

7 처음으로 종정관(宗正官)¹¹⁶을 두어 구족(九族)을 관리하였다.

8 여름, 4월에 황제가 낙양(洛陽)으로 갔다.＊

---

116 황족에 대한 관리를 하는 직책이다. 평제 원시 원년(1년)에 종백(宗伯)으로
이름을 고쳤다.

권012

한기4

한 고조 유방과 혜제의 죽음

흉노와의 혼인과 강간약지

고제 8년(壬寅, 기원전 199년)

1   겨울에 황상이 한왕 한신(韓信)의 남은 도적들을 동원(東垣, 하북성 正定縣)에서 공격하고, 백인(柏人, 하북성 唐縣)을 지나갔다. 관고(貫高) 등이 사람을 화장실 벽에 숨겨두었다가 황상을 치고자 하였다.

황상이 그곳에서 묵으려고 하다가 마음이 움직여서 물었다.

"현(縣)의 이름이 무엇이라고 하는가?"

말하였다.

"백인(柏人)입니다."

황상이 말하였다.

"백인이라는 것은 다른 사람을 압박하는 것이다."[1]

드디어 묵지 않고 갔다. 12월에 황제가 동원에서 장안에 도착하였다.

---

1   지명인 백인(柏人)의 발음이 사람을 핍박(逼迫)한다는 의미의 말인 '박인(迫人)'과 같다.

2　봄, 3월에 황제가 장안을 떠나서 낙양에 갔다.

3　고인(賈人)[2]들로 하여금 비단옷·자수 옷·무늬 옷·가는 갈포 옷·모시옷·털실 옷을 입거나 무기를 갖거나 수레를 타거나 말을 타지 못하게 하였다.

4　가을, 9월에 황제가 낙양에서 장안으로 돌아왔는데, 회남왕(淮南王)·양왕(梁王)·조왕(趙王)·초왕(楚王)이 모두 좇았다.[3]

5　흉노의 난제묵돌이 자주 북쪽 변경을 고통스럽게 하였다. 황상이 이를 근심하여 유경(劉敬; 누경)에게 물으니, 유경이 말하였다.

"천하가 처음 평정되어 사졸들이 전투에서 피로하니, 아직은 무력으로 복속시킬 수 없습니다. 난제묵돌은 자기 아버지를 죽이고 대신 섰고, 여러 어미를 처(妻)로 삼았으며,[4] 힘으로써 위엄을 삼고 있으니, 아직 인의(仁義)를 가지고 유세할 수도 없습니다. 다만 장구하고 원대한 미래를 계획한다면 자손은 신하로 삼을 수 있을 뿐이지마는 그러나 폐하께서는 그 일을 하실 수 없을까 걱정입니다."

황상이 말하였다.

2　가게를 가지고 앉아서 물건을 파는 상인을 말한다.

3　회남왕(淮南王)·양왕(梁王)·조왕(趙王)·초왕(楚王)은 각기 영포·팽월·장오·유교이다.

4　아버지의 처였던 여러 어머니를 자기의 처로 삼았다는 것은 흉노의 풍속이다. 흉노에서는 동생이 죽은 형의 처인 형수를 처로 맞아서 생활을 안정시키고, 그 아이들을 잘 기르도록 되어 있다.

"어찌해서?"

대답하였다.

"폐하께서 진실로 적실(嫡室)의 장공주(長公主)를 그에게 보내어 그가 처(妻)로 삼게 하고, 후하게 받들어 그에게 남겨 준다면, 저들은 반드시 흠모하여 연지(閼氏)[5]로 삼을 것이며, 아들을 낳으면 반드시 태자가 될 것입니다.

폐하께서 세시(歲時)에 한에는 남고 저들에게 귀한 것을 자주 안부도 묻고 내려 주시고, 이어서 말 잘하는 사람으로 하여금 예절을 가지고 넌지시 타이르십시오. 난제묵돌이 살아 있으면 정말로 사위일 것이며, 죽는다 하여도 외손자가 선우(單于)가 될 것인데, 어찌 일찍이 외손자로 감히 외조부와 마주 대항할 사람이 있겠습니까?

전투를 없이 하고도 조금씩 점차 신하로 될 수 있습니다. 만약에 폐하께서 장공주(長公主)[6]를 보내실 수가 없어서 종실과 후궁으로 하여금 공주라고 거짓으로 말하게 하였다가 저들이 알면 귀하게 하여 가까이 두지 않을 것이니 이로움이 없을 것입니다."

황제가 말하였다.

"훌륭하오."

장공주를 파견하려고 하였다. 여후(呂后)가 밤낮으로 울면서 말하였다.

---

5 흉노 선우의 황후를 부르는 말이다.

6 장공주란 본래 전 황제의 딸, 현 황제의 누이나 여동생을 말하는 것이지만 여기에서는 장녀인 공주라는 뜻으로 보인다. 여기서 말하는 장공주는 유방의 딸인 노원(魯元)공주를 말한다.

"첩(妾)에게는 오직 태자[劉盈]와 한 명의 딸이 있는데, 어떻게 흉노에게 이를 버립니까?"

황상은 끝내 보낼 수가 없었다.

고제 9년(癸卯, 기원전 198년)

1   겨울에 황상이 가인(家人)[7]의 자식을 데려다 명목은 장공주라 하고, 선우에게 처로 삼게 하면서 유경으로 하여금 가서 화친의 맹약을 맺게 하였다.

❖ 신 사마광이 말씀드립니다.

건신후(建信侯, 劉敬)[8]는 난제묵돌이 잔인한 도적이어서 인의(仁義)를 가지고 유세할 수는 없다고 생각하고서 더불어 혼인을 맺고자 하였으니, 얼마나 앞뒤가 서로 어긋납니까! 무릇 골육의 은혜와 높고 낮은 차례는 오직 인의를 가진 사람만이 이를 알 수 있는 것인데, 어찌하여 이것을 가지고 난제묵돌을 복종시키려 하였습니까?

---

7 안사고는 밖에 있는 서민의 집에서 딸을 데려다가 공주라고 이름을 붙였다고 설명하였다.

8 유방에서 계책을 제시한 누경으로 후에 사성하여 유경이라 불리는 사람을 말한다.

대개 상세(上世, 전시대)의 제왕이 이적을 통어하는 데는 복종한다면 덕(德)을 가지고 이를 품어 주고, 배반하면 위엄을 가지고 그들을 떨게 하였지 더불어 혼인하였다는 말은 들어보지를 못하였습니다. 또 난제묵돌은 그 아버지를 금수(禽獸)처럼 보고서 그를 사냥하였는데 어디에 장인에 대한 생각을 갖고 있겠습니까?

건신후의 술책은 정말로 아주 거친 것인데, 하물며 노원공주(魯元公主)는 이미 조의 왕후(王后)[9]가 되었으니, 또한 빼앗을 수 있겠습니까?

2   유경이 흉노에게서 돌아왔고, 이어서 말하였다.

"흉노의 하남(河南; 황하 남쪽, 河套의 남쪽)에 있는 백양(白羊)과 누번왕(樓煩王)은 장안에서 가까운 곳은 700리 떨어져 있어서, 경무장한 기병은 하루 밤낮만 달려도 진중(秦中, 關中)에 도착할 수 있습니다. 진중은 새로이 파괴되어서, 백성은 적고 땅은 비옥하니 더욱 많게 하여서 채울 수 있습니다. 무릇 제후들이 애초에 일어났을 때에는 제(齊)의 여러 전씨(田氏)·초(楚)의 소씨(昭氏)·굴씨(屈氏)·경씨(景氏)가 아니면 일어날 수가 없었습니다.[10]

이제는 폐하께서는 비록 관중에 도읍을 하였지만, 실제로 백성도 적으며, 동쪽으로는 6국의 강한 족속들이 있으니, 어느 날 변고가 있게 되면 폐하도 역시 높은 베개를 베고 누워 계실 수가 없을 것입니다. 신

---

9 장이의 아들인 조왕 장오에게 이미 출가하였다.

10 당시에는 제와 초가 강한 나라였는데, 전씨는 제의 왕족이고, 초의 귀족은 소씨·굴씨·경씨였다.

이 바라건대, 폐하께서 6국의 후예들과 호걸들과 명문 집안들을 관중으로 옮겨 살게 하여 아무런 일이 없을 때에는 흉노를 대비할 수 있고, 제후들에게 변고가 있으면 역시 이끌어서 동쪽으로 충분히 칠 수가 있습니다. 이것이 근본을 강하게 하고 끝을 약하게 하는 술책입니다."

황상이 말하였다.

"훌륭하다."

11월에 제(齊)와 초(楚)에 사는 큰 집안인 소씨(昭氏)·굴씨(屈氏)·경씨(景氏)·회씨(懷氏)·전씨(田氏)의 5족(五族)과 호걸을 관중으로 이사시켜서 좋은 농지와 집을 주었는데, 무릇 10여만 명이었다.

3   12월에 황상이 낙양으로 행차하였다.

4   관고(貫高)를 원망하던 집안에서 그의 음모[11]를 알고, 변고를 올려서 이를 고하였다. 이에 황상이 조왕(趙王, 장오)과 여러 배반한 사람을 체포하였다. 조오(趙午) 등 10여 명은 모두 다투어 자살하였는데, 관고만이 홀로 화가 나서 욕하며 말하였다.

"누가 공(公)으로 하여금 이 일을 하라고 하였소? 이제 우리 왕[조왕 장오]은 실로 아무런 모의를 한 일이 없는데, 아울러 왕까지 체포되었소. 공 등이 모두 죽는다면 누가 우리 왕이 황제를 배반하지 않았다는 것을 밝히겠소?"

마침내 함거(轞車)로 단단히 가두고서 조왕과 함께 장안에 이르렀다.

---

11 황상인 유방을 죽이려던 음모였으며, 이 일은 고제 7년(기원전 200년)에 일어났는데, 그 내용은《자치통감》권11에 실려 있다.

관고가 옥리(獄吏)에게 대답하였다.

"다만 우리들이 이 일을 하였고, 왕[조왕 장오]은 실제로 알지 못하였소."

옥리가 다스리는데, 태장을 수천 번이나 맞고 여러 곳이 쇠꼬챙이에 찔려서 몸에는 더 때릴 곳이 없게 되었으나 끝내 다시 말하지 않았다.

여후(呂后)가 자주 말하였다.

"장왕(張王)은 공주를 연고로 하였으니[12] 마땅히 이런 일은 하지 않았을 것이오."

황상이 화가 나서 말하였다.

"장오가 천하를 점거하면 어찌 그대의 딸을 만만하게 볼 수 있겠소?"

듣지를 않았다.

정위(廷尉)가 관고의 일과 말을 보고하였다. 황상이 말하였다.

"장사로군! 잘 아는 사람이 누군가? 사사롭게 그에게 물어보게 하시오."

중대부(中大夫) 설공(泄公)이 말하였다.

"그는 신(臣)과 같은 읍에 살았던 사람이므로 본디부터 그를 아는데, 이 사람은 조국(趙國)을 굳게 하고 의(義)를 세워 모욕을 받지 않을 사람이고, 승낙한 것대로 할 사람입니다."

황상이 설공으로 하여금 황제의 부절(符節)을 가지고 편여(篅輿)[13]

---

12 장왕은 조의 왕 장오인데, 성과 작위인 왕을 합쳐 부른 것이며, 장오는 유방의 딸인 노원공주와 결혼하였으므로 유방의 사위였다.

13 부절은 황제의 신표이고, 편여는 대나무를 엮어서 수레처럼 만든 것인데, 당시에 관고는 채찍을 맞아서 편여에 두었던 것으로 보인다.

앞으로 가서 그에게 묻게 하였다.

설공은 더불어 서로 고생한 것을 위로하였는데 마치 평생을 즐긴 사람처럼 하고 이어서 물었다.

"장왕은 과연 모의를 계획한 일이 있습니까?"

관고가 말하였다.

"사람의 정으로 보아서 어찌 각기 그 부모와 처자를 사랑하지 않는 사람이 있겠습니까? 지금 나의 삼족(三族)[14]이 모두 죽을죄로 판결되고 있는데, 어찌 왕을 사랑하는 것이 나의 부모를 사랑하는 것보다 넘어서겠습니까? 돌아 보건대 장왕[조왕 장오]은 실로 배반을 하지 않았고, 다만 우리들이 이 일을 하였소."

본래 지적하였던, 그렇게 하려고 한 까닭과 왕[조왕]은 모르는 상황을 갖추어 이야기하였다.

이에 설공이 들어가서 갖추어 황상에게 보고하였다. 봄, 정월에 조왕 장오를 사면하고 폐하여 선평후(宣平侯)로 삼고, 대왕(代王) 유여의(劉如意)를 조로 이사시켜서 조왕으로 삼았다.[15]

황상은 관고의 사람됨을 현명하다고 생각하여 설공으로 하여금 이를 갖추어 알리게 말하였다.

"장왕이 이미 옥에서 나갔소."

이어서 관고를 사면하였다. 관고가 기뻐하며 말하였다.

"왕이 정말로 나왔습니까?"

---

14 부계, 모계, 처계를 말한다.

15 왕에서 강등시켜서 후작으로 한 것이며, 결국 비록 사위였지만 이성제후를 동성제후로 바꾼 것이다.

설공이 말하였다.

"그렇소."

설공이 말하였다.

"황상은 족하에게 도량이 넓게 생각하니 그러므로 족하를 사면하였소."

관고가 말하였다.

"이 죽이지 않고 한 몸에 나머지를 없게 하려 한 까닭은 장왕이 배반하지 않은 것을 밝히는 것이었습니다. 이제 왕이 이미 나갔다니 나의 책임은 이미 다하였으므로 죽어도 한스럽지 않소. 또한 신하가 되어 황제를 시해하려 하였다는 이름을 가지고서 무슨 면목으로 다시 황상을 섬기겠습니까? 설사 황상께서 나를 죽이지 않아도 내가 마음속으로 부끄럽지 않겠소?"

마침내 우러러 항(亢)[16]을 끊고 드디어 죽었다.

❖ 순열(荀悅)[17]이 평론하였습니다.

관고는 먼저 반란을 모의하여 주군을 죽이려던 역적이었으니, 비록 그의 왕을 증명할 수는 있었다고 하더라도 작은 진실이 대역죄를 막아주지는 못하며, 사사로운 행동으로 공적(公的) 죄를 면

---

16 항은 목덜미의 대맥(大脈)이다. 목구멍이라고 하기도 한다.

17 후한 헌제 때의 인물로 금중에서 시강을 하였고, 조조에게로 넘어가 헌책을 하려고 하였으나, 받아들여지지 않자 《신감(申鑒)》 5편을 지었고, 《한기》 30권을 지었는데, 좌전체를 본받아서 편년체로 지었다.

제받지 않는다. 《춘추(春秋)》의 의(義)는 올바로 하는 것을 크다 하였으니 죄는 사면하지 않는 것이 옳았다.

❖ 신 사마광이 말씀드립니다.

고조는 교만하여 신하를 잃었으며, 관고는 사나움으로 그의 군주를 망하게 하였습니다. 관고로 하여금 역적모의를 하게 한 것은 고조의 허물이고, 장오(張敖)로 하여금 나라를 잃게 한 것은 관고의 죄입니다.

5   조서를 내려 말하였다.
"병인일(27일) 전에 죄 지은 사람 가운데 수사(殊死, 사형) 이하는 모두 이를 사면하라."

6   2월에 행차하여 낙양에서 도착하였다.[18]

7   애초에, 황상이 조서를 내렸다.
"조(趙)의 여러 신하와 빈객(賓客)들로 감히 장왕(張王, 장오)을 좇는 자는 족주(族誅)할 것이다."
낭중(郎中)인 전숙(田叔)과 맹서(孟舒)는 모두 스스로 머리를 다 밀어버리고, 목에 칼을 걸고, 왕의 가노(家奴)가 되어서 좇았다.
장오(張敖)가 사면이 되자 황상은 전숙과 맹서 등을 현명하다고 여

---

18 한의 도읍이 장안이므로 장안에 도착한 것이다.

졌다. 불러서 만나 더불어 말을 해보고 한의 조정에 있는 신하로 그보다 나은 사람이 없었다. 황상은 그들 모두에게 벼슬을 주어 군수와 제후의 재상[19]으로 삼았다.

8   여름, 6월 그믐날에 일식이 있었다.

---

19 제후의 봉국에는 재상을 두어 여러 관리와 군경(群卿)과 대부와 도관(都官)을 통솔하게 하였는데, 후에는 제후왕이 나라를 다스릴 수가 없자 관리를 두었다가 승상을 고쳐서 상(相)으로 하였다. 대체로 직급은 군수와 같다.

한신의 죽음

9   승상 소하를 바꾸어 상국(相國)으로 삼았다.[20]

고제 10년(甲辰, 기원전 197년)

1   여름, 5월에 태상황(太上皇)[21]이 역양궁(櫟陽宮)에서 붕어하였다. 가을, 7월 계묘일(24일)에 태상황을 만년(萬年, 섬서성 臨潼縣 북쪽)에 장사지냈는데, 초왕(楚王, 劉交)과 양왕(梁王, 彭越)이 모두 와서 장례에 참석하였다. 역양(櫟陽, 섬서성 臨潼縣)의 죄수들을 사면하였다.

2   정도(定陶, 산동성 定陶縣)의 척희(戚姬)[22]가 황상에게 총애를 받

---

20 우리가 일반적으로 재상이라고 부르는 명칭에는 승상(丞相)·상국(相國)·국상(國相)·상(相)·상서복야(尙書僕射)·동중서문하삼품(同中書門下三品) 등이 있다. 그러나 상국이 승상보다는 권위가 더 있다.

21 유방의 아버지로 이름은 유집가(劉執嘉)이다.

22 희(姬)는 한 왕조 초기에 황궁비빈 가운데 1급 관직이며, 지위는 재상과 같고,

아서 조왕(趙王) 유여의(劉如意)를 낳았다. 황상은 태자가 어질지만 나약한데, 유여의가 자기와 비슷하다고 생각하였다. 비록 책봉하여 조왕(趙王)으로 삼았지만 항상 그를 장안에 머물게 하였다. 황상이 관동(關東)에 가면 척희가 항상 좇았는데, 밤낮으로 울면서 그의 아들을 태자로 세우기를 바랐다.

여후는 나이가 많고 항상 머물며 지키고 있었기 때문에 더욱 황제와 멀어졌다. 황상은 태자를 폐하고 조왕을 태자로 세우고 싶었는데, 대신들이 이를 두고 다투어 모두 할 수 없었다. 어사대부(御史大夫) 주창(周昌)이 조정에서 이를 두고 강하게 다투자 황상이 그의 설(說)을 물었다.

주창의 사람됨은 말을 더듬어서 또 크게 화를 내니, 말하였다.

"신은 입으로 말할 수가 없지만 그러나 신은 그 그 그것이 옳지 않다는 것을 거의 압니다. 폐하께서 태자를 폐위하려 하신다고 하여도 신은 조 조 조서[23]를 받들 수 없습니다."

황상이 기뻐하며 웃었다.

여후가 동상청(東廂廳)[24]에서 옆으로 귀를 기울여 듣고 있었는데, 이미 파(罷)하고 나자 주창을 보고는 무릎을 꿇고 감사하며 말하였다.

"그대가 아니었다면 태자는 거의 폐위 되었을 것이오."

작위는 친왕과 같고, 봉록은 2천 석이고 황후의 다음 자리이다.

23 '그 그'나 '조 조'는 말을 더듬는 표현이다. 원문에서는 각기 기기(期期)라고 하였는데 안사고는 이를 말더듬이어서 그렇게 한 것이라고 해석하였다.

24 정침의 동쪽과 서쪽에 있는 방을 상(廂)이라고 한다. 그러므로 동상은 전의 동쪽에 있는 방을 말한다.

그때에 조왕의 나이가 열 살이어서 황상은 만세(萬歲) 뒤에 온전하지 못할까 걱정하니, 부새어사(符璽御史)[25] 조요(趙堯)가 조왕을 위하여 귀(貴)하게 하고 강한 재상을 두라고 건의하면서 여후와 태자 그리고 여러 신하들이 평소에 존경하며 꺼리는 사람에게 이르게 하였다.

황상이 말하였다.

"누가 할 수 있겠소?"

조요가 말하였다.

"어사대부 주창이 바로 그 사람입니다."

황상이 마침내 주창을 조의 재상으로 삼고, 조요로 주창(周昌)을 대신하여 어사대부로 삼았다.

3   애초에, 황상이 양하후(陽夏侯) 진희(陳豨)를 상국(相國)으로 삼고, 조(趙)와 대(代)의 변경에 있는 군사를 감독하게 하였다. 진희가 지나가다가 회음후(淮陰侯, 한신)에게 작별인사를 하였다. 회음후가 그의 손을 끌면서 좌우에 있던 사람들을 피하여, 그와 더불어 정원을 거닐면서 하늘을 우러러 탄식하며 말하였다.

"그대는 더불어 말을 해도 좋겠소?"

진희가 말하였다.

"다만 장군께서 명령만 내리십시오."

회음후가 말하였다.

"공이 있을 곳은 천하의 정병들이 있는 곳이고 공은 폐하께서 믿고 총애하는 신하요. 어떤 사람이 공이 배반하였다고 말하더라도 폐하는

---

25 부절과 인새를 관장하는 어사를 말한다.

반드시 믿지 않을 것이지만, 다시 이르게 되면 폐하는 마침내 의심할 것이며, 세 번 이르면 반드시 노하여 스스로 군사를 거느리고 갈 것이오. 내가 공을 위하여 중앙[26]에서 일어나면 천하를 도모할 수 있을 것이오."

진희는 평소 그의 능력을 알아서 그것을 믿고 말하였다.

"삼가 가르치신 것을 받들겠습니다."

진희는 항상 위무기(魏無忌)가 선비를 길렀던 것을 흠모하였고,[27] 상국이 되어 변방을 지키게 되자, 집으로 귀향(歸鄕)하겠다고 보고하고[28] 조를 지나가는데, 빈객(賓客)들이 그를 좇아가니, 수레가 천여 승(乘)[29]이 되어서 한단(邯鄲, 하북성 한단시, 조의 도읍지)의 관사(官舍)가 모두 꽉 찼다.

조의 상국인 주창이 황상을 들어가 뵙기를 구하고, 진희의 빈객이 대단히 왕성한 것을 갖추어 이야기하고, 밖에서 몇 년 동안 군사를 오로지한다면 변란을 일으킬까 걱정이라고 하였다.

황상이 사람을 시켜서 진희의 빈객들이 대(代, 하북성 울현)에 거주하면서 여러 가지 저지른 불법적인 일을 조사하게 하였더니 대부분 진희

---

26 수도인 장안을 말한다. 회음후인 한신은 장안에 살고 있다.

27 전국시대 위(魏)의 신릉군을 말한다. 이에 관한 일은 주 난왕 57년(기원전 258년)에 있었고, 그 내용은《자치통감》권5에 실려 있다.

28 한의 율(律)에 의하면 이천석의 관리는 고향에 돌아가 보고자 하면 여고(予告)하는 경우도 있고 사고(賜告)하는 경우도 있다. 사고의 경우는 병이 들어 3개월을 채우면 면직되지만 황제가 대우하여 보고하도록 하사하여 인수를 차고 관속을 데리고 집에 가서 병을 치료할 수 있게 하였다.

29 수레의 단위로 수레 하나를 말 네 마리가 끌 때, 이 수레를 승으로 한다.

와 연관이 있자 진희는 두려워하였다. 한왕(韓王) 한신(韓信)[30]은 이어서 왕황(王黃)과 만구신(曼丘臣) 등을 시켜서 유세하여 그를 유인하였다.

태상황이 붕어하자 황상이 사람을 시켜서 진희를 불렀으나, 진희는 병이 들었다고 하면서 오지 않았고, 9월에, 드디어 왕황 등과 더불어 반란을 일으키고 자립하여 대왕(代王)이 되어 조와 대를 겁탈하여 경략하였다. 황상이 동쪽에서부터 그를 쳤다. 한단에 이르러 기뻐하며 말하였다.

"진희가 한단에 근거를 두고 장수(漳水)로 방어하지 않았으니, 나는 그가 아무 것도 할 수 없을 것을 알겠다."

주창이 상주문을 올렸다.

"상산(常山, 하북성 元氏縣 서쪽)에 있는 25개 성(城)에서 그 20개 성이 망하였으니, 청컨대 군수(郡守)와 군위(郡尉)를 죽이십시오."

황상이 말하였다.

"군수와 군위가 반란하였는가?"

대답하였다.

"아닙니다."

황상이 말하였다.

"이는 힘이 부족하였던 것이니 죄 될 것이 없다."

황상이 주창으로 하여금 조의 장사(壯士) 중에서 명령하고 거느릴 만한 자를 선발하라고 하니, 네 명을 찾았다고 보고하였다. 황상이 그들을 업신여기고 욕하면서 말하였다.

---

30 흉노에 투신한 한왕을 말한다. 장군인 회음후와는 다른 사람이다.

"이런 녀석들이 장수가 될 수 있겠소?"

이 네 명이 부끄러워 모두 땅에 엎드렸는데 황상은 이들에게 각각 천호(千戶)에 책봉하고 장수로 삼았다.

좌우에서 간하였다.

"좇아서 촉(蜀)과 한(漢)에 들어갔고,[31] 초를 정벌하였음에도 상(賞)을 두루 내리지 아니하였는데, 이제 이들을 책봉하니 무슨 공로입니까?"

황상이 말하였다.

"너희들이 알 바 아니다. 진희가 반란을 일으켰고, 조와 대의 땅은 모두 진희의 소유이다. 내가 우격(羽檄)[32]으로 천하의 군사를 징집하였으나 아직 도착한 사람이 없으며, 이제 계산해 보건대, 오직 한단에 있는 군사들만 가지고 있을 뿐인데, 내가 어찌 4천 호(戶)를 아껴 가지고, 조의 자제들을 위로하지 않는단 말인가?"

모두 말하였다.

"훌륭하십니다."

또한 진희의 장수는 모두 옛날에 고인(賈人, 상인)이라는 것을 듣자, 황상이 말하였다.

"나는 이들과 더불어 해야 할 것을 알겠다."

마침내 대부분 금(金)을 가지고 진희의 장수들을 사들이니, 진희의 장수 대부분이 항복하였다.

---

31 진이 망한 다음에 항우가 유방을 촉한의 한왕으로 봉하였다.

32 화살에 붙여서 보내는 격문을 말한다. 전투 중에는 가장 빠르게 격문을 전하는 방법이다.

고제 11년(乙巳, 기원전 196년)

1   겨울에 황상은 한단에 있었다. 진희의 장수인 후창(侯敞)이 1만여 명을 거느리고 유격하러 나가고, 왕황(王黃)은 기병 1천여를 거느리고 곡역(曲逆, 하북성 完縣)에 주둔하였으며, 장춘(張春)은 군졸 1만여 명을 거느리고 황하를 건너서 요성(聊城, 산동성 聊城縣)을 공격하였는데, 한의 장군 곽몽(郭蒙)이 제의 장수들과 공격하여 그들을 대파하였다.

태위 주발이 태원(太原, 산서성 太原市)에서 길을 나서서 대(代)땅으로 들어가서 평정하고 마읍(馬邑, 산서성 朔縣)에 이르렀으나, 떨어지지 않자 그곳을 공격하여 잔멸(殘滅)시켰다. 조리(趙利)[33]는 동원(東垣, 하북성 正定縣)을 지켰으나, 황제가 이를 공격하여 뽑고, 이름을 바꾸어서 진정(眞定)이라 하였다. 황제는 왕황과 만구신의 머리를 천금(千金)을 가지고 산다고 하니, 그들의 휘하에서 모두 그들을 산 채로 데려왔다. 이에 진희의 군사는 드디어 궤멸되어 패하였다.

회음후 한신은 병을 칭(稱)하고 진희를 공격하는 일에 좇아가지 않고, 몰래 진희가 있는 곳으로 사람을 보내서 더불어 모의한 내용을 전달하였다. 한신은 가신(家臣)들과 모의하기를 '밤중에 조서라고 속이고 여러 관청의 도(徒)와 노(奴)[34]를 사면하고 징발하여 여후와 태자를 습격하는데, 부서(部署)를 이미 평정시키고 진희의 회보를 기다리

---

33 왕황이 옹립하여 조왕이 된 사람이다.

34 관도는 죄를 짓고 노역에 동원된 것을 도(徒)라고 하고, 죄를 짓고 관청에 몰입된 자를 노(奴)라고 한다.

기로 하였다.

그의 사인(舍人)³⁵이 한신에게 죄를 지으니, 한신이 그를 가두고 죽이려하였다. 봄, 정월에 사인의 동생이 변고를 올려서 한신이 반란하려는 상황을 여후에게 보고하였다. 여후는 부르려고 하였으나, 그 무리들이 오지 않을까 걱정하여 마침내 소상국(蕭相國)³⁶과 모의하고, 거짓으로 황상이 있는 곳에서 사람이 온 것으로 하며, 진희는 이미 붙잡아서 죽였으니 열후와 군신(群臣)들은 모두 축하하도록 말하였다.

상국은 한신을 속여서 말하였다.

"그대가 비록 병들었지만 억지로라도 들어가서 축하하시오."

한신이 들어가니 여후는 무사들로 하여금 한신을 결박하여 그를 장락궁(長樂宮)의 종실(鐘室, 종을 걸어 두는 집)에서 목을 베었다. 한신이 바야흐로 참(斬)할 즈음에 말하였다.

"내가 괴철(蒯徹)의 계책³⁷을 쓰지 않았던 것을 후회하니, 이에 아녀자에게 속은 바 되었으니 어찌 하늘의 뜻이 아니랴!"

드디어 한신의 삼족(三族)³⁸이 이멸(夷滅)되었다.

❈ 신 사마광이 말씀드립니다.

---

35 사인은 주인의 심부름을 하는 직책으로 이는 개인 집이나 관청에 두루 있다. 관청에 소속된 사인은 사인 앞에 관청 명을 붙여서 구별한다.

36 소하를 말한다. 소하가 상국이었으므로 성과 관직명을 붙여서 부른 것이다.

37 이 일은 고제 4년(기원전 203년)에 있었고, 그 내용은《자치통감》권10에 실려 있다.

38 부족·모족·처족을 말한다.

세상에서 어떤 사람은 한신이 첫째로 큰 계책을 세웠다고 하는데, 고조와 더불어 한중(漢中, 섬서성 南鄭縣)에서 군사를 일으켜 삼진(三秦: 雍國·塞國·翟國)을 평정하고, 드디어 군사를 나누어 가지고 북쪽으로 가서 위[魏王, 위표]를 사로잡고, 대(代, 진여)를 빼앗았으며, 조(趙, 조헐)를 무너뜨렸고, 연(燕, 장도)을 위협하였으며, 동쪽으로 제(齊, 田廣)를 공격하여 이를 소유하고 남쪽으로는 초를 해하(垓下)에서 멸망시켰으니, 한(漢) 왕조가 천하를 소유할 수 있던 까닭은 대개 모두 한신의 공로라고 합니다. 그가 괴철(蒯徹)의 유세를 거절하고 고조를 진구(陳丘, 하남성 淮陽縣)에서 환영한 것을 보면[39] 어찌 반란할 마음이 있었겠는가? 정말로 직책을 잃어서 앙앙불락(怏怏不樂)하다가 드디어 패역의 구렁텅이에 빠진 것이다. 무릇 노관(盧綰)은 고조와 같은 고향 사람이라는 옛날의 정리(情理)를 가지고 오히려 남면(南面)하고 연(燕)에서 왕 노릇하는데, 한신은 마침내 열후(列侯)로서 봉조청(奉朝請)[40]하니 어찌 고조가 또한 한신에게 빚진 것이 있지 않는가? 라고 합니다.

신은 고조가 속이는 꾀를 써서 진구에서 한신을 사로잡았으니, 말에서 빚을 진 것은 있다고도 생각하지만 비록 그러하더라도 한신 역시도 이를 받을 일을 한 것입니다. 애초에, 한이 초와 형양(榮陽)에서 서로 대치하고 있는데, 한신은 제를 멸망시키고 돌아와서

---

39 이 일은 고제 6년(기원전 201년)에 있었고, 그 내용은 《자치통감》 권11에 실려 있다.

40 조회에 참석할 수 있는 직책을 말한다. 겉으로는 대우하는 것 같지만 실제로는 아무 권한도 없다.

보고를 하지도 않고 스스로 왕이 되었으며, 그 후에 한이 초를 추격하여 고릉(固陵)에 이르러서는 한신과 더불어 초를 공격하기로 기약하고서도, 한신은 오지를 않았는데,[41] 당시에 고조는 본디 한신을 사로잡을 마음을 가졌으나, 돌아보니 힘이 부족하였을 뿐입니다. 천하가 이미 평정되기에 이르자, 한신은 다시 무엇을 믿었겠습니까?

무릇 때를 틈타서 이익을 취하려는 것은 시정잡배(市井雜輩)의 생각이고, 공로를 돌리고 은덕에 보답하는 것이 선비나 군자들의 마음입니다. 한신은 시정잡배의 뜻을 가지고 그 몸을 이롭게 하면서, 다른 사람에게는 선비나 군자의 마음을 가져주기를 바랐으니 또한 어렵지 아니합니까?

이러한 연고로 태사공(太史公, 사마천)은 이를 논평하여 말하였습니다. '가령 한신으로 하여금 도(道)와 겸양을 배우고, 자기의 공로를 자랑하지 않으며, 자기의 능력을 아끼지 않았다면 거의 가까웠을 것이다. 한가(漢家, 한을 세운 집)에 세운 공훈에서는 주공(周公)·소공(召公)·태공(太公, 강태공)의 무리들과 견줄 수가 있어서 후세들이 혈식(血食)을 올렸을 것이다. 이런 일을 하려고 힘쓰지 않고 천하가 이미 안정이 되었는데, 마침내 반역을 모의하여 종족을 이멸(夷滅)되게 하였으니, 또한 마땅하지 아니한가?'

2   장군 시무(柴武)가 참합(參合, 산서성 陽高縣)에서 한왕 한신[42]의

---

41 이 일들은 모두 고조 5년(기원전 203년)에 있었고, 그 내용은 《자치통감》 권 10에 실려 있다.

목을 베었다.

3   황상이 낙양으로 돌아와서 회음후 한신이 죽었다는 소식을 듣고
또 기뻐하면서 또 그를 가련하게 여기고 여후에게 물었다.

"한신이 죽으면서 또 무슨 말을 하였소?"

여후가 말하였다.

"한신은 괴철(蒯徹)의 꾀를 쓰지 않을 것을 한스럽다고 말하였습니
다."

황상이 말하였다.

"이 사람이 바로 제의 변사(辯士) 괴철이오."

마침내 제(齊, 제왕은 劉肥)에 조서를 내려 괴철을 체포하도록 하였
다. 괴철이 도착하자 황상이 말하였다.

"네가 회음후에게 반란을 일으키라고 가르쳤는가?"

대답하였다.

"그렇습니다. 신이 정말로 그에게 가르쳤습니다. 그 녀석이 신의 계
책을 쓰지 않았으니 그런 연고로 스스로 여기에서 이멸되었는데, 만약
에 신의 계책을 사용하였더라면 폐하께서 어떻게 그를 이멸할 수가 있
었겠습니까?"

황상이 화가 나서 말하였다.

"이를 팽(烹)하라."

---

42 이는 회음후 한신이 아니라 또 다른 한왕이었던 한신이다. 회음후 한신은 제
   왕을 거쳐서 초왕을 지내다가 잡혀왔고, 한왕 한신은 흉노에게로 도망하였던
   사람이다.

괴철이 말하였다.

"아! 팽 당하는 것이 원통하도다!"

황상이 말하였다.

"네가 한신에게 반란을 일으키도록 가르치고서 무엇이 원통한가?"

대답하였다.

"진(秦)이 그의 사슴[鹿]⁴³을 잃어버리니, 천하가 함께 이것을 쫓았는데, 재주가 높고 빨리 달리는 사람이 먼저 잡는 것입니다. 도척(盜跖)⁴⁴의 개가 요(堯)를 보고 짖는다고 하여, 요가 어질어지지 않는 것이 아니지만, 개란 본래 그 주인이 아닌 것을 보면 짖는 것입니다. 당시에 신은 오직 한신만을 알았고 폐하를 알지 못하였습니다. 또한 천하에는 날을 갈아 칼을 가지고서 폐하가 한 것을 하려고 한 사람이 아주 많았습니다마는 자기의 힘을 돌아보고 할 수 없었을 뿐이니 또 이들을 다 팽하실 것입니까?"

황상이 말하였다.

"그대로 내버려두라."

---

43 정권을 비유하여 쓴 말이다. 즉 진의 정권이라는 말이다.

44 춘추시대의 저명한 도둑이다.

효수된 팽월과 육가의 활약

4   아들 유항(劉恒)을 대왕(代王)으로 삼고, 진양(晉陽, 산서성 태원시)
에 도읍하게 하였다.

5   천하를 크게 사면하였다.

6   황상이 진희(陳豨)를 치면서 양(梁)에서 군사를 징발하였는데, 양
왕(梁王, 彭越)은 병이 났다고 하면서 장수를 시켜서 군사를 거느리고
한단에 가게 하였다. 황상이 화가 나서 사람을 시켜서 그를 책망하였
다. 양왕이 두려워서 스스로 가서 사과하려고 하였다. 그의 장수이 호
첩(扈輒)이 말하였다.

    "왕께서 애초에 가지 않다가 책망을 보이자 가다니 가면 바로 잡히
게 되는데 끝내는 군사를 내서 반란을 일으키는 것만 못합니다."

    양왕은 듣지 않았다.

    양의 태복(太僕)[45]이 죄를 짓고 도망하여 한으로 가서 양왕과 호첩

---

45 말과 수레 등 교통에 관한 업무를 담당하는 직책이다.

이 반란을 꾀한다고 보고하였다. 이에 황상이 사자로 하여금 양왕을 엄습(掩襲)하게 하니, 양왕은 알아차리지 못하였고 드디어 그를 가두어서 낙양으로 왔다. 유사(有司)가 처리하였다.

"반란의 형태는 이미 갖추어졌으니, 청컨대 법대로 처리하십시오."

황상은 사면하고 서인(庶人)으로 만들어서 촉(蜀)의 청의(靑衣, 사천성 雅安縣)로 옮겨 두게 하였다.

서쪽으로 가다가 정(鄭, 섬서성 華縣)에 이르렀는데, 장안에서부터 오는 여후를 만났다. 팽왕(彭王)[46]은 여후에게 눈물을 흘리고 울면서, 스스로 죄가 없다고 말하고, 바라건대 옛날의 창읍(昌邑)[47]에서 살게 해달라고 하였다. 여후는 허락하고서 더불어 동쪽으로 왔다. 낙양에 이르러서 여후가 황상에게 아뢰었다.

"팽왕은 장사인데, 이제 그를 촉(蜀)으로 귀양 보내면 이는 스스로 근심거리를 남기는 것이니, 끝내 그를 주살하는 것만 못합니다. 첩(妾)[48]이 삼가 함께 왔습니다."

이에 여후는 마침내 그 사인(舍人)으로 하여금 팽월이 다시 반란을 꾀한다고 보고하게 하였다.

정위 왕념개(王恬開)가 그를 족멸하라고 주청하였고, 황상은 그 주청이 가(可)하다고 하였다. 3월에 팽월의 삼족이 이멸되었다. 팽월의

---

46 팽씨 성을 가신 왕이라는 말이며, 팽월은 양왕이었으므로 팽월을 팽왕이라고 하였다.

47 팽월은 진의 2세황제 2년(기원전 208년)에 창읍에서 기병하였으므로 창읍을 자기의 고향이라고 하였다.

48 여자가 자기 자신을 낮추어 부르는 말이다. 여후가 자기를 가리키는 것이다.

목을 잘라 낙양에서 효수(梟首)⁴⁹하고 조서를 내렸다.

"이를 거두어보는 자는 바로 체포한다."

양의 대부(大夫)인 난포(欒布)가 제(齊)에 사자로 갔다가 돌아와서 팽월의 머리 아래에서 일을 상주(上奏)하고,⁵⁰ 그에게 제사를 지내며 곡(哭)을 하였다. 관리가 그를 체포하고 보고하였다. 황상이 난포를 불러서 욕을 하고 그를 팽(烹)하려고 하였다.

바야흐로 그를 들어서 끓는 속에 집어넣으려는데⁵¹ 난포가 돌아보면서 말하였다.

"바라건대 한마디만 하고 죽겠습니다."

황상이 말하였다.

"무슨 말인가?"

난포가 말하였다.

"바야흐로 황상께서 팽성(彭城, 강소성 銅山縣)에 갇혀있고, 형양(滎陽, 하남성 형양현)과 성고(成皋, 하남성 汜水縣 虎牢關) 사이에서 패하였는데 항왕이 끝내 서쪽으로 갈 수 없었던 것은 다만 팽왕이 양 지역에 있으면서 한과 더불어 합종(合從)⁵²하여 초에 고통을 주었기 때문입

---

49 사형을 집행하여 그 목을 잘라 나뭇가지에 높이 매달아 놓는 것이다.

50 난포는 팽월이 양왕이었을 때 제에 사신으로 갔다가 돌아오니 왕인 팽월이 죽어있었는데, 비록 죽었지만 팽월의 사자로 갔었음으로 그 업무에 대하여 주문을 올린 것이다.

51 팽은 사형방법의 하나로 죄수를 삶아 죽이는 것이다. 그러므로 솥에 물을 끓이고 끓는 물속에 넣으려는 것이었다.

52 외교정책으로 남북에 있는 나라가 서로 연합하는 것을 말하며, 이는 전국시대에 유행하던 외교정책의 하나이다.

니다.

그 당시에는 팽왕이 한 번 고개를 돌려서 초와 더불어 하였다면 한은 격파될 것이고, 한과 더불어 하면 초가 격파되었습니다. 또 해하(垓下)의 모임에서 팽왕이 없었다면 항씨는 망하지 않았을 것입니다. 천하가 이미 평정되었고 팽왕은 부절을 나누고 봉작(封爵)을 받아서 또 이를 만세(萬世)에 전하고자 하였습니다.

이제 폐하께서는 한 번 양에서 군사를 징발하였고, 팽왕이 병으로 가지 아니하자, 폐하는 의심하여 반란이라고 여겼지만, 반란의 형태는 구체화 되지 않았으니, 소소한 안건을 가혹하게 처리하여 그를 주멸하였습니다. 신은 공신들이 각자 스스로 위태함을 느낄까 걱정입니다. 이제 팽왕은 이미 죽었으니, 신은 산다 하여도 죽는 것만 못하니, 청컨대 바로 팽하십시오."

이에 황상이 마침내 난포의 죄를 풀어주고 벼슬을 주어 도위(都尉)로 삼았다.

7   병오일[53]에 황제의 아들인 유회(劉恢)를 세워서 양왕으로 삼았다. 병인일(11일)에는 황제의 아들인 유우(劉友)를 세워 회양왕(淮陽王)으로 삼았다. 동군(東郡, 하북성 濮陽縣)을 철폐하여 자못 양(梁, 양의 도읍은 睢陽)에 더해주고, 영천군(潁川郡, 하남성 禹縣)을 철폐하여 자못 회양국(淮陽國, 도읍은 淮陽縣)에 덧붙여 주었다.

---

53 앞에 3월이 나왔으므로 당연히 3월 병오여야 한다. 그러나 3월 1일이 병진이므로 3월에는 병오일이 없다. 그런데 이 사건을 사기연표에 의거하면 2월 병오로 되어 있으므로 2월이라면 2월 20일이다. 그러나 통감에서는 앞에 3월에 팽월의 3족을 이멸했다는 기록이 있기 때문에 여기에 배치한 것으로 보인다.

8   여름, 4월에 황제가 낙양에서부터 장안으로 돌아왔다.

9   5월에 조서를 내려서 진(秦)의 남해(南海, 광동성 광주시) 군위(郡
尉)인 조타(趙佗)를 세워 남월왕(南粵王, 도읍은 番禺)으로 삼고, 육가
(陸賈)로 하여금 바로 인새(印璽)와 인수(印綬)를 주게 하고, 부절(符
節)을 나누고 사자를 교환하게 하여 백월(百越)을 화합하여 모으게 하
니, 남쪽 변경의 걱정거리와 해로움이 없어졌다.

  애초에, 진의 2세황제 때에 남해 군위인 임효(任囂)가 병들고 또 죽
게 되자 용천(龍川, 광동성 龍川縣) 현령(縣令) 조타를 불러서 말하였다.

  "진은 무도하여 천하가 이를 고통스럽게 생각하오. 듣건대 진승(陳
勝)등이 반란을 일으켰다니 천하에서는 아직 안정될지를 모르오. 이곳
남해는 편벽된 먼 곳이지만 나는 도적들의 군사가 땅을 침략하여 여기
에까지 이를까 걱정하여 군사를 일으켜서 새로 만든 길[54]을 끊고 스스
로 방비하고, 제후들의 변화를 기다려 보고 싶지만 마침 병이 심하오.
또한 우리 반우(番禺, 광동성 광주시)는 험한 산을 등지고 있고, 남해(南
海)로 막혀 있으며, 동서(東西)로 수천 리에 거의 중국인들이[55] 서로
도와주게 되어 있으니, 이곳도 한 주(州)의 주인(主人)이니 나라를 세
울 만하오. 군(郡)에 있는 장리(長吏)[56]는 충분히 함께 이야기 할 사람
이 없었으니, 그러므로 공을 불러서 이를 알리는 것이오."

---

54 진시대에 남월과 연락하기 위하여 새롭게 길을 개착하였다.

55 전란으로 상당수의 중원 사람들이 이 시기에 벌써 이곳까지 내려온 것 같다.

56 장급 관리를 말한다. 주의 자사, 군의 태수, 현의 현령을 모두 장리라고 하는
   데, 여기서는 군에서 하는 말이므로 현령들을 의미한다.

바로 조타에게 글을 내려 행남해위사(行南海尉事)[57]로 하였다.

임효가 죽자 조타는 바로 횡포(横浦, 서성 大庾縣)·양산(陽山, 동성 陽山縣)·황계관(湟溪關, 山縣 서북쪽의 茂溪口)에 격문(檄文)을 내서 알렸다.

"도적의 군사들이 또 올 것이니, 급히 길을 끊고 군사를 모아 스스로 지키도록 하라!"

이어서 차츰 법을 가지고, 진에서 임명한 장리들을 주살하고 그의 무리를 가수(假守)[58]로 삼았다. 진이 파멸하자, 조타는 바로 쳐서 계림(桂林, 광서성 桂林市)과 상군(上郡, 월남 하노이市)을 합병하여 자립(自立)[59]하여 남월무왕(南越武王)이 되었다.

육생(陸生)이 이르렀는데, 위타(尉佗)[60]는 북상투를 틀어 키[箕]처럼 하고서[61] 거만하게 육생을 만나 보았다. 육생이 위타에게 유세하였다.

"족하는 중국인이며, 친척과 형제와 분묘(墳墓)도 진정(眞定)[62]에

---

57 행직(行職)이다. 남해군의 군위 업무를 수행하게 하는 관직명이다.

58 가직(假職)이다. 가직은 임시직이며, 수는 군수 혹은 태수를 의미하므로 여기서는 가남해군수이다.

59 임명을 받거나 합법적 절차를 거치지 않고 스스로 군왕이 되는 것을 말한다.

60 조타를 말한다. 성이 조(趙)인데, 여기서 위(尉)로 한 것은 임효로부터 남해군위(郡尉)의 직위를 물려받은데 연유한 것으로 보인다.

61 육생은 사신으로 간 육가를 말하는데, 육가의 성에다 제생 또는 서생의 준말인 생을 붙여서 부른 것이고 위타는 조타(趙佗)를 말한다. 키처럼 한다는 말은 두 다리를 벌린 그 모습이 마치 곡식을 까부르는 키와 같게 앉아 있는 것이며, 이는 거만한 표현이다.

62 조타의 고향은 하북성의 진정이다. 이 당시에는 중국의 영토는 겨우 양자강 유역까지 확대되었을 뿐이고 주강(珠江) 유역은 군현을 설치하였다고 하더라도 실제적으로 큰 영향을 미치지 못하였다.

있습니다. 지금 족하가 천성에 어긋나게 관대(冠帶)를 버리고[63] 작디
작은 월을 가지고 천자와 대항하면서 적국(敵國)이 되었으니, 화(禍)가
또 몸에 이를 것입니다!

또 무릇 진이 그 정치를 실패하자 제후와 호걸들이 나란히 일어났지
만, 오직 한왕이 먼저 입관하여 함양(咸陽)을 점거하였습니다. 항우는
약속을 위반하고 자립하여 서초패왕(西楚覇王)이 되고 제후들이 모두
속하게 하니 지극히 강하였다고 할 수 있었습니다. 그러나 한왕은 파
촉(巴蜀, 사천성)에서 일어나서 천하를 채찍질하여 끝내 항우를 주살하
여서 그를 멸망시켰고, 5년 동안에 해내(海內)는 평정되었습니다. 이는
사람의 힘이 아니고 하늘이 세우신 것입니다.

천자께서는 그대 군왕(君王)께서 남월(南越)에서 왕 노릇한다는 소
식을 들었는데, 천하가 포악한 역적을 주살하는 것을 돕지 않았으니 한
의 장군과 재상들은 군사를 이곳으로 옮겨서 그대 왕을 주살하자고 하
였습니다.

천자께서는 백성들이 새로이 수고롭게 고생하는 것을 가련하게 여
기니 그러므로 또 이들을 쉬게 하고, 신을 파견하여 군왕(君王)의 인새
(印璽)를 주고 부절(符節)을 나누어 사자를 교환하자고 하였습니다. 군
왕께서는 마땅히 교외에서 영접하고 북면(北面)[64]하고 신하를 지칭하

---

63 북상투란 머리를 묶어서 마치 송곳처럼 말아 올린 것을 말하는데, 이는 월 지
방의 풍속이며, 관대는 중국인들이 쓰는 모자와 허리띠를 말하여 복식의 특
색이다. 중국인들은 이것이 문화의 표현으로 여긴다.

64 임금과 신하가 예의를 차릴 때에 군왕은 북쪽에서 남쪽을 향하여 있고, 신하
는 남쪽에서 북쪽을 향하여 있는 것이다. 따라서 북면이란 신하가 있어야 하
는 위치인 것이다.

여야 할 것인데, 이에 새로 만들어졌으나 아직은 다 완성되지 않은 월
(越)을 가지고 여기에서 강하게 하려하시다니요.

한에서 정말로 이 소식을 들으면 왕의 조상 무덤을 파헤치고 불태우
며, 종족(宗族)을 이멸하고, 한 명의 편장(偏將)으로 하여금 10만의 무
리를 거느리고 이곳 월로 다가온다면 월에서는 그대 왕을 죽이고 한에
항복하는 것은 마치 손바닥을 뒤집는 것과 같을 뿐입니다."

이에 위타는 마침내 벌떡 일어났다가 앉으면서 육생에게 사과하며
말하였다.

"만이(蠻夷)들 가운데에서 오래 살다보니 특히 예의(禮義)를 잃었습
니다."

이어서 육생에게 물었다.

"나와 소하(蕭何)·조참(曹參)·한신(韓信)과는 누가 더 현명하오?"

육생이 말하였다.

"왕께서 더 현명한 것 같습니다."

다시 말하였다.

"나와 황제와는 누가 현명하오?"

육생이 말하였다.

"황제께서는 오제(五帝)와 삼황(三皇)의 기업을 이어 중국을 통치하
는데, 중국 사람은 1억으로 헤아리고, 땅은 사방으로 만 리이며 만물이
풍부하고, 정치는 한 집안에서 나오니, 천지가 생긴 이래로 아직 없었
던 일입니다. 지금 왕의 무리들은 겨우 수십만에 지나지 않고 모두 만
이(蠻夷)이며, 험악한 산과 바다 사이에 처해 있어서 비유한다면 한의
군(郡) 하나일 뿐이니 어찌 마침내 한에 비교하겠습니까?"

위타가 크게 웃고 말하였다.

"나는 중원에서 군사를 일으키지 않았으니 그러므로 이곳에서 왕 노릇하는 것이지만 나로 하여금 중국에 살게 하였더라면 어찌 급하게 한만 못하다고 하십니까?"

마침내 육생을 머물게 하면서 더불어 술을 마셨고, 몇 달이 되자 말하였다.

"월에는 더불어 충분히 말할 수 있는 사람이 없었소. 그대가 오게 되자 나로 하여금 매일 듣지 못하던 것을 듣게 하였소."

육생에게 자루에 값으로 천금(千金)이 되는 것[65]을 넣어서 하사하고, 다른 것을 보낸 것도 역시 천금이었다.

육생은 끝내 위타에게 벼슬을 주어 남월왕으로 삼고 신하를 칭하게 하고 한의 약속을 받들도록 하였다. 돌아와서 보고를 하니 황제는 크게 기뻐하고 육가에게 벼슬을 주어 태중대부(太中大夫)로 하였다.

육생은 때때로 앞에서 《시(詩)》와 《서(書)》를 설명하였는데, 황제가 그를 욕하며 말하였다.

"내공(乃公)[66]은 말 위에서 이를 얻었는데, 어찌 《시(詩)》와 《서(書)》로 일삼겠소!"

육생이 말하였다.

"말 위에서 이를 얻었다고 하여 어찌 말 위에서 이를 다스릴 수 있습니까? 또 탕(湯)과 무왕(武王)은 거꾸로[逆] 빼앗아서 이를 순리(順理)로 지켰고 문무(文武)를 함께 쓰는 것이 오래 가는 술책입니다.

---

65 주옥과 같은 보배를 말하는 것이며, 명월주(明月珠) 같은 종류이다.

66 임금이 신하에 대하여, 또는 아버지가 아들에 대하여 자기를 높여 일컫는 자칭이다.

옛날의 오왕(吳王) 부차(夫差)와 지백(智伯)[67]과 진 시황은 모두 무(武)를 지극히 하여서 망하였습니다. 설사 전에 진이 천하를 병탄하고서 인의를 행하고, 먼저 있었던 성인(聖人)을 본받았더라면 폐하께서 어떻게 이를 가질 수가 있었겠습니까?"

황제가 부끄러운 낯빛을 하면서 말하였다.

"나를 위하여 진이 천하를 잃은 까닭과 내가 천하를 얻게 된 까닭 그리고 옛날의 성공하고 실패한 나라를 시험적으로 저술하시오."

육생이 마침내 유지되거나 망하는 징후를 간략하게 저술하였는데, 모두 12편(篇)이었다. 매번 한 편을 지어 올릴 때마다 황제가 잘하였다고 말하지 않는 것이 없었으며, 좌우에서는 만세를 불렀으며, 그 책에 이름을 붙여서《신어(新語)》라고 하였다.

---

67 지백에 관한 일은 주 위열왕 23년(기원전 403년)에 있었고, 이 내용은《자치통감》권1에 실려 있다.

경포의 반란과 노관의 배반

10   황제가 병이 들어서 사람 만나기를 싫어하여 금중(禁中)에 누워 있으면서 문호를 지키는 사람에게 조서를 내려 군신들을 들어올 수 없게 하니, 군신 중에서 강후(絳侯, 周勃)와 관영(灌嬰) 등도 감히 들어가지를 못한 것이 열흘 남짓이었다.

무양후(舞陽侯) 번쾌(樊噲)가 달문(闥門, 궁중의 작은 문)을 밀치고 곧바로 들어가니, 대신들이 이를 좇았다. 황상이 홀로 한 환관을 베고 누워있었다. 번쾌 등이 황상을 알현하고 눈물을 흘리면서 말하였다.

"애초에, 폐하께서 신 등과 더불어서 풍(豊)과 패(沛)에서 일어나서 천하를 평정하였는데 그 얼마나 건장하였습니까? 지금은 천하가 이미 평정되었는데, 또 어찌하여 이렇게 수척하였습니까? 또 폐하의 병환이 심하니 대신들은 떨리고 두려운데, 신들을 보고 일을 계획하지 않으시고, 돌아보건대 다만 한 명의 환관과 더불어 하며 끊으십니까? 또 폐하만이 홀로 조고(趙高)의 일[68]을 보지 아니하셨습니까?"

---

68 진 시황이 사구에서 죽었을 때에 환관인 조고가 조서를 바꾸었다. 이 사건은 진 시황 37년(기원전 210년)에 일어났고, 이 내용은 《자치통감》 권7에 실려 있다.

황제가 웃으면서 일어났다.

11　가을, 7월에 회남왕(淮南王) 경포(黥布)가 반란을 일으켰다.

애초에, 회음후(淮陰侯, 韓信)가 죽으니, 경포는 이미 마음으로 두려웠다. 팽월이 주살되어 그 살점을 젓 담가서 제후들에게 내려주게 되었다. 사자들이 회남에 이르렀는데,[69] 회남왕은 바야흐로 사냥을 하고 있다가 젓 담근 것을 보고 이어서 크게 두려워하여 몰래 사람으로 하여금 군사를 모으도록 하고는 이웃 군(郡)들의 위급한 경보가 있기를 엿보았다.

경포가 아끼던 미희(美姬)가 병이 나서 의원에게 갔는데, 의원의 집은 중대부(中大夫) 분혁(賁赫)과 대문을 마주하고 있어서 분혁이 마침내 후한 예물을 보내고서, 미희를 좇아서 의원의 집에서 술을 마셨으며, 왕은 그들이 더불어 음란한 짓을 한다고 의심하여 분혁을 체포하고자 하였다.

분혁이 전거(傳車)[70]를 타고 장안으로 가서 변고(變故)가 있다고 전해 올려서 말하였다.

"경포가 모반하려는 것에는 단서(端緒)가 있으니, 아직 드러나기 전에 먼저 주살할 수 있습니다."

황상이 그 편지를 읽고 소상국(蕭相國)[71]에게 말하니 상국이 말하였다.

---

69 팽월을 젓 담근 것을 가지고 온 사자를 말한다.

70 공무를 수행하는 사람들이 탈 수 있도록 각 역에 마련한 수레이다.

71 소하(蕭何)를 말한다. 당시에 소하가 상국이었으므로 성과 직함을 붙여서 기술한 것이다.

"경포는 마땅히 이런 일을 하지 않을 것인데, 아마도 원수진 사람이 그를 망령되게 무고(誣告)하는 것일까 걱정입니다. 청컨대 분혁을 가두고 사람을 시켜서 회남왕을 조금 시험해 보십시오."[72]

회남왕은 분혁이 죄를 짓고 도망하여 변고가 있다고 올린 사실을 발견하고, 진실로 이미 그가 나라에서 몰래 하였던 일을 말하였을까를 의심하였고, 한의 사자가 또 와서 자못 조사한 바가 있자 드디어 분혁의 집을 족멸(族滅)하고 군사를 내어 반란을 일으켰다. 반란이 편지로 보고되자 황상은 마침내 분혁을 사면하여 장군으로 삼았다.

황상이 제장들을 불러서 계책을 물었다. 모두 말하였다.

"군사를 내어 그를 공격하고, 그 녀석을 땅에 묻어버릴 뿐이며, 그가 무엇을 할 수 있겠습니까?"

여음후(汝陰侯) 등공(滕公)이 옛날 초의 영윤(令尹)[73]이었던 설공(薛公)을 불러서 이를 물었다.

영윤이 말하였다.

"이는 마땅히 반란할 것입니다"

등공이 말하였다.

"황상께서는 땅을 나누어 그를 책봉하였고, 작위도 나누어 왕으로 삼았는데, 그가 반란한 것은 무슨 까닭인가?"

영윤이 말하였다.

"작년에는 팽월을 죽였고, 재작년에는 한신을 죽였는데, 이 세 사람은 공로를 함께 세우고, 한 몸 같은 사람들이어서 스스로 화가 자기에

---

72 안사고는 '조금 시험한다는 말은 그 일을 드러내 말하지 않는 것'이라고 하였다.
73 재상에 해당한다.

게 미칠 것을 의심하였으니, 그러므로 반란하였을 뿐입니다."

등공이 이를 황상에게 말하였고 황상이 마침내 불러 보고 설공에게 물으니, 설공이 대답하였다.

"경포가 반란을 일으킨 것을 이상해 할 것이 아닙니다. 경포로 하여금 상급 계책을 내게 한다면 산[崤山]의 동쪽은 한의 소유가 아닐 것이고, 중급의 계책을 낸다면 승패(勝敗)의 계산은 아직 알 수 없고, 하급을 낸다면 폐하는 편안히 베개를 베고 누울 수 있을 것입니다."

황상이 말하였다.

"무엇을 상급 계책이라고 하는가?"

대답하였다.

"동쪽으로 가서 오(吳)를 빼앗고 서쪽으로 가서 초(楚)를 빼앗으며, 제(齊)를 병탄하고 노(魯)를 빼앗고 격문(檄文)을 연(燕)과 조(趙)에 전하고, 그곳을 굳게 지키게 한다면 산의 동쪽은 한의 소유가 아닙니다."[74]

"무엇을 중급 계책이라고 하는가?"

"동쪽으로 가서 오를 빼앗고, 서쪽으로 가서 초를 빼앗고, 한(韓)을 병탄하고, 위(魏)를 빼앗고는 오창(敖倉)의 곡식을 점거하고서 성고(成皋, 하남성 汜水縣 虎牢關)의 입구를 막는다면 승패의 운수는 아직 알 수 없습니다."[75]

---

74 오(吳)는 강소성 남부이고, 초(楚)는 하남성 남부이며, 제(齊)는 산동성 서부이고, 노(魯)는 산동성 동부이며, 연(燕)은 하북성 북부이고, 조(趙)는 하북성 남부이다. 중국의 남부와 동부 지역으로 거의 전국시대의 6국 지역 가운데 중심부를 벗어난 동부와 남부에 해당하는 곳이다.

75 한(韓)은 하남성 중부이고, 위(魏)는 하남성 북부와 동부인데, 대체로 남부와

"무엇을 하급 계책이라고 하는가?"

"동쪽으로 가서 오를 빼앗고 서쪽으로 가서 하채(下蔡, 안휘성 壽縣 북부)를 빼앗고 돌아와서 월(越)에 중점을 두고 자신은 장사(長沙)로 돌아온다면 폐하께서는 편안히 베개를 베고 잠잘 수 있고 한은 무사합니다."[76]

황상이 말하였다.

"그의 계책은 장차 어떻게 나올 것인가?"

대답하였다.

"하급 계책을 낼 것입니다."

황상이 말하였다.

"어찌하여 상급과 중급 계책을 버리고 하급 계책을 낸단 말이오?"

대답하였다.

"경포는 옛날에 여산(麗山)의 형도(刑徒)였는데,[77] 스스로 노력하여 만승(萬乘)의 주군이 되었으나 이것은 모두 자기 몸을 위한 것이지 뒷날을 생각하거나 백성의 만세(萬世)를 위하여 고려한 것이 아니니 그러므로 하급 계책을 낸다고 말하였습니다."

황상이 말하였다.

"훌륭하다."

동서의 중간 지점을 가리키는 말이다.

76 한의 근거지 근처를 직접 치고 다시 자기의 근거지로 돌아온다는 뜻이고 장사로 돌아 온다는 것은 장사왕이 오예(吳芮)와 협력한다는 말이다.

77 이 사건은 진 2세황제 원년(기원전 208년)에 있었고, 그 내용은 《자치통감》 권8에 실려 있다.

설공을 책봉하여 천호(千戶)[78]로 삼았다. 마침내 황제의 아들인 유장(劉長)을 세워서 회남왕으로 하였다.

이때에 황상은 병을 가지고 있어서 태자로 하여금 가서 경포를 치게 하려고 하였다. 태자의 빈객인 동원공(東園公)·기리계(綺里季)·하황공(夏黃公)·각리 선생(角里 先生)[79]이 건성후(建成侯) 여석지(呂釋之)에게 유세하였다.

"태자가 군사를 거느리게 되어 공을 세운다고 하여도 지위는 더 올라갈 것이 없지만 공을 세우지 못하면 이로부터 화(禍)를 받게 됩니다. 그대는 어찌하여 급히 여후에게 청하여 틈을 보아서 황상에게 울면서 말하지 않게 하십니까?

즉 '경포는 천하의 맹장이며, 용병을 잘합니다. 지금의 제장들은 모두 폐하와 같은 연배이니, 마침내 태자로 하여금 이들을 거느리게 한다면 양(羊)으로 하여금 이리를 거느리게 하는 것과 다름이 없어서 사용되려고 하지 않고, 또 경포가 이 소식을 듣고 북을 울리면서 행진하여 서쪽으로 올 뿐입니다. 황상께서는 비록 병들었지만 억지로라도 치거(輜車)[80]를 타고 누워서 이들을 보호한다면 제장들이 감히 온힘을 다하지 않는 사람이 없을 것입니다. 황상께서 비록 고생이 되더라도 처자를 위하여 스스로 강하게 하십시오.'"

---

78 식읍을 말한다.

79 이들을 이른바 사호(四皓)라고 하는데, 이들은 진의 난세에 상산(商山)에 숨어 있었다. 동원공은 당선명(唐宣明)이고, 기리계는 주휘(朱暉)이며, 하황공은 최광(崔廣)이고, 각리 선생은 주술(周術)이다.

80 특별히 안을 부드럽게 제작하여 누울 수도 있게 한 수레를 말한다.

이에 여석지(呂釋之)가 즉각 밤에 여후를 만났다.

여후는 틈을 보아서 황상에게 울면서 말하였는데, 네 사람의 뜻과 같이 하였다. 황상이 말하였다.

"나도 이 녀석이 정말로 파견하기에 부족하다고 생각하였는데, 그대의 남편이 직접 가야겠소."

이에 황상은 스스로 군사를 거느리고 동쪽으로 가면서 여러 신하들은 머물러 지키도록 하였는데 모두 패상(覇上, 섬서성 남전현 북쪽)까지 와서 전송하였다.

유후(留侯, 장량)는 병이 있었으나, 스스로 억지로 일어나서 곡우(曲郵, 섬서성 西安市의 동북)에 이르러서 황상을 알현하고 말하였다.

"신이 마땅히 좇아야 하나 병이 심합니다. 초인(楚人)들은 사납고도 빠르니 바라건대 황상께서는 더불어 예봉을 다투지 마십시오."

이어서 황상에게 유세하여 태자를 장군으로 삼아서 관중의 군사를 감독(監督)하게 하도록 하였다.

황상이 말하였다.

"자방(子房, 張良)은 비록 병이 들었으나 억지로 누워서라도 태자를 가르쳐 주시오."

이때에 숙손통(叔孫通)은 태부(太傅)이고, 유후는 행소부사(行少傅事)[81]였다.

상군(上郡, 섬서성 綏德縣)과 북지(北地, 감숙성 寧縣)와 농서(隴西, 감

---

81 여기서 장량은 행직(行職)이었으며 이는 임시로 소부(少傅)의 일을 처리하는 관직명이다. 태자의 스승에는 태자태부와 태자소부가 있고, 옛날에 세자에게는 삼사와 삼소가 있었는데 한 대에는, 태부와 소부만 두었다.

숙성 隴西縣)의 전차와 기병과 파촉(巴蜀)의 재관(材官) 그리고 중위(中尉)[82]의 군졸 3만 명을 징발하여 황태자를 위하여 호위하며 패상(霸上)에 주둔시켰다.

경포가 애초에 반란을 일으키면서 그의 장수들에게 말하였다.

"황상은 늙었고, 전쟁을 싫어하여 반드시 올 수 없을 것이다. 제장들을 시킬 것인데, 제장 가운데 오직 회음후와 팽월만을 걱정하는데 지금 모두가 이미 죽었으니, 나머지는 두려워하기에는 부족하다."

그러므로 드디어 반란하였다.

과연 설공이 말한 것처럼 동쪽으로 가서 형(荊, 도읍은 강소성 오현)을 쳤다. 형왕 유가(劉賈)가 도망하다가 부릉(富陵, 안휘성 盱眙縣 동북)에서 죽으니, 그 군사들을 모두 겁탈하고 회하를 건너서 초(楚, 초왕은 劉交)를 공격하였다. 초는 군사를 내어 서(徐, 강소성 盱眙縣의 서북)와 동(僮, 盱眙縣의 동북쪽) 사이에서 싸우면서, 삼군(三軍)을 만들어 서로 구원해 주어서 기이(奇異)하게 하려고 하였다.

어떤 사람이 초의 장수에게 유세하였다.

"경포는 용병을 잘하여 백성들은 평소에 그를 두려워합니다. 또 병법에는 '제후들이 스스로 그 땅에서 싸운다면 산지(散地)[83]가 된다.'고 하였습니다. 이제 군사를 나누어 셋으로 만들었으니, 저들이 우리의 일군(一軍)을 패배시키면 나머지들은 모두 달아날 것인데, 어찌 서로 구원해 줄 수가 있겠습니까?"

---

82 재관은 물자와 힘이 있는 자를 말하며 중위는 수도 중앙을 호위하는 관직이다.

83 병법에 나오는 말이다. 산지에서는 관병은 반드시 죽도록 싸우지 않으며, 전투가 조금만 불리하면 모두가 한꺼번에 흩어져서 각기 그 친구들에게로 가버린다.

이를 듣지 않았다. 경포가 과연 그 1군(軍)을 격파하니, 그 2군이 흩어져 달아났고, 경포는 드디어 군사를 이끌고 서쪽으로 갔다.

고제 12년(丙午, 기원전 195년)

1   겨울, 10월에 황상이 경포의 군사와 기현(蘄縣, 안휘성 宿縣의 남쪽)의 서쪽에서 만났는데, 경포의 군사는 아주 정예였다. 황상이 용성(庸城, 宿縣 近處)에서 성벽을 굳게 하고 경포가 쳐놓은 진을 바라보는데 마치 항적(項籍)의 군사 같으니, 황상은 이를 싫어하였다.

경포와 서로 마주 멀리 바라보면서 경포에게 말하였다.

"무슨 고생을 하려고 반란을 일으켰는가?"

경포가 말하였다.

"황제가 되고 싶을 뿐이다."

황상이 화가 나서 그에게 욕을 하고는 드디어 크게 싸웠다.

경포의 군사가 패하여 도망하여 회하를 건넜는데, 자주 정지하였으나 전투가 불리하여 100여 명과 더불어 강[장강]의 남쪽으로 도주하니 황상은 별장으로 하여금 그를 뒤쫓게 하였다.

2   황상이 돌아오면서 패현(沛縣)을 지나다가 머물러서 패궁(沛宮)[84]에서 술을 차려 놓고 옛 친구와 부로(父老)들 그리고 제모(諸母)

---

84 패현은 강소성 패현으로 유방의 고향이고 이곳에 행궁(行宮)을 지었는데, 패현의 동남쪽 20리 10보의 위치에 있다고 한다.

와 자제들을 모두 불러서 술을 들게 하고 옛 이야기를 하면서 웃고 즐겼다.

술에 취하여 황상은 스스로 노래를 부르고 일어나 춤을 추고 강개(慷慨)하여 마음을 상하여 눈물을 여러 줄기 흘리면서 패현의 부형들에게 말하였다.

"떠돌던 사람이 고향을 돌아보게 되었소. 짐(朕)이 패공(沛公, 유방)에서 시작하여 포악한 역적을 죽이고 끝내는 천하를 가지게 되었는데, 그리하여 패현을 짐의 탕목읍(湯沐邑)[85]으로 삼고 그 백성들의 부세를 면제하니 세세토록 부역을 내리는 일이 없을 것이오."

즐겁게 마시기를 열흘 남짓 하고서 마침내 떠났다.

3   한의 별장이 영포(英布)[86]의 군사를 조수(洮水, 장강과 회수 사이에 있는 강)의 남쪽과 북쪽에서 쳐서 모두 이를 대파하였다.

영포는 옛날에 파군(番君)과 혼인을 하였는데,[87] 이러한 연고로 장사성왕(長沙成王) 오신(吳臣)[88]이 사람을 시켜서 영포를 유인하여 거

---

85 현의 부세 모두들 정부에 납부하지 않고 주인의 목욕비용으로 쓰게 한 읍을 말한다.

86 경포를 말한다. 원래의 이름은 영포이나 진대에 경형을 받았다. 그 후로 경포라고도 불렸다.

87 영포는 파군(番君)인 오예(吳芮)의 사위인데, 이 일은 진 2세황제 2년(기원전 208년)에 있었던 것이다. 番은 호삼성은 파(婆)로 읽도록 주석하였다. 이는 鄱와 같은 자로 본 것이다.

88 파군인 오예의 아들이다. 오예는 장성왕이었는데, 죽은 다음에 시호를 성왕으로 하여 이를 함께 쓴 것이다.

짓으로 함께 월로 도망하고자 하니, 영포가 믿고 그를 따라갔다. 파양(番陽, 강서성 鄱陽縣) 사람이 영포를 자향(玆鄉, 鄱陽縣)에 있는 백성의 전사(田舍)[89]에서 죽였다.

4   주발(周勃)이 대군(代郡, 하북성 蔚縣)과 안문(雁門, 산서성 右玉縣) 그리고 운중(雲中, 내몽고 托克托縣)의 땅을 모두 평정하고 진희를 당성(當城, 하북성 蔚縣)에서 목 베었다.

5   황상은 형왕 유가(劉賈)에게 후사[90]가 없어서 다시 형을 오국(吳國)으로 하였고, 신축일(25일)에 황제의 형 유중(劉仲)의 아들인 유비(劉濞)를 세워 오왕(吳王)으로 삼고 3개의 군(郡)과 53개의 성(城)에서 왕 노릇하게 하였다.

6   11월에 황상이 노(魯, 산동성 曲阜縣)을 지나다가 태뢰(太牢)[91]로 써 공자(孔子)에 제사를 지냈다.

7   황상이 경포를 격파하고 돌아와서 병이 더욱 심하여지니 더욱 태자를 바꾸고자 하였다. 장량(張良)이 간(諫)하였으나 듣지를 않자, 병을 이유로 일을 보지 않았다.

---

89 농지 근처에 머무르며 농사짓기 위하여 전지(田地)에 만든 집이다.

90 경포의 반란 때 죽었다.

91 제사 가운데 가장 성대한 제사인데, 제물로 소와 양 그리고 돼지를 잡아서 제사 지내는 것을 말한다.

숙손통이 간하였다.

"옛날에 진(晉)의 헌공(獻公)이 여희(呂姬) 때문에 태자를 폐위하고 해제(奚齊)를 세웠다가 진국(晉國)이 혼란하게 된 것이 수십 년간이 되어 천하에서 웃음거리가 되었습니다.[92] 진(秦)은 일찍이 부소(扶蘇)로 확정하지 않았다가 조고로 하여금 속여서 호해(胡亥)를 세울 수 있게 하였고, 스스로 제사가 끊기게 하였는데, 이것은 폐하께서 친히 보신 것입니다.

이제 태자가 어질고 효성스러운 것은 천하가 모두 이를 듣고 있습니다. 여후와 폐하는 같이 공격하는 고생을 하면서 맛없는 식사를 함께 하였는데, 배신할 수 있습니까? 폐하께서 꼭 적자(嫡子)를 폐위하고 작은아들을 세우려 하신다면, 신(臣)은 바라건대 먼저 엎어 죽이시어 목의 피로써 땅을 더럽히게 해주십시오."

황제가 말하였다.

"공(公), 그만두자. 나는 다만 장난을 하였을 뿐이다."

숙손통이 말하였다.

"태자는 천하의 근본이고, 근본이 한 번 흔들리면 천하는 진동하는데, 어찌하여 천하를 가지고 장난을 하십니까?"

그때에 대신들도 정말로 쟁간(爭諫)하는 사람이 많아서 황상은 여러

---

92 진의 헌공은 춘추시대 진의 19대 제후이다. 그는 여희를 총애하여 그의 아들을 태자로 세우려고 태자인 신생을 폐하고 여희의 아들인 해제를 순식(荀息)에게 부촉하여 그를 세웠다. 헌공이 죽자 이극(里克)이 해제를 죽였다. 순식이 다시 그의 동생인 탁자(卓子)를 세웠다. 이극이 탁자를 죽이고 혜공(惠公)을 맞이하여 세웠다. 혜공은 진(秦)에 잡혔다가 돌아와서 죽으니 그의 아들인 회공(懷公)이 즉위하였다. 진(秦)이 문공을 받아들여서 회공을 죽이니 진(晉)이 마침내 안정되었다.

신하들의 마음이 모두 조왕(趙王)[93]에게 붙어 있지 않음을 알고 마침내 중지하고 세우지 않았다.

8 상국인 소하는 장안의 땅이 좁고, 상림원(上林苑)[94]에는 빈 땅이 많은데 버리고 있어서, 백성들로 하여금 들어와서 농사를 짓게 하고, 고세(稿稅)[95]를 거두어 금수(禽獸)들에게 먹이지 말기를 원하였다. 황상이 크게 노하여 말하였다.

"상국이 고인(賈人)들의 재물을 많이 받고는 마침내 나의 동산까지 요구하는구나!"

상국을 정위(廷尉)에게 내려 보내서 그를 가두었다.

며칠 지난 후에 왕 위위(王 衛尉)가 황제를 시위(侍衛)하다가 앞으로 가서 물었다.

"상국이 무슨 큰 죄를 지었기에 폐하께서 그를 갑작스럽게 가두었습니까?"

황상이 말하였다.

"내가 듣건대, 이사(李斯)는 진(秦) 황제의 상국이 되어, 좋은 일은 군주에게 돌리고 나쁜 일은 자기에게 돌렸다고 한다. 이제 상국은 고인(賈人)들에게 더러운 금(金)을 많이 받고 그들을 위하여 나의 동산을 달라고 하여 스스로 백성들에게 아첨을 하니, 그런 연고로 그를 가두어

---

93 유여의(劉如意)를 말한다.

94 황제의 전용 화원이다.

95 한대에 징수하던 전조의 부가세이다. 고(稿)란 도(稻, 볏짚), 즉 보리의 줄기로 사료나 연료, 건축재료로 쓰인다. 이것은 진대(秦代)에도 이미 이를 징수하였다.

다스리게 하였다."

왕 위위가 말하였다.

"무릇 직무에 따른 일로는 만약에 백성들에게 편리한 것이 있다면 이를 요청하는 것이 정말로 재상의 일이고, 폐하께서 어찌하여 마침내 상국이 고인들에게 돈을 받았다고 의심하십니까?

또 폐하께서 초와 대치한 것이 몇 년이었고, 진희와 경포가 반란을 일으키자 폐하께서는 스스로 군사를 거느리고 나아가셨는데, 그 당시에 상국은 관중(關中)을 지켰으니, 관중이 발을 흔들었다면 관[函谷關]의 서쪽은 폐하의 소유가 아니었을 것입니다. 상국이 이러한 때를 가지고 이익을 얻으려 하지 않고 지금 마침내 고인들의 금(金)을 이익으로 하겠습니까?

또 진은 그 허물을 들으려 하지 않아서 천하를 망쳤으며, 이사(李斯)의 몫은 지나쳤는데 또 어떻게 충분히 본받을 수 있겠습니까? 폐하께서는 어떻게 재상이 천박하다고 의심하십니까?"

황제는 기뻐하지 않았다. 이날 사자로 하여금 지절(持節)을 갖고 상국을 사면하여 나오게 하였다.

상국은 나이가 많았고, 평소에 공손하고 근신하여서 들어가는데, 다만 맨발로 가서 사죄하였다. 황제가 말하였다.

"상국은 쉬시오! 상국이 백성들을 위하여 상림원을 요구하였는데, 내가 허락하지 않았으니, 나는 걸(桀)과 주(紂)와 같은 주군이 되는데 불과하고, 상국은 현명한 재상이 되었소. 내가 고의로 상국을 가두어서, 백성들로 하여금 나의 허물을 알게 하고자 하였소."

9   진희가 반란을 일으켰는데, 연왕(燕王) 노관(盧綰)이 군사를 내서

그 동북쪽을 쳤다.[96] 당시에 진희는 왕황(王黃)으로 하여금 흉노에게 가서 구원을 요구하게 하였는데, 연왕 노관도 역시 그 신하인 장승(張勝)을 흉노에게 보내어 진희 등의 군사가 격파되었다고 말하게 하였다.

장승이 흉노에 이르니 옛날 연왕인 장도(臧荼)의 아들 장연(臧衍)이 도망하여 흉노에 있다가 장승을 보고 말하였다.

"공(公)이 연(燕)에서 중시되는 까닭은 흉노의 일을 익혔기 때문인데, 연이 오래 남아 있게 될 까닭은 제후들이 자주 반란을 일으키고 병화(兵禍)가 계속되어 결판나지 않기 때문이오. 이제 공은 연을 위하여 급히 진희 같은 사람을 멸망시키려고 하지만 진희 등이 이미 다 없어진다면 다음으로는 역시 연에 이를 것이고, 공들은 또한 포로가 될 것이오.

공은 어찌하여 연으로 하여금 또 진희를 느슨하게 하고 호(胡, 흉노)와 화해하지 않습니까? 사태가 느슨하게 되면 연에서 오래 왕 노릇할 수 있을 것이고, 바로 한에 급한 일이 있다고 하여도 나라를 안정시킬 수 있을 것[97]입니다."

장승은 그렇다고 생각하여 마침내 사사롭게 흉노로 하여금 진희를 도와서 연을 치게 하였다.

연왕 노관은 장승이 호(胡)와 더불어 반란을 일으켰다고 의심하고 글을 올려서 장승을 멸족시키게 해달라고 청하였다. 장승이 돌아와서

---

96 진희가 대(代)에서 반란을 일으켰고, 대는 연의 서남쪽에 있으니 그러므로 노관은 그 동북쪽을 친 것이다.

97 흉노의 원조를 받을 수 있다는 말이다.

그렇게 한 까닭을 모두 말하였더니, 연왕은 마침내 거짓으로 다른 사람에게 죄를 묻고, 장승의 가족들을 벗어나게 하고, 흉노를 위하여 간첩이 되게 하였다. 그리고 몰래 범제(范齊)를 진희가 있는 곳으로 보내서 오래 도망하게 하고, 군사를 연합하게 하여 결판나지 않게 하고자 하였다.

한이 경포를 공격하는데 진희는 항상 군사를 거느리고 대(代, 하북성 蔚縣)에 있었다. 한이 진희를 공격하여서 목을 베니 그의 비장(裨將)이 항복하고 연왕 노관이 범제로 하여금 진희가 있는 곳에 연락하고 계책을 상통하도록 하였다고 말하였다.

황제가 사자(使者)로 하여금 노관을 소환하였으나 노관은 병이 들었다고 하였고 또 벽양후(辟陽侯) 심이기(審食其)와 어사대부(御史大夫) 조요(趙堯)로 하여금 가서 연왕을 영접하게 하고 이어서 좌우에 있는 사람들에게 증거를 묻게 하였다.

노관은 더욱 두려워서 문을 닫고 숨어서 그가 총애하는 신하에게 말하였다.

"유(劉)씨가 아니면서 왕 노릇하는 사람은 오직 나와 장사왕(長沙王, 오신)뿐이다. 작년 봄에 한은 회음후를 멸족시켰고, 여름에는 팽월을 주살하였는데, 모두 여씨의 계략이다. 이제 황상은 병들어서 여후에게 임무를 위촉하였는데 여후는 부인이라 오로지 성(姓)이 다른 왕들과 대공신을 죽이는 것을 일로 삼으려 하고 있다."

마침내 병이 들었다고 하면서 가지 않고 그 주위의 사람들도 모두 도망하여 숨었다.

말이 자못 누설되어 벽양후가 이를 듣고 돌아와서 갖추어 황상에게 보고하였더니 황상이 더욱 노하였고, 또 흉노에서 항복한 사람을 얻었는데, 장승이 도망하여 흉노에 있으면서 연을 위하여 부려지고 있다고 말하였다. 이에 황상이 말하였다.

"노관이 과연 배반하였구나!"

봄, 2월에 번쾌(樊噲)로 하여금 상국으로서 군사를 거느리고 노관을 치게 하고 황제의 아들인 유건(劉建)을 세워서 연왕으로 삼았다.

10   조서를 내렸다.

"남무후(南武侯) 직(織)은 역시 월(粤, 광동과 광서)의 후세(後世)이니
세워서 남해왕(南海王)으로 삼으라."[98]

11   황상이 경포(黥布)를 공격할 때에 떠도는 화살에 맞고서 길을 가
는데 아픔이 심하였다. 여후가 좋은 의원을 맞아들였다. 의원이 들어가
서 보고는 말하였다.

"병을 고칠 수가 있습니다."

황상이 그에게 욕을 하면서 말하였다.

"나는 포의(布衣)로 세 자[尺, 칼을 말함]를 들고 천하를 빼앗았으니,

---

98 고제 5년(기원전 202년)에 상군·남해·장사에 오예를 세워 장사왕으로 하였
　다. 상군·계림·남해는 위타에 속하였고, 위타는 항복하지 아니하였으므로
　멀리서 빼앗아서 오예를 책봉한 것일 뿐이었다. 그 후에 위타가 한에 항복하
　여 고제 11년(기원전 196년)에 다시 위타를 남해왕으로 삼고 이로부터 세 군
　가운데 오예는 오직 장사와 계양만을 가졌다. 그런데 지금 직[성은 모름]을 남
　해왕으로 책봉하여 다시 멀리서 위타의 한 군을 빼앗은 것이고 직은 아직 그
　곳의 왕 노릇을 못하고 있다.

이는 천명(天命)이 아닌가! 명은 하늘에 있으니 비록 편작(扁鵲)인들 무슨 도움이 되겠는가?"

드디어 병을 치료하게 하지 않게 하고, 황금 50근을 하사하고 그만 두게 하였다.

여후가 물었다.

"폐하의 백세(百歲) 뒤[99]에 소상국(蕭相國)도 이미 죽으면, 누구로 이일을 대신하게 할까요?"

황상이 말하였다.

"조참(曹參)이면 될 것이오."

그 다음을 물으니, 말하였다.

"왕릉(王陵)이면 할 수 있을 것인데, 그러나 조금은 어리석으니 진평 (陳平)은 그를 도울 수 있소. 진평의 지혜는 여유가 있지만 그러나 혼자 맡기에는 어렵소. 주발(周勃)은 중후한 사람이나 글이 모자라지만 그러나 유씨를 안전하게 할 사람은 반드시 주발이니 태위(太尉)를 하게 할 수 있을 것이오."

여후가 다시 그 다음을 물으니, 황상이 말하였다.

"이 이후는 또한 그대가 알 바가 아니오."

여름, 4월 갑진일(25일)에 황제가 장락궁(長樂宮)에서 붕어하였다. 정사일(28일)에 발상(發喪)하고 천하를 크게 사면하였다.[100]

---

99 황제에게 죽음이라는 말을 쓰지 않으려고 이러한 용어를 쓴 것이지만 실제로 는 죽은 뒤라는 의미이다.

100 통일된 제국의 황제의 죽음을 붕(崩)이라고 하며, 상사(喪事)를 밖으로 공포 하는 것을 발상이라고 한다.

12 노관은 수천 명과 더불어 요새 아래에서 엿보면서 행여 황상의 병이 나아지면 스스로 들어가서 사죄하려 하였는데, 황제가 붕어하였다는 소식을 듣고 드디어 도망하여 흉노로 들어갔다.

13 5월 병인일(17일)에 고제를 장릉(長陵, 섬서성 함양시 동쪽)에 장사지냈다.

애초에, 고제는 문학(文學, 유학)을 익히지 아니하였으나, 성정은 밝고 통달하며 모의를 좋아하고 남의 말을 들을 수 있어서, 감문(監門)과 수졸(戍卒)에서부터도 보면 옛 친구처럼 하였다. 애초에, 민심에 순응하여 3장의 약법(約法)을 만들었다.[101]

천하가 이미 평정되자 소하에게 명령을 내려서 율(律)과 령(令)을 정리하게 하였고, 한신은 군법을 펼치고, 장창(張蒼)은 장정(章程)을 정하고, 숙손통은 예의를 만들게 하였고, 또 공신들과는 부절(符節)을 나누어 서약을 하여 단서(丹書)와 철계(鐵契)[102]를 만들어 금궤(金匱)와 석실(石室)에 넣어 이를 종묘(宗廟)에 넣어 두게 하였다. 비록 매일 한가할 사이가 없었으나 규모(規模)는 크고 원대하였다.

14 기사일(20일)에 태자가 황제에 즉위하고 황후를 높여서 황태후(皇太后, 呂雉)라 하였다.

---

101 이 일은 고제 원년(기원전 206년)에 있었고,《자치통감》권9에 실려 있다.

102 쇠로 만든 물건 위에다 주사로 글씨를 써놓는 것으로 영구히 보존한다는 의미를 가지고 있다.

15   애초에, 고제의 병이 심하였는데, 어떤 사람이 번쾌(樊噲)를 미워
하여 말하였다.

"여씨(呂氏)의 일당이어서 어느 날 황상이 안가(晏駕)[103]하면 군사
로써 조왕(趙王) 유여의(劉如意)의 무리를 죽이려고 할 것입니다."

황제가 크게 화를 내고 진평(陳平)의 꾀를 써서 강후 주발을 불러서
침상 아래서 조서를 받게 하고 말하였다.

"진평은 전거(傳車)를 빨리 달리게 하여 주발을 태워가지고 번쾌를
대신하여 군사를 거느리게 하는데 진평이 군중(軍中)에 이르면 즉각
번쾌의 머리를 베어라."

두 사람이 이미 조서를 받고 전거를 달려 아직 군진(軍陣)에 이르지
않았는데, 가면서 계책을 세워 말하였다.

"번쾌는 황제의 옛 사람이고 공로도 많으며 또 여후의 동생인 여수
(呂嬃)의 남편이니 친하기도 하고 귀하기도 하다. 황제가 분노하였던
고로 그의 목을 베고자 하였으니 아마도 후회할까 걱정인데 차라리 가
두어서 황상에게 데려가 황제 스스로 그를 주살하게 하자."

아직 군진에 이르지 않은 지점에서 단(壇)을 만들고 정절(旌節)로 번
쾌를 불렀다. 번쾌가 조서를 받자마자, 바로 도리어 받아들이니 함거(檻
車)에 태워 장안으로 보냈고 강후(絳侯) 주발로 하여금 대신 장수가 되게
하고, 군사를 거느리고 연에서 반란에 가담한 현(縣)들을 평정하였다.

진평이 가다가 황제가 붕어하였다는 소식을 듣고 여수가 그를 태후

---

103 천자가 일찍 일어나서 일을 하여야 하는데, 어느 날 황제가 죽으면 조회에 나
    올 수가 없게 되고, 그러면 신하들은 차마 죽었다는 말을 쓰지 못하고 궁궐
    의 수레가 늦게 나온다는 말로 이를 대신 표현하는 것이다.

에게 참소할까 두려워하여 마침내 전거를 달려 먼저 갔다. 사자(使者)를 만났는데, 진평과 관영(灌嬰)에게 조서를 내려서 형양(滎陽)에 주둔하라 하였다. 진평은 조서를 받고도 즉각 다시 달려서 궁궐에 이르러서 곡을 하는데 특별히 슬프게 하였고, 이어서 진실로 금중에서 숙위할 수 있도록 청하였다.

태후는 마침내 그를 낭중령(郞中令)으로 삼고 혜제(惠帝)를 스승으로 가르치게 하였다. 그 후에 여수가 참소하였으나 마침내 실행되지 않았다. 번쾌가 도착하자마자 사면되고 그의 작위와 식읍도 회복되었다.

16 태후가 영항(永巷)[104] 으로 하여금 척부인(戚夫人)을 구금하게 하고, 머리를 깎고 붉은 죄수옷을 입히고 방아를 찧게 하였다. 사자를 파견하여 조왕(趙王) 유여의(劉如意)를 불렀다. 사자가 세 번 왕래하자 조의 상국 주창(周昌)이 사자에게 말하였다.

"고제가 신에게 조왕(趙王)을 부촉하였으며, 왕은 나이도 어린데, 가만히 듣건대 태후가 척부인을 원망하여 조왕을 불러 함께 그들을 죽이고자 한다니, 신은 감히 왕을 보내지 않습니다. 왕은 또한 병이 들었으니 조서를 받들 수가 없습니다."

태후가 노하여 먼저 사람을 시켜서 주창을 불렀다.

주창이 장안에 이르자, 마침내 사람을 시켜서 다시 조왕을 불렀다. 왕이 오면서 아직 도착하지 않았는데 황제[105]는 태후가 화가 나 있음

---

104 《한서》〈백관공경표〉에는 궁정 감옥의 관리를 책임지는 관직으로 영항령(永巷令)이 있다.

105 새로 황제에 오른 혜제를 말한다.

을 알고 스스로 조왕을 패상(覇上, 섬서성 남전현의 북쪽에 있는 패수의 연변)에서 영접하여 더불어 궁(宮)에 들어와서 스스로 끼고 더불어 기거(起居)하고 음식을 먹었다. 태후가 그를 죽이려 하였으나 틈을 얻지 못하였다.

혜제 원년(丁未, 기원전 194년)

1 겨울, 12월에 황제가 일찍이 사냥을 나갔다. 조왕은 나이가 어려서[106] 일찍 일어날 수가 없었는데, 태후가 사람을 시켜서 짐독(酖毒)을 가져다가 그에게 먹였다. 밝을 때쯤에 황제가 돌아오니 조왕은 이미 죽었다.

태후는 드디어 척부인의 손과 발을 자르고 눈을 뽑고, 귀를 지지고, 벙어리 되는 약을 마시게 하고, 변소에 있게 하고, 명명(命名)하여 '인체(人彘, 사람 돼지)'라고 하였다.

며칠 있다가 마침내 황제를 불러서 그 인체를 보게 하였다. 황제가 보고 물어서 그것이 척부인(戚夫人)인 것을 알고는 마침내 크게 통곡하고 이어서 병이 나서 1년여를 일어날 수 없었다. 사람을 시켜서 태후를 청하였다.

"이것은 사람이 할 바가 아닙니다. 신은 태후의 아들이 되어 끝내는 천하를 다스릴 수가 없습니다."

황제는 이로써 매일 술을 마시고 음란하면서 정사를 듣지 않았다.

---

106 이때에 나이는 열두 살이었다.

❈ 신 사마광이 말씀드립니다.

아들 된 사람은 부모가 허물을 가지면 간(諫)하고 간하여도 듣지를 않고 크게 울면서 그를 따릅니다.[107] 어떻게 고제의 유업을 지키며 천하의 군주가 되어 어머니의 잔혹함을 참지 못하고, 드디어 국가를 버려 아끼고 사랑하지 아니하고 멋대로 주색(酒色)에 빠져서 생명을 상하게 하였습니까? 만약에 효혜제 같은 사람은 작은 인(仁)에서는 두텁지만 대의(大誼)를 아직 몰랐다 할 것입니다.

2   회양왕(淮陽王) 유우(劉友)를 옮겨서 조왕으로 삼았다.[108]

3   봄, 정월에 장안성(長安城)의 서북쪽을 만들기 시작하였다.[109]

혜제 2년(戊申, 기원전 193년)

1   겨울, 10월에 제의 도혜왕(悼惠王)[110]이 와서 조현하였다. 태후의

---

107 이는 《예기》〈곡례〉에 있는 말이다.

108 고제 11년(기원전 196년)에 유우를 회양에다 책봉하였다.

109 한이 장안에 도읍하고, 소하가 궁실을 지었지만 아직 성을 축조할 여유가 없어서 황제가 이를 쌓기 시작하여 5년에 이르러서 마침내 마쳤는데, 그러므로 일을 시작하였다고 하였다.

110 유방의 서자인 유비(劉肥)이다.

앞에서 술을 마시는데, 황제는 제왕(齊王)이 형이어서 그를 상좌에 앉게 하였다. 태후가 화가 나서 짐주(酖酒)를 앞에 따라 놓고서 제왕에게 내리며 축수(祝壽)하였다.[111]

제왕이 일어나니 황제도 역시 일어나서 술잔을 빼앗자 태후는 두려워서 스스로 일어나서 황제의 술잔을 엎었다. 제왕은 이를 이상히 여기고 이어서 감히 술을 마시지 않고 거짓으로 취한 척 하고 떠났는데, 그것이 짐주였던 것을 물어서 알고는 크게 두려워하였다.

제(齊)의 내사(內史)인 사(士)[112]가 제왕에게 유세하여 성양군(城陽郡, 산동성 莒縣)을 바쳐서 노원공주(魯元公主)의 탕목읍(湯沐邑)이 되게 하니 태후가 기뻐하여 마침내 제왕을 놓아 보내어 돌아가게 하였다.

2   봄, 정월 계유일(4일)에 두 마리의 용(龍)이 난릉(蘭陵, 산동성 嶧縣)의 평민 집의 우물에서 출현하였다.

3   농서(隴西, 감숙성 동부)에 지진이 일어났다.

4   여름에 가뭄이 들었다.

---

111 짐주란 짐새로 담근 술로 이를 마시면 죽는 독주이다. 보통 죽음을 내릴 때에 많이 이용되는 술이다. 축수란 오래 살라고 축하하는 말이며, 이때에는 술잔을 바친다. 여기서는 태후가 제왕에게 축수하였으므로 태후가 제왕에게 술잔을 내린 것이다.

112 내사는 봉국의 관리인데, 보통 후대에는 제후왕을 대신하여 백성을 다스리는 업무를 맡으며, 군의 태수와 같은 직급이고, 사(士)는 사람 이름인데, 성은 무엇인지 나와 있지 않다.

5   합양후(郃陽侯) 중(仲)[113]이 죽었다.

6   찬문종후(酇文終侯)[114] 소하가 병이 들었는데, 황상이 친히 가서 살펴보고, 이어서 물었다.

"그대가 백세(百歲)가 된 후[115]에 누가 그대를 대신할 수 있는 사람이오?"

대답하였다.

"신하는 군주(君主)와 같을 수 없다는 것을 압니다."

황제가 말하였다.

"조참(曹參)이 어떠하오?"

소하가 머리를 조아리며 말하였다.

"황제께서 그를 찾아냈으니 신은 죽어도 한(恨)이 없습니다."

가을, 7월 신미일(5일)에 소하가 죽었다. 소하가 전택(田宅)을 마련하여 두었는데, 반드시 궁벽한 곳에 있어서 집을 위하여서는 담장을 수축하지도 않았다. 말하였다.

"후손이 똑똑한 사람이라면 나의 검소함을 배울 것이고, 똑똑하지 못하여도 세가에게 빼앗기지 않을 것이다."

계사일(27일)에 조참을 상국으로 삼았다. 조참은 소하가 죽었다는

---

113 원래 대왕인 유희(劉喜)이다. 고제 7년(기원전 200년)에 그를 합양(郃陽)에 책봉하였는데, 이 내용은《자치통감》권11에 실려 있다.

114 소하는 원래 찬후였는데, 죽은 다음의 시호를 문종이라 하여 이를 함께 쓴 것이다. 시법(諡法)에 의하면 시작도 있고 끝도 있는 경우에 이를 종(終)이라 하고, 아름다운 명성을 이루었을 때에도 종(終)을 사용한다고 되어 있다.

115 사람에게 죽는다는 말을 쓰는 것을 꺼려 죽은 후라는 뜻으로 사용한 말이다.

소식을 듣고 사인(舍人)[116]에게 일렀다.

"행장(行裝)을 빨리 준비하라. 내가 장차 재상이 될 것이다."

얼마 안 있어서 사자가 과연 조참을 불렀다.

애초에, 조참이 미천(微賤)하였을 때에 소하와 더불어 잘 지냈는데, 장상(將相)이 되자 틈이 생겼지만 소하도 또 죽기 바로 전에 똑똑하다고 추천한 사람은 오직 조참뿐이었다. 조참이 소하를 대신하여 재상이 되고도 하는 일에 아무런 변경도 없었고 한가지로 소하가 한 약속을 준수하였다.

군국(郡國)의 관리를 택하는데도 글과 말에서 질박하고 어눌하지만 중후하고 어른다운 사람을 뽑았고, 바로 이러한 사람을 불러서 승상사(丞相史)[117]로 임명하였는데, 관리가 말이 화려하고 각박하며 소문과 이름 얻기를 힘쓰는 사람은 번번이 이를 배척하여 내보냈다.

밤낮으로 진한 술을 마셨는데, 경(卿)과 대부(大夫) 이하의 관리와 빈객들은 조참이 승상의 일을 하지 않는 것을 보았고, 온 사람이 모두 말을 하고 싶어 하였지만 번번이 조참은 진한 술을 마시게 하였고, 틈 보아서 말을 하려는 사람이 있으면 다시 그에게 마시게 하고 취한 뒤에 가게 하니 끝내는 말을 하지 못하게 하는 것을 보통으로 하였다.

어떤 사람이 조그만 허물을 가지고 있는 것이 보이더라도 오로지 이를 덮어 숨겨두니 부[丞相府] 안은 무사하였다.

조참의 아들인 조줄(曹窋)이 중대부(中大夫)이었는데, 황제는 상국

---

116 원래는 가인(家人)과 같은 말이지만, 사사롭게 관에 속하여 가사를 돌보는 사람이다.

117 승상부의 관속이며, 장사(長史) 아래에 연사(掾史)와 영사(令史) 등이 있었다.

이 일을 처리하지 않는 것을 이상하게 여기고 '어찌하여 짐(朕)을 어리게 보는가?'라고 생각하고 조줄을 돌려보내서, 그가 사사롭게 조참에게 묻게 하였다.

조참이 노하여 조줄에게 태장(笞杖) 200대를 때리고 말하였다.

"빨리 가서 입시(入侍)를 하라! 천하의 일은 네가 마땅히 말할 바가 아니다."

조회에 나갔을 때에 황제가 조참을 나무라서 말하였다.

"접때 내가 그대에게 간(諫)하게 한 것이오."

조참이 관(冠)을 벗고 사죄하며 말하였다.

"폐하께서 스스로 살피건대, 성스러운 무력에서 고제와 어떠하십니까?"

황상이 말하였다.

"짐(朕)이 어찌 감히 돌아가신 황제를 바라볼 수 있겠소!"

또 말하였다.

"폐하께서 신의 능력을 보시면 소하(蕭何)와는 누가 현명합니까?"

황상이 말하였다.

"그대는 아마도 따라가지 못할 것이오."

조참이 말하였다.

"폐하의 말씀이 옳습니다. 고제와 소하가 천하를 평정하였고, 법령(法令)은 이미 분명히 하였습니다. 이제 폐하께서는 팔짱을 끼시고 있고 조참 등이 직분을 지키면서 준수하며 잃지 않도록 하는 것이 옳지 않겠습니까?"

황제가 말하였다.

"훌륭하오."

조참이 상국이 되어 3년이 지나니 백성들은 이를 노래하여 말하였다.
"소하가 법을 만들어서 비교컨대 하나같이 잘 갖추어 두었다. 조참
이 이를 대신하여 지키면서 잃지 않으니, 그의 깨끗하고 조용함을 타고
서 백성들은 하나같이 안녕하구나!"

혜제 3년(己酉, 기원전 192년)

1   봄에 장안에서 600리 안에 사는 남녀 14만6천 명을 징발하여 장
안에 성을 쌓았는데, 30일에 끝냈다.

2   종실의 여인을 공주라고 하여 흉노의 난제묵돌 선우에게 시집
을 보냈다. 이때에 난제묵돌은 바야흐로 강해져서 편지를 써서 사자로
하여금 고후(高后)에게 보냈는데, 말씨가 아주 외설스럽고 오만하였
다.[118] 고후는 크게 화가 나서 장상(將相)과 대신들을 불러서 그 사자
의 목을 베고 군사를 내서 그들을 칠 것을 의론하도록 하였다.
  번쾌가 말하였다.
"신이 바라건대 10만의 무리를 가지고 흉노가 사는 곳에서 횡행(橫

---

118 난제묵돌의 편지 내용은 다음과 같다. '나는 한 적막한 군주이며 또한 북방
  의 황량한 초원지대에서 태어나고 소와 말들이 무리를 이루고 있는 들판에서
  자라서 자주 변경에 다다라서 중국의 중심지로 깊이 들어가 한 번 놀기를 희
  망하였다. 너의 남편이 처음 죽었을 때에 반드시 빈 방에서 참기 어려울 것이
  라고 생각하였다. 우리 두 사람은 이미 모두 그렇게 즐겁지가 못하고, 자기를
  즐겁게 할 방법이 없다. 네가 만약에 나에게 시집을 와서 각자가 자기의 있는
  것을 가지고 자기의 없는 것을 교환하는 것이 너의 마음에는 어떠한가?'

行)하게 해주십시오."

중랑장(中郞將) 계포(季布)가 말하였다.

"번쾌의 목을 베어야 옳습니다. 전에 흉노가 고제를 평성(平城, 산서성 大同市)에서 포위하였는데, 한의 군사는 32만이고 번쾌는 상장군이 있는데도 그 포위를 풀 수가 없었습니다.[119] 이제 신음소리를 읊조리는 소리가 끊이지 않고 다친 사람들도 겨우 일어났는데, 번쾌는 천하를 동요시키려고 10만의 무리로 횡행하겠다고 망언을 하니, 이는 면전에서 속이는 것입니다. 또 이적(夷狄)들은 비유하자면 마치 금수와 같아서 그들의 훌륭한 말을 들어도 즐거워하기에는 부족하고 싫은 소리에도 화를 내하기에도 부족합니다."

고후가 말하였다.

"훌륭하오. 계포."

대알자(大謁者) 장석(張釋)으로 하여금 회답을 쓰게 하였는데, 스스로를 깊이 겸손하고 그에게 감사하였으며, 아울러 수레 2승(乘)과 말 2사(駟)[120]를 보냈다.

난제묵돌이 다시 사자로 하여금 보내와서 감사하며 말하였다.

"아직 일찍이 중국의 예의(禮義)를 들어보지 못하였는데도, 폐하께서 다행히 이를 용서하여 주셨습니다."

이어서 말을 바쳤고, 드디어 화친하게 되었다.

---

119 이 사건은 고제 7년(기원전 200년)에 일어났으며, 이 내용은 《자치통감》 권11에 실려 있다.

120 승(乘)은 수레를 세는 단위로 이 수레는 말 네 마리가 끄는 것이며, 사(駟)는 수레를 끄는 말의 단위로 네 마리를 한 사(駟)라 하는데, 여기서는 결국 수레 2승과 이를 끄는 말을 같이 보낸 것이다.

3   여름, 5월에 민월군(閩越君) 요(搖)를 세워서 동해왕(東海王)으로 삼았다. 요와 무제(無諸)[121]는 모두 월왕(越王) 구천(句踐)의 후예로 제후들을 좇아서 진을 멸망시키는데 공로가 많았으며, 그 백성들이 바로 귀부하니 그러므로 그를 세웠다. 동구(東甌, 절강성 永嘉縣)에 도읍하니 세상에서는 동구왕(東甌王)이라고 불렀다.

4   6월에 제후왕과 열후들의 형도(刑徒)와 노예 2만 명을 징발하여 장안에서 성을 쌓았다.

5   가을, 7월에 도구(都廐)[122]에 화재가 있었다.

6   이 해에 촉(蜀, 사천성 成都市)의 전저(湔氐)에서 반란이 일어났는데, 이를 쳐서 평정하였다.

혜제 4년(庚戌, 기원전 191년)

1   겨울, 10월에 황후로 장씨(張氏)를 세웠다. 후(后, 황후)는 황제의 누이인 노원공주(魯元公主)의 딸인데 태후가 겹친 친척을 만들려고 하

---

121 민월왕 무제는 고제 5년(기원전 202년)에 책봉을 받았으며, 현 혜제가 또 요를 동해에 책봉하였다. 민월과 동월이 나뉘는 곳에 위치하였다.

122 구(廐)는 마구간을 말하는 것인데, 도(都)는 중앙을 말하는 것이므로 황실의 마구간이며 대구(大廐)라고도 하는데, 이는 수레와 말을 담당하는 태복(太僕)의 소속이다.

니 그러므로 황제에게 배필로 하였다.

2   봄, 정월에 백성들 가운데 효도하고, 우애(友愛) 있으며 힘써 농사 짓는 사람을 뽑아서 그들의 신역(身役)을 면제해 주었다.

3   3월 갑자일(7일)에 황제가 관례(冠禮)를 치르고,[123] 천하를 사면 하였다.

4   법령(法令) 가운데 관리와 백성들을 방해하는 것을 생략하고, 협 서율(挾書律)[124]을 없앴다.

5   황제가 장락궁(長樂宮)에서 태후를 잠깐 조현하고 왕간(往間)함 으로써 자주 경필(警蹕)하여 백성들을 번잡하게 만들었다.[125] 마침내 무고(武庫)의 남쪽에 복도(複道)를[126] 축조하였다. 이에 봉상(奉常) 숙 손통이 간하였다.

"이는 고제가 매월 유의관(游衣冠)[127]을 내보내는 길인데, 자손이 어

---

123 황제 유영의 나이가 스무 살이 되어서 성인으로서의 의식을 치른 것이다.

124 진율(秦律)에는 협서(挾書)한 사람은 족멸하도록 되어 있다. 협서란 책을 집 에 감추어두는 것을 말한다.

125 황제는 미앙궁에 살았고, 태후는 장락궁에 살았다. 이 경우는 대조현이 아니 고 중간에서 조금 알현하는 것이며 이를 왕간(往間)이라고 한다. 경필은 천자 가 출입하면서 행인들이 다니지 못하게 길을 치우는 것이다.

126 무고는 미앙궁에서 장락궁에 가는 사이에 있는데 이 길 위에 길을 2층으로 건설하는 것을 말한다.

떻게 종묘로 가는 길 위를 타고 가겠습니까?"

황제가 두려워서 말하였다.

"급히 이를 부수시오."

숙손통이 말하였다.

"군주에게는 과실 있는 거동(擧動)이란 없고, 이제 이미 만들어서 백성들이 모두 이를 압니다. 바라건대, 폐하께서 원묘(原廟)[128]를 위수 북쪽에 만들고 매월 이곳으로 출유(出游)하시고, 종묘를 더욱 확장하시는 것이 큰 효도의 근본입니다."[129]

황상이 마침내 유사(有司)에게 조서를 내려서 원묘를 세우게 하였다.

❈ 신 사마광이 말씀드립니다.

허물이라는 것은 사람들이 반드시 면치 못하는 것인데, 오직 성현만이 이것을 알아서 고칠 수가 있습니다.

옛날의 성스러운 임금은 그 허물이 있는 것을 스스로 알지 못할

---

127 황실의 의례인데, 유방이 생전에 입었던 의복과 썼던 모자는 매월 한 차례씩 묘원에서 꺼내서 유방의 사당까지 받들고 가는 것을 말한다.

128 원(原)이란 중(重)의 의미가 있다. 먼저 고제의 사당을 만들었는데 다시 만드는 것이기 때문에 원묘라 한 것이다.

129 혜제가 이미 복도를 만들라고 명령하였으나, 그 복도의 아래는 고제의 유의관이 나가는 길이므로 아들이 아버지의 의관을 들고 다니는 길 위를 다니게 되었다. 그러나 이것을 부수는 것은 황제의 권위를 해치는 것이며, 그대로 두면 효도에 어긋나게 되었다. 그리하여 고제 유방의 사당을 다른 곳에 더 크게 지으면 새로 지은 곳으로 가게 될 것이니 복도의 밑으로는 가지 않게 되므로 새로 지으라고 건의한 것이다.

까 걱정하였고 그러므로 '비방의 나무'를 설치하고, '감히 간(諫) 하는 북'을 설치하였으니, 어찌 백성들이 그 허물을 들을까 두려워 하였습니까?

이로써 중훼(仲虺, 은의 재상)는 성탕(成湯) 임금을 찬미하여 이 르되 '허물을 고치는데 인색하지 않았다.'고 하였습니다. 부열(傅 說)은 고종(高宗)[130]에게 경계하여 말하였습니다. '허물이 있음을 수치로 알고 잘못을 저지르지 마십시오.'

이로 보건대 임금이 된 사람은 진실로 허물이 없다는 것을 현명 하다고 여기지 않고, 허물을 고치는 것을 아름답다고 하였습니다. 이제 숙손통이 효혜제에게 간하며 마침내 말하였습니다. '인주(人 主)에게 과실 있는 거동이란 없습니다.'이는 인군(人君)에게 허물 을 수식하도록 가르쳐서 드디어 잘못하였으니, 어찌 얽어맨 것이 아니겠습니까?

6   장락궁의 홍대(鴻臺)[131]에 화재가 있었다.

7   가을, 7월 을해일(20일)에 미앙궁의 능실(凌室)에 화재가 있었고, 병자일(21일)에 직실(織室)[132]에 화재가 있었다.

---

130 부열은 은의 재상이고 고종은 은의 23대 왕인 무정을 말한다.

131 이는 진 시황 27년(기원전 220년)에 건축한 것으로 높이가 40장(丈)이었는데, 맨 위에 정대루각(亭臺樓閣)이 있었다.

132 능실은 얼음을 넣어두는 창고이고, 직실은 옷이나 이불을 만드는 곳이다.

혜제 5년(辛亥, 기원전 190년)

1   겨울에 벼락이 떨어졌고, 복숭아나무와 자두나무에 꽃이 피고 대추나무는 열매를 맺었다.

2   봄, 정월에 다시금 장안에서 600리 안에 있는 남녀 14만5천 명을 징발하여 장안에 성(城)을 쌓고 30일에 끝냈다.

3   여름에 큰 가뭄이 있었고, 강[양자강]과 하[황하]의 물이 적어졌고, 계곡에는 물이 끊겼다.

4   가을, 8월에 평양의후(平陽懿侯) 조참(曹參)이 죽었다.[133]

혜제 6년(壬子, 시원전 189년)

1   겨울, 10월에 왕릉(王陵)을 우승상으로 삼고, 진평(陳平)을 좌승상으로 삼았다.

2   제(齊, 도읍은 임치)의 도혜왕(悼惠王)인 유비(劉肥)가 죽었다.

---

133 조참은 평양후였는데, 죽은 다음에 시호를 의후라고 한 것이다. 의(懿)란 시법(諡法)으로 보면 온유하고 현명하며 선하다는 뜻을 갖고 있다.

3   여름에 유성문후(留文成侯)[134] 장량(張良)이 죽었다.

4   주발을 태위(太尉)로 삼았다.

혜제 7년(癸丑, 기원전 188년)

1   겨울에 거기(車騎)와 재관(材官)[135]을 꺼내서 형양(滎陽, 하남성 형양현)으로 옮기는데 태위 관영(灌嬰)이 거느렸다.

2   봄, 정월 초하루 신축일에 일식이 있었다.

3   여름, 5월 정묘일(29일)에 일식이 있었는데, 개기식(皆旣食)이었다.

4   가을, 8월 무인일(12일)에 황제가 미앙궁에서 붕어하였다.[136] 천하를 크게 사면하였다. 9월 신축일(5일)에 안릉(安陵, 섬서성 咸陽市 동쪽)에 장사 지냈다.

애초에, 여태후가 장황후(張皇后)[137]에게 명령하여 다른 사람의 아

---

134 원래는 유후였는데, 죽은 후에 문성이라는 시호가 붙여진 것이다. 시법(諡法)으로 보면 백성을 편안히 하고 정치를 세웠다는 의미를 가지며, 또 재상을 도와서 끝을 잘 마감하였다는 뜻도 있다고 하였다.

135 거기는 수레와 말이며, 재관은 무기를 말한다. 거기와 재관은 전투에 관한 모든 것이라고 할 수 있다.

136 이때 혜제는 스물네 살이었다.

들을 데려다가 이를 기르게 하였는데, '그의 어머니를 죽이고 그를 태
자로 삼으라.'고 하였다. 이미 장사를 지내고 나서 태자가 황제에 즉
위하였으나 나이가 어려서 태후가 조회에 나아가 칭제(稱制)[138] 하였
다.＊

137 혜제의 비인 장언(張嫣)이다.

138 천자가 하는 말은 제서(制書)와 조서(詔書)가 있다. 제서란 제도에 관한 명령
　　이어서 황후가 할 수 있는 것이 아닌데, 이 경우에는 태후가 조회에 나아가 황
　　제의 업무를 보았다는 것을 의미한다. 그러므로 칭제란 제(制)를 내릴 수 없
　　는 사람이 임시적으로 대리하여 내린다는 의미가 있다.

❖ 전국(戰國)·진(秦) 시대 각국 기년 비교표

◈ 자치통감 권7~8

기원전	秦	楚	齊	魏	趙	燕	衛
~226	21	2	39	2	2	29	4
~225	22	3	40	3 亡	3	30	5
~224	23	4	41		4	31	6
~223	24	5 亡	42		5	32	7
~222	25		43		6 亡	33 亡	8
~221	26		44 亡				9
~210	37						
~209	2世皇帝 元	張楚王 陳勝元年; 景駒元年 齊王 田儋元年 魏王 魏咎元年 趙王 武臣元年 燕王 韓廣元年					21 亡
~208	2						
~207	3						

❖ 황제 계보도

전한

① 고제 유방
(高帝 劉邦)

② 효혜제 유영
(孝惠帝 劉盈)

⑤ 효문제 유항
(孝文帝 劉恒)

③ 소제 유공
(少帝 劉恭)

④ 소제 유홍
(少帝 劉弘)

⑥ 효경제 유계
(孝景帝 劉啓)

⑦ 효무제 유철
(孝武帝 劉徹)

⑧ 효소제 유불릉
(孝昭帝 劉弗能)

여태자 유거
(戾太子 劉據)

사황손 유진
(史皇孫 劉進)

⑨ 효선제 유순
(孝宣帝 劉詢)

⑩ 효원제 유석
(孝元帝 劉奭)

초효왕 유효
(楚孝王 劉囂)

⑪ 효성제 유오
(孝成帝 劉驁)

정도공왕 유강
(定陶恭王 劉康)

중산효왕 유흥
(中山孝王 劉興)

광척후 유훈
(廣戚侯 劉勳)

⑫ 효애제 유흔
(孝哀帝 劉欣)

⑬ 효평제 유간
(孝平帝 劉衎)

광척후 유현
(廣戚侯 劉顯)

⑭ 유자 유영
(孺子 劉嬰)

(신)왕망
(新 王莽)

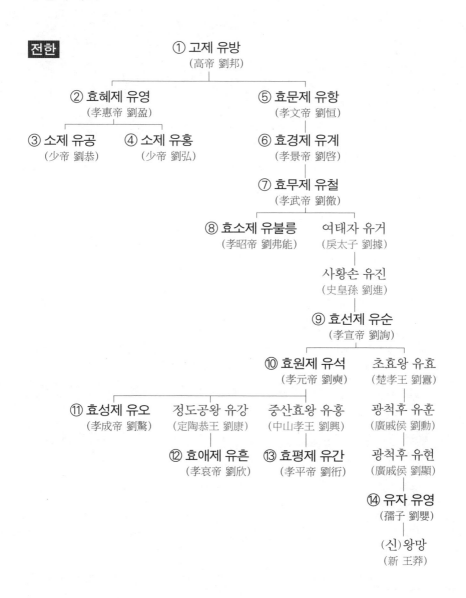

부록

원문

資治通鑑 卷007

【秦紀二】

起闕逢閹茂（甲戌）盡玄黓執徐（壬辰） 凡十九年

❖ 始皇帝下 20年(甲戌, 紀元前 227年)

1 　　荊軻至咸陽 因王寵臣蒙嘉卑辭以求見 王大喜 朝服 設九賓而見之. 荊軻奉圖而進於王 圖窮而匕首見 因把王袖而揕之 未至身 王驚起 袖絶. 荊軻逐王 王環柱而走. 羣臣皆愕 卒起不意 盡失其度. 而秦法 羣臣侍殿上者不得操尺寸之兵 左右以手共搏之 且曰"王負劍!"負劍 王遂拔以擊荊軻 斷其左股. 荊軻廢 乃引匕首擿王 中銅柱. 自知事不就 罵曰"事所以不成者 以欲生劫之 必得約契以報太子也!"遂體解荊軻以徇. 王於是大怒 益發兵詣趙 就王翦以伐燕 與燕師‧代師戰於易水之西 大破之.

1 　　冬 十月 王翦拔薊 燕王及太子率其精兵東保遼東 李信急
追之. 代王嘉遺燕王書 令殺太子丹以獻 丹匿衍水中 燕王使使
斬丹 欲以獻王 王復進兵攻之.

2 　　王賁伐楚 取十餘城. 王問於將軍李信曰"吾欲取荊 於將
軍度用幾何人而足?"李信曰"不過用二十萬."王以問王翦 王
翦曰"非六十萬人不可."王曰"王將軍老矣 何怯也!"遂使李
信 · 蒙恬將二十萬人伐楚 王翦因謝病歸頻陽.

1 　　王賁伐魏 引河溝以灌大梁. 三月 城壞. 魏王假降 殺之 遂
滅魏.
　　王使人謂安陵君曰"寡人欲以五百里地易安陵."安陵君曰
"大王加惠 以大易小 甚幸. 雖然 臣受地於魏之先王 願終守之
弗敢易!"王義而許之.

2 　　李信攻平輿 蒙恬攻寢 大破楚軍. 信又攻鄢郢 破之. 於是
引兵而西 與蒙恬會城父. 楚人因隨之 三日三夜不頓舍 大敗李
信 入兩壁 殺七都尉 李信奔還.

王聞之 大怒 自至頻陽謝王翦曰"寡人不用將軍謀 李信果辱秦軍. 將軍雖病 獨忍棄寡人乎?"王翦謝"病不能將."王曰"已矣 勿復言!"王翦曰"必不得已用臣 非六十萬人不可!"王曰"爲聽將軍計耳."於是 王翦將六十萬人伐楚. 王送至霸上. 王翦請美田宅甚衆. 王曰"將軍行矣 何憂貧乎?"王翦曰"爲大王將 有功 終不得封侯 故及大王之嚮臣 以請田宅爲子孫業耳."王大笑. 王翦既行 至關 使使還請善田者五輩. 或曰"將軍之乞貸亦已甚矣!"王翦曰"不然. 王怚中而不信人 今空國中之甲士而專委於我 我不多請田宅爲子孫業以自堅 顧令王坐而疑我矣."

❖ 始皇帝下 23年(丁丑, 紀元前 224年)

1   王翦取陳以南至平輿. 楚人聞王翦益軍而來 乃悉國中兵以禦之 王翦堅壁不與戰. 楚人數挑戰 終不出. 王翦日休士洗沐 而善飲食 撫循之 親與士卒同食. 久之 王翦使人問"軍中戲乎?"對曰"方投石‧超距."王翦曰"可用矣!"楚既不得戰 乃引而東. 王翦追之 令壯士擊 大破楚師 至蘄南 殺其將軍項燕 楚師遂敗走. 王翦因乘勝略定城邑.

1   王翦·蒙武虜楚王負芻 以其地置楚郡.

1   大興兵 使王賁攻遼東 虜燕王喜.

❖ 臣光曰

燕丹不勝一朝之忿以犯虎狼之秦 輕慮淺謀 挑怨速禍
使召公之廟不祀忽諸 罪孰大焉! 而論者或謂之賢 豈不
過哉!

夫爲國家者 任官以才 立政以禮 懷民以仁 交鄰以信
是以官得其人 政得其節 百姓懷其德 四鄰親其義. 夫如
是 則國家安如磐石 熾如焱火 觸之者碎 犯之者焦 雖有
強暴之國 尙何足畏哉! 丹釋此不爲 顧以萬乘之國 決匹
夫之怒 逞盜賊之謀 功墮身戮 社稷爲墟 不亦悲哉!

夫其膝行·蒲伏 非恭也 復言·重諾 非信也 麋金·
散玉 非惠也 刎首·決腹 非勇也. 要之 謀不遠而動不義
其楚白公勝之流乎!

荊軻懷其豢養之私 不顧七族 欲以尺八匕首强燕而弱

秦 不亦愚乎! 故揚子論之 以要離爲蛛蝥之靡 聶政爲壯
士之靡 荊軻爲刺客之靡 皆不可謂之義. 又曰"荊軻 君
子盜諸." 善哉!

2 王賁攻代 虜代王嘉.

3 王翦悉定荊·江南地 降百越之君置 會稽郡.

4 五月天下大酺.

5 初 齊君王后賢 事秦謹 與諸侯信 齊亦東邊海上. 秦日夜
攻三晉·燕·楚 五國各自救 以故齊王建立四十餘年不受兵.
及君王后且死 戒王建曰"羣臣之可用者某." 王曰"請書之."
君王后曰"善!" 王取筆牘受言 君王后曰"老婦已忘矣." 君王
后死 后勝相齊 多受秦間金. 賓客入秦 秦又多與金. 客皆爲反
間 勸王朝秦 不脩攻戰之備 不助五國攻秦 秦以故得滅五國.

齊王將入朝 雍門司馬前曰"所爲立王者 爲社稷耶 爲王耶?"
王曰"爲社稷." 司馬曰"爲社稷立王 王何以去社稷而入秦?"
齊王還車而反.

卽墨大夫聞之 見齊王曰"齊地方數千里 帶甲數百萬. 夫三
晉大夫皆不便秦 而在阿·甄之間者百數 王收而與之百萬人之
衆 使收三晉之故地 卽臨晉之關可以入矣. 鄢郢大夫不欲爲秦
而在城南下者百數 王收而與之百萬之師 使收楚故地 卽武關

可以入矣. 如此 則齊威可立 秦國可亡 豈特保其國家而已哉!"
齊王不聽.

❖ 始皇帝下 26年(庚辰, 紀元前 221年)

1 　王賁自燕南攻齊 猝入臨淄 民莫敢格者. 秦使人誘齊王 約
封以五百里之地. 齊王遂降 秦遷之共 處之松柏之間 餓而死.
齊人怨王建不早與諸侯合從 聽姦人賓客以亡其國 歌之曰"松
耶 柏耶! 住建共者客耶!"疾建用客之不詳也.

❖ 臣光曰

　　從衡之說雖反覆百端 然大要合從者 六國之利也. 昔
先王建萬國 親諸侯 使之朝聘以相交 饗宴以相樂 會盟
以相結者 無他 欲其同心戮力以保家國也. 曏使六國能
以信義相親 則秦雖强暴 安得而亡之哉! 夫三晉者 齊·
楚之藩蔽 齊·楚者三晉之根柢 形勢相資 表裏相依. 故
以三晉而攻齊·楚 自絶其根柢也 以齊·楚而攻三晉 自
撤其藩蔽也. 安有撤其藩蔽以媚盜 曰"盜將愛我而不
攻"豈不悖哉!

2 　王初幷天下 自以爲德兼三皇 功過五帝 乃更號曰"皇帝"

命爲"制"令爲"詔"自稱曰"朕". 追尊莊襄王爲太上皇. 制
曰"死而以行爲謚 則是子議父 臣議君也 甚無謂. 自今以來
除謚法. 朕爲始皇帝 後世以計數 二世 · 三世至于萬世 傳之無
窮."

3 　初 齊威 · 宣之時 鄒衍論著終始五德之運 及始皇幷天下
齊人奏之. 始皇采用其說 以爲周得火德 秦代周 從所不勝 爲
水德. 始改年 朝賀皆自十月朔 衣服 · 旄旌 · 節旗皆尙黑 數以
六爲紀.

4 　丞相綰言"燕 · 齊 · 荆地遠 不爲置王 無以鎭之. 請立諸
子."始皇下其議. 廷尉斯曰"周文武所封子弟同姓甚衆 然後
屬疏遠 相攻擊如仇讐 周天子弗能禁止. 今海內賴陛下神靈一
統 皆爲郡 · 縣諸子功臣以公賦稅重賞賜之 甚足易制 天下無
異意 則安寧之術也. 置諸侯不便."始皇曰"天下共苦戰鬪不
休 以有侯王. 賴宗廟 天下初定 又復立國 是樹兵也 而求其寧
息 豈不難哉! 廷尉議是."
　分天下爲三十六郡 郡置守 · 尉 · 監.
　收天下兵聚咸陽 銷以爲鐘鐻 · 金人十二 重各千石 置宮庭
中. 一法度 · 衡 · 石 · 丈尺. 徙天下豪桀於咸陽十二萬戶.
　諸廟及章臺 · 上林皆在渭南. 每破諸侯 寫放其宮室 作之咸
陽北阪上 南臨渭 自雍門以東至涇 · 渭 殿屋 · 復道 · 周閣相
屬 所得諸侯美人 · 鐘鼓以充入之.

1   始皇巡隴西 · 北地 至雞頭山 過回中焉.

2   作信宮渭南 已 更命曰極廟. 自極廟道通驪山 作甘泉前殿 築甬道自咸陽屬之 治馳道於天下.

1   始皇東行郡 · 縣 上鄒嶧山 立石頌功業. 於是召集魯儒生 七十人 至泰山下 議封禪. 諸儒或曰 "古者封禪 爲蒲車 惡傷 山之土石 · 草木 掃地而祭 席用葅稭." 議各乖異. 始皇以其難 施用 由此絀儒生. 而遂除車道 上自太山陽至顚 立石頌德 從 陰道下 禪於梁父. 其禮頗采太祝之祀雍上帝所用 而封藏皆祕 之 世不得而記也.

於是始皇遂東游海上 行禮祠名山 · 大川及八神. 始皇南登 琅邪 大樂之 留三月 作琅邪臺 立石頌德 明得意.

初 燕人宋毋忌 · 羨門子高之徒稱有仙道 · 形解. 銷化之術 燕 · 齊迂怪之士皆爭傳習之. 自齊威王 · 宣王 · 燕昭王皆信其 言 使人入海求蓬萊 · 方丈 · 瀛洲 云此三神山在渤海中 去人 不遠. 患且至 則風引船去. 嘗有至者 諸仙人及不死之藥皆在 焉. 及始皇至海上 諸方士齊人徐市等爭上書言之 請得齊戒與

童男女求之. 於是遣徐市發童男女數千人入海求之. 船交海中
皆以風爲解 曰"未能至 望見之焉."

　　始皇還 過彭城 齋戒禱祠 欲出周鼎泗水 使千人沒水求之 弗
得. 乃西南渡淮水 之衡山 · 南郡. 浮江至湘山祠 逢大風 幾不
能渡. 上問博士曰"湘君何神?"對曰"聞之 堯女 舜之妻 葬
此."始皇大怒 使刑徒三千人皆伐湘山樹 赭其山. 遂自南郡由
武關歸.

2　　初 韓人張良 其父 · 祖以上五世相韓. 及韓亡 良散千金之
産 欲爲韓報仇.

❖ 始皇帝下 29年(癸未, 紀元前 218年)

1　　始皇東游 至陽武博浪沙中 張良令力士操鐵椎狙擊始皇
誤中副車. 始皇驚 求 弗得 令天下大索十日.
　　始皇遂登之罘 刻石 旋 之琅邪 道上黨入.

❖ 始皇帝下 31年(乙酉, 紀元前 216年)

1　　使黔首自實田.

1　始皇之碣石 使燕人盧生求羨門 刻碣石門. 壞城郭 決通
隄坊. 始皇巡北邊 從上郡入. 盧生使入海還 因奏《錄圖書》曰
"亡秦者胡也." 始皇乃遣將軍蒙恬發兵三十萬人 北伐匈奴.

1　發諸嘗逋亡人 · 贅壻 · 賈人爲兵 略取南越陸梁地 置桂
林 · 南海 · 象郡 以謫徙民五十萬人戍五嶺 與越雜處.

2　蒙恬斥逐匈奴 收河南地爲四十四縣. 築長城 因地形 用制
險塞 起臨洮至遼東 延袤萬餘里. 於是渡河 據陽山 逶迤而北.
暴師於外十餘年 蒙恬常居上郡統治之 威振匈奴.

1　謫治獄吏不直及覆獄故 · 失者 築長城及處南越地.
　丞相李斯上書曰 "異時諸侯並爭 厚招遊學. 今天下已定 法
令出一 百姓當家則力農工 士則學習法令. 今諸生不師今而學
古 以非當世 惑亂黔首 相與非法敎人 聞令下 則各以其學議

之 入則心非 出則巷議 誇主以爲名 異趣以爲高 率羣下以造
謗. 如此弗禁 則主勢降乎上 黨與成乎下. 禁之便! 臣請史官
非秦記皆燒之 非博士官所職 天下有藏詩·書·百家語者 皆
詣守·尉雜燒之. 有敢偶語詩·書棄市 以古非今者族 吏見知
不擧 與同罪. 今下三十日 不燒 黥爲城旦 所不去者 醫藥·卜
筮·種樹之書. 若有欲學法令者以吏爲師."制曰"可."

魏人陳餘謂孔鮒曰"秦將滅先王之籍 而子爲書籍之主 其
危哉!"子魚曰"吾爲無用之學 知吾者惟友. 秦非吾友 吾何危
哉! 吾將藏之以待其求 求至 無患矣."

❖ 始皇帝下 35年(己丑, 紀元前 212年)

1   使蒙恬除直道 道九原 抵雲陽 塹山堙谷千八百里 數年不
就.

2   始皇以爲咸陽人多 先王之宮庭小 乃營作朝宮渭南上林苑
中 先作前殿阿房 東西五百步 南北五十丈 上可以坐萬人 下
可以建五丈旗 周馳爲閣道 自殿下直抵南山 表南山之顚以爲
闕. 爲復道 自阿房度渭 屬之咸陽 以象天極閣道·絕漢抵營室
也. 隱宮·徒刑者七十萬人 乃分作阿房宮或作驪山. 發北山石
椁 寫蜀·荊地材 皆至 關中計宮三百 關外四百餘. 於是立石
東海上胸界中 以爲秦東門. 因徙三萬家驪邑 五萬家雲陽 皆復

不事十歲.

3   盧生說始皇曰"方中 人主時爲微行以辟惡鬼. 惡鬼辟 眞人至. 願上所居宮毋令人知 然後不死之藥殆可得也!"始皇曰"吾慕眞人!"自謂"眞人"不稱"朕". 乃令咸陽之旁二百里內宮觀二百七十 復道·甬道相連 帷帳·鐘鼓·美人充之 各案署不移徙. 行所幸 有言其處者 罪死. 始皇幸梁山宮 從山上見丞相車騎衆 弗善也. 中人或告丞相 丞相後損車騎. 始皇怒曰"此中人泄吾語!"案問 莫服 捕時在旁者 盡殺之. 自是後 莫知行之所在. 羣臣受決事者 悉於咸陽宮.

侯生·盧生相與譏議始皇 因亡去. 始皇聞之 大怒曰"盧生等 吾尊賜之甚厚 今乃誹謗我! 諸生在咸陽者 吾使人廉問 或爲妖言以亂黔首."於是使御史悉案問諸生. 諸生傳相告引 乃自除犯禁者四百六十餘人 皆阬之咸陽 使天下知之 以懲後 益發謫徙邊. 始皇長子扶蘇諫曰"諸生皆誦法孔子. 今上皆重法繩之 臣恐天下不安."始皇怒 使扶蘇北監蒙恬軍於上郡.

❖ 始皇帝下 36年(庚寅, 紀元前 211年)

1   有隕石于東郡 或刻其石曰"始皇死而地分."始皇使御史逐問 莫服 盡取石旁居人誅之 燔其石.

2   遷河北楡中三萬家 賜爵一級.

1   冬十月 癸丑 始皇出游 左丞相斯從 右丞相去疾守. 始皇
二十餘子 少子胡亥最愛 請從 上許之.

  十一月 行至雲夢 望祀虞舜於九疑山. 浮江下 觀籍柯 渡海
渚 過丹陽 至錢唐 臨浙江. 水波惡 乃西百二十里 從陿中渡.
上會稽 祭大禹 望于南海 立石頌德. 還 過吳 從江乘渡. 並海
上 北至琅邪 · 之罘. 見巨魚 射殺之. 遂並海西 至平原津而病.

  始皇惡言死 羣臣莫敢言死事. 病益甚 乃令中車府令行符璽
事趙高爲書賜扶蘇曰 “與喪 會咸陽而葬.” 書已封 在趙高所
未付使者. 秋 七月 丙寅 始皇崩於沙丘平臺. 丞相斯爲上崩在
外 恐諸公子及天下有變 乃祕之不發喪 棺載輼涼車中 故幸宦
者驂乘. 所至 上食 · 百官奏事如故 宦者輒從車中可其奏事 獨
胡亥 · 趙高及幸宦者五六人知之.

  初 始皇尊寵蒙氏 信任之. 蒙恬任外將 蒙毅常居中參謀議
名爲忠信 故雖諸將相莫敢與之爭. 趙高者 生而隱宮 始皇聞其
強力 通於獄法 擧以爲中車府令 使敎胡亥決獄 胡亥幸之. 趙
高有罪 始皇使蒙毅治之 毅當高法應死 始皇以高敏於事 赦之
復其官. 趙高旣雅得幸於胡亥 又怨蒙氏 乃說胡亥 請詐以始皇
命誅扶蘇而立胡亥爲太子. 胡亥然其計. 趙高曰 “不與丞相謀

恐事不能成."乃見丞相斯曰"上賜長子書及符璽 皆在胡亥所.
定太子 在君侯與高之口耳. 事將何如?"斯曰"安得亡國之言!
此非人臣所當議也!"高曰"君侯材能‧謀慮‧功高‧無怨‧
長子信之 此五者皆孰與蒙恬?"斯曰"不及也."高曰"然則長
子卽位 必用蒙恬爲丞相 君侯終不懷通侯之印歸鄉里明矣! 胡
亥慈仁篤厚 可以爲嗣. 願君審計而定之!"丞相斯以爲然 乃相
與謀 詐爲受始皇詔 立胡亥爲太子 更爲書賜扶蘇 數以不能闢
地立功 士卒多耗 數上書 直言誹謗 日夜怨望不得罷歸爲太子
將軍恬不矯正 知其謀 皆賜死 以兵屬裨將王離.

扶蘇發書 泣 入內舍 欲自殺. 蒙恬曰"陛下居外 未立太子
使臣將三十萬眾守邊 公子爲監 此天下重任也. 今一使者來 卽
自殺 安知其非詐! 復請而後死 未暮也."使者數趣之. 扶蘇謂
蒙恬曰"父賜子死 尙安復請!"卽自殺. 蒙恬不肯死 使者以屬
吏 繫諸陽周 更置李斯舍人爲護軍 還報. 胡亥已聞扶蘇死 卽
欲釋蒙恬. 會蒙毅爲始皇出禱山川 還至. 趙高言於胡亥曰"先
帝欲舉賢立太子久矣 而毅諫以爲不可 不若誅之!"乃繫諸代.

遂從井陘抵九原. 會暑 輼車臭 乃詔從官令車載一石鮑魚以
亂之. 從直道至咸陽 發喪. 太子胡亥襲位.

九月 葬始皇於驪山 下錮三泉 奇器珍怪 徙藏滿之. 令匠作
機弩 有穿近者輒射之. 以水銀爲百川‧江河‧大海 機相灌輸.
上具天文 下具地理. 後宮無子者 皆令從死. 葬既已下 或言工
匠爲機藏 皆知之 藏重卽泄. 大事盡 閉之墓中.

2　　二世欲誅蒙恬兄弟. 二世兄子子嬰諫曰 "趙王遷殺李牧而
用顔聚 齊王建殺其故世忠臣而用后勝 卒皆亡國. 蒙氏 秦之大
臣·謀士也 而陛下欲一旦棄去之. 誅殺忠臣而立無節行之人
是內使羣臣不相信而外使鬪士之意離也!" 二世弗聽 遂殺蒙毅
及內史恬. 恬曰 "自吾先人及至子孫 積功信於秦三世矣. 今臣
將兵三十餘萬 身雖囚繫 其勢足以倍畔. 然自知必死而守義者
不敢辱先人之敎以不忘先帝也!" 乃吞藥自殺.

❖ 揚子《法言》曰

或問 "蒙恬忠而被誅 忠奚可爲也?" 曰 "塹山 堙谷 起
臨洮 擊遼水 力不足而屍有餘 忠不足相也."

❖ 臣光曰

始皇方毒天下而蒙恬爲之使 恬不仁可知矣. 然恬明於
爲人臣之義 雖無罪見誅 能守死不貳 斯亦足稱也.

❖ 二世皇帝上 元年(壬辰, 紀元前 209年)

1　　冬十月 戊寅 大赦.

2　　春 二世東行郡縣 李斯從 到碣石 並海 南至會稽 而盡刻始皇所立刻石 旁著大臣從者名 以章先帝成功盛德而還.

夏 四月 二世至咸陽 謂趙高曰"夫人生居世間也 譬猶騁六驥過決隙也. 吾旣已臨天下矣 欲悉耳目之所好 窮心志之所樂 以終吾年壽 可乎?"高曰"此賢主之所能行而昏亂主之所禁也. 雖然 有所未可 臣請言之 夫沙丘之謀 諸公子及大臣皆疑焉 而諸公子盡帝兄 大臣又先帝之所置也. 今陛下初立 此其屬意快快皆不服 恐爲變 臣戰戰栗栗 惟恐不終 陛下安得爲此樂乎!"二世曰"爲之奈何?"趙高曰"陛下嚴法而刻刑 令有罪者相坐 誅滅大臣及宗室 然後收擧遺民 貧者富之 賤者貴之. 盡除先帝之故臣 更置陛下之所親信者 此則陰德歸陛下 害除而姦謀塞 羣臣莫不被潤澤 蒙厚德 陛下則高枕肆志寵樂矣. 計莫出於此!"二世然之. 乃更爲法律 務益刻深 大臣·諸公子有罪輒下高鞫治之. 於是公子十二人僇死咸陽市 十公主矺死於杜 財物入於縣官 相連逮者不可勝數.

公子將閭昆弟三人囚於內宮 議其罪獨後. 二世使使令將閭曰"公子不臣 罪當死!"吏致法焉. 將閭曰"闕廷之禮 吾未嘗敢不從賓贊也 廊廟之位 吾未嘗敢失節也 受命應對 吾未嘗敢失辭也 何謂不臣? 願聞罪而死!"使者曰"臣不得與謀 奉書從事!"將閭乃仰天大呼"天"者三 曰"吾無罪!"昆弟三人皆流涕 拔劍自殺. 宗室振恐. 公子高欲奔 恐收族 乃上書曰"先帝無恙時 臣入門賜食 出則乘輿 御府之衣 臣得賜之 中廐之寶馬 臣得賜之. 臣當從死而不能 爲人子不孝 爲人臣不忠. 不孝

不忠者 無名以立於世 臣請從死 願葬驪山之足. 惟上幸哀憐
之!"書上 二世大說 召趙高而示之 曰"此可謂急乎?"趙高曰
"人臣當憂死不暇 何變之得謀!"二世可其書 賜錢十萬以葬.

復作阿房宮. 盡徵材士五萬人爲屯衛咸陽 令敎射. 狗馬禽
獸當食者多 度不足 下調郡縣 轉輸菽粟 ‧ 芻稾 皆令自齎糧食
咸陽三百里內不得食其穀.

3   秋 七月 陽城人陳勝 ‧ 陽夏人吳廣起兵於蘄. 是時 發閭左
戌漁陽 九百人屯大澤鄉 陳勝 ‧ 吳廣皆爲屯長. 會天大雨 道
不通 度已失期 失期 法皆斬. 陳勝 ‧ 吳廣因天下之愁怨 乃殺
將尉 召令徒屬曰"公等皆失期當斬 假令毋斬 而戌死者固什
六七. 且壯士不死則已 死則擧大名耳! 王 ‧ 侯 ‧ 將 ‧ 相寧有
種乎!"衆皆從之. 乃詐稱公子扶蘇 ‧ 項燕 爲壇而盟 稱大楚
陳勝自立爲將軍 吳廣爲都尉. 攻大澤鄉 拔之 收而攻蘄 蘄下.
乃令符離人葛嬰將兵徇蘄以東 攻銍 ‧ 酇 ‧ 苦 ‧ 柘 ‧ 譙皆下之.
行收兵 比至陳 車六七百乘 騎千餘 卒數萬人. 攻陳 陳守 ‧ 尉
皆不在 獨守丞與戰譙門中 不勝 守丞死 陳勝乃入據陳.

初 大梁人張耳 ‧ 陳餘相與爲刎頸交. 秦滅魏 聞二人魏之名
士 重賞購求之. 張耳 ‧ 陳餘乃變名姓 俱之陳 爲里監門以自
食. 里吏嘗以過笞陳餘 陳餘欲起 張耳躡之 使受笞. 吏去 張耳
乃引陳餘之桑下 數之曰"始吾與公言何如? 今見小辱而欲死
一吏乎!"陳餘謝之. 陳涉既入陳 張耳 ‧ 陳餘詣門上謁. 陳涉
素聞其賢 大喜. 陳中豪桀父老請立涉爲楚王 涉以問張耳 ‧ 陳

餘. 耳·餘對曰 "秦爲無道 滅人社稷 暴虐百姓 將軍出萬死之
計 爲天下除殘也. 今始至陳而王之 示天下私. 願將軍毋王 急
引兵而西 遣人立六國後 自爲樹黨 爲秦益敵 敵多則力分 與
衆則兵强. 如此 則野無交兵 縣無守城 誅暴秦 據咸陽 以令諸
侯 諸侯亡而得立 以德服之 則帝業成矣! 今獨王陳 恐天下懈
也." 陳涉不聽 遂自立爲王 號 "張楚"

當是時 諸郡縣苦秦法 爭殺長吏以應涉. 謁者從東方來 以反
者聞. 二世怒 下之吏. 後使者至 上問之 對曰 "羣盜鼠竊狗偸
郡守·尉方逐捕 今盡得不足憂也." 上悅.

陳王以吳叔爲假王 監諸將以西擊滎陽.

張耳·陳餘復說陳王 請奇兵北畧趙地. 於是陳王以故所善
陳人武臣爲將軍 邵騷爲護軍 以張耳·陳餘爲左·右校尉 予
卒三千人 徇趙.

陳王又令汝陰人鄧宗徇九江郡. 當此時 楚兵數千人爲聚者
不可勝數.

葛嬰至東城 立襄彊爲楚王 聞陳王已立 因殺襄彊還報. 陳王
誅殺葛嬰.

陳王令周市北徇魏地. 以上蔡人房君蔡賜爲上柱國.

陳王聞周文 陳之賢人也 習兵 乃與之將軍印 使西擊秦.

武臣等從白馬渡河 至諸縣 說其豪桀 豪桀皆應之 乃行收兵
得數萬人 號武臣爲武信君. 下趙十餘城 餘皆城守 乃引兵東北
擊范陽. 范陽蒯徹說武信君曰 "足下必將戰勝而後略地 攻得
然後下城 臣竊以爲過矣. 誠聽臣之計 可不攻而降城 不戰而略

地 傳檄而千里定 可乎?"武信君曰"何謂也?"徹曰"范陽令
徐公 畏死而貪 欲先天下降. 君若以爲秦所置吏 誅殺如前十城
則邊地之城皆爲金城·湯池 不可攻也. 君若齎臣侯印以授范
陽令 使乘朱輪華轂 驅馳燕·趙之郊 卽燕·趙城可無戰而降
矣."武信君曰"善!"以車百乘·騎二百侯印迎徐公. 燕·趙
聞之 不戰以城下者三十餘城.

陳王旣遣周章 以秦政之亂 有輕秦之意 不復設備. 博士孔鮒
諫曰"臣聞兵法'不恃敵之不我攻 恃吾不可攻.'今王恃敵而
不自恃 若跌而不振 悔之無及也."陳王曰"寡人之軍 先生無
累焉."

周文行收兵至關 車千乘 卒數十萬 至戲 軍焉. 二世乃大驚
與羣臣謀曰"奈何?"少府章邯曰"盜已至 衆强 今發近縣 不
及矣. 驪山徒多 請赦之 授兵以擊之."二世乃大赦天下 使章
邯免驪山徒·人奴産子 悉發以擊楚軍 大敗之. 周文走.

張耳·陳餘至邯鄲 聞周章卻 又聞諸將爲陳王徇地還者多以
讒毁得罪誅 乃說武信君令自王. 八月 武信君自立爲趙王 以陳
餘爲大將軍 張耳爲右丞相 邵騷爲左丞相 使人報陳王. 陳王大
怒 欲盡族武信君等家而發兵擊趙. 柱國房君諫曰"秦未亡而
誅武信君等家 此生一秦也 不如因而賀之 使急引兵西擊秦."
陳王然之 從其計 徙繫武信君等家宮中 封張耳子敖爲成都君
使使者賀趙 令趣發兵西入關. 張耳·陳餘說趙王曰"王王趙
非楚意 特以計賀王. 楚已滅秦 必加兵於趙. 願王毋西兵 北徇
燕·代南收河內以自廣. 趙南據大河 北有燕·代 楚雖勝秦 必

不敢制趙 不勝秦 必重趙. 趙乘秦・楚之敝 可以得志於天下."
趙王以爲然 因不西兵 而使韓廣略燕 李良略常山 張屬略上黨.

九月 沛人劉邦起兵於沛 下相人項梁起兵於吳 狄人田儋起
兵於齊.

劉邦 字季 爲人隆準・龍顔 左股有七十二黑子. 愛人喜施
意豁如也 常有大度 不事家人生產作業. 初爲泗上亭長 單父人
呂公 好相人 見季狀貌 奇之 以女妻之.

旣而季以亭長爲縣送徒驪山 徒多道亡. 自度比至皆亡之 到
豐西澤中亭 止飮 夜 乃解縱所送徒曰"公等皆去 吾亦從此逝
矣!"徒中壯士願從者十餘人.

劉季被酒 夜徑澤中 有大蛇當徑 季拔劍斬蛇. 有老嫗哭曰
"吾子 白帝子也 化爲蛇 當道 今赤帝子殺之!"因忽不見. 劉
季亡匿於芒・碭山澤之間 數有奇怪 沛中子弟聞之 多欲附者.

及陳涉起 沛令欲以沛應之. 掾・主吏蕭何・曹參曰"君爲秦
吏 今欲背之 率沛子弟 恐不聽. 願君召諸亡在外者 可得數百
人 因劫衆 衆不敢不聽."乃令樊噲召劉季. 劉季之衆已數十百
人矣 沛令後悔 恐其有變 乃閉城城守 欲誅蕭・曹. 蕭・曹恐
踰城保劉季. 劉季乃書帛射城上 遺沛父老 爲陳利害. 父老乃
率子弟共殺沛令 開門迎劉季 立以爲沛公. 蕭・曹等爲收沛子
弟 得三千人 以應諸侯.

項梁者 楚將項燕子也 嘗殺人 與兄子籍避仇吳中. 吳中賢士
大夫皆出其下. 籍少時學書 不成 去 學劍 又不成. 項梁怒之.
籍曰"書 足以記名姓而已! 劍 一人敵不足學 學萬人敵!"於

是項梁乃敎籍兵法 籍大喜 略知其意 又不肯竟學. 籍長八尺餘
力能扛鼎 才器過人. 會稽守殷通 聞陳涉起 欲發兵以應涉 使
項梁及桓楚將. 是時 桓楚亡在澤中. 梁曰"桓楚亡 人莫知其
處 獨籍知之耳." 梁乃誡籍持劍居外 梁復入 與守坐曰"請召
籍 使受命召桓楚." 守曰"諾." 梁召籍入 須臾 梁眴籍曰"可
行矣!" 於是 籍遂拔劍斬守頭項梁持守頭 佩其印綬. 門下大驚
擾亂 籍所擊殺數十百人 一府中皆慴伏 莫敢起. 梁乃召故所知
豪吏 諭以所爲起大事 遂擧吳中兵 使人收下縣 得精兵八千人.
梁爲會稽守 籍爲裨將 徇下縣 籍是時年二十四.

田儋 故齊王族也. 儋從弟榮 榮弟橫 皆豪健 宗强 能得人.
周市徇地至狄 狄城守. 田儋詳爲縛其奴 從少年之廷 欲謁殺奴
見狄令 因擊殺令 而召豪吏子弟曰"諸侯皆反秦自立. 齊 古之
建國也 儋 田氏 當王!" 遂自立爲齊王 發兵以擊周市. 周市軍
還去. 田儋率兵東略定齊地.

韓廣將兵北徇燕 燕地豪桀欲共立廣爲燕王. 廣曰"廣母在趙
不可!" 燕人曰"趙方西憂秦 南憂楚 其力不能禁我. 且以楚之
强 不敢害趙王將相之家 趙獨安敢害將軍家乎!" 韓廣乃自立
爲燕王. 居數月 趙奉燕王母家屬歸之.

趙王與張耳 · 陳餘北略地燕界 趙王間出 爲燕軍所得. 燕囚
之 欲求割地 使者往請 燕輒殺之. 有廝養卒走燕壁 見燕將曰
"君知張耳 · 陳餘何欲?"曰"欲得其王耳." 趙養卒笑曰"君未
知此兩人所欲也 夫武臣 · 張耳 · 陳餘 杖馬箠 下趙數十城 此
亦各欲南面而王 豈欲爲將相終已耶! 顧其勢初定 未敢參分而

王 且以少長先立武臣爲王 以持趙心. 今趙地已服 此兩人亦欲
分趙而王 時未可耳. 今君乃囚趙王. 此兩人名爲求趙王 實欲
燕殺之 此兩人分趙自立. 夫以一趙尙易燕 況以兩賢王左提右
挈而責殺王之罪 滅燕易矣!”燕將乃歸趙王 養卒爲御而歸.

4　　周市自狄還 至魏地 欲立故魏公子寧陵君咎爲王. 咎在陳
不得之魏. 魏地已定 諸侯皆欲立周市爲魏王. 市曰“天下昏亂
忠臣乃見. 今天下共畔秦 其義必立魏王後乃可.”諸侯固請立
市市 終辭不受 迎魏咎於陳 五反 陳王乃遣之 立咎爲魏王 市
爲魏相.

5　　是歲 二世廢衛君角爲庶人 衛絶祀.＊

資治通鑑　卷008

【秦紀三】
起昭陽大荒落(癸巳) 盡閼逢敦牂(甲午) 凡二年

❖ 二世皇帝下 2年(癸巳, 紀元前 208年)

1　　冬 十月 泗川監平將兵圍沛公於豐 沛公出與戰破之 令雍
齒守豐. 十一月 沛公引兵之薛. 泗川守壯兵敗於薛 走至戚 沛
公左司馬得殺之.

2　　周章出關 止屯曹陽 二月餘 章邯追敗之 復走澠池 十餘日
章邯擊 大破之. 周文自剄 軍遂不戰.

　　吳叔圍滎陽 李由爲三川守 守滎陽 叔弗能下. 楚將軍田臧
等相與謀曰 "周章軍已破矣 秦兵旦暮至. 我圍滎陽城弗能下
秦兵至 必大敗 不如少遺兵守滎陽 悉精兵迎秦軍. 今假王驕
不知兵權 不足與計事 恐敗." 因相與矯王令以誅吳叔 獻其首
於陳王. 陳王使使賜田臧楚令尹印 以爲上將.

　　田臧乃使諸將李歸等守滎陽 自以精兵西迎秦軍於敖倉 與戰

田臧死 軍破. 章邯進兵擊李歸等滎陽下 破之 李歸等死. 陽城人鄧說將兵居郯 章邯別將擊破之. 銍人伍逢將兵居許 章邯擊破之. 兩軍皆散 走陳 陳王誅鄧說.

3 二世數誚讓李斯"居三公位 如何令盜如此!"李斯恐懼 重爵祿 不知所出 乃阿二世意 以書對曰"夫賢主者 必能行督責之術者也. 故申子曰'有天下而不恣睢 命之曰 以天下爲桎梏者 無他焉 不能督責 而顧以其身勞於天下之民 若堯·禹然 故謂之桎梏也.'夫不能修申·韓之明術 行督責之道 專以天下自適也 而徒務苦形勞神 以身徇百姓 則是黔首之役 非畜天下者也 何足貴哉! 故明主能行督責之術以獨斷於上 則權不在臣下 然後能滅仁義之塗 絶諫說之辯 犖然行恣睢之心 而莫之敢逆. 如此 羣臣·百姓救過不給 何變之敢圖!"二世說 於是 行督責益嚴 稅民深者爲明吏 殺人衆者爲忠臣 刑者相半於道 而死人日成積於市 秦民益駭懼思亂.

4 趙李良已定常山 還報趙王. 趙王復使良略太原 至石邑 秦兵塞井陘 未能前. 秦將詐爲二世書以招良. 良得書未信 還之邯鄲 益請兵. 未至 道逢趙王姊出飲 良望見 以爲王 伏謁道旁. 王姊醉 不知其將 使騎謝李良. 李良素貴 起 慚其從官. 從官有一人曰"天下畔秦 能者先立. 且趙王素出將軍下 今女兒乃不爲將軍下車 請追殺之!"李良已得秦書 固欲反趙 未決 因此怒遣人追殺王姊 因將其兵襲邯鄲. 邯鄲不知 竟殺趙王·邵騷.

趙人多爲張耳 · 陳餘耳目者 以故二人獨得脫.

5   陳人秦嘉 · 符離人朱雞石等起兵 圍東海守於郯. 陳王聞
之 使武平君畔爲將軍 監郯下軍. 秦嘉不受命 自立爲大司馬
惡屬武平君 告軍吏曰 "武平君年少 不知兵事 勿聽!" 因矯以
王命殺武平君畔.

6   二世益遣長史司馬欣 · 董翳佐章邯擊盜. 章邯已破伍逢
擊陳柱國房君 殺之 又進擊陳西張賀軍. 陳王出監戰. 張賀死.
   臘月 陳王之汝陰 還 至下城父 其御莊賈殺陳王以降. 初 陳
涉旣爲王 其故人皆往依之. 妻之父亦往焉 陳王以衆賓待之 長
揖不拜. 妻之父怒曰 "怙亂僭號 而傲長者 不能久矣!" 不辭而
去. 陳王跪謝 遂不爲顧. 客出入愈益發舒 言陳王故情. 或說陳
王曰 "客愚無知 顓妄言 輕威." 陳王斬之. 諸故人皆自引去 由
是無親陳王者. 陳王以朱防爲中正 胡武爲司過 主司羣臣. 諸
將徇地至 令之不是 輒繫而罪之. 以苛察爲忠 其所不善者 弗
下吏 輒自治之. 諸將以其故不親附 此其所以敗也.
   陳王故涓人將軍呂臣爲蒼頭軍 起新陽 攻陳 下之 殺莊賈 復
以陳爲楚 葬陳王於碭 諡曰隱王.
   初 陳王令銍人宋留將兵定南陽 入武關. 留已徇南陽 聞陳王
死 南陽復爲秦 宋留以軍降 二世車裂留以徇.

7   魏周市將兵略豐 · 沛 使人招雍齒. 雍齒雅不欲屬沛公 卽

以豐降魏. 沛公攻之 不克.

8　　趙張耳・陳餘收其散兵 得數萬人 擊李良 良敗走歸章邯.
客有說耳・餘曰"兩君羈旅 而欲附趙 難可獨立 立趙後 輔
以誼 可就功."乃求得趙歇. 春 正月 耳・餘立歇爲趙王 居信
都.

9　　東陽甯君・秦嘉聞陳王軍敗 迺立景駒爲楚王 引兵之方與
欲擊秦軍定陶下 使公孫慶使齊 欲與之並力俱進. 齊王曰"陳
王戰敗 不知其死生 楚安得不請而立王！"公孫慶曰"齊不請
楚而立王 楚何故請齊而立王！且楚首事 當令於天下."田儋
殺公孫慶."
秦左・右校復攻陳 下之. 呂將軍走 徼兵復聚 與番盜黥布相
遇 攻擊秦左・右校 破 之靑波 復以陳爲楚.
黥布者 六人也 姓英氏 坐法黥 以刑徒論輸驪山. 驪山之徒
數十萬人 布皆與其徒長豪桀交通 乃率其曹耦亡之江中爲羣
盜. 番陽令吳芮 甚得江湖間民心 號曰番君. 布往見之 在其衆
已數千人. 番君迺以女妻之 使將其兵擊秦.

10　　楚王景駒留 沛公往從之. 張良亦聚少年百餘人欲往從景
駒 道遇沛公 遂屬焉 沛公拜良爲廐將. 良數以太公兵法說沛
公 沛公善之 常用其策 良爲他人言 皆不省. 良曰"沛公殆天
授！"故遂留不去.

沛公與良俱見景駒 欲請兵以攻豐. 時章邯司馬仁(夷)將兵北定楚地 屠相 至碭. 東陽甯君·沛公引兵西 與戰蕭西 不利還 收兵聚留. 二月 攻碭 三日 拔之 收碭兵得六千人 與故合九千人. 三月 攻下邑 拔之 還擊豐 不下.

11　廣陵人召平爲陳王徇廣陵 未下. 聞陳王敗走 章邯且至 迺渡江 矯陳王令 拜項梁爲楚上柱國 曰"江東已定 急引兵西擊秦！"梁迺以八千人渡江而西. 聞陳嬰已下東陽 遣使欲與連和俱西. 陳嬰者 故東陽令史 居縣中 素信謹 稱爲長者. 東陽少年殺其令 相聚得二萬人 欲立嬰爲王. 嬰母謂嬰曰"自我爲汝家婦 未嘗聞汝先世之有貴者 今暴得大名 不祥 不如有所屬. 事成 猶得封侯 事敗 易以亡 非世所指名也."嬰乃不敢爲王 謂其軍吏曰"項氏世世將家 有名於楚 今欲擧大事 將非其人不可. 我倚名族 亡秦必矣！"其衆從之 乃以兵屬梁.

英布旣破秦軍 引兵而東 聞項梁西渡淮 布與蒲將軍皆以其屬焉. 項梁衆凡六七萬人 軍下邳.

景駒·秦嘉軍彭城東 欲以距梁. 梁謂軍吏曰"陳王先首事 戰不利 未聞所在. 今秦嘉倍陳王而立景駒 大逆無道！"乃進兵擊秦嘉 秦嘉軍敗走. 追之 至胡陵 嘉還戰. 一日 嘉死 軍降 景駒走死梁地.

梁已幷秦嘉軍 軍胡陵 將引軍而西. 章邯軍至栗 項梁使別將朱雞石·餘樊君與戰. 餘樊君死 朱雞石軍敗 亡走胡陵. 梁乃引兵入薛 誅朱雞石.

沛公從騎百餘往見梁 梁與沛公卒五千人 五大夫將十人. 沛公還 引兵攻豐 拔之. 雍齒奔魏.

項梁使項羽別攻襄城 襄城堅守不下 已拔 皆坑之 還報.

梁聞陳王定死 召諸別將會薛計事 沛公亦往焉. 居鄛人范增年七十 素居家 好奇計 往說項梁曰 "陳勝敗 固當. 夫秦滅六國 楚最無罪. 自懷王入秦不反 楚人憐之至今. 故楚南公曰 '楚雖三戶 亡秦必楚.' 今陳勝首事 不立楚後而自立 其勢不長. 今君起江東 楚蠭起之將皆爭附君者 以君世世楚將 爲能復立楚之後也." 於是項梁然其言 乃求得楚懷王孫心於民間 爲人牧羊 夏 六月 立以爲楚懷王 從民望也. 陳嬰爲上柱國 封五縣 與懷王都盱眙. 項梁自號爲武信君.

張良說項梁曰 "君已立楚後 而韓諸公子橫陽君成最賢 可立爲王 益樹黨." 項梁使良求韓成 立以爲韓王. 以良爲司徒 與韓王將千餘人西略韓地 得數城 秦輒復取之 往來爲游兵潁川.

12　　章邯已破陳王 乃進兵擊魏王於臨濟. 魏王使周市出 請救於齊‧楚 齊王儋及楚將項它皆將兵隨市救魏. 章邯夜銜枚擊大破齊‧楚軍於臨濟下 殺齊王及周市. 魏王咎爲其民約降 約定 自燒殺. 其弟豹亡走楚 楚懷王予魏豹數千人 復徇魏地. 齊田榮收其兄儋餘兵 東走東阿 章邯追圍之. 齊人聞田儋死 乃立故齊王建之弟假爲王 田角爲相 角弟間爲將 以距諸侯.

秋 七月 大霖雨. 武信君引兵攻亢父 聞田榮之急 迺引兵擊破章邯軍東阿下 章邯走而西. 田榮引兵東歸齊. 武信君獨追北

使項羽·沛公別攻城陽 屠之. 楚軍軍濮陽東 復與章邯戰 又破
之. 章邯復振 守濮陽 環水. 沛公·項羽去 攻定陶.

八月 田榮擊逐齊王假 假亡走楚. 田間前救趙 因留不敢歸.
田榮迺立儋子市爲齊王 榮相之. 田橫爲將 平齊地. 章邯兵益
盛 項梁數使使告齊·趙發兵共擊章邯. 田榮曰"楚殺田假 趙
殺角·間 乃出兵." 楚·趙不許. 田榮怒 終不肯出兵.

13　　郎中令趙高恃恩專恣 以私怨誅殺人衆多 恐大臣入朝奏事
言之 乃說二世曰"天子之所以貴者 但以聞聲 羣臣莫得見其
面故也. 且陛下富於春秋 未必盡通諸事 今坐朝廷 譴擧有不當
者 則見短於大臣 非所以示神明於天下也. 陛下不如深拱禁中
與臣及侍中習法者待事 事來有以揲之. 如此 則大臣不敢奏疑
事 天下稱聖主矣." 二世用其計 乃不坐朝廷見大臣 常居禁中
趙高侍中用事 事皆決於趙高.

高聞李斯以爲言 乃見丞相曰"關東羣盜多 今上急益發繇
治阿房宮 聚狗馬無用之物. 臣欲諫 爲位賤 此眞君侯之事 君
可不諫?" 李斯曰"固也 吾欲言之久矣. 今時上不坐朝廷 常
居深宮. 吾所言者 不何傳也 欲見 無閒." 趙高曰"君誠能諫
請爲君候上閒 語君." 於是趙高侍二世方燕樂 婦女居前 使人
告丞相"上方閒 可奏事." 丞相至宮門上謁. 如此者三. 二世怒
曰"吾常多閒日 丞相不來 吾方燕私 丞相輒來請事! 丞相豈
少我哉 且固我哉?" 趙高因曰"夫沙丘之謀 丞相與焉. 今陛
下已立爲帝 而丞相貴不益 此其意亦望裂地而王矣. 且陛下不

問臣 臣不敢言. 丞相長男李由爲三川守 楚盜陳勝等皆丞相傍縣之子 以故楚盜公行 過三川城 守不肯擊. 高聞其文書相往來未得其審 故未敢以聞. 且丞相居外 權重於陛下." 二世以爲然 欲案丞相 恐其不審 乃先使人按驗三川守與盜通狀.

李斯聞之 因上書言趙高之短曰"高擅利擅害 與陛下無異. 昔田常相齊簡公 竊其恩威 下得百姓 上得羣臣 卒弒簡公而取齊國 此天下所明知也. 今高有邪佚之志 危反之行 私家之富若田氏之於齊矣 而又貪欲無厭 求利不止 列勢次主 其欲無窮劫陛下之威信 其志若韓玘爲韓安相也. 陛下不圖 臣恐其必爲變也." 二世曰"何哉! 夫高 故宦人也 然不爲安肆志 不以危易心 潔行脩善 自使至此 以忠得進 以信守位 朕實賢之 而君疑之 何也? 且朕非屬趙君 當誰任哉! 且趙君爲人 精廉強力 下知人情 上能適朕 君其勿疑!" 二世雅愛趙高 恐李斯殺之 乃私告趙高. 高曰"丞相所患者獨高 高已死 丞相卽欲爲田常所爲."

是時 盜賊益多 而關中卒發東擊盜者無已. 右丞相馮去疾 · 左丞相李斯 · 將軍馮劫進諫曰"關東羣盜並起 秦發兵誅擊 所殺亡甚衆 然猶不止. 盜多 皆以戍 · 漕 · 轉 · 作事苦 賦稅大也. 請且止阿房宮作者 減省四邊戍 · 轉." 二世曰"凡所爲貴有天下者 得肆意極欲 主重明法 下不敢爲非 以制禦四海矣. 夫虞 · 夏之主 貴爲天子 親處窮苦之實以徇百姓 尙何於法! 且先帝起諸侯 兼天下 天下已定 外攘四夷以安邊境 作宮室以章得意 而君觀先帝功業有緖. 今朕卽位 二年之間 羣盜並起

君不能禁 又欲罷先帝之所爲 是上無以報先帝 次不爲朕盡忠力 何以在位！”下去疾·斯·劫吏 案責他罪. 去疾·劫自殺 獨李斯就獄. 二世以屬趙高治之 責斯與子由謀反狀 皆收捕宗族·賓客. 趙高治斯 榜掠千餘 不勝痛 自誣服.

斯所以不死者 自負其辯 有功 實無反心 欲上書自陳 幸二世寤而赦之. 乃從獄中上書曰“臣爲丞相治民 三十餘年矣. 逮秦地之陋隘 不過千里 兵數十萬. 臣盡薄材 陰行謀臣 資之金玉 使游諸侯 陰修甲兵 飭政敎 官鬪士 尊功臣 故終以脅韓 弱魏 破燕·趙 夷齊·楚 卒兼六國 虜其王 立秦爲天子. 又北逐胡·貉 南定百越 以見秦之強. 更剋畫平斗斛·度量·文章 布之天下 以樹秦之名. 此皆臣之罪也 臣當死久矣！上幸盡其能力 乃得至今. 願陛下察之！”書上 趙高使吏棄去不奏 曰“囚安得上書！”

趙高使其客十餘輩詐爲御史·謁者·侍中 更往覆訊斯 斯更以其實對 輒使人復榜之. 後二世使人驗斯 斯以爲如前 終不敢更言. 辭服 奏當上. 二世喜曰“微趙君 幾爲丞相所賣！”及二世所使案三川守由者至 則楚兵已擊殺之. 使者來 會丞相下吏 高皆妄爲反辭以相傅會 遂其斯五刑論 腰斬咸陽市. 斯出獄 與其中子俱執. 顧謂其中子曰“吾欲與若復牽黃犬 俱出上蔡東門逐狡兔 豈可得乎！”遂父子相哭而夷三族. 二世乃以趙高爲丞相 事無大小皆決焉.

14　項梁已破章邯於東阿 引兵西 北至定陶 再破秦軍. 項羽·

沛公又與秦軍戰於雍丘 大破之 斬李由. 項梁益輕秦輕秦 有
驕色. 宋義諫曰"戰勝而將驕卒惰者 敗. 今卒少惰矣 秦兵日
益 臣爲君畏之！"項梁弗聽. 乃使宋義使於齊 道遇齊使者高
陵君顯 曰"公將見武信君乎？"曰"然."曰"臣論武信君必敗
公除行卽免死 疾行則及禍."二世悉起兵益章邯擊楚軍 大破
之定陶 項梁死.

時連雨 自七月至九月. 項羽‧沛公攻外黃未下 去 攻陳留
聞武信君死 士卒恐 乃與將軍呂臣引兵而東 徙懷王自盱眙都
彭城. 呂臣軍彭城東 項羽軍彭城西 沛公軍碭.

15　魏豹下魏二十餘城 楚懷王立豹爲魏王.

16　後九月 楚懷王幷呂臣‧項羽軍 自將之 以沛公爲碭郡長
封武安侯 將碭郡兵 封項羽爲長安侯 號爲魯公 呂臣爲司徒
其父呂青爲令尹.

17　章邯已破項梁 以爲楚地兵不足憂 乃渡河 北擊趙 大破之
引兵至邯鄲 皆徙其民河內 夷其城郭. 張耳與趙王歇走入巨鹿
城 王離圍之. 陳餘北收常山兵 得數萬人 軍巨鹿北 章邯軍巨
鹿南棘原. 趙數請救於楚.

高陵君顯在楚 見楚王曰"宋義論武信君之軍必敗 居數日
軍果敗. 兵未戰而先見敗徵 此可謂知兵矣！"王召宋義與計
事而大說之 因置以爲上將軍 項羽爲次將 范增爲末將 以救趙.

諸別將皆屬宋義 號爲'卿子冠軍'.

初 楚懷王與諸將約"先入定關中者王之."當是時 秦兵强
常乘勝逐北 諸將莫利先入關 獨項羽怨秦之殺項梁 奮願與沛
公西入關. 懷王諸老將皆曰"項羽爲人 慓悍猾賊 嘗攻襄城 襄
城無遺類 皆坑之 諸所過無不殘滅. 且楚數進取 前陳王 · 項梁
皆敗 不如更遣長者 扶義而西 告諭秦父兄. 秦父兄苦其主久矣
今誠得長者往 無侵暴 宜可下. 項羽不可遣 獨沛公素寬大長者
可遣." 懷王乃不許項羽 而遣沛公西略地 收陳王 · 項梁散卒
以伐秦.

沛公道碭 至陽城與杠里 攻秦壁 破其二軍.

❖ 二世皇帝上 3年 (甲午, 紀元前 207年)

1   冬 十月 齊將田都畔田榮 助楚救趙.

2   沛公攻破東郡尉於成武.

3   宋義行至安陽 留四十六日不進. 項羽曰"秦圍趙急 宜疾
引兵渡河 楚擊其外 趙應其內 破秦軍必矣！"宋義曰"不然.
夫搏牛之蝱 不可以破蟣蝨. 今秦攻趙 戰勝則兵疲 我承其敝
不勝 則我引兵鼓行而西 必擧秦矣. 故不如先鬪秦 · 趙. 夫被
堅執銳 義不如公 坐運籌策 公不如義."因下令軍中曰"有猛

如虎 狠如羊 貪如狼 強不可使者 皆斬之！"

乃遣其子宋襄相齊 身送之至無鹽 飲酒高會. 天寒 大雨 士卒凍飢. 項羽曰"將戮力而攻秦 久留不行. 今歲饑民貧 士卒食半菽 軍無見糧 乃飲酒高會. 不引兵渡河 因趙食 與趙并力攻秦 乃曰'承其敝'. 夫以秦之強 攻新造之趙 其勢必擧. 趙擧秦強 何敝之承！且國兵新破 王坐不安席 掃境內而專屬於將軍 國家安危 在此一擧. 今不恤士卒而徇其私 非社稷之臣也！"

十一月 項羽晨朝上將軍宋義 卽其帳中斬宋義頭. 出令軍中曰"宋義與齊謀反楚 楚王陰令籍誅之！"當是時 諸將皆慴服莫敢枝梧 皆曰"首立楚者 將軍家也 今將軍誅亂."乃相與共立羽爲假上將軍. 使人追宋義子 及之齊 殺之. 使桓楚報命於懷王. 懷王因使羽爲上將軍.

4　十二月 沛公引兵至栗 遇剛武侯 奪其軍四千餘人 并之 與魏將皇欣·武滿軍合攻秦軍 破之.

5　故齊王建孫安下濟北 從項羽救趙.

6　章邯築甬道屬河 餉王離. 王離兵食多 急攻巨鹿. 巨鹿城中食盡·兵少 張耳數使人召前陳餘. 陳餘度兵少 不敵秦 不敢前. 數月 張耳大怒 怨陳餘 使張黶·陳澤往讓陳餘曰"始吾與公爲刎頸交 今王與耳旦暮且死 而公擁兵數萬 不肯相救 安

在其相爲死！苟必信 胡不赴秦軍俱死 且有十一二相全.”陳
餘曰“吾度前終不能救趙 徒盡亡軍. 且餘所以不俱死 欲爲趙
王 · 張君報秦. 今必俱死 如以肉委餓虎 何益！”張黶 · 陳澤
要以俱死. 餘乃使黶 · 澤將五千人先嘗秦軍 至 皆沒. 當是時
齊師 · 燕師皆來救趙 張敖亦北收代兵 得萬餘人 來 皆壁餘旁
未敢擊秦.

項羽已殺卿子冠軍 威震楚國 乃遣當陽君 · 蒲將軍將卒二萬
渡河救巨鹿. 戰少利 絕章邯甬道 王離軍乏食. 陳餘復請兵. 項
羽乃悉引兵渡河 皆沈船 破釜 · 甑 燒廬舍 持三日糧 以示士
卒必死 無一還心. 於是至則圍王離 與秦軍遇 九戰 大破之 章
邯引兵卻. 諸侯兵乃敢進擊秦軍 遂殺蘇角 虜王離 涉閒不降
自燒殺. 當是時 楚兵冠諸侯 軍救巨鹿者十餘壁 莫敢縱兵. 及
楚擊秦 諸侯將從壁上觀. 楚戰士無不一當十 呼聲動天地 諸侯
軍無不人人惴恐. 於是已破秦軍 項羽召見諸侯將 諸侯將入轅
門 無不膝行而前 莫敢仰視. 項羽由是始爲諸侯上將軍 諸侯皆
屬焉.

於是趙王歇及張耳乃得出巨鹿城謝諸侯. 張耳與陳餘相見
責讓陳餘以不肯救趙 及問張黶 · 陳澤所在 疑陳餘殺之 數以
問餘. 餘怒曰“不意君之望臣深也！豈以臣爲重去將印哉？”
乃脫解印綬 推與張耳 張耳亦愕不受. 陳餘起如廁. 客有說張
耳曰“臣聞‘天與不取 反受其咎’今陳將軍與君印. 君不受 反
天不祥. 急取之！”張耳乃佩其印 收其麾下. 而陳餘還 亦望
張耳不讓 遂趨出 獨與麾下所善數百人之河上澤中漁獵. 趙王

歇還信都.

春 二月 沛公北擊昌邑 遇彭越 彭越以其兵從沛公. 越 昌邑
人 常漁巨野澤中 爲羣盜. 陳勝·項梁之起 澤間少年相聚百
餘人 往從彭越曰"請仲爲長." 越謝曰"臣不願也." 少年強請
乃許 與期旦日日出會 後期者斬. 旦日日出 十餘人後 後者至
日中. 於是越謝曰"臣老 諸君強以爲長. 今期而多後 不可盡
誅 誅最後者一人." 令校長斬之. 皆笑曰"何至於是! 請後不
敢." 於是越引一人斬之 設壇祭 令徒屬 皆大驚 莫敢仰視. 乃
略地 收諸侯散卒 得千餘人 遂助沛公攻昌邑.

昌邑禾下 沛公引兵西過高陽. 高陽人酈食其 家貧落魄 爲里
監間. 沛公麾下騎士適食其里中人 食其見 謂曰"諸侯將過高
陽者數十人 吾問其將皆握齪 好苛禮 自用 不能聽大度之言.
吾聞沛公慢而易人 多大略 此眞吾所願從游 莫爲我先. 若見沛
公 謂曰'臣里中有酈生 年六十餘 長八尺 人皆謂之狂生. 生
自謂'我非狂生.'" 騎士曰"沛公不好儒 諸客冠儒冠來者 沛公
輒解其冠 溲溺其中 與人言 常大罵 未可以儒生說也." 酈生曰
"第言之." 騎士從容言 如酈生所誠者.

沛公至高陽傳舍 使人召酈生. 酈生至 入謁. 沛公方倨牀 使
兩女子洗足而見酈生. 酈生入 則長揖不拜 曰"足下欲助秦攻
諸侯乎 且欲率諸侯破秦也?" 沛公罵曰"豎儒! 天下同共苦
秦久矣 故諸侯相率而攻秦 何謂助秦攻諸侯乎!" 酈生曰"必
聚徒·合義兵誅無道秦 不宜倨見長者!" 於是沛公輟洗 起
攝衣 延酈生上坐 謝之. 酈生因言六國從橫時. 沛公喜 賜酈生

食 問曰計將安出？"酈生曰"足下起糾合之衆 收散亂之兵 不滿萬人 欲以徑入強秦 此所謂探虎口者也. 夫陳留 天下之衝 四通五達之郊也 今其城中又多積粟. 臣善其令 請得使之令下足下 卽不聽 足下引兵攻之 臣爲內應."於是遣酈生行 沛公引兵隨之 遂下陳留 號酈食其爲廣野君. 酈生言其弟商. 時商聚少年得四千人 來屬沛公 沛公以爲將 將陳留兵以從. 酈生常爲說客 使諸侯.

7 　三月 沛公攻開封 未拔 西與秦將楊熊會戰白馬 又戰曲遇東 大破之. 楊熊走之滎陽 二世使使者斬之以徇.

　夏 四月 沛公南攻潁川 屠之. 因張良 遂略韓地. 時趙別將司馬卬方欲渡河入關 沛公乃北攻平陰 絕河津南 戰洛陽東. 軍不利 南出轘轅 張良引兵從沛公 沛公令韓王成留守陽翟 與良俱南.

　六月 與南陽守齮戰犨東 破之 略南陽郡 南陽守走保城 守宛. 沛公引兵過宛 西 張良諫曰"沛公雖欲急入關 秦兵尙衆距險 今不下宛 宛從後擊 強秦在前 此危道也！"於是沛公乃夜引軍從他道還 偃旗幟 遲明 圍宛城三匝. 南陽守欲自剄 其舍人陳恢曰"死未晚也."乃踰城見沛公曰"臣聞足下約先入咸陽者王之. 今足下留守宛 宛郡縣連城數十 其吏民自以爲降必死 故皆堅守乘城. 今足下盡日止攻 士死傷者必多 引兵去宛宛必隨足下後. 足下前則失咸陽之約 後有強宛之患. 爲足下計草若約降封其守 因使止守 引其甲卒與之西. 諸城未下者 聞

聲爭開門而待足下 足下通行無所累."沛公曰"善！"秋 七月
南陽守齮降 封爲殷侯 封陳恢千戶.

引兵西 無不下者. 至丹水 高武侯鰓·襄侯王陵降. 還攻胡
陽 遇番君別將梅鋗 與偕攻析·酈 皆降. 所過亡得鹵掠 秦民
皆喜.

8　王離軍既沒 章邯軍棘原 項羽軍漳南 相持未戰. 秦軍數卻
二世使人讓章邯. 章邯恐 使長史欣請事 至咸陽 留司馬門三日
趙高不見 有不信之心. 長史欣恐 還走其軍 不敢出故道. 趙高
果使人追之 不及. 欣至軍 報曰"趙高用事於中 下無可爲者.
今戰能勝 高必疾妬吾功 不能勝 不免於死. 願將軍孰計之！"

陳餘亦遺章邯書曰"白起爲秦將 南征鄢郢 北坑馬服 攻城
略地 不可勝計 而竟賜死. 蒙恬爲秦將 北逐戎人 開榆中地數
千里 竟斬陽周. 何者？功多 秦不能盡封 因以法誅之. 今將軍
爲秦將三歲矣 所亡失以十萬數 而諸侯並起滋益多. 彼趙高素
諛日久 今事急 亦恐二世誅之 故欲以法誅將軍以塞責 使人更
代將軍以脫其禍. 夫將軍居外久 多內郤 有功亦誅 無功亦誅.
且天之亡秦 無愚智皆知之. 今將軍內不能直諫 外爲亡國將 孤
特獨立而欲常存 豈不哀哉！將軍何不還兵與諸侯爲從 約共攻
秦 分王其地 南面稱孤！此孰與身伏鈇質 妻子爲戮乎？"

章邯狐疑 陰使候始成使項羽 欲約. 約未成 項羽使蒲將軍日
夜引兵渡三戶 軍漳南 與秦軍戰 再破之. 項羽悉引兵擊秦軍汙
水上 大破之. 章邯使人見項羽 欲約. 項羽召軍吏謀曰"糧少

欲聽其約."軍吏皆曰"善！"項羽乃與期洹水南殷虛上. 已盟
章邯見項羽而流涕 為言趙高. 項羽乃立章邯為雍王 置楚軍中
使長史欣為上將軍 將秦軍為前行.

9   瑕丘申陽下河南 引兵從項羽.

10   初 中丞相趙高 欲專秦權 恐羣臣不聽 乃先設驗 持鹿獻於
二世曰"馬也."二世笑曰"丞相誤邪 謂鹿為馬？"問左右 或
默 或言馬以阿順趙高 或言鹿者. 高因陰中諸言鹿者以法. 後
羣臣皆畏高 莫敢言其過.

高前數言"關東盜無能為也"及項羽虜王離等 而章邯等軍
數敗 上書請益助. 自關以東 大抵盡畔秦吏 應諸侯 諸侯咸率
其衆西鄉. 八月 沛公將數萬攻武關 屠之. 高恐二世怒 誅及其
身 乃謝病 不朝見.

二世夢白虎齧其左驂馬 殺之 心不樂 怪問占夢. 卜曰"涇水
為祟."二世乃齋於望夷宮 欲祠涇水 沈四白馬. 使使責讓高以
盜賊事. 高懼 乃陰與其壻咸陽令閻樂及弟趙成謀曰"上不聽
諫 今事急 欲歸禍於吾. 欲易置上 更立子嬰. 子嬰仁儉 百姓
皆載其言."乃使郎中令僕為內應 詐為有大賊 令樂召吏發卒
追 劫樂母置高舍. 遣樂將吏卒千餘人至望夷宮殿門 縛衛令僕
射 曰"賊入此 何不止？"衛令曰"周廬設卒甚謹 安得賊 敢
入宮！"樂遂斬衛令 直將吏入 行射郎·宦者. 郎·宦者大驚
或走 或格 格者輒死 死者數十人. 郎中令與樂俱入 射上幄坐

幰. 二世怒 召左右 左右皆惶擾不鬪. 旁有宦者一人侍 不敢去.
二世入內 謂曰"公何不早告我 乃至於此！"宦者曰"臣不敢
言 故得全 使臣早言 皆已誅 安得至今！"閻樂前卽二世 數曰
"足下驕恣 誅殺無道 天下共畔足下 足下其自爲計！"二世曰
"丞相可得見否？"樂曰"不可！"二世曰"吾願得一郡爲王."
弗許. 又曰"願爲萬戶侯."弗許. 曰"願與妻子爲黔首 比諸公
子."閻樂曰"臣受命於丞相 爲天下誅足下 足下雖多言 臣不
敢報！"麾其兵進. 二世自殺. 閻樂歸報趙高. 趙高乃悉召諸
大臣·公子 告以誅二世之狀 曰"秦故王國 始皇君天下 故稱
帝. 今六國復自立 秦地益小 乃以空名爲帝 不可 宜如故 便."
乃立子嬰爲秦王. 以黔首葬二世杜南宜春苑中.

　九月 趙高令子嬰齋戒 當廟見 受玉璽 齋五日. 子嬰與其子
二人謀曰"丞相高殺二世望夷宮 死羣臣誅之 乃詐 以義立我.
我聞趙高乃與楚約 滅秦宗室而分王關中. 今使我齋·見廟 此
欲因廟中殺我. 我稱病不行 丞相必自來 來則殺之."高使人請
子嬰數輩 子嬰不行. 高果自往 曰"宗廟重事 王奈何不行？"
子嬰遂刺殺高於齋宮 三族高家以徇.

　遣將兵距嶢關 沛公欲擊之. 張良曰"秦兵尙強 未可輕. 願
先遣人益張旗幟於山上爲疑兵 使酈食其·陸賈往說秦將 啖以
利."秦將果欲連和 沛公欲許之. 張良曰"此獨其將欲叛 恐其
士卒不從 不如因其懈怠擊之."沛公引兵繞嶢關 踰蕢山 擊秦
軍 大破之藍田南. 遂至藍田 又戰其北 秦兵大敗. ✱

資治通鑑　卷009

【漢紀一】

起旃蒙協洽(乙未)　盡柔兆涒灘(丙申)凡二年

❖ **太祖高皇帝上之上 元年（乙未, 紀元前 206年）**

1　冬 十月 沛公至霸上 秦王子嬰素車·白馬 係頸以組 封皇
帝璽·符·節 降軹道旁. 諸將或言誅秦王. 沛公曰"始懷王遣
我 固以能寬容. 且人已降 殺之不祥." 乃以屬吏.

　　❖ 賈誼論曰

　　秦以區區之地致萬乘之權 招八州而朝同列 百有餘年
　　然後以六合爲家 殽·函爲宮 一夫作難而七廟墮 身死人
　　手 爲天下笑者 何也？仁誼不施而攻守之勢異也.

2　沛公西入咸陽 諸將皆爭走金帛財物之府分之 蕭何獨先入
收秦丞相府圖籍藏之 以此沛公得具知天下阨塞·戶口多少·

強弱之處. 沛公見秦宮室・帷帳・狗馬・重寶・婦女以千數 意欲留居之. 樊噲諫曰“沛公欲有天下耶 將爲富家翁耶？凡 此奢麗之物 皆秦所以亡也 沛公何用焉！ 願急還霸上 無留宮 中！”沛公不聽. 張良曰“秦爲無道 故沛公得至此. 夫爲天下 除殘賊 宜縞素爲資. 今始入秦 卽安其樂 此所謂‘助桀所虐’. 且忠言逆耳利於行 毒藥苦口利於病 願沛公聽樊噲言！”沛公 乃還軍霸上.

十一月 沛公悉召諸縣父老・豪傑 謂曰“父老苦秦苛法久 矣！吾與諸侯約 先入關者王之 吾當王關中. 與父老約 法三 章耳 殺人者死 傷人及盜抵罪. 餘悉除去秦法 諸吏民皆案堵 如故. 凡吾所以來 爲父老除害 非有所侵暴 無恐！且吾所以 還軍霸上 待諸侯至而定約束耳.”乃使人與秦吏行縣・鄉・ 邑 告諭之. 秦民大喜 爭持牛・羊・酒食獻饗軍士. 沛公又讓 不受 曰“倉粟多 非乏 不欲費民.”民又益喜 唯恐沛公不爲秦 王.

項羽旣定河北 率諸侯兵欲西入關. 先是 諸侯吏卒・繇使・ 屯戍過秦中者 秦中吏卒遇之多無狀. 及章邯以秦軍降諸侯 諸 侯吏卒乘勝多奴虜使之 輕折辱秦吏卒. 秦吏卒多怨 竊言曰 “章將軍等詐吾屬降諸侯. 今能入關破秦 大善 卽不能 諸侯虜 吾屬而東 秦又盡誅吾父母妻子 柰何？”諸將微聞其計 以告 項羽. 項羽召黥布・蒲將軍計曰“秦吏卒尙衆 其心不服 至關 不聽 事必危. 不如擊殺之 而獨與章邯・長史欣・都尉翳入 秦.”於是楚軍夜擊阬秦卒二十餘萬人新安城南.

3   或說沛公曰"秦富十倍天下 地形强. 聞項羽號章邯爲雍王 王關中 今則來 沛公恐不得有此. 可急使兵守函谷關 無内諸侯軍 稍征關中兵以自益 距之."沛公然其計 從之.

已而項羽至關 關門閉 聞沛公已定關中 大怒 使黥布等攻破函谷關. 十二月 項羽進至戲. 沛公左司馬曹無傷使人言項羽曰"沛公欲王關中 令子嬰爲相 珍寶盡有之."欲以求封. 項羽大怒 饗士卒 期旦日擊沛公軍. 當是時 項羽兵四十萬 號百萬 在新豐鴻門 沛公兵十萬 號二十萬 在霸上.

范增說項羽曰"沛公居山東時 貪財 好色 今入關 財物無所取 婦女無所幸 此其志不在小. 吾令人望其氣 皆爲龍虎 成五采 此天子氣也. 急擊勿失！"

楚左尹項伯者 項羽季父也 素善張良 乃夜馳之沛公軍 私見張良 具告以事 欲呼與俱去 曰"毋俱死也！"張良曰"臣爲韓王送沛公 沛公今有急 亡去 不義 不可不語."良乃入 具告沛公. 沛公大驚. 良曰"料公士卒足以當項羽乎？"沛公默然曰"固不如也. 且爲之柰何？"張良曰"請往謂項伯 言沛公之不敢叛也."沛公曰"君安與項伯有故？"張良曰"秦時與臣游 嘗殺人 臣活之. 今事有急 故幸來告良."沛公曰"孰與君少長？"良曰"長於臣."沛公曰"君爲我呼入 吾得兄事之."張良出 固要項伯 項伯卽入見沛公. 沛公奉酒爲壽 約爲婚姻 曰"吾入關 秋毫不敢有所近 籍吏民 封府庫而待將軍. 所以遣將守關者 備他盜之出入與非常也. 日夜望將軍至 豈敢反乎！ 願伯具言臣之不敢倍德也."項伯許諾 謂沛公曰"旦日不可不蚤

自來謝." 沛公曰 "諾." 於是項伯復夜去 至軍中 具以沛公言報項羽 因言曰 "沛公不先破關中 公豈敢入乎！ 今人有大功而擊之 不義也 不如因善遇之." 項羽許諾.

沛公旦日從百餘騎來見項羽鴻門 謝曰 "臣與將軍戮力而攻秦 將軍戰河北 臣戰河南 不自意能先入關破秦 得復見將軍於此. 今者有小人之言 令將軍與臣有隙." 項羽曰 "此沛公左司馬曹無傷言之 不然 籍何以至此！" 項羽因留沛公與飲. 范增數目項羽 舉所佩玉玦以示之者三 項羽默然不應. 范增起 出召項莊 謂曰 "君王爲人不忍. 若入前爲壽 壽畢 請以劍舞 因擊沛公於坐 殺之. 不者 若屬皆且爲所虜！" 莊則入爲壽 壽畢曰 "軍中無以爲樂 請以劍舞." 項羽曰 "諾." 項莊拔劍起舞. 項伯亦拔劍起舞 常以身翼蔽沛公 莊不得擊.

於是張良至軍門見樊噲. 噲曰 "今日之事何如？" 良曰 "今項莊拔劍舞 其意常在沛公也." 噲曰 "此迫矣 臣請入 與之同命！" 噲卽帶劍擁盾入. 軍門衛士欲止不內 樊噲側其盾以撞衛士仆地. 遂入 披帷立 瞋目視項羽 頭髮上指 目眥盡裂. 項羽按劍而跽曰 "客何爲者？" 張良曰 "沛公之參乘樊噲也." 項羽曰 "壯士！賜之卮酒." 則與斗卮酒. 噲拜謝 起 立而飲之. 項羽曰 "賜之彘肩！" 則與一生彘肩. 樊噲覆其盾於地 加彘肩其上 拔劍切而啗之. 項羽曰 "壯士復能飲乎？" 樊噲曰 "臣死且不避 卮酒安足辭！夫秦有虎狼之心 殺人如不能舉 刑人如恐不勝 天下皆叛之. 懷王與諸將約曰 '先破秦入咸陽者 王之.' 今沛公先破秦 入咸陽 毫毛不敢有所近 還軍霸上以待將軍. 勞

苦而功高如此 未有封爵之賞 而聽細人之說 欲誅有功之人 此亡秦之續耳 竊爲將軍不取也！”項羽未有以應 曰“坐！”樊噲從良 坐.

坐須臾 沛公起如廁 因招樊噲出. 沛公曰“今者出 未辭也 爲之柰何？”樊噲曰“如今人方爲刀俎 我方爲魚肉 何辭爲！”於是遂去. 鴻門去霸上四十里 沛公則置車騎 脫身獨騎樊噲・夏侯嬰・靳彊・紀信等四人持劍・盾步走 從驪山下道芷陽 間行趣霸上. 留張良使謝項羽 以白璧獻羽 玉斗與亞父. 沛公謂良曰“從此道至吾軍 不過二十里耳. 度我至軍中 公乃入.”沛公已去 間至軍中 張良入謝曰“沛公不勝桮杓 不能辭謹使臣良奉白璧一雙 再拜獻將軍足下 玉斗一雙 再拜奉亞父足下.”項羽曰“沛公安在？”良曰“聞將軍有意督過之 脫身獨去 已至軍矣.”項羽則受璧 置之坐上. 亞父受玉斗 置之地拔劍撞而破之 曰“唉 豎子不足與謀！奪將軍天下者 必沛公也 吾屬今爲之虜矣！”沛公至軍 立誅殺曹無傷.

居數日 項羽引兵西 屠咸陽 殺秦降王子嬰 燒秦宮室 火三月不滅 收其貨寶・婦女而東. 秦民大失望.

韓生說項羽曰“關中阻山帶河 四塞之地 地肥饒 可都以霸.”項羽見秦宮室皆已燒殘破 又心思東歸 曰“富貴不歸故鄉 如衣繡夜行 誰知之者！”韓生退曰“人言楚人沐猴而冠耳 果然！”項羽聞之 烹韓生.

項羽使人致命懷王 懷王曰“如約.”項羽怒曰“懷王者 吾家所立耳 非有功伐 何以得專主約！天下初發難時 假立諸侯後

以伐秦. 然身被堅執銳首事 暴露於野三年 滅秦定天下者 皆將
相諸君與籍之力也. 懷王雖無功 固當分其地而王之."諸將皆
曰"善!"春 正月 羽陽尊懷王爲義帝 曰"古之帝者 地方千
里 必居上游."乃徙義帝於江南 都郴.

　二月 羽分天下王諸將. 羽自立爲西楚霸王 王梁・楚地九
郡 都彭城. 羽與范增疑沛公 而業已講解 又惡負約 乃陰謀曰
"巴・蜀道險 秦之遷人皆居之."乃曰"巴・蜀亦關中地也."
故立沛公爲漢王 王巴・蜀・漢中 都南鄭. 而三分關中 王秦降
將 以距塞漢路 章邯爲雍王 王咸陽以西 都廢丘 長史欣者 故
爲櫟陽獄掾 嘗有德于項梁 都尉董翳者 本勸章邯降楚 故立欣
爲塞王 王咸陽以東 至河 都櫟陽 立翳爲翟王 王上郡 都高奴.
項羽欲自取梁地 乃徙魏王豹爲西魏王 王河東 都平陽. 瑕丘申
陽者 張耳嬖臣也 先下河南郡迎楚河上 故立申陽爲河南王 都
洛陽. 韓王成因故都 都陽翟. 趙將司馬卬定河內 數有功 故立
卬爲殷王 王河內 都朝歌. 徙趙王歇爲代王. 趙相張耳素賢 又
從入關 故立耳爲常山王 王趙地 治襄國. 當陽君黥布爲楚將
常冠軍 故立布爲九江王 都六. 番君吳芮率百越佐諸侯 又從入
關 故立芮爲衡山王 都邾. 義帝柱國共敖將兵擊南郡 功多 因
立敖爲臨江王 都江陵. 徙燕王韓廣爲遼東王 都無終. 燕將臧
荼從楚救趙 因從入關 故立荼爲燕王 都薊. 徙齊王田市爲膠東
王 都卽墨. 齊將田都從楚救趙 因從入關 故立都爲齊王 都臨
菑. 項羽方渡河救趙 田安下濟北數城 引其兵降項羽 故立安
爲濟北王 都博陽. 田榮數負項梁 又不肯將兵從楚擊秦 以故

不封. 成安君陳餘棄將印去 不從入關 亦不封. 客多說項羽曰
"張耳 · 陳餘 一體有功於趙 今耳爲王 餘不可以不封." 羽不得
已 聞其在南皮 因環封之三縣 番君將梅鋗功多 封十萬戶侯.

漢王怒 欲攻項羽 周勃 · 灌嬰 · 樊噲皆勸之. 蕭何諫曰"雖
王漢中之惡 不猶愈於死乎？"漢王曰"何爲乃死也？"何曰
"今衆弗如 百戰百敗 不死何爲！夫能詘於一人之下而信於萬
乘之上者 湯 · 武是也. 臣願大王王漢中 養其民以致賢人 收用
巴 · 蜀 還定三秦 天下可圖也."漢王曰"善！"乃遂就國 以
何爲丞相.

漢王賜張良金百鎰 珠二斗 良具以獻項伯. 漢王亦因令良厚
遺項伯 使盡請漢中地 項王許之.

夏 四月 諸侯罷戲下兵 各就國. 項王使卒三萬人從漢王之
國. 楚與諸侯之慕 從者數萬人 從杜南入蝕中. 張良送至褒中
漢王遣良歸韓 良因說漢王燒絕所過棧道 以備諸侯盜兵 且示
項羽無東意.

4　　田榮聞項羽徙齊王市於膠東 而以田都爲齊王 大怒. 五月
榮發兵距擊田都 都亡走楚. 榮留齊王市 不令之膠東. 市畏項
羽 竊亡之國. 榮怒 六月 追擊殺市於卽墨 自立爲齊王. 是時
彭越在巨野 有衆萬餘人 無所屬. 榮與越將軍印 使擊濟北. 秋
七月 越擊殺濟北王安. 榮遂幷王三齊之地 又使越擊楚. 項王
命蕭公角將兵擊越 越大破楚軍.

5   張耳之國 陳餘益怒曰"張耳與餘 功等也 今張耳王 餘獨侯 此項羽不平!"乃陰使張同·夏說說齊王榮曰"項羽爲天下宰不平 盡王諸將善地 徙故王於醜地. 今趙王乃北居代 餘以爲不可. 聞大王起兵 不聽不義 願大王資餘兵擊常山 復趙王 請以趙爲捍蔽!"齊王許之 遣兵從陳餘.

6   項王以張良!從漢王 韓王成又無功 故不遣之國 與俱至彭城 廢以爲穰侯 已 又殺之.

7   初 淮陰人韓信 家貧 無行 不得推擇爲吏 又不能治生商賈 常從人寄食飲 人多厭之. 信釣於城下 有漂母見信飢 飯信. 信喜 謂漂母曰"吾必有以重報母."母怒曰"大丈夫不能自食 吾哀王孫而進食 豈望報乎!"淮陰屠中少年有侮信者曰"若雖長大 好帶刀劍 中情怯耳."因衆辱之曰"信能死 刺我 不能死 出我袴下!"於是信孰視之 俛出袴下 蒲伏. 一市人皆笑信 以爲怯.

  及項梁渡淮 信杖劍從之 居麾下 無所知名. 項梁敗 又屬項羽 羽以爲郎中 數以策干羽 羽不用. 漢王之入蜀 信亡楚歸漢 未知名. 爲連敖 坐當斬 其輩十三人皆已斬 次至信 信乃仰視 適見滕公 曰"上不欲就天下乎 何爲斬壯士?"滕公奇其言 壯其貌 釋而不斬 與語 大說之 言於王. 王拜以爲治粟都尉 亦未之奇也.

  信數與蕭何語 何奇之. 漢王至南鄭 諸將及士卒皆歌謳思東

歸 多道亡者. 信度何等已數言王 王不我用 卽亡去. 何聞信亡
不及以聞 自追之. 人有言王曰 "丞相何亡." 王大怒 如失左右
手. 居一二日 何來謁王. 王且怒且喜 罵何曰 "若亡 何也？"
何曰 "臣不敢亡也 臣追亡者耳." 王曰 "若所追者誰？" 何
曰 "韓信也." 王復罵曰 "諸將亡者以十數 公無所追 追信 詐
也！" 何曰 "諸將易得耳 至如信者 國士無雙. 王必欲長王漢
中 無所事信 必欲爭天下 非信無可與計事者. 顧王策安所決
耳！" 王曰 "吾亦欲東耳 安能鬱鬱久居此乎！" 何曰 "計必欲
東 能用信 信卽留 不能用信 終亡耳." 王曰 "吾爲公以爲將."
何曰 "雖爲將 信不留." 王曰 "以爲大將." 何曰 "幸甚！" 於
是王欲召信拜之. 何曰 "王素慢無禮 今拜大將 如呼小兒 此乃
信所以去也. 王必欲拜之 擇良日 齋戒 設壇場 具禮 乃可耳."
王許之. 諸將皆喜 人人各自以爲得大將. 至拜大將 乃韓信也
一軍皆驚.

信拜禮畢 上坐. 王曰 "丞相數言將軍 將軍何以敎寡人計
策？" 信辭謝 因問王曰 "今東鄕爭權天下 豈非項王耶？" 漢
王曰 "然." 曰 "大王自料 勇悍仁强孰與項王？" 漢王默然良
久 曰 "不如也." 信再拜賀曰 "惟信亦以爲大王不如也." 然臣
嘗事之 請言項王之爲人也 項王喑噁叱咤 千人皆廢 然不能任
屬賢將 此特匹夫之勇耳. 項王見人 恭敬慈愛 言語嘔嘔 人有
疾病 涕泣分食飮 至使人 有功當封爵者 印刓敝 忍不能予 此
所謂婦人之仁也. 項王雖霸天下而臣諸侯 不居關中而都彭城
背義帝之約 而以親愛王諸侯 不平 逐其故主而王其將相 又遷

逐義帝置江南 所過無不殘滅 百姓不親附 特劫於威強耳. 名雖
爲霸 實失天下心 故其強易弱. 今大王誠能反其道 任天下武勇
何所不誅 以天下城邑封功臣 何所不服 以義兵從思東歸之士
何所不散！且三秦王爲秦將 將秦子弟數歲矣 所殺亡不可勝計
又欺其衆 降諸侯 至新安 項王詐坑秦降卒二十餘萬 唯獨邯·
欣·翳得脫. 秦父兄怨此三人 痛入骨髓. 今楚強以威王此三人
秦民莫愛也. 大王之入武關 秋毫無所害 除秦苛法 與秦民約法
三章 秦民無不欲得大王王秦者. 於諸侯之約 大王當王關中 關
中民咸知之 大王失職入漢中 秦民無不恨者. 今大王舉而東 三
秦可傳檄而定也."於是漢王大喜 自以爲得信晚 遂聽信計 部
署諸將所擊 留蕭何收巴·蜀租 給軍糧食.

八月 漢王引兵從故道出 襲雍 雍王章邯迎擊漢陳倉. 雍兵敗
還走 止 戰好畤 又敗 走廢丘. 漢王遂定雍地 東至咸陽 引兵
圍雍王於廢丘 而遣諸將略地. 塞王欣·翟王翳皆降 以其地爲
渭南·河上·上郡. 令將軍薛歐·王吸出武關 因王陵兵以迎
太公·呂后. 項王聞之 發兵距之陽夏 不得前.

王陵者 沛人也 先聚黨數千人 居南陽 至是始以兵屬漢. 項
王取陵母置軍中 陵使至 則東鄉坐陵母 欲以招陵. 陵母私送
使者. 泣曰"願爲老妾語陵 善事漢王 漢王長者 終得天下 毋
以老妾故持二心. 妾以死送使者！"遂伏劍而死. 項王怒 亨陵
母.

8　項王以故吳令鄭昌爲韓王 以距漢.

9　　張良遺項王書曰 "漢王失職 欲得關中 如約卽止 不敢東." 又以齊·梁反書遺項王曰 "齊欲與趙幷滅楚." 項王以此故無西意 而北擊齊.

10　　燕王廣不肯之遼東 臧荼擊殺之 幷其地.

11　　是歲 以內史沛周苛爲御史大夫.

12　　項王使趣義帝行 其羣臣·左右稍稍叛之.

❖ 太祖高皇帝上之上 2年（丙申, 紀元前 205年）

1　　冬 十月 項王密使九江·衡山·臨江王擊義帝 殺之江中.

2　　陳餘悉三縣兵 與齊兵共襲常山. 常山王張耳敗 走漢 謁漢王於廢丘 漢王厚遇之. 陳餘迎趙王於代 復爲趙王. 趙王德陳餘 立以爲代王. 陳餘爲趙王弱 國初定 不之國 留傅趙王 而使夏說以相國守代.

3　　張良自韓間行歸漢 漢王以爲成信侯. 良多病 未嘗特將 常爲畫策臣 時時從漢王.

4　漢王如陝 鎭撫關外父老.

5　河南王申陽降 置河南郡.

6　漢王以韓襄王孫信爲韓太尉 將兵略韓地. 信急擊韓王昌
於陽城 昌降. 十一月 立信爲韓王 常將韓兵從漢王.

7　漢王還都櫟陽.

8　諸將拔隴西.

9　春 正月 項王北至城陽. 齊王榮將兵會戰 敗 走平原 平原
民殺之. 項王復立田假爲齊王. 遂北至北海 燒夷城郭·室屋
坑田榮降卒 係虜其老弱·婦女 所過多所殘滅. 齊民相聚叛
之.

10　漢將拔北地 虜雍王弟平.

11　三月 漢王自臨晉渡河. 魏王豹降 將兵從 下河內 虜殷王
卬 置河內郡.

12　初 陽武人陳平 家貧 好讀書. 里中社 平爲宰 分肉甚均.
父老曰 "善 陳孺子之爲宰！" 平曰 "嗟乎 使平得宰天下 亦如

是肉矣！”及諸侯叛秦 平事魏王咎於臨濟 爲太僕 說魏王 不聽. 人或讒之 平亡去. 後事項羽 賜爵爲卿. 項羽使平擊降之 還 拜爲都尉 賜金二十鎰.

居無何 漢王攻下殷 項王怒 將誅定殷將吏. 平懼 乃封其金與印 使使歸項王 而挺身間行 杖劍亡 渡河 歸漢王於脩武 因魏無知求見漢王. 漢王召入 賜食 遣罷 就舍. 平曰“臣爲事來所言不可以過今日.”於是漢王與語而說之 問曰“子之居楚何官？”曰“爲都尉.”是日 卽拜平爲都尉 使爲參乘 典護軍. 諸將盡讙曰“大王一日得楚之亡卒 未知其高下 而卽與同載 反使監護長者！”漢王聞之 愈益幸平.

13　漢王南渡平陰津 至洛陽新城. 三老董公遮說王曰“臣聞‘順德者昌 逆德者亡’‘兵出無名 事故不成’. 故曰‘明其爲賊敵乃可服.’項羽爲無道 放殺其主 天下之賊也. 夫仁不以勇 義不以力 大王宜率三軍之衆爲之素服 以告諸侯而伐之 則四海之內莫不仰德 此三王之擧也.”於是漢王爲義帝發喪 袒而大哭 哀臨三日 發使告諸侯曰“天下共立義帝 北面事之. 今項羽放殺義帝江南 大逆無道！寡人悉發關中兵 收三河士 南浮江‧漢以下 願從諸侯王擊楚之殺義帝者！”

使者至趙 陳餘曰“漢殺張耳 乃從.”於是漢王求人類張耳者斬之 持其頭遺陳餘 餘乃遺兵助漢.

14　田榮弟橫收散卒 得數萬人 起城陽 夏 四月 立榮子廣爲齊

王 以拒楚. 項王因留 連戰 未能下. 雖聞漢東 旣擊齊 欲遂破
之而後擊漢 漢王以故得率諸侯兵凡五十六萬人伐楚. 到外黃
彭越將其兵三萬餘人歸漢. 漢王曰"彭將軍收魏地得十餘城
欲急立魏後. 今西魏王豹 眞魏後." 乃拜彭越爲魏相國 擅將其
兵略定梁地. 漢王遂入彭城 收其貨寶 · 美人 日置酒高會.

項王聞之 令諸將擊齊 而自以精兵三萬人南 從魯出胡陵至
蕭. 晨 擊漢軍而東至彭城 日中 大破漢軍. 漢軍皆走 相隨入
穀 · 泗水 死者十餘萬人. 漢卒皆南走山 楚又追擊至靈壁東睢
水上 漢軍卻 爲楚所擠 卒十餘萬人皆入睢水 水爲之不流. 圍
漢王三匝. 會大風從西北起 折木 髮屋 揚沙石 窈冥晝晦 逢迎
楚軍 大亂壞散 而漢王乃得與數十騎遁去. 欲過沛收家室 而楚
亦使人之沛取漢王家 家皆亡 不與漢王相見.

漢王道逢孝惠 · 魯元公主 載以行. 楚騎追之 漢王急 推墮二
子車下. 滕公爲太僕 常下收載之 如是者三 曰"今雖急 不可
以驅 柰何棄之!"故徐行. 漢王怒 欲斬之者十餘 滕公卒保護
脫二子. 審食其從太公 · 呂后間行求漢王 不相遇 反遇楚軍 楚
軍與歸 項王常置軍中爲質.

是時 呂后兄周呂侯爲漢將兵 居下邑 漢王間往從之 稍稍收
其士卒. 諸侯皆背漢 復與楚. 塞王欣 · 翟王翳亡降楚.

15 田橫進攻田假 假走楚 楚殺之 橫遂復定三齊之地.

16 漢王問羣臣曰"吾欲捐關以東 等棄之 誰可與共功者?"

張良曰"九江王布 楚梟將 與項王有隙 彭越與齊反梁地 此兩人可急使. 而漢王之將 獨韓信可屬大事 當一面. 卽欲捐之 捐之此三人 則楚可破也！"

初 項王擊齊 徵兵九江 九江王布稱病不往 遣將將軍數千人行. 漢之破楚彭城 布又稱病不佐楚. 楚王由此怨布 數使使者誚讓 召布. 布愈恐 不敢往. 項王方北憂齊 · 趙 西患漢 所與者獨九江王 又多布材 欲親用之 以故未之擊.

漢王自下邑徙軍碭 遂至虞 謂左右曰"如彼等者 無足與計天下事！"謁者隨何進曰"不審陛下所謂." 漢王曰"孰能爲我使九江 令之發兵倍楚？留項王數月 我之取天下可以百全." 隨何曰"臣請使之！"漢王使與二十人俱.

17　五月 漢王至滎陽 諸敗軍皆會 蕭何亦發關中老弱未傅者悉詣滎陽 漢軍復大振. 楚起於彭城 常乘勝逐北 與漢戰滎陽南京 · 索間.

楚騎來衆 漢王擇軍中可爲騎將者 皆推故秦騎士重泉人李必 · 駱甲 漢王欲拜之. 必 · 甲曰"臣故秦民 恐軍不信臣 願得大王左右善騎者傅之." 乃拜灌嬰爲中大夫令 李必 · 駱甲爲左右校尉 將騎兵擊楚騎于滎陽東 大破之 楚以故不能過滎陽而西. 漢王軍滎陽 築甬道屬之河 以取敖倉粟.

18　周勃 · 灌嬰等言於漢王曰"陳平雖美如冠玉 其中未必有也. 臣聞平居家時盜其嫂 事魏不容 亡歸楚 不中 又亡歸漢. 今

日大王尊官之 令護軍. 臣聞平受諸將金 金多者得善處 金少者
得惡處. 平 反覆亂臣也 願王察之！"漢王疑之 召讓魏無知.
無知曰"臣所言者能也 陛下所問者行也. 今有尾生・孝己之
行 而無益勝負之數 陛下何暇用之乎！楚・漢相距 臣進奇謀
之士 顧其計誠足以利國家不耳. 盜嫂・受金 又何足疑乎！"
漢王召讓平曰"先生事魏不中 事楚而去 今又從吾遊 信者固
多心乎？"平曰"臣事魏王 魏王不能用臣說 故去事項王. 項
王不能信人 其所任愛 非諸項 卽妻之昆弟 雖有奇士不能用.
聞漢王能用人 故歸大王. 臣躶身來 不受金無以爲資. 誠臣計
畫有可采者 願大王用之 使無可用者 金具在 請封輸官 得請
骸骨."漢王乃謝 厚賜 拜爲護軍中尉 盡護諸將. 諸將乃不敢
復言.

19 魏王豹謁歸視親疾 至則絕河津 反爲楚.

20 六月 漢王還櫟陽.

21 壬午 立子盈爲太子 赦罪人.

22 漢兵引水灌廢丘 廢丘降 章邯自殺. 盡定雍地 以爲中地・
北地・隴西郡.

23 關中大饑 米斛萬錢 人相食. 令民就食蜀・漢.

初 秦之亡也 豪桀爭取金玉 宣曲任氏獨窖倉粟. 及楚·漢相距滎陽 民不得耕種 而豪桀金玉盡歸任氏 任氏以此起 富者數世.

24 秋 八月 漢王如滎陽 命蕭何守關中侍太子 爲法令約束 立宗廟·社稷·宮室·縣邑 事有不及奏決者 輒以便宜施行 上來 以聞. 計關中戶口 轉漕·調兵以給軍 未嘗乏絕.

25 漢王使酈食其往說魏王豹 且召之. 豹不聽 曰"漢王慢而侮人 罵詈諸侯·羣臣如罵奴耳 吾不忍復見也！"於是漢王以韓信爲左丞相 與灌嬰·曹參俱擊魏.

漢王問食其"魏大將誰也？"對曰"柏直."王曰"是口尚乳臭 安能當韓信！""騎將誰也？"曰"馮敬."曰"是秦將馮無擇子也 雖賢 不能當灌嬰.""步卒將誰也？"曰"項它."曰"不能當曹參. 吾無患矣！"韓信亦問酈生"魏得無用周叔爲大將乎？"酈生曰"柏直也."信曰"豎子耳！"遂進兵.

魏王盛兵蒲以塞臨晉. 信乃益爲疑兵 陳船欲渡臨晉 而伏兵從夏陽以木罌渡軍 襲安邑. 魏王豹驚 引兵迎信. 九月 信擊虜豹 傳詣滎陽 悉定魏地 置河東·上黨·太原郡.

26 漢之敗於彭城而西也 陳餘亦覺張耳不死 卽背漢. 韓信既定魏 使人請兵三萬人 願以北舉燕·趙 東擊齊 南絕楚糧道. 漢王許之 乃遣張耳與俱 引兵東 北擊趙·代. 後九月 信破代

兵 禽夏說於閼與. 信之下魏破代 漢輒使人收其精兵詣滎陽以
距楚. *

資治通鑑 卷010

【漢紀二】

起强圉作噩(丁酉) 盡著雍閹茂(戊戌)凡二年

❖ 太祖高皇帝上之下 3年 (丁酉, 紀元前 204年)

1　　冬十月 韓信‧張耳以兵數萬東擊趙. 趙王及成安君陳餘
聞之 聚兵井陘口 號二十萬.

廣武君李左車說成安君曰"韓信‧張耳乘勝而去國遠闘 其
鋒不可當. 臣聞'千里餽糧 士有飢色 樵蘇後爨 師不宿飽'今
井陘之道 車不得方軌 騎不得成列 行數百里 其勢糧食必在其
後. 願足下假臣奇兵三萬人 從間路絕其輜重 足下深溝高壘必
與戰. 彼前不得闘 退不得還 野無所掠 不至十日 而兩將之頭
可致於麾下 否則必爲二子所禽矣."成安君嘗自稱義兵 不用
詐謀奇計 曰"韓信兵少而疲 如此避而不擊 則諸侯謂吾怯而
輕來伐我矣."

韓信使人間視 知其不用廣武君策 則大喜 乃敢引兵遂下. 未
至井陘口三十里 止舍. 夜半 傳發 選輕騎二千人 人持一赤幟

從間道萆山而望趙軍. 誠曰"趙見我走 必空壁逐我 若疾入趙壁 拔趙幟 立漢赤幟." 令其裨將傳餐 曰"今日破 趙會食！"諸將皆莫信 佯應曰"諾." 信曰"趙已先據地爲壁 且彼未見吾大將鼓 未肯擊前行 恐吾至阻險而還也." 乃使萬人先行 出 背水陳 趙軍望見而大笑.

平旦 信建大將旗鼓 鼓行出井陘口 趙開壁擊之 大戰良久. 於是信與張耳佯棄鼓旗 走水上軍 水上軍開入之 復疾戰. 趙果空壁爭漢旗鼓 逐信·耳. 信·耳已入水上軍 軍皆殊死戰 不可敗. 信所出奇兵二千騎共候趙空壁逐利 則馳入趙壁 皆拔趙旗立漢赤幟二千. 趙軍已不能得信等 欲還歸壁 壁皆漢赤幟 見而大驚 以爲漢皆已得趙王將矣 兵遂亂 遁走 趙將雖斬之 不能禁也. 於是漢兵夾擊 大破趙軍 斬成安君泜水上 禽趙王歇.

諸將效首虜 畢賀 因問信曰"兵法'右倍山陵 前左水澤.'今者將軍令臣等反背水陳 曰'破趙會食'臣等不服 然竟以勝. 此何術也？"信曰"此在兵法 顧諸君不察耳！兵法不曰'陷之死地而後生 置之亡地而後存'且信非得素拊循士大夫也 此所謂'驅市人而戰之'其勢非置之死地 使人人自爲戰 今予之生地皆走 寧尙可得而用之乎！"諸將皆服 曰"善！非臣所及也."

信募生得廣武君者予千金. 有縛致麾下者 信解其縛 東鄉坐師事之. 問曰"僕欲北伐燕 東伐齊 何若而有功？"廣武君辭謝曰"臣 敗亡之虜 何足以權大事乎！"信曰"僕聞之 百里奚居虞而虞亡 在秦而秦霸 非愚於虞而智於秦也 用與不用 聽與不聽也. 誠令成安君聽足下計 若信者亦已爲禽矣 以不用足下

故信得侍耳. 今僕委心歸計 願足下勿辭！”廣武君曰“今將軍
涉西河 虜魏王 禽夏說 東下井陘 不終朝而破趙二十萬衆 誅
成安君 名聞海內 威震天下 農夫莫不輟耕釋耒 褕衣甘食 傾
耳以待命者 此將軍之所長也. 然而衆勞卒罷 其實難用. 今將
軍欲擧倦敝之兵頓之燕堅城之下 欲戰不得 攻之不拔 情見勢
屈 曠日持久 糧食單竭. 燕既不服 齊必距境以自強. 燕・齊相
持而不下 則劉・項之權未有所分也 此將軍所短也. 善用兵者
不以短擊長而以長擊短.”韓信曰“然則何由？”廣武君對曰
“方今爲將軍計 莫如按甲休兵 鎮撫趙民 百里之內 牛酒日至
以饗士大夫 北首燕路 而後遣辨士奉咫尺之書 暴其所長於燕
燕必不敢不聽從. 燕已從而東臨齊 雖有智者 亦不知爲齊計矣.
如是 則天下事皆可圖也. 兵固有先聲而後實者 此之謂也.”韓
信曰“善！”從其策 發使使燕 燕從風而靡 遣使報漢 且請以
張耳王趙 漢王許之. 楚數使奇兵渡河擊趙 張耳・韓信往來救
趙 因行定趙城邑 發兵詣漢.

2   甲戌晦 日有食之.

3   十一月 癸卯晦 日有食之.

4   隨何至九江 九江太宰主之 三日不得見. 隨何說太宰曰
“王之不見何 必以楚爲強 漢爲弱也. 此臣之所以爲使. 使何得
見 言之而是 大王所欲聞也 言之而非 使何等二十人伏斧質九

江市 足以明王倍漢而與楚也."太宰乃言之王.

王見之. 隨何曰"漢王使臣敬進書大王御者 竊怪大王與楚何親也?"九江王曰"寡人北鄉而臣事之."隨何曰"大王與項王俱列爲諸侯 北鄉而臣事之者 必以楚爲強 可以托國也. 項王伐齊 身負版築 爲士卒先. 大王宜悉九江之衆 身自將之 爲楚前鋒 今乃發四千人以助楚. 夫北面而臣事人者 固若是乎? 漢王入彭城 項王未出齊也. 大王宜悉九江之兵渡淮 日夜會戰彭城下 大王乃撫萬人之衆 無一人渡淮者 垂拱而觀其孰勝. 夫托國於人者 固若是乎?大王提空名以鄉楚而欲厚自託 臣竊爲大王不取也! 然而大王不背楚者 以漢爲弱也. 夫楚兵雖強 天下負之以不義之名 以其背盟約而殺義帝也. 漢王收諸侯 還守成皋·滎陽 下蜀·漢之粟 深溝壁壘 分卒守徼乘塞. 楚人深入敵國八九百里 老弱轉糧千里之外. 漢堅守而不動 楚進則不得攻退則不能解 故曰楚兵不足恃也. 使楚勝漢 則諸侯自危懼而相救 夫楚之強 適足以致天下之兵耳. 故楚不如漢 其勢易見也. 今大王不與萬全之漢而自託於危亡之楚 臣竊爲大王惑之! 臣非以九江之兵足以亡楚也 大王發兵而倍楚 項王必留 留數月漢之取天下可以萬全. 臣請與大王提劍而歸漢 漢王必裂地而封大王 又況九江必大王有也."九江王曰"請奉命."陰許畔楚與漢 未敢泄也.

楚使者在九江 舍傳舍 方急責布發兵. 隨何直入 坐楚使者上曰"九江王已歸漢 楚何以得發兵?"布愕然. 楚使者起. 何因說布曰"事已構 可遂殺楚使者 無使歸 而疾走漢并力."布曰

"如使者敎."於是殺楚使者 因起兵而攻楚.

楚使項聲·龍且攻九江 數月 龍且破九江軍. 布欲引兵走漢 恐楚兵殺之 乃間行與何俱歸漢. 十二月 九江王至漢. 漢王方踞床洗足 召布入見. 布大怒 悔來 欲自殺 及出就舍 帳御·飲食·從官皆如漢王居 布又大喜過望. 於是乃使人入九江 楚已使項伯收九江兵 盡殺布妻子. 布使者頗得故人·幸臣 將衆數千人歸漢. 漢益九江王兵 與俱屯成皋.

楚數侵奪漢甬道 漢軍乏食. 漢王與酈食其謀橈楚權. 食其曰 "昔湯伐桀 封其後於杞 武王伐紂 封其後於宋. 今秦失德棄義 侵伐諸侯 滅其社稷 使無立錐之地. 陛下誠能復立六國之後 此其君臣·百姓必皆戴陛下之德 莫不嚮風慕義 願爲臣妾. 德義已行 陛下南鄉稱霸 楚必斂衽而朝." 漢王曰 "善！趣刻印 先生因行佩之矣."

食其未行 張良從外來謁. 漢王方食 曰 "子房前！客有爲我計橈楚權者" 具以酈生語告良 曰 "何如？" 良曰 "誰爲陛下畫此計者？陛下事去矣！" 漢王曰 "何哉？" 對曰 "臣請借前箸 爲大王籌之 昔湯·武封桀·紂之後者 度能制其死生之命也 今陛下能制項籍之死命乎？其不可一也. 武王入殷 表商容之閭 釋箕子之囚 封比干之墓 今陛下能乎？其不可二也. 發巨橋之粟 散鹿臺之錢 以賜貧窮 今陛下能乎？其不可三也. 殷事已畢 偃革爲軒 倒載干戈 示天下不復用兵 今陛下能乎？其不可四也. 休馬華山之陽 示以無爲 今陛下能乎？其不可五也. 放牛桃林之陰 以示不復輸積 今陛下能乎？其不可六也. 天下

游士 離其親戚 棄墳墓 去故舊 從陛下游者 徒欲日夜望咫尺
之地. 今復立六國之後 天下游士各歸事其主 從其親戚 反其故
舊・墳墓 陛下誰與取天下乎？其不可七也. 且夫楚唯無強 六
國立者復橈而從之 陛下焉得而臣之？其不可八也. 誠用客之
謀 陛下事去矣！”漢王輟食 吐哺 罵曰“豎儒幾敗而公事！”
今趣銷印.

❖ 荀悅論曰

夫立策決勝之術 其要有三 一曰形 二曰勢 三曰情. 形
者 言其大體得失之數也 勢者 言其臨時之宜・進退之機
也 情者 言其心志可否之實也. 故策同・事等而功殊者
三術不同也.

初 張耳・陳餘說陳涉以復六國 自爲樹黨 酈生亦說漢
王. 所以說者同而得失異者 陳涉之起 天下皆欲亡秦 而
楚・漢之分未有所定 今天下未必欲亡項也. 故立六國
於陳涉 所謂多己之黨而益秦之敵也 且陳涉未能專天下
之地也 所謂取非其有以與於人 行虛惠而獲實福也. 立
六國 於漢王 所謂割己之有而以資敵 設虛名而受實禍
也. 此同事而異形者也.

及宋義待秦・趙之斃 與昔卞莊刺虎同說者也. 施之戰
國之時 鄰國相攻 無臨時之急 則可也. 戰國之立 其日久
矣 一戰勝敗 未必以存亡也 其勢非能急於亡敵國也 進

乘利 退自保 故累力待時 乘敵之斃 其勢然也. 今楚·趙
所起 其與秦勢不並立 安危之機 呼吸成變 進則定功 退
則受禍. 此同事而異勢者也.

伐趙之役 韓信軍於泜水之上而趙不能敗. 彭城之難
漢王戰于睢水之上 士卒皆赴入睢水而楚兵大勝 何則?
趙兵出國迎戰 見可而進 知難而退 懷內顧之心 無出死
之計 韓信軍孤在水上 士卒必死 無有二心 此信之所以
勝也. 漢王深入敵國 置酒高會 士卒逸豫 戰心不固 楚以
強大之威而喪其國都 士卒皆有憤激之氣 救敗赴亡之急
以決一旦之命 此漢之所以敗也. 且韓信選精兵以守 而
趙以內顧之士攻之 項羽選精兵以攻 而漢以怠惰之卒應
之. 此同事而異情者也.

故曰權不可豫設 變不可先圖 與時遷移 應物變化 設
策之機也.

5　　漢王謂陳平曰"天下紛紛 何時定乎？"陳平曰"項王骨鯁
之臣 亞父·鐘離昧·龍且·周殷之屬 不過數人耳. 大王誠能
捐數萬斤金 行反間 間其君臣 以疑其心 項王爲人 意忌信讒
必內相誅 漢因擧兵而攻之 破楚必矣."漢王曰"善！"乃出黃
金四萬斤與平 恣所爲 不問其出入. 平多以金縱反間於楚軍 宣
言"諸將鐘離昧等爲項王將 功多矣 然而終不得裂地而王 欲
與漢爲一 以滅項氏而分王其地."項羽果意不信鐘離昧等.

夏 四月 楚圍漢王於榮陽 急 漢王請和 割榮陽以西者爲漢.

亞父勸羽急攻滎陽 漢王患之. 項羽使使至漢 陳平使爲大牢具.
舉進 見楚使 卽佯驚曰“吾以爲亞父使 乃項王使！”復持去
更以惡草具進楚使. 楚使歸 具以報項王 項王果大疑亞父. 亞
父欲急攻下滎陽城 項王不信 不肯聽. 亞父聞項王疑之 乃怒曰
“天下事大定矣 君王自爲之 願賜骸骨！”歸 未至彭城 疽發背
而死.

　五月 將軍紀信言於漢王曰“事急矣！臣請誑楚 王可以間
出.”於是陳平夜出女子東門二千餘人 楚因四面擊之. 紀信乃
乘王車 黃屋 左纛 曰“食盡 漢王降.”楚皆呼萬歲 之城東觀.
以故漢王得與數十騎出西門遁去 令韓王信與周苛・魏豹・樅
公守滎陽. 羽見紀信 問“漢王安在？”曰“已出去矣.”羽燒殺
信. 周苛・樅公相謂曰“反國之王 難與守城！”因殺魏豹.

　漢王出滎陽 至成皋 入關 收兵欲復東 轅生說漢王曰“漢與
楚相距滎陽數歲 漢常困. 願君王出武關 項王必引兵南走. 王
深壁勿戰 令滎陽・成皋間且得休息 使韓信等得安輯河北趙地
連燕・齊 君王乃復走滎陽. 如此 則楚所備者多 力分 漢得休
息 復與之戰 破之必矣！”漢王從其計 出軍宛・葉間. 與黥布
行收兵. 羽聞漢王在宛 果引兵南 漢王堅壁不與戰.

　漢王之敗彭城 解而西也 彭越皆亡其所下城 獨將其兵北居
河上 常往來爲漢游兵擊楚 絕其後糧. 是月 彭越渡睢 與項
聲・薛公戰下邳 破 殺薛公. 羽乃使終公守成皋 而自東擊彭
越. 漢王引兵北 擊破終公 復軍成皋.

　六月 羽已破走彭越 聞漢復軍成皋 乃引兵西拔滎陽城 生

得周苛. 羽謂苛 "爲我 將以公爲上將軍 封三萬戶." 周苛罵曰
"若不趣降漢 今爲虜矣 若非漢王敵也!" 羽烹周苛 幷殺樅公
而虜韓王信 遂圍成皋. 漢王逃 獨與滕公共車出成皋玉門 北渡
河 宿小脩武傳舍. 晨 自稱漢使 馳入趙壁. 張耳‧韓信未起 卽
其臥內 奪其印符以麾召諸將 易置之. 信‧耳起 乃知漢王來
大驚. 漢王旣奪兩人軍 卽令張耳循行 備守趙地. 拜韓信爲相
國 收趙兵未發者擊齊. 諸將稍稍得出成皋從漢王. 楚遂拔成皋
欲西 漢使兵距之鞏 令其不得西.

6   秋 七月 有星孛于大角.

7   臨江王敖薨 子尉嗣.

8   漢王得韓信軍 復大振. 八月 引兵臨河 南鄉 軍小脩武 欲
復與楚戰. 郎中鄭忠說止漢王 使高壘深塹勿與戰. 漢王聽其計
使將軍劉賈‧盧綰將卒二萬人 騎數百 渡白馬津 入楚地 佐彭
越 燒楚積聚 以破其業 無以給項王軍食而已. 楚兵擊劉賈 賈
輒堅壁不肯與戰 而與彭越相保.

9   彭越攻徇梁地 下睢陽‧外黃等十七城. 九月 項王謂大司
馬曹咎曰 "謹守成皋! 卽漢王欲挑戰 愼勿與戰 勿令得東而
已. 我十五日必定梁地 復從將軍." 羽引兵東行 擊陳留‧外
黃‧睢陽等城 皆下之.

漢王欲捐成皋以東 屯鞏·洛以距楚. 酈生曰"臣聞'知天之
天者 王事可成'王者以民爲天 而民以食爲天. 夫敖倉 天下轉
輸久矣 臣聞其下乃有藏粟甚多. 楚人拔滎陽 不堅守敖倉 乃
引而東 令適卒分守成皋 此乃天所以資漢也. 方今楚易取而漢
反卻 自奪其便 臣竊以爲過矣! 且兩雄不俱立 楚·漢久相持
不決 海內搖蕩 農夫釋耒 工女下機 天下之心未有所定也. 願
足下急復進兵 收取滎陽 據敖倉之粟 塞成皋之險 杜太行之
道 距蜚狐之口 守白馬之津 以示諸侯形制之勢 則天下知所歸
矣."王從之 乃復謀取敖倉.

食其又說王曰"方今燕·趙已定 唯齊未下. 諸田宗強 負
海·岱 阻河·濟 南近於楚 人多變詐 足下雖遣數萬師 未可
以歲月破也. 臣請得奉明詔說齊王 使爲漢而稱東藩."上曰
"善!"

乃使酈生說齊王曰"王知天下之所歸乎?"王曰"不知也.
天下何所歸?"酈生曰"歸漢!"曰"先生何以言之?"曰
"漢王先入咸陽 項王負約 王之漢中. 項王遷殺義帝 漢王聞之
起蜀·漢之兵擊三秦 出關而責義帝之處. 收天下之兵 立諸侯
之後 降城卽以侯其將 得賂卽以分其士 與天下同其利 豪英賢
才皆樂爲之用. 項王有倍約之名 殺義帝之負 於人之功無所記
於人之罪無所忘 戰勝而不得其賞 拔城而不得其封 非項氏莫
得用事 天下畔之 賢才怨之 而莫爲之用. 故天下之事歸於漢王
可坐而策也! 夫漢王發蜀·漢 定三秦 涉西河 破北魏 出井陘
誅成安君 此非人之力也 天之福也! 今已據敖倉之粟 塞成皋

之險 守白馬之津 杜太行之阪 距蜚狐之口 天下後服者先亡矣.
王疾先下漢王 齊國可得而保也 不然 危亡可立而待也!"先
是 齊聞韓信且東兵 使華無傷·田解將重兵屯歷下 軍以距漢.
及納酈生之言 遣使與漢平 乃罷歷下守戰備 與酈生日縱酒爲
樂.

　韓信引兵東 未度平原 聞酈食其已說下齊 欲止. 辨士蒯徹說
信曰"將軍受詔擊齊 而漢獨發間使下齊 寧有詔止將軍乎 何
以得毋行也?且酈生 一士 伏軾掉三寸之舌 下齊七十餘城 將
軍以數萬衆 歲餘乃下趙五十餘城. 爲將數歲 反不如一豎儒之
功乎!"於是信然之 遂渡河.

❖ 太祖高皇帝上之下 4年 (戊戌, 紀元前 203年)

1　　冬 十月 信襲破齊歷下軍 遂至臨淄. 齊王以酈生爲賣己
乃烹之 引兵東走高密 使使之楚請救. 田橫走博陽 守相田光走
城陽 將軍田旣軍於膠東.

2　　楚大司馬咎守成皋 漢數挑戰 楚軍不出. 使人辱之 數日
咎怒 渡兵汜水. 士卒半渡 漢擊之 大破楚軍 盡得楚國金玉·
貨賂 咎及司馬欣皆自剄汜水上. 漢王引兵渡河 復取成皋 軍廣
武 就敖倉食.
　項羽下梁地十餘城 聞成皋破 乃引兵還. 漢軍方圍鍾離昧於

滎陽東 聞羽至 盡走險阻. 羽亦軍廣武 與漢相守. 數月 楚軍食少. 項王患之 乃爲俎 置太公其上 告漢王曰"今不急下 吾烹太公！"漢王曰"吾與羽俱北面受命懷王 約爲兄弟 吾翁卽若翁 必欲烹而翁 幸分我一桮羹！"項王怒 欲殺之. 項伯曰"天下事未可知 且爲天下者不顧家 雖殺之無益 只益禍耳！"項王從之.

項王謂漢王曰"天下匈匈數歲者 徒以吾兩人耳. 願與漢王挑戰 決雌雄 毋徒苦天下之民父子爲也！"漢王笑謝曰"吾寧鬪智 不能鬪力."項王三令壯士出挑戰 漢有善騎射者樓煩輒射殺之. 項王大怒 乃自被甲持戟挑戰. 樓煩欲射之 項王瞋目叱之 樓煩目不敢視 手不敢發 遂走還入壁 不敢復出. 漢王使人間問之 乃項王也 漢王大驚.

於是項王乃卽漢王 相與臨廣武間而語. 羽欲與漢王獨身挑戰. 漢王數羽曰"羽負約 王我於蜀 · 漢 罪一 矯殺卿子冠軍 罪二 救趙不還報 而擅劫諸侯兵入關 罪三 燒秦宮室 掘始皇帝塚 收私其財 罪四 殺秦降王子嬰 罪五 詐阬秦子弟新安二十萬 罪六 王諸將善地而徙逐故王 罪七 出逐義帝彭城 自都之 奪韓王地 幷王梁 · 楚 多自與 罪八 使人陰殺義帝江南 罪九 爲政不平 主約不信 天下所不容 大逆無道 罪十也. 吾以義兵從諸侯誅殘賊 使刑余罪人擊公 何苦乃與公挑戰！"羽大怒 伏弩射中漢王. 漢王傷胸 乃捫足曰"虜中吾指."漢王病創臥 張良強請漢王起行勞軍 以安士卒 毋令楚乘勝. 漢王出行軍疾甚 因馳入成皋.

3   韓信已定臨淄 遂東追齊王. 項王使龍且將兵 號二十萬 以救齊 與齊王合軍高密.

客或說龍且曰"漢兵遠鬪窮戰 其鋒不可當. 齊·楚自居其地兵易敗散. 不如深壁 令齊王使其信臣招所亡城 亡城聞王在 楚來救 必反漢. 漢兵二千里客居齊地 齊城皆反之 其勢無所得食 可無戰而降也."龍且曰"吾平生知韓信爲人 易與耳! 寄食於漂母 無資身之策 受辱於袴下 無兼人之勇 不足畏也. 且夫救齊 不戰而降之 吾何功! 今戰而勝之 齊之半可得也."

十一月 齊·楚與漢夾濰水而陳. 韓信夜令人爲萬餘囊 滿盛沙. 壅水上流 引軍半渡擊龍且 佯不勝 還走. 龍且果喜曰"固知信怯也!"遂追信. 信使人決壅囊 水大至 龍且軍太半不得渡. 卽急擊殺龍且 水東軍散走 齊王廣亡去. 信遂追北至城陽 虜齊王廣. 漢將灌嬰追得齊守相田光 進至博陽. 田橫聞齊王死 自立爲齊王 還擊嬰 嬰敗橫軍於嬴下. 田橫亡走梁 歸彭越. 嬰進擊齊將田吸於千乘 曹參擊田旣於膠東 皆殺之 盡定齊地.

4   立張耳爲趙王.

5   漢王疾愈 西入關. 至櫟陽 梟故塞王欣頭櫟陽市. 留四日 復如軍 軍廣武.

6   韓信使人言漢王曰"齊僞詐多變 反覆之國也 南邊楚. 請爲假王以鎭之."漢王發書 大怒 罵曰"吾困於此 旦暮望若來

佐我 乃欲自立爲王！”張良·陳平躡漢王足 因附耳語曰“漢方不利 寧能禁信之自王乎！不如因而立之 善遇 使自爲守 不然 變生.”漢王亦悟 因復罵曰“大丈夫定諸侯 卽爲眞王耳 何以假爲！”春 二月 遣張良操印立韓信爲齊王 徵其兵擊楚.

7　　項王聞龍且死 大懼 使盱台人武涉往說齊王信曰“天下共苦秦久矣 相與勠力擊秦. 秦已破 計功割地 分土而王之 以休士卒. 今漢王復興兵而東 侵人之分 奪人之地 已破三秦 引兵出關 收諸侯之兵以東擊楚 其意非盡吞天下者不休 其不知厭足如是甚也！且漢王不可必 身居項王掌握中數矣 項王憐而活之 然得脫 輒倍約 復擊項王 其不可親信如此. 今足下雖自以漢王爲厚交 爲之盡力用兵 必終爲所禽矣. 足下所以得須臾至今者 以項王尙存也. 當今二王之事 權在足下 足下右投則漢王勝 左投則項王勝. 項王今日亡 則次取足下. 足下與項王有故 何不反漢與楚連和 參分天下王之！今釋此時而自必於漢以擊楚 且爲智者固若此乎？”韓信謝曰“臣事項王 官不過郎中 位不過執戟 言不聽 畫不用 故倍楚而歸漢. 漢王授我上將軍印 予我數萬衆 解衣衣我 推食食我 言聽計用 故吾得以至於此. 夫人深親信我 我倍之不祥 雖死不易！幸爲信謝項王.”

　　武涉已去 蒯徹知天下權在信 乃以相人之術說信曰“僕相君之面 不過封侯 又危不安 相君之背 貴乃不可言.”韓信曰“何謂也？”蒯徹曰“天下初發難也 憂在亡秦而已. 今楚·漢分爭 使天下之人肝膽塗地 父子暴骸骨於中野 不可勝數. 楚人走彭

城 轉鬪逐北 乘利席卷 威震天下 然兵困於京·索之間 迫西
山而不能進者 三年於此矣. 漢王將十萬之衆 距鞏·雒 阻山河
之險 一日數戰 無尺寸之功 折北不救. 此所謂智勇俱困者也.
百姓罷極怨望 無所歸倚 以臣料之 其勢非天下之賢聖固不能
息天下之禍. 當今兩主之命 縣於足下 足下爲漢則漢勝 與楚則
楚勝. 誠能聽臣之計 莫若兩利而俱存之 參分天下 鼎足而居
其勢莫敢先動. 夫以足下之賢聖 有甲兵之衆 據強齊 從趙·燕
出空虛之地而制其後 因民之欲 西鄕爲百姓請命 則天下風走
而響應矣 孰敢不聽！ 割大·弱強以立諸侯 諸侯已立 天下服
聽 而歸德於齊. 案齊之故 有膠·泗之地 深拱揖讓 則天下之
君王相率而朝於齊矣. 蓋聞 "天與弗取 反受其咎 時至不行 反
受其殃". 願足下熟慮之！" 韓信曰 "漢王遇我甚厚 吾豈可鄕
利而倍義乎！" 蒯生曰 "始常山王·成安君爲布衣時 相與爲
刎頸之交 後爭張黶·陳澤之事 常山王殺成安君泜水之南 頭
足異處. 此二人相與 天下至驩也 然而卒相禽者 何也？患生於
多欲而人心難測也. 今足下欲行忠信以交於漢王 必不能固於
二君之相與也 而事多大於張黶·陳澤者 故臣以爲足下必漢王
之不危己 亦誤矣！大夫種存亡越 霸句踐 立功成名而身死亡
野獸盡而獵狗烹. 夫以交友言之 則不如張耳之與成安君者也
以忠信言之 則不過大夫種之於句踐也 此二者足以觀矣 願足
下深慮之！且臣聞 "勇略震主者身危 功蓋天下者不賞". 今足
下戴震主之威 挾不賞之功 歸楚 楚人不信 歸漢 漢人震恐. 足
下欲持是安歸乎？" 韓信謝曰 "先生且休矣 吾將念之." 後數

日 蒯徹復說曰 "夫聽者 事之候也 計者 事之機也 聽過計失而
能久安者鮮矣！故知者 決之斷也 疑者 事之害也. 審豪釐之小
計 遺天下之大數 智誠知之 決弗敢行者 百事之禍也. 夫功者
難成而易敗 時者 難得而易失也 時乎 時不再來！" 韓信猶豫
不忍倍漢 又自以爲功多 漢終不奪我齊 遂謝蒯徹. 因去 佯狂
爲巫.

8   秋 七月 立黥布爲淮南王.

9   八月 北貉燕人來致梟騎助漢.

10   漢王下令 軍士不幸死者 吏爲衣衾棺斂 轉送其家. 四方歸
心焉.

11   是歲 以中尉周昌爲御史大夫. 昌 苛從弟也.

12   項羽自知少助 食盡 韓信又進兵擊楚 羽患之. 漢遣侯公說
羽請太公. 羽乃與漢約 中分天下 割洪溝以西爲漢 以東爲楚.
九月 楚歸太公・呂后 引兵解而東歸. 漢王欲西歸 張良・陳平
說曰 "漢有天下太半 而諸侯皆附 楚兵疲食盡 此天亡之時也.
今釋弗擊 此所謂 "養虎自遺患" 也. 漢王從之. *

資治通鑑 卷011

【漢紀三】

起屠維大淵獻(己亥) 盡重光赤奮若(辛丑) 凡三年.

❖ 太祖高皇帝中 5年(己亥, 紀元前 202年)

1 冬 十月 漢王追項羽至固陵 與齊王信 · 魏相國越期會擊楚 信 · 越不至 楚擊漢軍 大破之. 漢王復堅壁自守 謂張良曰 "諸侯不從 柰何?" 對曰 "楚兵且破 二人未有分地 其不至固宜 君王能與共天下 可立致也. 齊王信之立 非君王意 信亦不自堅 彭越本定梁地 始 君王以魏豹故拜越爲相國 今豹死 越亦望王 而君王不早定. 今能取睢陽以北至穀城皆以王彭越 從陳以東傅海與韓王信. 信家在楚 其意欲復得故邑. 能出捐此地以許兩人. 使各自爲戰 則楚易破也." 漢王從之. 於是韓信 · 彭越皆引兵來.

十一月 劉賈南渡淮 圍壽春 遣人誘楚大司馬周殷. 殷畔楚以舒屠六 擧九江兵迎黥布 並行屠城父 隨劉賈皆會.

十二月 項王至垓下 兵少 食盡 與漢戰不勝 入壁 漢軍及諸

侯兵圍之數重. 項王夜聞漢軍四面皆楚歌 乃大驚曰 "漢皆已
得楚乎 是何楚人之多也!" 則夜起 飲帳中 悲歌忼慨 泣數行
下 左右皆泣 莫能仰視. 於是項王乘其駿馬名騅 麾下壯士騎從
者八百餘人 直夜 潰圍南出馳走. 平明 漢軍乃覺之 令騎將灌
嬰以五千騎追之. 項王渡淮 騎能屬者纔百餘人. 至陰陵 迷失
道 問一田父 田父紿曰 "左." 左 乃陷大澤中 以故漢追及之.

　項王乃復引兵而東 至東城 乃有二十八騎 漢騎追者數千人.
項王自度不得脫 謂其騎曰 "吾起兵至今 八歲矣 身七十餘戰
未嘗敗北 遂霸有天下. 然今卒困於此 此天之亡我 非戰之罪
也! 今日固決死 願爲諸君快戰 必潰圍 斬將 刈旗 三勝之 令
諸君知天亡我 非戰之罪也." 乃分其騎以爲四隊 四鄉. 漢軍圍
之數重. 項王謂其騎曰 "吾爲公取彼一將." 令四面騎馳下 期
山東爲三處. 於是項王大呼馳下 漢軍皆披靡 遂斬漢一將. 是
時 郎中騎楊喜追項王 項王瞋目而叱之 喜人馬俱驚 辟易數里.
項王與其騎會爲三處 漢軍不知項王所在 乃分軍爲三 復圍之.
項王乃馳 復斬漢一都尉 殺數十百人 復聚其騎 亡其兩騎耳.
乃謂其騎曰 "何如?" 騎皆伏曰 "如大王言!"

　於是項王欲東渡烏江 烏江亭長檥船待 謂項王曰 "江東雖小
地方千里 衆數十萬人 亦足王也. 願大王急渡! 今獨臣有船 漢
軍至 無以渡." 項王笑曰 "天之亡我 我何渡爲! 且籍與江東
子弟八千人渡江而西 今無一人還 縱江東父兄憐而王我 我何
面目見之! 縱彼不言 籍獨不愧於心乎!" 乃以所乘騅馬賜亭
長 令騎皆下馬步行 持短兵接戰. 獨籍所殺漢軍數百人 身亦被

十餘創. 顧見漢騎司馬呂馬童 曰"若非吾故人乎？"馬童面之
指示中郎騎王翳曰"此項王也." 項王乃曰"吾聞漢購我頭千金
邑萬戶 吾爲若德"乃自刎而死. 王翳取其頭 餘騎相蹂踐爭項
王 相殺者數十人 最其後 楊喜‧呂馬童及郎中呂勝‧楊武各
得其一體 五人共會其體 皆是 故分其戶 封五人皆爲列侯.

楚地悉定 獨魯不下 漢王引天下兵欲屠之. 至其城下 猶聞弦
誦之聲 爲其守禮義之國 爲主死節 乃持項王頭以示魯父兄 魯
乃降. 漢王以魯公禮葬項王於穀城 親爲發哀 哭之而去. 諸項
氏枝屬皆不誅. 封項伯等四人皆爲列侯 賜姓劉氏 諸民略在楚
者皆歸之.

❖ 太史公曰

羽起隴畝之中 三年 遂將五諸侯滅秦 分裂天下而封王
侯 政由羽出 位雖不終 近古以來未嘗有也！及羽背關懷
楚 放逐義帝而自立 怨王侯判己 難矣！自矜功伐 奮其
私智而不師古 謂霸王之業 欲以力征經營天下. 五年 卒
亡其國 身死東城 尚不覺悟而不自責 乃引"天亡我 非用
兵之罪也"豈不謬哉！

❖ 揚子《法言》

或問"楚敗垓下 方死 曰'天也！'諒乎？"曰"漢屈

羣策 羣策屈羣力 楚憍羣策而自屈其力. 屈人者克 自屈
者負 天曷故焉！"

2   漢王還 至定陶 馳入齊王信壁 奪其軍.

3   臨江王共尉不降 遣盧綰·劉賈擊虜之.

4   春 正月 更立齊王信爲楚王 王淮北 都下邳. 封魏相國建
城侯彭越爲梁王 王魏故地 都定陶.

5   今曰"兵不得休八年 萬民與苦甚 今天下事畢 其赦天下
殊死以下."

6   諸侯王皆上疏請尊漢王爲皇帝. 二月甲午 王卽皇帝位於
氾水之陽. 更王后曰皇后 太子曰皇太子 追尊先媼曰昭靈夫人.
   詔曰"故衡山王吳芮 從百粵之兵 佐諸侯 誅暴秦 有大功 諸
侯立以爲王 項羽侵奪之地 謂之番君. 其以芮爲長沙王." 又曰
"故粵王無諸 世奉粵祀 秦侵奪其地 使其社稷不得血食. 諸侯
伐秦 無諸身率閩中兵以佐滅秦 項羽廢而弗立. 今以爲閩粵王
王閩中地."

7   帝西都洛陽.

8 　夏 五月 兵皆罷歸家.

9 　詔"民前或相聚保山澤 不書名數. 今天下已定 令各歸其
縣 復故爵‧田宅 吏以文法敎訓辨告 勿笞辱軍吏卒 爵及七大
夫以上 皆令食邑 非七大夫已下 皆復其身及戶 勿事."

10 　帝置酒洛陽南宮 上曰"徹侯‧諸將毋敢隱朕 皆言其情
吾所以有天下者何？項氏之所以失天下者何？"高起‧王陵
對曰"陛下使人攻城略地 因以與之 與天下同其利 項羽不然
有功者害之 賢者疑之 此其所以失天下也."上曰"公知其一
未知其二. 夫運籌帷幄之中 決勝千里之外 吾不如子房 塡國家
撫百姓 給餉饋 不絶糧道 吾不如蕭何 連百萬之衆 戰必勝 攻
必取 吾不如韓信. 三者皆人傑 吾能用之 此吾所以取天下者
也. 項羽有一范增而不能用 此所以爲我禽也."羣臣說服.
　韓信至楚 召漂母 賜千金. 召辱己少年令出跨下者 以爲中尉
告諸將相曰"此壯士也. 方辱我時 我寧不能殺之邪？殺之無
名 故忍而就此."

11 　彭越旣漢封 田橫懼誅 與其徒屬五百餘人入海 居島中. 帝
以田橫兄弟本定齊地 齊賢者多附焉 今在海中 不取 後恐爲亂.
乃使使赦橫罪 召之. 橫謝曰"臣烹陛下之使酈生 今聞其弟商
爲漢將 臣恐懼 不敢奉詔 請爲庶人 守海島中."使還報 帝乃
詔衛尉酈商曰"齊王田橫卽至 人馬從者敢動搖者 致族夷！"

乃復使使持節具告以詔商狀 曰"田橫來 大者王 小者乃侯耳 不來 且舉兵加誅焉."

　橫乃與其客二人乘傳詣洛陽. 未至三十里 至尸鄉廏置. 橫謝使者曰"人臣見天子 當洗沐."因止留 謂其客曰"橫始與漢王俱南面稱孤 今漢王爲天子 而橫乃爲亡虜 北面事之 其恥固已甚矣. 且吾烹人之兄 與其弟幷肩而事主 縱彼畏天子之詔不敢動 我獨不媿於心乎！且陛下所以欲見我者 不過欲一見吾面貌耳 今斬吾頭 馳三十里間 形容尚未能敗 猶可觀也."遂自剄令客奉其頭 從使者馳奏之. 帝曰"嗟乎！起自布衣 兄弟三人更王 豈不賢哉！"爲之流涕 而拜其二客爲都尉 發卒二千人以王者禮葬之. 既葬 二客穿其塚傍孔 皆自剄 下從之. 帝聞之大驚. 以橫客皆賢 餘五百人尚在海中 使使召之 至 則聞田橫死 亦皆自殺.

12　初 楚人季布爲項籍將 數窘辱帝. 項籍滅 帝購求布千金敢有舍匿 罪三族. 布乃髡鉗爲奴 自賣於魯朱家. 朱家心知其季布也 買置田舍 身之洛陽見滕公 說曰"季布何罪！臣各爲其主用 職耳 項氏臣豈可盡誅邪？今上始得天下 而以私怨求一人 何示不廣也！且以季布之賢 漢求之急 此不北走胡 南走越耳. 夫忌壯士以資敵國 此伍子胥所以鞭荊平之墓也. 君何不從容爲上言之！"滕公待間 言於上 如朱家指. 上乃赦布 召拜郎中 朱家遂不復見之.

　布母弟丁公 亦爲項羽將 逐窘帝彭城西. 短兵接 帝急 顧謂

丁公曰"兩賢豈相戹哉！"丁公引兵而還. 及項王滅 丁公謁見. 帝以丁公徇軍中 曰"丁公爲項王臣不忠 使項王失天下者也."遂斬之 曰"使後爲人臣無傚丁公也！"

❖ 臣光曰

高祖起豐·沛以來 罔羅豪桀 招亡納叛 亦已多矣. 及卽帝位 而丁公獨以不忠受戮 何哉？夫進取之與守成 其勢不同. 當羣雄角逐之際 民無定主 來者受之 固其宜也. 及貴爲天子 四海之內 無不爲臣 苟不明禮義以示之 使爲臣者 人懷貳心以徼大利 則國家其能久安乎！是故斷以大義 使天下曉然皆知爲臣不忠者無所自容 而懷私結恩者 雖至於活己 猶以義不與也. 戮一人而千萬人懼 其慮事豈不深且遠哉！子孫享有天祿四百餘年 宜矣！

13　齊人婁敬戍隴西 過洛陽 脫輓輅 衣羊裘 因齊人虞將軍求見上. 虞將軍欲與之鮮衣. 婁敬曰"臣衣帛 衣帛見 衣褐 衣褐見 終不敢易衣."於是虞將軍入言上 上召見 問之. 婁敬曰"陛下都洛陽 豈欲與周室比隆哉？"上曰"然."婁敬曰"陛下取天下與周異. 周之先 自后稷封邰 積德絫善 十有餘世 至於太王·王季·文王·武王而諸侯自歸之 遂滅殷爲天子. 及成王卽位 周公相焉 乃營洛邑 以爲此天下之中也 諸侯四方納貢職道里均矣. 有德則易以王 無德則易以亡. 故周之盛時 天下和

洽 諸侯 · 四夷莫不賓服 效其貢職. 及其衰也 天下莫朝 周不
能制也 非唯其德薄也 形勢弱也. 今陛下起豊 · 沛 卷蜀 · 漢
定三秦 與項羽戰滎陽 · 成皋之間 大戰七十 小戰四十 天下之
民 肝腦塗地 父子暴骨中野 不可勝數 哭泣之聲未絕 傷夷者
未起 而欲比隆於成 · 康之時 臣竊以爲不侔也. 且夫秦地被山
帶河 四塞以爲固 卒然有急 百萬之衆可立具也. 因秦之故 資
甚美膏腴之地 此所謂天府者也. 陛下入關而都之 山東雖亂 秦
之故地可全而有也. 夫與人鬪 不搤其亢 拊其背 未能全其勝也
今陛下案秦之故地 此亦搤天下之亢而拊其背也."帝問羣臣.
羣臣皆山東人 爭言"周王數百年 秦二世卽亡. 洛陽東有成皋
西有殽 · 澠 倍河 鄕伊 · 洛 其固亦足恃也."上問張良. 良曰
"洛陽雖有此固 其中小不過數百里 田地薄 四面受敵 此非用
武之國也. 關中左殽 · 函 右隴 · 蜀 沃野千里 南有巴 · 蜀之饒
北有胡苑之利. 阻三面而守 獨以一面東制諸侯 諸侯安定 河 ·
渭漕輓天下 西給京師 諸侯有變 順流而下 足以委輸 此所謂
金城千里 天府之國也. 婁敬說是也."上卽日車駕西 都長安.
拜婁敬爲郞中 號曰奉春君 賜姓劉氏.

14 　張良素多病 從上入關 卽道引 不食穀 杜門不出 曰"家世
相韓 及韓滅 不愛萬金之資 爲韓報讎强秦 天下振動. 今以三
寸舌爲帝者師 封萬戶侯 此布衣之極 於良足矣. 願棄人間事
欲從赤松子游耳."

❖ 臣光曰

　夫生之有死 譬猶夜旦之必然 自古及今 固未有超然而
獨存者也. 以子房之明辨達理 足以知神仙之爲虛詭矣
然其欲從赤松子游者 其智可知也. 夫功名之際 人臣之
所難處. 如高帝所稱者 三傑而已 淮陰誅夷 蕭何繫獄 非
以履盛滿而不止耶! 故子房托於神仙 遺棄人間 等功名
於外物 置榮利而不顧 所謂"明哲保身"者 子房有焉.

15　六月 壬辰 大赦天下.

16　秋七月 燕王臧荼反 上自將征之.

17　趙景王耳‧長沙文王芮皆薨.

18　九月 虜臧荼. 壬子 立太尉長安侯盧綰爲燕王. 綰家與上
同里閈 綰生又與上同日 上寵幸綰 羣臣莫敢望 故特王之.

19　項王故將利幾反 上自擊破之.

20　後九月 治長樂宮.

21　項王將鐘離昧 素與楚王信善. 項王死後 亡歸信. 漢王怨

昧 聞其在楚 詔楚捕昧. 信初之國 行縣邑 陳兵出入.

1　　冬 十月 人有上書告楚王信反者. 帝以問諸將 皆曰“亟發
兵 坑豎子耳！”帝默然. 又問陳平 陳平曰“人上書言信反 信
知之乎？”曰“不知.”陳平曰“陛下精兵孰與楚？”上曰“不
能過.”平曰“陛下諸將 用兵有能過韓信者乎？”上曰“莫及
也.”平曰“今兵不如楚精而將不能及 擧兵攻之 是趣之戰也
竊爲陛下危之！”上曰“爲之柰何？”平曰“古者天子有巡狩
會諸侯. 陛下第出 僞游雲夢 會諸侯於陳. 陳 楚之西界 信聞天
子以好出游 其勢必無事而郊迎謁 謁而陛下因禽之 此特一力
士之事耳.”帝以爲然 乃發使告諸侯會陳“吾將南游雲夢.”上
因隨以行.

　　楚王信聞之 自疑懼 不知所爲. 或說信曰“斬鐘離昧以謁上
上必喜 無患.”信從之. 十二月 上會諸侯於陳 信持昧首謁上
上令武士縛信 載後車. 信曰“果若人言‘狡兎死 走狗烹 高鳥
盡 良弓藏 敵國破 謀臣亡.’天下已定 我固當烹！”上曰“人
告公反.”遂械繫信以歸 因赦天下.

　　田肯賀上曰“陛下得韓信 又治秦中. 秦 形勝之國也 帶河阻
山 地勢便利 其以下兵於諸侯 譬猶居高屋之上建瓴水也. 夫齊
東有琅邪 · 卽墨之饒 南有泰山之固 西有濁河之限 北有勃海

之利 地方二千里 持戟百萬 此東西秦也 非親子弟 莫可使王
齊者." 上曰 "善！" 賜金五百斤.

上還 至洛陽 赦韓信 封爲淮陰侯. 信知漢王畏惡其能 多稱
病 不朝從 居常鞅鞅 羞與絳·灌等列. 嘗過樊將軍噲. 噲跪拜
送迎 言稱臣 曰 "大王乃肯臨臣！" 信出門 笑曰 "生乃與噲等
爲伍！"

上嘗從容與信言諸將能兵多少. 上問曰 "如我能將幾何？"
信曰 "陛下不過能將十萬." 上曰 "於君何如？" 曰 "臣多多而
益善耳." 上笑曰 "多多益善 何爲爲我禽？" 信曰 "陛下不能
將兵而善將將 此乃信之所以爲陛下禽也. 且陛下 所謂 '天授
非人力' 也."

2　　甲申 始剖符封諸功臣爲徹侯. 蕭何封鄼侯 所食邑獨多.
功臣皆曰 "臣等身被堅執銳 多者百餘戰 小者數十合. 今蕭
何未嘗有汗馬之勞 徒持文墨議論 顧反居臣等上 何也？" 帝
曰 "諸君知獵乎？夫獵 追殺獸兔者 狗也 而發縱指示獸處者
人也. 今諸君徒能得走獸耳 功狗也 至如蕭何 發縱指示 功人
也." 羣臣皆不敢言. 張良爲謀臣 亦無戰鬪功 帝使自擇齊三
萬戶. 良曰 "始 臣起下邳 與上會留 此天以臣授陛下 陛下用
臣計 幸而時中. 臣願封留足矣 不敢當三萬戶." 乃封張良爲留
侯. 封陳平爲戶牖侯 平辭曰 "此非臣之功也." 上曰 "吾用先生
謀 戰勝克敵 非功而何？" 平曰 "非魏無知 臣安得進？" 上曰
"若子 可謂不背本矣！" 乃復賞魏無知.

3　帝以天下初定　子幼　昆弟少　懲秦孤立而亡　欲大封同姓以填撫天下. 春　正月　丙午　分楚王信地爲二國　以淮東五十三縣立從兄將軍賈爲荊王　以薛郡·東海·彭城三十六縣立弟文信君交爲楚王. 王子　以雲中·鴈門·代郡五十三縣立兄宜信侯喜爲代王　以膠東·膠西·臨菑·濟北·博陽·城陽郡七十三縣立微時外婦之子肥爲齊王　諸民能齊言者皆以與齊.

4　上以韓王信材武　所王北近鞏·洛　南迫宛·葉　東有淮陽皆天下勁兵處　乃以太原郡三十一縣爲韓國　徙韓王信王太原以北　備禦胡　都晉陽. 信上書曰"國被邊　匈奴數入寇　晉陽去塞遠　請治馬邑."上許之.

5　上已封大功臣二十餘人　其餘日夜爭功不決　未得行封. 上在洛陽南宮　從複道望見諸將　往往相與坐沙中語. 上曰"此何語？"留侯曰"陛下不知乎？　此謀反耳！"上曰"天下屬安定何故反乎？"留侯曰"陛下起布衣　以此屬取天下　今陛下爲天子　而所封皆故人所親愛　所誅皆生平所仇怨. 今軍吏計功　以天下不足徧封　此屬畏陛下不能盡封　恐又見疑平生過失及誅　故卽相聚謀反耳."上乃憂曰"爲之奈何？"留侯曰"上平生所憎·羣臣所共知　誰最甚者？"上曰"雍齒與我有故怨　數嘗窘辱我　我欲殺之　爲其功多　故不忍."留侯曰"今急先封雍齒　則羣臣人人自堅矣."於是上乃置酒　封雍齒爲什方侯　而急趨丞相·御史定功行封. 羣臣罷酒　皆喜　曰"雍齒尚爲侯　我屬無患

矣！"

　　張良爲高帝謀臣　委以心腹　宜其知無不言　安有聞諸將
謀反　必待高帝目見偶語　然後乃言之邪！蓋以高帝初得
天下　數用愛憎行誅賞　或時所害至公　羣臣往往有觸望自
危之心　故良因事納忠以變移帝意　使上無阿私之失　下無
猜懼之謀　國家無虞　利及後世. 若良者　可謂善諫矣.

6　列侯畢已受封　詔定元功十八人位次. 皆曰"平陽侯曹參
身被七十創　攻城略地　功最多　宜第一." 謁者·關內侯鄂千秋
進曰"羣臣議皆誤　夫曹參雖有野戰略地之功　此特一時之事
耳. 上與楚相距五歲　失軍亡衆　跳身遁者數矣　然蕭何常從關中
遣軍補其處　非上所詔令召　而數萬衆會. 上之乏絕者數矣　又軍
無見糧　蕭何轉漕關中　給食不乏. 陛下雖數亡山東　蕭何常全關
中以待陛下. 此萬世之功也. 今雖無曹參等百數　何缺於漢　漢
得之　不必待以全. 柰何欲以一旦之功而加萬世之功哉！蕭何
第一　曹參次之." 上曰"善！"於是乃賜蕭何帶劍履上殿　入朝
不趨. 上曰"吾聞'進賢受上賞.' 蕭何功雖高　得鄂君乃益明."
於是因鄂千秋所食邑　封爲安平侯. 是日　悉封何父子兄弟十餘
人　皆有食邑　益封何二千戶.

7　上歸櫟陽.

8　夏 五月 丙午 尊太公爲太上皇.

9　初 匈奴畏秦 北徙十餘年. 及秦滅 匈奴復稍南渡河.
單于頭曼有太子曰冒頓. 後有所愛閼氏 生少子 頭曼欲立之.
是時 東胡強而月氏盛 乃使冒頓質於月氏. 旣而頭曼急擊月氏
月氏欲殺冒頓. 冒頓盜其善馬騎之 亡歸 頭曼以爲壯 令將萬
騎.
　冒頓乃作鳴鏑 習勒其騎射. 令曰“鳴鏑所射而不悉射者 斬
之！”冒頓乃以鳴鏑自射其善馬 旣又射其愛妻 左右或不敢射
者 皆斬之. 最後以鳴鏑射單于善馬. 左右皆射之. 於是冒頓知
其可用 從頭曼獵 以鳴鏑射頭曼 其左右亦皆隨鳴鏑而射. 遂殺
頭曼 盡誅其後母與弟及大臣不聽從者. 冒頓自立爲單于.
　東胡聞冒頓立 乃使使謂冒頓“欲得頭曼時千里馬.”冒頓問
羣臣 羣臣皆曰“此匈奴寶馬也 勿與！”冒頓曰“柰何與人鄰
國而愛一馬乎！”遂與之. 居頃之 東胡又使使謂冒頓“欲得單
于一閼氏.”冒頓復問左右 左右皆怒曰“東胡無道 乃求閼氏！
請擊之！”冒頓曰“柰何與人鄰國愛一女子乎！”遂取所愛閼
氏予東胡. 東胡王愈益驕. 東胡與匈奴中間 有棄地莫居 千餘
里 各居其邊 爲甌脫. 東胡使使謂冒頓“此棄地 欲有之.”冒頓
問羣臣 羣臣或曰“此棄地 予之亦可 勿與亦可.”於是冒頓大
怒曰“地者 國之本也 柰何予之！”諸言予之者 皆斬之. 冒頓

上馬 令"國中有後出者斬！" 遂襲擊東胡. 東胡初輕冒頓 不爲備 冒頓遂滅東胡.

既歸 又西擊走月氏 南併樓煩·白羊河南王 遂侵燕·代 悉復收蒙恬所奪匈奴故地與漢關故河南塞至朝那·膚施. 是時漢兵方與項羽相距 中國罷於兵革 以故冒頓得自強 控弦之士三十餘萬 威服諸國.

秋 匈奴圍韓王信於馬邑. 信數使使胡 求和解. 漢發兵救之疑信數間使 有二心 使人責讓信. 信恐誅 九月 以馬邑降匈奴. 匈奴冒頓因引兵南踰句注 攻太原 至晉陽.

10　帝悉去秦苛儀 法爲簡易. 羣臣飮酒爭功 醉 或妄呼 拔劍擊柱 帝益厭之. 叔孫通說上曰"夫儒者難與進取 可與守成. 臣願徵魯諸生 與臣弟子共起朝儀." 帝曰"得無難乎？" 叔孫通曰"五帝異樂 三王不同禮 禮者 因時世·人情爲之節文者也. 臣願頗采古禮 與秦儀雜就之." 上曰"可試爲之 令易知 度吾所能行者爲之！"

於是叔孫通使 徵魯諸生三十餘人. 魯有兩生不肯行 曰"公所事者且十主 皆面諛以得親貴. 今天下初定 死者未葬 傷者未起 又欲起禮·樂. 禮·樂所由起 積德百年而後可興也. 吾不忍爲公所爲 公去矣 無汙我！" 叔孫通笑曰"若眞鄙儒也 不知時變！" 遂與所徵三十人西 及上左右爲學者與其弟子百餘人. 爲綿蕞 野外習之. 月餘 言於上曰"可試觀矣." 上使行禮 曰"吾能爲此." 乃令羣臣習肄.

1 　　冬 十月 長樂宮成 諸侯羣臣皆朝賀. 先平明 謁者治禮 以
次引入殿門 陳東 · 西鄉. 衛官俠陛及羅立廷中 皆執兵 張旗
幟. 於是皇帝傳警 輦出房 引諸侯王以下至吏六百石以次奉賀
莫不振恐肅敬. 至禮畢 復置法酒. 諸侍坐殿上 皆伏 抑首 以尊
卑次起上壽. 觴九行 謁者言"罷酒"御史執法舉不如儀者 輒
引去. 竟朝置酒 無敢讙譁失禮者. 於是帝曰"吾乃今日知爲皇
帝之貴也！"乃拜叔孫通爲太常 賜金五百斤.

　初 秦有天下 悉內六國禮儀 采擇其尊君 · 抑臣者存之 及
通制禮 頗有所增損 大抵皆襲秦故 自天子稱號下至佐僚及宮
室 · 官名 少所變改. 其書 後與律 · 令同錄 藏於理官 法家又
復不傳 民臣莫有言者焉.

　　❖ 臣光曰

　　禮之爲物大矣！用之於身 則動靜有法而百行備焉 用
之於家 則內外有別而九族睦焉 用之於鄉 則長幼有倫而
俗化美焉 用之於國 則君臣有紀而政治成焉 用之於天下
則諸侯順服而紀綱正焉 豈直几席之上 · 戶庭之間得之
而不亂哉！夫以高祖之明達 聞陸賈之言而稱善 睹叔孫
之儀而歎息 然所以不能肩於三代之王者 病於不學而已.
當是之時 得大儒而佐之 與之以禮爲天下 其功烈豈若是

而止哉！惜夫 叔孫生之器小也！ 徒竊禮之糠粃 以依
世‧諧俗‧取寵而已 遂使先王之禮淪沒而不振 以迄於
今 豈不痛甚矣哉！是以揚子譏之曰"昔者魯有大臣 史
失其名. 曰'何如其大也！'曰'叔孫通欲制君臣之儀 召
先生於魯 所不能致者二人.'曰'若是 則仲尼之開迹諸
侯也非邪？'曰'仲尼開迹 將以自用也. 如委而己而從
人 雖有規矩‧準繩 焉得而用之！'"善乎揚子言也！夫
大儒者 惡肯毀其規矩‧準繩以趨一時之功哉！

2　　上自將擊韓王信 破其軍於銅鞮 斬其將王喜. 信亡走匈奴
白土人曼丘臣‧王黃等立趙苗裔趙利爲王 復收信敗散兵 與信
及匈奴謀攻漢. 匈奴使左‧右賢王將萬餘騎 與王黃等屯廣武
以南 至晉陽 漢兵擊之 匈奴輒敗走 已復屯聚 漢兵乘勝追之.
會天大寒 雨雪 士卒墮指者什二三.

上居晉陽 聞冒頓居代谷 欲擊之. 使人覘匈奴 冒頓匿其壯
士‧肥牛馬 但見老弱及羸畜. 使者十輩來 皆言匈奴可擊. 上
復使劉敬往使匈奴 未還 漢悉兵三十二萬北逐之 踰句注. 劉敬
還 報曰"兩國相擊 此宜誇矜 見所長 今臣往 徒見羸瘠‧老弱
此必欲見短 伏奇兵以爭利. 愚以爲匈奴不可擊也." 是時 漢兵
已業行 上怒 罵劉敬曰"齊虜以口舌得官 今乃妄言沮吾軍！"
械繫敬廣武.

帝先至平城 兵未盡到 冒頓縱精兵四十萬騎 圍帝於白登七
日 漢兵中外不得相救餉. 帝用陳平秘計 使使間厚遺閼氏. 閼

氏謂冒頓曰"兩主不相困. 今得漢地 而單于終非能居之也. 且
漢主亦有神靈 單于察之!"冒頓與王黃·趙利期 而黃·利兵
不來 疑其與漢有謀 乃解圍之一角. 會天大霧 漢使人往來 匈
奴不覺. 陳平請令強弩傅兩矢 外鄉 從解角直出. 帝出圍 欲驅
太僕滕公固徐行. 至平城 漢大軍亦到 胡騎遂解去. 漢亦罷兵
歸 令樊噲止定代地.

上至廣武 赦劉敬 曰"吾不用公言 以困平城 吾皆已斬前使
十輩矣!"乃封敬二千戶爲關內侯 號爲建信侯. 帝南過曲逆
曰"壯哉縣! 吾行天下 獨見洛陽與是耳."乃更封陳平爲曲逆
侯 盡食之. 平從帝征伐 凡六出奇計 輒益封邑焉.

3   十二月 上還 過趙. 趙王敖執子禮甚卑 上箕倨慢罵之. 趙
相貫高·趙午等皆怒曰"吾王 孱王也!"乃說王曰"天下豪
傑並起 能者先立. 今王事帝甚恭 而帝無禮 請爲王殺之!"張
敖齧其指出血 曰"君何言之誤! 先人亡國 賴帝得復國 德流
子孫 秋豪皆帝力也. 願君無復出口!"貫高·趙午等皆相謂
曰"乃吾等非也. 吾王長者 不倍德 且吾等義不辱. 今帝辱我
王 故欲殺之 何洿王爲! 事成歸王 事敗獨身坐耳."

4   匈奴攻代. 代王喜棄國自歸 赦爲郃陽侯. 辛卯 立皇子如
意爲代王.

5   春 二月 上至長安. 蕭何治未央宮 上見其壯麗 甚怒 謂何

曰"天下匈匈 勞苦數歲 成敗未可知 是何治宮室過度也！"何
曰"天下方未定 故可因以就宮室. 且夫天子以四海爲家 非壯
麗無以重威. 且無令後世有以加也."上說.

❖ 臣光曰

王者以仁義爲麗 道德爲威 未聞其以宮室塡服天下也.
天下未定 當克己節用以趨民之急 而顧以宮室爲先 豈可
謂之知所務哉！昔禹宮室而桀爲傾宮. 創業垂統之君 躬
行節儉以示子孫 其末流猶入於淫靡 況示之以侈乎！乃
云"無令後世有以加"豈不謬哉！至於孝武 卒以宮室罷
敝天下 未必不由蕭侯啓之也！

6   上自櫟陽徙都長安.

7   初置宗正官 以序九族.

8   夏 四月 帝行如洛陽.＊

資治通鑑 卷012

【漢紀四】

起玄黓攝提格 盡昭陽赤奮若 凡十二年.

❖ **太祖高皇帝下 8年（壬寅, 紀元前 199年）**

1　　冬 上東擊韓王信餘寇於東垣 過柏人. 貫高等壁人於厠中 欲以要上. 上欲宿 心動 問曰"縣名爲何？"曰"柏人."上曰 "柏人者 迫於人也."遂不宿而去. 十二月 帝行自東垣至.

2　　春 三月 行如洛陽.

3　　令賈人毋得衣錦·綺·縠·絺·紵·罽 操兵·乘·騎馬.

4　　秋 九月 行自洛陽至淮南王·梁王·趙王·楚王皆從.

5　　匈奴冒頓數苦北邊. 上患之 問劉敬 劉敬曰"天下初定 士 卒罷於兵 未可以武服也. 冒頓殺父代立 妻羣母 以力爲威 未

可以仁義說也. 獨可以計久遠 子孫爲臣耳然恐陛下不能爲."
上曰 "奈何？" 對曰 "陛下誠能以適長公主妻之 厚奉遺之 彼
必慕 以爲閼氏 生子 必爲太子. 陛下以歲時漢所餘 彼所鮮 數
問遺 因使辨士風諭以禮節. 冒頓在 固爲子壻死 則外孫爲單于
豈嘗聞外孫敢與大父抗禮者哉！可無戰以漸臣也. 若陛下不能
遣長公主 而令宗室及後宮詐稱公主 彼知 不肯貴近 無益也."
帝曰 "善！" 欲遣長公主. 呂后日夜泣曰 "妾唯太子·一女 奈
何棄之匈奴！" 上竟不能遣.

❖ 太祖高皇帝下 9年 (癸卯, 紀元前 198年)

1   冬 上取家人子名爲長公主 以妻單于使劉敬往結和親約.

❖ 臣光曰

建信侯謂冒頓殘賊 不可以仁義說 而欲與爲婚姻 何前
後之相違也！夫骨肉之恩 尊卑之紱 唯仁義之人爲能知
之 奈何欲以此服冒頓哉！蓋上世帝王之御夷狄也 服則
懷之以德 叛則震之以威 未聞與爲婚姻也. 且冒頓視其
父如禽獸而獵之 奚有於婦翁！建信侯之術 固已疏矣 況
魯元已爲趙后 又可奪乎！

2 　劉敬從匈奴來 因言"匈奴河南白羊・樓煩王 去長安近者
七百里 輕騎一日一夜可以至秦中. 秦中新破 少民 地肥饒 可
益實. 夫諸侯初起時 非齊諸田・楚昭・屈・景莫能興. 今陛下
雖都關中 實少民 東有六國之强族 一日有變 陛下亦未得高枕
而臥也. 臣願陛下徙六國後及豪桀・名家居關中 無事可以備
胡 諸侯有變 亦足率以東伐. 此强本弱末之術也."上曰"善！"
十一月 徙齊・楚大族昭氏・屈氏・景氏・懷氏・田氏五族及
豪桀於關中 與利田・宅 凡十餘萬口.

3 　十二月 上行如洛陽.

4 　貫高怨家知其謀 上變告之. 於是上逮捕趙王及諸反者. 趙
午等十餘人皆爭自剄 貫高獨怒罵曰"誰令公爲之？今王實無
謀而幷捕王. 公等皆死 誰白王不反者？"乃轞車膠致與王詣
長安. 高對獄曰"獨吾屬爲之 王實不知."吏治搒笞數千 刺剟
身 無可擊者 終不復言. 呂后數言"張王以公主故 不宜有此."
上怒曰"使張敖據天下 豈少而女乎！"不聽.
　廷尉以貫高事辭聞. 上曰"壯士！誰知者？以私問之."中大
夫泄公曰"臣之邑子 素知之 此固趙國立義不侵 爲然諾者也."
上使泄公持節往問之箯輿前. 泄公與相勞苦 如生平歡 因問
"張王果有計謀不？"高曰"人情寧不各愛其父母・妻子乎？
今吾三族皆以論死 豈愛王過於吾親哉？顧爲王實不反 獨吾等
爲之."具道本指所以爲者・王不知狀. 於是泄公入 具以報上.

春 正月上赦趙王敖 廢爲宣平侯 徒代王如意爲趙王.

上賢貫高爲人 使泄公具告之曰"張王已出."因赦貫高. 貫
高喜曰"吾王審出乎？"泄公曰"然."泄公曰"上多足下 故赦
足下."貫高曰"所以不死一身無餘者 白張王不反也. 今王已
出 吾責已塞 死不恨矣. 且人臣有篡弒之名 何面目復事上哉！
縱上不殺我 我不愧於心乎！"乃仰絕亢 遂死.

❊ 荀悅論曰

貫高首爲亂謀 殺主之賊 雖能證明其王 小亮不塞大逆
私行不贖公罪.《春秋》之義大居正 罪無赦可也.

❊ 臣光曰

高祖驕以失臣 貫高狠以亡君. 使貫高謀逆者 高祖之
過也 使張敖亡國者 貫高之罪也.

5　詔"丙寅前有罪 殊死已下 皆赦之."

6　二月 行自洛陽至.

7　初 上詔"趙羣臣賓客敢從張王者 皆族."郎中田叔・客孟
舒皆處髡鉗爲王家奴以從. 及張敖既免 上賢田叔・孟舒等. 召

見 與語漢廷臣無能出其右者. 上盡拜爲郡守·諸侯相.

8　　夏 六月 乙未晦 日有食之.

9　　更以丞相何爲相國.

❖ 太祖高皇帝下 10年(甲辰, 紀元前 197年)

1　　夏 五月 太上皇崩於櫟陽宮. 秋 七月 癸卯 葬太上皇於萬
年. 楚王·梁王皆來送葬. 赦櫟陽囚.

2　　定陶戚姬有寵於上 生趙王如意. 上以太子仁弱 謂如意類
己 雖封爲趙王 常留之長安. 上之關東 戚姬常從 日夜啼泣 欲
立其子. 呂后年長 常留守 益疏. 上欲廢太子而立趙王 大臣爭
之 皆莫能得. 御史大夫周昌廷爭之強 上問其說. 昌爲人吃 又
盛怒曰 "臣口不能言 然臣期期知其不可！陛下欲廢太子 臣期
期不奉詔！" 上欣然而笑. 呂后側耳於東廂聽 既罷 見昌爲跪
謝 曰 "微君太子幾廢！"
　　時趙王年十歲 上憂萬歲之後不全也 符璽御史趙堯請爲趙王
置貴強相 及呂后·太子·羣臣素所敬憚者. 上曰 "誰可者？"
堯曰 "御史大夫昌其人也." 上乃以昌相趙 而以堯代昌爲御史
大夫.

3   初 上以陽夏侯陳豨爲相國 監趙·代邊兵 豨過辭淮陰侯.
淮陰侯挈其手 辟左右 與之步於庭 仰天歎曰"子可與言乎？"
豨曰"唯將軍令之！"淮陰侯曰"公之所居 天下精兵處也 而
公 陛下之信幸臣也. 人言公之畔 陛下必不信 再至陛下乃疑矣
三至必怒而自將. 吾爲公從中起 天下可圖也."陳豨素知其能
也 信之曰"謹奉敎！"

豨常慕魏無忌之養士 及爲相守邊 告歸 過趙 賓客隨之者千
餘乘 邯鄲官舍皆滿. 趙相周昌求入見上 具言豨賓客甚盛 擅兵
於外數歲 恐有變. 上令人覆案豨客居代者諸不法事 多連引豨.
豨恐 韓王信因使王黃·曼丘臣等說誘之.

太上皇崩 上使人召豨 豨稱病不至 九月 遂與王黃等反 自立
爲代王 劫略趙·代. 上自東擊之. 至邯鄲 喜曰"豨不南據邯
鄲而阻漳水 吾知其無能爲矣."

周昌奏"常山二十五城 亡其二十城請誅守·尉."上曰"守
·尉反乎？"對曰"不."上曰"是力不足亡罪."

上令周昌選趙壯士可令將者 白見四人. 上嫚罵曰"豎子能爲
將乎？"四人慙 皆伏地 上封各千戶以爲將. 左右諫曰"從入
蜀·漢伐 楚賞未徧行 今封此 何功？"上曰"非汝所知. 陳豨
反趙·代地皆豨有. 吾以羽檄徵天下兵 未有至者 今計唯獨邯
鄲中兵耳. 吾何愛四千戶 不以慰趙子弟！"皆曰"善！"

又聞豨將皆故賈人 上曰"吾知所以與之矣."乃多以金購豨
將 豨將多降.

1　　冬 上在邯鄲. 陳豨將侯敞將萬餘人游行 王黃將騎千餘軍 曲逆 張春將卒萬餘人渡河攻聊城. 漢將軍郭蒙與齊將擊 大破之. 太尉周勃道太原入定代地 至馬邑 不下 攻殘之. 趙利守東垣 帝攻拔之 更命曰眞定. 帝購王黃 · 曼丘臣以千金 其麾下皆生致之. 於是陳豨軍遂敗.

淮陰侯信稱病 不從擊豨 陰使人至豨所 與通謀. 信謀與家臣夜詐詔赦諸官徒 · 奴 欲發以襲呂后 · 太子 部署已定 待豨報. 其舍人得罪於信 信囚 欲殺之. 春 正月 舍人弟上變 告信欲反狀於呂后. 呂后欲召 恐其黨不就 乃與蕭相國謀 詐令人從上所來 言豨已得死列侯 · 羣臣皆賀. 相國紿信曰 "雖疾 強入賀." 信入 呂后使武士縛信 斬之長樂鐘室. 信方斬曰 "吾悔不用蒯徹之計 乃爲兒女子所詐 豈非天哉!" 遂夷信三族.

❖ 臣光曰

世或以韓信爲首建大策 與高祖起漢中 定三秦 遂分兵以北 禽魏取代 仆趙 脅燕 東擊齊而有之 南滅楚垓下 漢之所以得天下者 大抵皆信之功也. 觀其距蒯徹之說 迎高祖於陳 豈有反心哉! 良由失職怏怏 遂陷悖逆. 夫以盧綰里閈舊恩 猶南面王燕 信乃以列侯奉朝請 豈非高祖亦有負於信哉! 臣以爲高祖用詐謀禽信於陳 言負則有

之 雖然信亦有以取之也. 始 漢與楚相距滎陽 信滅齊 不
還報而自王 其後漢追楚至固陵 與信期共攻楚而信不至.
當是之時 高祖固有取信之心矣 顧力不能耳. 及天下已
定 則信復何恃哉! 夫乘時以徼利者 市井之志也 酬功而
報德者 士君子之心也. 信以市井之志利其身 而以君子
之心望於人 不亦難哉! 是故太史公論之曰"假令韓信
學道謙讓 不伐己功 不矜其能 則庶幾哉! 於漢家勳 可
以比周・召・太公之徒 後世血食矣! 不務出此 而天下
已集 乃謀畔逆 夷滅宗族 不亦宜乎!"

2　將軍柴武斬韓王信於參合.

3　上還洛陽 聞淮陰侯之死 且喜且憐之 問呂后曰"信死亦
何言?"呂后曰"信言恨不用蒯徹計."上曰"是齊辯士蒯徹
也."乃詔齊捕蒯徹. 蒯徹至 上曰"若敎淮陰侯反乎?"對曰
"然 臣固敎之. 豎子不用臣之策 故令自夷於此 如用臣之計 陛
下安得而夷之乎!"上怒曰"烹之!"徹曰"嗟乎! 冤哉烹
也!"上曰"君敎韓信反 何冤?"對曰"秦失其鹿 天下共逐
之 高材疾足者先得焉. 跖之狗吠堯 堯非不仁 狗固吠非其主.
當是時 臣唯獨知韓信 非知陛下也. 且天下銳精持鋒欲爲陛下
所爲者甚衆 顧力不能耳 又可盡烹之邪?"上曰"置之."

4　立子恒爲代王 都晉陽.

5   大赦天下.

6   上之擊陳豨也 徵兵於梁 梁王稱病 使將將兵詣邯鄲. 上怒 使人讓之. 梁王恐 欲自往謝. 其將扈輒曰"王始不往 見讓而往 往則爲禽矣. 不如遂發兵反." 梁王不聽. 梁太僕得罪 亡走漢 告梁王與扈輒謀反. 於是上使使掩梁王 梁王不覺 遂囚之洛陽. 有司治"反形已具 請論如法"上赦以爲庶人 傳處蜀青衣. 西至鄭 逢呂后從長安來. 彭王爲呂后泣涕 自言無罪 願處故昌邑. 呂后許諾 與俱東. 至洛陽 呂后白上曰"彭王壯士 今徙之蜀 此自遺患 不如遂誅之. 妾謹與俱來." 於是呂后乃令其舍人告彭越復謀反. 廷尉王恬關奏請族之 上可其奏. 三月 夷越三族. 梟越首洛陽 下詔"有收視者 輒捕之."

梁大夫欒布 使於齊 還 奏事越頭下 祠而哭之. 吏捕以聞. 上召布 罵欲烹之. 方提趨湯 布顧曰"願一言而死." 上曰"何言?" 布曰"方上之困於彭城 敗滎陽·成皋間 項王所以遂不能西者 徒以彭王居梁地 與漢合從苦楚也. 當是之時 王一顧與楚則漢破 與漢則楚破. 且垓下之會 微彭王 項氏不亡. 天下已定 彭王剖符受封 亦欲傳之萬世. 今陛下一徵兵於梁 彭王病不行. 而陛下疑以爲反 反形未具 以苛小案誅滅之. 臣恐功臣人人自危也. 今彭王已死 臣生不如死 請就烹." 於是上乃釋布罪 拜爲都尉.

7   丙午 立皇子恢爲梁王. 丙寅 立皇子友爲淮陽王. 罷東郡

頗益梁 罷潁川郡 頗益淮陽.

8 夏 四月 行自洛陽至.

9 五月 詔立秦南海尉趙佗爲南粵王 使陸賈卽授璽綬 與剖符通使 使和集百越 無爲南邊患害.

初 秦二世時 南海尉任囂病且死. 召龍川令趙佗 語曰 "秦爲無道 天下苦之. 聞陳勝等作亂 天下未知所安. 南海僻遠 吾恐盜兵侵地至此 欲興兵絕新道自備 待諸侯變 會病甚. 且番禺負山險 阻南海 東西數千里 頗有中國人相輔 此亦一州之主也 可以立國. 郡中長吏 無足與言者 故召公告之." 卽被佗書 行南海尉事. 囂死 佗卽移檄告橫浦·陽山·湟谿關曰 "盜兵且至 急絕道 聚兵自守!" 因稍以法誅秦所置長吏 以其黨爲假守. 秦已破滅 佗卽擊幷桂林·象郡 自立爲南越武王.

陸生至 尉佗魋結·箕倨見陸生. 陸生說佗曰 "足下中國人 親戚·昆弟·墳墓在眞定. 今足下反天性 棄冠帶 欲以區區之越與天子抗衡爲敵國 禍且及身矣! 且夫秦失其政 諸族·豪桀並起 唯漢王先入關據咸陽. 項羽倍約 自立爲西楚霸王 諸侯皆屬 可謂至强. 然漢王起巴·蜀鞭笞天下 遂誅項羽 滅之. 五年之間 海內平定. 此非人力 天之所建也. 天子聞君王王南越 不助天下誅暴逆 將相欲移兵而誅王. 天子憐百姓新勞苦 故且休之 遣臣授君王印 剖符通使. 君王宜郊迎 北面稱臣 乃欲以新造未集之越 屈强於此! 漢誠聞之 掘燒王先人塚 夷滅宗族

使一偏將將十萬衆臨越 則越殺王降漢如反覆手耳！”於是尉
佗乃蹶然起坐 謝陸生曰“居蠻夷中久 殊失禮義！”因問陸生
曰“我孰與蕭何・曹參・韓信賢？”陸生曰“王似賢也.”復曰
“我孰與皇帝賢？”陸生曰“皇帝繼五帝・三皇之業 統理中國
中國之人 以億計 地方萬里 萬物殷富 政由一家 自天地剖判
未始有也. 今王衆不過十萬 皆蠻夷崎嶇山海間 譬若漢一郡耳
何乃比於漢！”尉佗大笑曰“吾不起中國 故王此 使我居中國
何遽不若漢！”乃留陸生與飲. 數月 曰“越中無足與語. 至生
來 令我日聞所不聞.”賜陸生橐中裝直千金 他送亦千金. 陸生
卒拜違法佗爲南越王 令稱臣奉漢約. 歸報 帝大悅 拜賈爲太中
大夫.

　　陸生時時前說稱《詩》・《書》帝罵之曰“乃公居馬上而得之
安事《詩》・《書》！”陸生曰“居馬上得之 寧可以馬上治之
乎？ 且湯・武逆取而以順守之 文武並用 長久之術也. 昔者吳
王夫差・智伯・秦始皇皆以極武而亡. 鄉使秦已幷天下 行仁
義 法先聖 陛下安得而有之！”帝有慙色曰“試爲我著秦所以
失天下・吾所以得之者及古成敗之國.”陸生乃粗述存亡之徵
凡著十二篇. 每奏一篇 帝未嘗不稱善 左右呼萬歲 號其書曰
《新語》.

10　帝有疾 惡見人 臥禁中 詔戶者無得入羣臣 羣臣絳・灌等
莫敢入 十餘日. 舞陽侯樊噲排闥直入 大臣隨之. 上獨枕一宦
者臥. 噲等見上 流涕曰“始陛下與臣等起豐・沛 定天下 何其

壯也！今天下已定 又何憊也！且陛下病甚 大臣震恐 不見臣
等計事 顧獨與一宦者絕乎？且陛下獨不見趙高之事乎？”帝
笑而起.

11 秋 七月 淮南王布反.

初 淮陰侯死 布已心恐. 及彭越誅 醢其肉以賜諸侯. 使者至
淮南 淮南王方獵 見醢 因大恐 陰令人部聚兵 候伺旁郡警急.
布所幸姬 病就醫 醫家與中大夫賁赫對門 赫乃厚餽遺 從姬飲
醫家 王疑其與亂 欲捕赫. 赫乘傳詣長安上變 言“布謀反有端
可先未發誅也.”上讀其書 語蕭相國 相國曰“布不宜有此 恐
仇怨妄誣之. 請繫赫 使人微驗淮南王.”淮南王布見赫以罪亡
上變 固已疑其言國陰事 漢使又來 頗有所驗 遂族赫家 發兵
反. 反書聞 上乃赦賁赫 以爲將軍.

上召諸將問計. 皆曰“發兵擊之 坑豎子耳 何能爲乎！”汝
陰侯滕公召故楚令尹薛公問之. 令尹曰“是固當反.”滕公曰
“上裂地而封之 疏爵而王之 其反何也？”令尹曰“往年殺彭
越 前年殺韓信 此三人者 同功一體之人也 自疑禍及身 故反
耳.”滕公言之上 上乃召見問薛公 薛公對曰“布反不足怪也.
使布出於上計 山東非漢之有也 出於中計 勝敗之數未可知
也 出於下計 陛下安枕而臥矣.”上曰“何謂上計？”對曰“東
取吳 西取楚 幷齊 取魯 傳檄燕 · 趙 固守其所 山東非漢之有
也.”“何謂中計？”“東取吳 西取楚 幷韓取魏 據敖倉之粟 塞
成皋之口 勝敗之數未可行也.”“何謂下計？”“東取吳 西取

下蔡 歸重於越 身歸長沙 陛下安枕而臥 漢無事矣." 上曰 "是
計將安出？" 對曰 "出下計." 上曰 "何謂廢上‧中計而出下
計？" 對曰 "布 故麗山之徒也 自致萬乘之主 此皆爲身 不顧
後‧爲百姓萬世慮者也. 故曰出下計." 上曰 "善！" 封薛公千
戶. 乃立皇子長爲淮南王.

是時 上有疾 欲使太子往擊黥布. 太子客東園公‧綺里季‧
夏黃公‧角里先生說建成侯呂釋之曰 "太子將兵 有功則位不
益 無功則從此受禍矣. 君何不急請呂后 承間爲上泣言 '黥布
天下猛將也 善用兵. 今諸將皆陛下故等夷 乃令太子將此屬 無
異使羊將狼 莫肯爲用 且使布聞之 則鼓行而西耳！上雖病 強
載輜車 臥而護之 諸將不敢不盡力. 上雖苦 爲妻子自強！'"
於是呂釋之立夜見呂后. 呂后承間爲上泣涕 而言如四人意. 上
曰 "吾惟豎子固不足遣 而公自行耳."

於是上自將兵而東 羣臣居守 皆送至霸上. 留侯病 自強起至
曲郵 見上曰 "臣宜從 病甚. 楚人剽疾 願上無與爭鋒！" 因說
上令太子爲將軍 監關中兵. 上曰 "子房雖病 強臥而傅太子."
是時 叔孫通爲太傅 留侯行少傅事. 發上郡‧北地‧隴西車騎
‧巴蜀材官及中尉卒三萬人爲皇太子衛 軍霸上.

布之初反 謂其將曰 "上老矣 厭兵 必不能來. 使諸將 諸將
獨患淮陰‧彭越 今皆已死餘不足畏也." 故遂反. 果如薛公之
言 東擊荊. 荊王賈走死富陵 盡劫其兵 渡淮擊楚. 楚發兵與戰
徐‧僮間. 爲三軍 欲以相救爲奇. 或說楚將曰 "布善用兵 民
素畏之. 且兵法 '諸侯自戰其地爲散地' 今別爲三 彼敗吾一軍

餘皆走 安能相救！”不聽. 布果破其一軍 其二軍散走 布遂引
兵而西.

1   冬 十月 上與布兵遇於蘄西 布兵精甚. 上壁庸城 望布軍
置陳如項籍軍 上惡之. 與布相望見 遙謂布曰“何苦而反？”
布曰“欲爲帝耳！”上怒罵之 遂大戰. 布軍敗走 渡淮 數止 戰
不利 與百餘人走江南 上令別將追之.

2   上還 過沛 留 置酒沛宮 悉召故人·父老·諸母·子弟佐
酒 道舊故爲笑樂. 酒酣 上自爲歌 起舞 慷慨傷懷泣 數行下
謂沛父兄曰“游子悲故鄉. 朕自沛公以誅暴逆 遂有天下 其以
沛爲朕湯沐邑 復其民 世世無有所與.”樂飲十餘日 乃去.

3   漢別將擊英布軍洮水南·北 皆大破之. 布故與番君婚 以
故長沙成王臣使人誘布 僞欲與亡走越 布信而隨之. 番陽人殺
布茲鄉民田舍.

4   周勃悉定代郡·雁門·雲中地 斬陳豨於當城.

5   上以荊王賈無後 更以荊爲吳國. 辛丑 立兄仲之子濞爲吳

王 王三郡・五十三城.

6 　十一月 上過魯 以太牢祠孔子.

7 　上從破黥布歸 疾益甚 愈欲易太子. 張良諫不聽 因疾不視
事. 叔孫通諫曰“昔者晉獻公以驪姬之故 廢太子立奚齊 晉國
亂者數十年 爲天下笑. 秦以不蚤定扶蘇 令趙高得以詐立胡亥
自使滅祀 此陛下所親見. 今太子仁孝 天下皆聞之. 呂后與陛
下攻苦食啖 其可背哉！陛下必欲廢適而立少 臣願先伏誅 以
頸血汙地！”帝曰“公罷矣 吾直戲耳！”叔孫通曰“太子 天
下本 本一搖 天下振動 奈何以天下爲戲乎！”時大臣固爭者
多 上知羣臣心皆不附趙王 乃止不立.

8 　相國何以長安 地狹上林中多空地 棄 願令民得入田 毋收
槀 爲禽獸食. 上大怒曰“相國多受賈人財物 乃爲請吾苑！”
下相國廷尉 械繫之. 數日 王衛尉侍 前問曰“相國何大罪 陛
下繫之暴也？”上曰“吾聞李斯相秦皇帝 有善歸主 有惡自與.
今相國多受賈豎金 而爲之請吾苑以媚於民 故繫治之.”王衛
尉曰“夫職事苟有便於民而請之 眞宰相事 陛下奈何乃疑相國
受賈人錢乎？且陛下距楚數歲 陳豨・黥布反 陛下自將而往
當是時 相國守關中 關中搖足 則關以西非陛下有也！ 相國不
以此時爲利 今乃利賈人之金乎？ 且秦以不聞其過亡天下 李
斯之分過 又何足法哉！陛下何疑宰相之淺也！”帝不懌. 是

日 使使持節赦出相國. 相國年老 素恭謹 入徒跣謝. 帝曰"相國休矣！相國爲民請苑 吾不許 我不過爲桀·紂王 而相國爲賢相. 吾故繫相國 欲令百姓聞吾過也."

9　陳豨之反也 燕王綰發兵擊其東北. 當是時 陳豨使王黃求救匈奴 燕王綰亦使其臣張勝於匈奴 言豨等軍破. 張勝至胡 故燕王藏荼子衍出亡在胡 見張勝曰"公所以重於燕者 以習胡事也 燕所以久存者 以諸侯數反 兵連不決也. 今公爲燕 欲急滅豨等 豨等已盡 次亦至燕 公等亦且爲虜矣. 公何不令燕且緩陳豨 而與胡和！事寬 得長王燕 卽有漢急可以安國."張勝以爲然 乃私令匈奴助豨等擊燕. 燕王綰疑張勝與胡反 上書請族張勝. 勝還 具道所以爲者 燕王乃詐論他人 脫勝家屬 使得爲匈奴間. 而陰使范齊之陳豨所 欲令久亡 連兵勿決.

漢擊黥布 豨常將兵居代. 漢擊斬豨 其裨將降 言燕王綰使范齊通計謀於豨所. 帝使使召盧綰 綰稱病 又使辟陽侯審食其·御史大夫趙堯往迎燕王 因驗問左右. 綰愈恐 閉匿 謂其幸臣曰"非劉氏而王 獨我與長沙耳. 往年 春 漢族淮陰 夏 誅彭越 皆呂氏計. 令上病 屬任呂后 呂后婦人 專欲以事誅異姓王者及大功臣."乃遂稱病不行 其左右皆亡匿. 語頗泄 辟陽侯聞之 歸具報上 上益怒. 又得匈奴降者 言張勝亡在匈奴爲燕使. 於是上曰"盧綰果反矣！"春 二月 使樊噲以相國將兵擊綰 立皇子建爲燕王.

10 　詔曰"南武侯織 亦粵之世也 立以爲南海王."

11 　上擊布時 爲流矢所中 行道 疾甚. 呂后迎良醫. 醫入見曰
"疾可治."上嫚罵之曰"吾以布衣提三尺取天下 此非天命乎！
命乃在天 雖扁鵲何益！"遂不使治疾 賜黃金五十斤 罷之. 呂
后問曰"陛下百歲後 蕭相國旣死 誰令代之？"上曰"曹參
可."問其次曰"王陵可 然少戇 陳平可以助之. 陳平知有餘 然
難獨任. 周勃重厚少文 然安劉氏者必勃也 可令爲太尉."呂后
復問其次 上曰"此後亦非乃所知也."夏 四月 甲辰 帝崩於長
樂宮. 丁未 發喪 大赦天下.

12 　盧綰與數千人居塞下候伺 幸上疾愈 自入謝. 聞帝崩 遂亡
入匈奴.

13 　五月 丙寅 葬高帝於長陵.

初 高祖不修文學 而性明達 好謀 能聽 自監門‧戍卒 見之如
舊. 初順民心作三章之約. 天下旣定 命蕭何次律‧令 韓信申
軍法 張蒼定章程 叔孫通制禮儀 又與功臣剖符作誓 丹書‧鐵
契金匱‧石室藏之宗廟. 雖日不暇給 規摹弘遠矣.

14 　己巳 太子卽皇帝位 尊皇后曰皇太后.

15   初 高帝病甚 人有惡樊噲云"黨於呂氏 卽一日上晏駕 欲
以兵誅趙王如意之屬." 帝大怒 用陳平謀 召絳侯周勃受詔床
下 曰"陳平亟馳傳載勃代噲將 平至軍中 卽斬噲頭!" 二人旣
受詔 馳傳 未至軍 行計之曰"樊噲 帝之故人也 功多且又呂后
弟呂嬃之夫有親且貴. 帝以仇怒故欲斬之 則恐後悔 寧囚而致
上自誅之." 未至軍 爲壇 以節召樊噲. 噲受詔 卽反接 載檻車
傳詣長安 而令絳侯勃代將 將兵定燕反縣.

平行 聞帝崩 畏呂嬃讒之於太后 乃馳傳先去. 逢使者 詔平
與灌嬰屯滎陽. 平受詔 立復馳至宮 哭殊悲 因固請得宿衛中.
太后乃以爲郎中令 使傅敎惠帝. 是後呂嬃讒乃不得行. 樊噲至
則赦 復爵邑.

16   太后令永巷囚戚夫人 髡鉗 衣赭衣 令舂. 遣使召趙王如
意. 使者三反 趙相周昌謂使者曰"高帝屬臣趙王 王年少 竊聞
太后怨戚夫人 欲召趙王幷誅之 臣不敢遣王. 王且亦病 不能奉
詔." 太后怒 先使人召昌. 昌至長安 乃使人復召趙王. 王來 未
到 帝知太后怒 自迎趙王霸上 與入宮 自挾與起居飲食. 太后
欲殺之 不得間.

❖ 孝惠皇帝 元年(丁未, 紀元前 194年)

1   冬 十二月 帝晨出射. 趙王少 不能蚤起 太后使人持酖飲

之. 犁明 帝還 趙王已死. 太后遂斷戚夫人手足 去眼 煇耳 飮瘖藥 使居廁中 命曰"人彘." 居數日 乃召帝觀人彘. 帝見 問知其戚夫人 乃大哭 因病 歲餘不能起. 使人請太后曰"此非人所爲. 臣爲太后子 終不能治天下."帝以此日飮爲淫樂 不聽政.

❖ 臣光曰

爲人子者 父母有過則諫 諫而不聽 則號泣而隨之. 安有守高祖之業 爲天下之主 不忍母之殘酷 遂棄國家而不恤 縱酒色以傷生！若孝惠者 可謂篤於小仁而未知大誼也.

2 徙淮陽王友爲趙王.

3 春 正月 始作長安城西北方.

❖ 孝惠皇帝 2年(戊申, 紀元前 193年)

1 冬 十月 齊悼惠王來朝 飮於太后前. 帝以齊王 兄也 置之上坐. 太后怒酌酖酒置前 賜齊王爲壽. 齊王起 帝亦起取卮 太后恐自起泛帝卮. 齊王怪之 因不敢飮 佯醉去 問知其酖 大恐.

齊內史士說王 使獻城陽郡爲魯元公主湯沐邑. 太后喜 乃罷歸齊王.

2　春 正月 癸酉 有兩龍見蘭陵家人井中.

3　隴西地震.

4　夏 旱.

5　邵陽侯仲薨.

6　酇文終侯蕭何病 上親自臨視 因問曰 "君卽百歲後 誰可代君者？" 對曰 "知臣莫如主." 帝曰 "曹參何如？" 何頓首曰 "帝得之矣 臣死不恨！"

秋 七月 辛未 何薨. 何置田宅 必居窮僻處 爲家 不治垣屋. 曰 "後世賢 師吾儉 不賢毋爲勢家所奪."

癸巳 以曹參爲相國. 參聞何薨 告舍人 "趣治行！ 吾將入相." 居無何 使者果召參. 始 參微時與蕭何善 及爲將相 有隙 至何且死 所推賢唯參. 參代何爲相 舉事無所變更 一遵何約束 擇郡國吏木訥於文辭 · 重厚長者 卽召除爲丞相史 吏之言文刻深 · 欲務聲名者 輒斥去之. 日夜飲醇酒. 卿 · 大夫以下吏及賓客見參不事事 來者皆欲有言 參輒飲以醇酒 間欲有所言 復飲之 醉而後去 終莫得開說 以爲常. 見人有細過 專掩匿覆蓋之

府中無事.

參子窋爲中大夫. 帝怪相國不治事 以爲"豈少朕與?"使窋歸 以其私問參. 參怒 答窋二百 曰"趣入侍! 天下事非若所當言也!"至朝時 帝讓參曰"乃者我使諫君也."參免冠謝曰"陛下自察聖武孰與高帝?"上曰"朕乃安敢望先帝!"又曰"陛下觀臣能孰與蕭何賢?"上曰"君似不及也."參曰"陛下言之是也. 高帝與蕭何定天下 法令旣明. 今陛下垂拱 參等守職 遵而勿失 不亦可乎?"帝曰"善!"

參爲相國 出入三年 百姓歌之曰"蕭何爲法 較若畫一 曹參代之 守而勿失. 載其清淨 民以寧壹."

❖ 孝惠皇帝 3年 (己酉, 紀元前 192年)

1 春 發長安六百里 內男女十四萬六千人城長安 三十日罷.

2 以宗室女爲公主 嫁匈奴冒頓單于. 是時 冒頓方強 爲書使使遺高后 辭極褻嫚. 高后大怒 召將相大臣 議斬其使者 發兵擊之. 樊噲曰"臣願得十萬衆橫行匈奴中!"中郞將季布曰"噲可斬也! 前匈奴圍高帝於平城 漢兵三十二萬 噲爲上將軍不能解圍. 今歌吟之聲未絕 傷夷者甫起 而噲欲搖動天下 妄言以十萬衆橫行 是面謾也. 且夷狄譬如禽獸 得其善言不足喜 惡言不足怒也."高后曰"善!"令大謁者張釋報書 深自謙懲以

謝之 幷遺以車二乘 馬二駟. 冒頓復使使來謝 曰"未嘗聞中國
禮義 陛下幸而赦之."因獻馬 遂和親.

3   夏 五月 立閩越君搖爲東海王. 搖與無諸 皆越王句踐之後
也 從諸侯滅秦 功多 其民便附 故立之. 都東甌 世號東甌王.

4   六月 發諸侯王 · 列侯徒隸二萬人城長安.

5   秋 七月 都廄災.

6   是歲 蜀湔氐反 擊平之.

❖ 孝惠皇帝 4年 (庚戌, 紀元前 191年)

1   冬 十月 立皇后張氏. 后 帝姊魯元公主女也 太后欲爲重
親 故以配帝.

2   春 正月 擧民孝 · 弟 · 力田者 復其身.

3   三月 甲子 皇帝冠 赦天下.

4   省法令妨吏民者 除挾書律.

5   帝以朝太后於長樂宮及間往 數蹕煩民. 乃築複道於武庫
南. 奉常叔孫通諫曰"此高帝月出遊衣冠之道也 子孫奈何乘
宗廟道上行哉！"帝懼曰"急壞之！"通曰"人主無過舉 今已
作 百姓皆知之矣. 願陛下爲原廟渭北 月出遊之 益廣宗廟 大
孝之本."上乃詔有司立原廟.

   ❖ 臣光曰

   過者 人之所必不免也 惟聖賢爲能知而改之. 古之聖
王 患其有過而不自知也 故設誹謗之木 置敢諫之鼓 豈
畏百姓之聞其過哉！是以仲虺美成湯曰"改過不吝."傅
說戒高宗曰"無恥過作非."由是觀之 則爲人君者 固不
以無過爲賢 而以改過爲美也. 今叔孫通諫孝惠 乃云"人
主無過舉"是教人君以文過遂非也 豈不繆哉！

6   長樂宮鴻臺災.

7   秋 七月 乙亥 未央宮凌室災 丙子 織室災.

   ❖ 孝惠皇帝 5年（辛亥, 紀元前 190年）

1   冬 雷 桃李華 棗實.

2　　春 正月 復發長安六百里內男女十四萬五千人城長安
三十日罷.

3　　夏 大旱 江河水少 溪谷水絕.

4　　秋 八月 平陽懿侯曹參薨.

❖ 孝惠皇帝 6年 (壬子, 紀元前 189年)

1　　冬 十月 以王陵爲右丞相 陳平爲左丞相.

2　　齊悼惠王肥薨.

3　　夏 留文成侯張良薨.

4　　以周勃爲太尉.

❖ 孝惠皇帝 7年 (癸丑, 紀元前 188年)

1　　冬 發車騎 · 材官詣滎陽 太尉灌嬰將.

2   春 正月 辛丑朔 日有食之.

3   夏 五月 丁卯 日有食之 既.

4   秋 八月 戊寅 帝崩於未央宮. 大赦天下. 九月 辛丑 葬安
陵.
　初 呂太后命張皇后取他人子養之 而殺其母 以爲太子. 旣葬
太子卽皇帝位 年幼 太后臨朝稱制. ＊